D1665216

Kompendien

für Studium, Praxis und Fortbildung

Dietrich G. Rühle

Polizei- und Ordnungsrecht
für Rheinland-Pfalz

5. Auflage

Nomos

Die Deutsche Nationalbibliothek verzeichnet diese Publikation in
der Deutschen Nationalbibliografie; detaillierte bibliografische
Daten sind im Internet über http://dnb.d-nb.de abrufbar.

ISBN 978-3-8329-7966-9

5. Auflage 2013
© Nomos Verlagsgesellschaft, Baden-Baden 2013. Printed in Germany. Alle Rechte, auch die
des Nachdrucks von Auszügen, der fotomechanischen Wiedergabe und der Übersetzung,
vorbehalten. Gedruckt auf alterungsbeständigem Papier.

Vorwort

Der Kampf gegen das organisierte Verbrechen und den Terrorismus ist eine der größten Herausforderungen unserer Zeit. Dieser Kampf wird immer mehr auf dem Bereich der modernen Informations- und Kommunikationstechnik ausgetragen. Sollen die Ordnungskräfte in diesem Kampf bestehen, muss der Gesetzgeber deren Befugnisse immer wieder den neuen Entwicklungen anpassen. Das organisierte Verbrechen und terroristische Vereinigungen nutzen im hohen Maß für ihre Zwecke die Möglichkeiten dieser neuen Technik. Ihre Netzwerke sind weltweit verknüpft und hoch konspirativ. Herkömmliche polizeiliche Abwehr- und Ermittlungsmethoden sind deswegen nicht mehr ausreichend, um diesen Entwicklungen wirksam zu begegnen. Andererseits manövriert der Gesetzgeber ständig zwischen dem, was eine rechtsstaatliche Verfassung noch zulässt, und dem, was geeignet und erforderlich ist, um den tatsächlichen Anforderungen dieses Auftrags zu genügen. Glaubte man seinerzeit, das erst am 2. März 2004 (GVBl. S. 202) stark erneuerte POG würde den neuen Anforderungen ausreichend gerecht, erforderten in den folgenden Jahren technische Erfahrungen einerseits und verfassungsgerichtliche Entscheidungen andererseits immer wieder Korrekturen. Diese finden sich in den Änderungen des Polizei- und Ordnungsbehördengesetzes vom 25. Juli 2005 (GVBl. S. 320) und vom 15. Februar 2011 (GVBl. S. 26). Diese Änderungen enthalten einerseits einige neue Eingriffsmöglichkeiten. Unter engen rechtsstaatlichen Voraussetzungen ist nunmehr die sogenannte Online-Durchsuchung von Computern und ähnlichen Kommunikationsreinrichtungen erlaubt. Telekommunikation darf jetzt nicht nur – unter differenziert ausgestalteten Voraussetzungen – überwacht, sondern auch unterbrochen oder verhindert werden.

Andererseits ist aber auch der Schutz persönlicher Daten ausgeweitet worden. So wurde als Folge aktueller Entscheidungen des Bundesverfassungsgerichts zum Gefahrenabwehrrecht die polizeiliche Ermächtigung zur Rasterfahndung restriktiver gefasst. Die Befugnis zum automatisierten Kfz-Kennzeichenabgleich hat der Gesetzgeber sogar wieder aufgehoben, weil sie den Vorgaben des Bundesverfassungsgerichts nicht entsprach. Ein wesentlicher Aspekt der letzten Gesetzesänderung ist der besondere Schutz des unantastbaren Kernbereichs privater Lebensgestaltung und der zeugnisverweigerungsberechtigten Berufsgeheimnisträger bei Durchführung verdeckter Maßnahmen. Und auch im Bereich des Verfahrensrechts wurde zugunsten des Datenschutzes nachgebessert. Sofern überhaupt, ist nun einheitlich grundsätzlich das Amtsgericht zuständig, in dessen Bezirk die Polizeidienststelle ihren Sitz hat. Vor allem aber ist bei verdeckten Maßnahmen, die Wohnungen oder Telekommunikation betreffen, gar nicht mehr das Amtsgericht, sondern das Oberverwaltungsgericht Rheinland-Pfalz zuständig, da es sich bei den genannten Maßnahmen um solche von größerer Bedeutung handelt und das Oberverwaltungsgericht die größere verfassungsrechtliche und verwaltungsrechtliche Kompetenz hat.

Es bleibt nun abzuwarten, wie sich das inzwischen geschaffene System des POG in der Praxis bewährt.

Neuwied, im April 2013   Dietrich G. Rühle

Inhaltsverzeichnis

Abkürzungsverzeichnis

a a O.	am angegebenen Ort
a.	auch
a. E.	am Ende
a. F.	alte Fassung
a. A.	anderer Ansicht
a. a. O.	am angegebenen Ort
ABM-Datei	Datei für Anhalte- und Beobachtungsmeldungen
Abs.	Absatz
AFIS	Automatisches Fingerabdruck-Identifizierungssytem
AGKJHG	Ausführungsgesetz zum Kinder- und Jugendhilfegesetz RP = SGB VIII
AGVwGO	Ausführungsgesetz zur Verwaltungsgerichtsordnung von Rheinland-Pfalz
Anl.	Anlage
Anm.	Anmerkung
AnwBl	Anwaltsblatt, Zeitschrift
ÄÖR	Archiv öffentliches Recht, Zeitschrift
Art.	Artikel
AS	Amtliche Sammlung der Entscheidungen der Oberverwaltungsgerichte von Rheinland-Pfalz und des Saarlandes
AsylVfhG	Asylverfahrensgesetz
AufenthG	Gesetz über den Aufenthalt, die Erwerbstätigkeit und die Integration von Ausländern im Bundesgebiet
Aufl.	Auflage
Az.	Aktenzeichen
AZR(G)	Ausländerzentralregiste(gesetz)
bay.	bayrisch(es)
BayVBl	Bayerische Verwaltungsblätter, Zeitschrift
BayVerfGH	Bayerischer Verfassungsgerichtshof
BBauG	Bundesbaugesetz
BBergG	Bundesberggesetz
BBodSchG	Bundesbodenschutzgesetz
BDSG	Bundesdatenschutzgesetz
BefrBezG	Gesetz über die befriedeten Bezirke
berl.	berlinisch(es)
bes.	besonderes
BestG	Bestattungsgesetz Rheinland-Pfalz
BFHE	Amtliche Entscheidungssammlung des Bundesfinanzhofs
BGB	Bürgerliches Gesetzbuch
BGBl	Bundesgesetzblatt
BGH	Bundesgerichtshof
BGHZ	Entscheidungen des Bundesgerichtshofes in Zivilsachen
BImSchG	Bundesimmissionsschutzgesetz
BJagdG	Bundesjagdgesetz
BKA	Bundeskriminalamt
BKAG	Gesetz über Zuständigkeiten und Befugnisse des BKA
BPolG	Bundespolizeigesetz

LBKG	Brand- und Katastrophenschutzgesetz von Rheinland-Pfalz
BMI	Bundesministerium für Inneres
brbg.	brandenburgisch(es)
brem	bremisch(es)
BRS	Thiel/Gelzer Baurechtssammlung
BSeuchG	Gesetz zur Verhütung und Bekämpfung übertragbarer Krankheiten beim Menschen (aufgehoben)
BSGE	Amtliche Sammlung der Entscheidungen des Bundessozialgerichts
BTMG	Gesetz über den Verkehr mit Betäubungsmitteln
BVerfG	Bundesverfassungsgericht
BVerfGE	Amtliche Sammlung der Entscheidungen des Bundesverfassungsgerichts
BVerwG	Bundesverwaltungsgericht
BVerwGE	Amtliche Sammlung der Entscheidungen des Bundesverwaltungsgerichts
BVfGE	Amtliche Sammlung der Entscheidungen des Bundesverfassungsgerichts
BW	Baden-Württemberg
bw.	baden-württembergisch(es)
CR	Computer und Recht, Zeitschrift
d.h.	das heißt
D/W/V/M	Drews/Wacke/Vogel/Martens
DFB	Deutsches Fahndungsbuch
DNA-IFG	DNA-Identitätsfeststellungsgesetz
DÖV	Die Öffentliche Verwaltung, Zeitschrift
DVBl	Deutsches Verwaltungsblatt, Zeitschrift
DVP	Deutsche Verwaltungspraxis, Zeitschrift
ED	Erkennungsdienst(lich)
EGGVG	Einführungsgesetz zum Gerichtsverfassungsgesetz
EGGVG	Einführungsgesetz zum Gerichtsverfassungsgesetz
EGMR	Europäischer Gerichtshof für Menschenrechte
EGStGB	Einführungsgesetz zum Strafgesetzbuch
EichG	Eichgesetz
Einl.	Einleitung
ELIAS	Einsatzleit-, Informations- u. Auskunftssystem
EMRK	Europäische Konvention für Menschenrechte
EuGH	Gerichtshof der Europäischen Gemeinschaften
EuGRZ	Europäische Grundrechte, Zeitschrift
EuroPol	Europäisches Polizeiamt in Den Haag
EWOIS	Einwohner-Informationssystem Rheinland-Pfalz
f.	und die folgende Seite
FEVO	Fahrerlaubnisverordnung
ff.	und die fortfolgenden Seiten
FGG	Gesetz der freiwilligen Gerichtsbarkeit
Fn	Fußnote
FreihEntzG	Gesetz über das gerichtliche Verfahren bei Freiheitsentziehung
GastG	Gaststättengesetz
GastVO	Gaststättenverordnung Rheinland-Pfalz
GAVO	Gefahrenabwehrverordnung
GBl.	Gesetzesblatt

GBO	Grundbuchordnung
Gem.Rundschr	Gemeinsames Rundschreiben der Staatskanzlei und der Ministerien
GemO	Gemeindeordnung von Rheinland-Pfalz
GeschlKrG	Gesetz zur Bekämpfung der Geschlechtskrankheiten
GewO	Gewerbeordnung
GG	Grundgesetz der Bundesrepublik Deutschland
GPS	Global Positioning System
GS	Großer Senat
GVBl	Gesetz- und Verordnungsblatt Rheinland-Pfalz
GVG	Gerichtsverfassungsgesetz
h. M.	herrschende(r) Meinung
HaftpflG	Haftpflichtgesetz
hamb.	hamburgisch(es)
hess.	hessisch(es)
hins.	hinsichtlich
i. d. F. v.	in der Fassung vom
i. d. R.	in der Regel
i. e. S.	im engeren Sinne
i. S. d.	im Sinne des / der
i. S. v.	im Sinne von
i. V. m.	in Verbindung mit
i. w. S.	im weiteren Sinne
IMK	Innenministerkonferenz
InfSchG	Infektionsschutzgesetz
INPOL	Informationssystem der Polizei (Verbunddateien)
insbes.	insbesondere
InsO	Insolvenzordnung
ISM	Ministerium des Innern und für Sport Rheinland-Pfalz
JA	Juristische Arbeitsblätter, Zeitschrift
JR	Juristische Rundschau, zeitschrift
JuMiG	Justizmitteilungsgesetz
Jura	Juristische Ausbildung, Zeitschrift
JuS	Juristische Schulung, Zeitschrift
JuSchG	Jugendschutzgesetz
JZ	Juristenzeitung, Zeitschrift
JZ	Juristenzeitung, Zeitschrift
KA	Kriminalakte
KAN	Kriminalaktennachweis
KG	Kammergericht
KJ	Kritische Justiz, Zeitschrift
KPS	Kriminalpolizeiliche personenbezogene Sammlung
Kriminalstatistik	Kriminalstatistik, Zeitschrift
KrimJour	Kriminologisches Journal, Zeitschrift
KrimPäd	Kriminalpädagogische Praxis, Zeitschrift
KrW-/AbfG	Kreislaufwirtschafts- und Abfallgesetz
KUG	Gesetz betreffend das Urheberrecht an Werken der bildenden Künste und Photographie
LAbfWAG	Landesabfallwirtschafts- und Altlastengesetz Rheinland-Pfalz
LAuswG	Landesausweisgesetz Rheinland-Pfalz
LBauO	Landesbauordnung Rheinland-Pfalz

LBeamtG	Landesbeamtengesetz Rheinland-Pfalz
LBKG	Landesbrand- und Katastrophenschutzgesetz Rheinland-Pfalz
LDSG	Landesdatenschutzgesetz Rheinland-Pfalz
LfD	Landesbeauftragter für den Datenschutz
Lfg.	Lieferung
LFischereiG	Landesfischereigesetz Rheinland-Pfalz
LfV	Landesamt für Verfassungsschutz
LG	Landgericht
LImSchG	Landesimmissionsschutzgesetz Rheinland-Pfalz
LKA	Landeskriminalamt
LKV	Landes- und Kommunalverwaltung, Zeitschrift
LPAuswG	Landespersonalausweisgesetz Rheinland-Pfalz
LPresseG	Landesgesetz über die Presse Rheinland-Pfalz
LStrG	Landesstraßengesetz Rheinland-Pfalz
LT RP	Landtag Rheinland-Pfalz
LuftVG	Luftverkehrsgesetz
LVerfSchG	Landesverfassungsschutzgesetz
LVf	Landesverfassung von Rheinland-Pfalz
LVO	Landesverordnung
LVwVfG	Landesverwaltungsverfahrensgesetz von Rheinland-Pfalz
LVwVG	Landesverwaltungsvollstreckungsgesetz Rheinland-Pfalz
LVwZG	Landesverwaltungszustellungsgesetz Rheinland-Pfalz
LWasserG	Landeswassergesetz Rheinland-Pfalz
LWG	Landeswassergesetz Rheinland-Pfalz
LZustVO	Landeszuständigkeitsverordnung Rheinland-Pfalz
m w N	mit weiteren Nachweisen
MDR	Monatsschrift für Deutsches Recht, Zeitschrift
MEK	Mobiles Einsatzkommando
MeldeDVO	Durchführungsverordnung zum Meldegesetz Rheinland-Pfalz
MeldeG	Meldegesetz Rheinland-Pfalz
MfS	Ministerium für Staatssicherheit der DDR
MinBl	Ministerialblatt
MiStra	Anordnung über Mitteilungen in Strafsachen
MRK	Gesetz über die Konvention zum Schutze der Menschenrechte und Grundfreiheiten
MuE	Musterentwurf eines einheitlichen Polizeigesetzes
mv.	mecklenburg-vorpommerisch(es)
mwN	mit weiteren Nachweisen
nds.	niedersächsisch(es)
NdsVBl	niedersächsisches Verwaltungsblatt
NJ	Neue Justiz, Zeitschrift
NJW	Neue Juristische Wochenschrift, Zeitschrift
NKP	Neue Kriminalpolitik, Zeitschrift
NordÖR	Zeitschrift für öffentliches Recht in Norddeutschland
NPA	Neues Polizeiarchiv (Loseblattsammlung)
Nr.	Nummer
NRW	Nordrhein-Westfalen
nrw.	nordrhein-westfälisch(es)
NSDAP	Nationalsozialistische Deutsche Arbeiterpartei
NStZ	Neue Zeitschrift für Strafrecht
NuR	Natur und Recht, Zeitschrift

NVwZ	Neue Verwaltungszeitschrift
NVwZ-RR	Neue Verwaltungszeitschrift Rechtsprechungsreport
NWVBl	Nordrhein-Westfälisches Verwaltungsblatt
NZV	Neue Zeitschrift für Verkehrsrecht
o. g.	oben genannt
o. a.	oder andere(s)
o. Ä.	oder Ähnliche(s)
OLG	Oberlandesgericht
OVG	Oberverwaltungsgericht
OVGE	Entscheidungen des Oberverwaltungsgerichts
OWiG	Gesetz über die Ordnungswidrigkeiten
PassG	Passgesetz
POG	Polizei- und Ordnungsbehördengesetz Rheinland-Pfalz
POLADIS	Elektronische Vorgangsverwaltung der Polizei
PolG	Polizeigesetz
POLIS	Polizeiliches Informationssystem
PP	Polizeipräsidium
pr.	preußisch(es)
PsychKG	Landesgesetz für psychisch kranke Personen Rheinland-Pfalz
PVG	Polizeiverwaltungsgesetz Rheinland-Pfalz (bis 1993)
RdL	Recht der Landwirtschaft, Zeitschrift
rhpf.	rheinland-pfälzisch(es)
RiS	Recht auf informationelle Selbstbestimmung
RiStBV	Richtlinien für das Straf- und Bußgeldverfahren
Rn	Randnummer
RP /rp	Rheinland-Pfalz / rheinland-pfälzisch
S.	Seite *oder* Satz
s.	siehe
S. o. / S. u.	siehe oben /siehe unten
s.-anh.	sachsen-anhaltisch(es)
saarl.	saarländisch(es)
sächs.	sächsisch(es)
schl-h.	schleswig-holsteinisch(es)
SchulG	Schulgesetz Rheinland-Pfalz
SDÜ	Schengener Durchführungsübereinkommen
SEK	Spezialeinsatzkommando
SGB	Sozialgesetzbuch (römische Ziffer = Teil)
SIS	Schengener Informationssytem
SOG	Sicherheits- und Ordnungsgesetz
sog.	sogenannte
Sp.	Spalte
SpielVO	Verordnung über Spielgeräte und andere Spiele mit Gewinnmöglichkeit
SprengG	Sprengstoffgesetz
StA	Staatsanwaltschaft
StGB	Strafgesetzbuch
StPO	Strafprozessordnung
str	strittig
StVÄG	Strafverfahrensänderungsgesetz (mit jeweiliger Jahreszahl)
StVG	Straßenverkehrsgesetz
StVO	Straßenverkehrsordnung

StVZO	Straßenverkehrszulassungsordnung
TDK	Teledienstleitungsgesetz
TierschG	Tierschutzgesetz
TKG	Telekommunikationsgesetz
TKÜ	Telekommunikationsüberwachungsmaßnahme
u. a.	und anderes / unter anderem
u. Ä.	und Ähnliches
UmweltHpflG	Umwelthaftpflichtgesetz
UPR	Umwelt- und Planungsrecht, Zeitschrift
VBlBW	Baden-Württembergische Verwaltungsblätter
VE	Verdeckter Ermittler
VerfGH	Verfassungsgerichtshof Rheinland-Pfalz (Koblenz)
VerfGHG	Verfassungsgerichtshofgesetz Rheinland-Pfalz
VerkündG	Landesverkündungsgesetz Rheinland-Pfalz
VersG	Gesetz über Versammlungen und Aufzüge
VersR	Versicherungsrecht, Zeitschrift
VG	Verwaltungsgericht
VGH	Verwaltungsgerichtshof
vgl.	vergleiche
VO	Verordnung
Vorbem	Vorbemerkung zu
VP	Vertrauensperson der Polizei
VV	Verwaltungsvorschrift
VwGO	Verwaltungsgerichtsordnung
VwRspr	Verwaltungsrechtsprechung, Zeitschrift
VwVfG	Verwaltungsverfahrensgesetz
VwVG	Bundesverwaltungsvollstreckungsgesetz
VwZG	Bundesverwaltungszustellungsgesetz
VZU	Volkszählungsurteil des Bundesverfassungsgerichtes 1983
W/H/R	Würtemberger/Heckmann/Riggert
WaffG	Waffengesetz
WehrpflG	Wehrpflichtgesetz
WHG	Gesetz zur Ordnung des Wasserhaushalts
WRV	Weimarer Reichsverfassung
WuM	Wohnungs- und Mietrecht, Zeitschrift
z. B.	zum Beispiel
ZEVIS	Zentrales Verkehrsinformationssystem (Flensburg)
ZIP	Zeitschrift für Wirtschaftsrecht
ZivilDG	Gesetz über den Zivildienst und Kriegsverweigerer
ZJS	Zeitschrift für das juristische Studium
ZPO	Zivilprozessordnung
ZRP	Zeitschrift für Rechtspolitik
ZVG	Zwangsversteigerungsgesetz

Literaturverzeichnis

De Clerck/Schmidt, Polizei- und Ordnungsbehördengesetz, Losebl., 6. Auflage 1994
Drews/Wacke/Vogel//Martens, Gefahrenabwehr, Lehrbuch, 9. Auflage 1986
Engelhardt/App, VWGO/VZG, Kommentar, 9. Auflage 2011
Eyermann/Fröhler, VwGO, Kommentar, 13. Auflage 2010
Frings/Spahlholz, Das Recht der Gefahrenabwehr in Nordrhein-Westfalen, 3. Auflage 2011
Götz, Allgemeines Polizei- und Ordnungsrecht, Lehrbuch, 15. Auflage 2013
Gusy, Polizeirecht, Lehrbuch, 8. Auflage 2011
Habermehl, Polizei- und Ordnungsrecht, Lehrbuch, 2. Auflage 1993
Knemeyer, Polizei- und Ordnungsrecht, Lehrbuch, 11. Auflage 2007
Kopp/Schenke, Verwaltungsgerichtsordnung, Kommentar, 18. Auflage 2012
Lisken/Denninger/Rachor, Handbuch des Polizeirechts, Kommentar, 5. Auflage 2012
Möller/Warg, Allgemeines Polizei- und Ordnungsrecht mit Verwaltungszwang und Bescheidtechnik,Lehrbuch, 6. Auflage 2012
Prümm/Sigrist, Allgemeines Sicherheits- und Ordnungsrecht, 2. Auflage 2003
Pieroth/Schlink/Kniesel, Polizei- und Ordnungsrecht, Lehrbuch, 6. Auflage 2010
Redeker/von Oertzen, Verwaltungsgerichtsordnung, Lehrbuch, 6. Auflage 2010
Ruder/Schmidt, Polizeirecht Baden-Württemberg, Lehrbuch, 6. Auflage 2005
Roos/Lenz, Polizei- und Ordnungsbehördengesetz, Kommentar, 4. Auflage 2011
Rühle/Suhr, POG Rheinland-Pfalz; Kommentar, VDP, 5. Auflage 2012
Rühle/Stumm, Handbuch für Rechtsausschüsse, Lehrbuch,. 1999
Schenke Polizei- und Ordnungsrecht, Lehrbuch, 7. Auflage 2011
Stein, Fälle und Erläuterungen zum Polizei- und Ordnungsrecht Rheinland-Pfalz, Übungsbuch, 2. Auflage 2004
Stumm, Verwaltungsrecht I, Lehrbuch, 2. Auflage 2006
Thiel, Polizei- und Ordnungsrecht, Lehrbuch, 1. Auflage 2013
Würtenberger/Heckmann/Riggert, Polizeirecht in Baden-Württemberg, Lehrbuch, 6. Auflage 2005

A. Die geschichtliche Entwicklung des Polizeirechts

I. Der Begriff Polizei

Das Wort Polizei (wie auch Politik) stammt aus dem griechischen „**Politeia**" und be- **1** deutet übersetzt soviel wie „Verfassung des Staates" oder „Zusammenwirken der Staatsorgane". In der Antike verstand man darunter die gesamte Staatsverwaltung. In Deutschland tauchte der Begriff „**Polizey**" erstmals im süddeutschen Raum zu Beginn des sechzehnten Jahrhunderts auf. Damit war der „Zustand guter Ordnung des Gemeinwesens" umschrieben. Neben den gemeinsamen Regeln einer Gemeinschaft umfasste der noch unscharfe Begriff gleichzeitig die Tätigkeit im gesamten Staatswesen (ausgenommen den kirchlichen Bereich).[1] Er erstreckte sich auf alle wesentlichen Bereiche des rechtlich geordneten Zusammenlebens, ohne dabei zwischen privatem und öffentlichem Recht zu unterscheiden, (zum materiellen und formellen Polizeibegriff s. Rn B 1).

II. Vom Absolutismus zur Gefahrenabwehr

1. Polizei zur Bevormundung des Bürgers

Die Polizei und die öffentliche Ordnung waren erstmals in der **Reichspolizeiord-** **2** **nung** von 1530 Gegenstand der Gesetzgebung. Diese Reichspolizeiordnung richtete sich insbesondere gegen wucherische Verträge, Betrug, Ehebruch, Büchsentragen (Mitführen von Schusswaffen) sowie gegen Bettler, Müßiggänger, Zigeuner, Landfahrer und Sänger, aber auch gegen prunkvolle Kleidung, Zutrinken und Gotteslästerung. Da Verstöße gegen polizeiliche Regeln Sanktionen zur Folge hatten, sah man das Polizeirecht zunächst noch als unselbstständigen Teil des Strafrechts. Gegenüber polizeilichen Eingriffen konnte der Untertan in begrenztem Rahmen beim **Reichskammergericht** oder dem Reichshofrat um Rechtsschutz nachsuchen.

Der absolutistische Staat des 17. und 18. Jahrhunderts war in seiner Struktur den modernen Diktaturen sehr ähnlich. Die Reichspolizeiordnung von 1577 stellte zwar die Reichsgesetzgebung über die landesherrliche Polizei und erlaubte den Fürsten nur, die Gesetze für ihr Gebiet näher zu erläutern. Praktische Bedeutung hatte das aber nicht. Denn um seine Polizeiordnungen durchzusetzen, brauchte der Kaiser die Landesfürsten. Dadurch entstand der **Polizeistaat** im heutigen negativen Verständnis. Dieser herrschte zur *„allgemeinen Wohlfarth"* unbeschränkt in das Privatleben der Untertanen hinein, wobei der absolute Herrscher definierte, was „Wohlfarth" für den Bürger war. Vom Einflussbereich des absolutistischen Herrschers waren so gut wie alle Lebensbereiche betroffen. Der Landesvater schrieb die Kleidung vor (z. B. das Tragen seidener Westen), legte die Art des Schmuckes, der Fahrzeuge und der Getränke fest, verbot das Kaffeetrinken oder schrieb den Bauern vor, auf bestimmten Feldern bestimmte Pflanzen anzubauen. Eine wirksame Kontrolle polizeilichen Handelns gab es nicht.

---

1 Das englische Wort „policy" erfasst noch beide Wortstämme. Es meint sowohl das zielstrebige Vorgehen bei Verhandlungen im Sinne einer Taktik als auch den in einem Vertrag festgeschriebenen Standard an vereinbarten Rechten.

2. Der Durchbruch des Prinzips der bloßen Gefahrenabwehr

a) Preußen

3 Die Ideen der Aufklärung erfassten im 18. Jahrhundert nach und nach auch Deutschland. Im mit Abstand größten deutschen Land Preußen existierte bereits seit 1794 die Generalklausel des § 10 Abs. 2 Titel 17 des Preußischen Allgemeinen Landrechts (ALR), wonach sich die Polizei auf die Gefahrenabwehr zu beschränken habe. Den wirklichen Durchbruch brachte aber erst eine Entscheidung des Preußischen OVG von 1882. In dieser sog. **Kreuzbergentscheidung**[2] wurde eine Berliner Polizeiverordnung aufgehoben, die eine Bebauung des Berliner Kreuzbergs mit höheren Häusern verboten hatte, um den Blick auf ein Denkmal für die gegen Napoleon geführten Befreiungskriege freizuhalten.[3] Aber kulturelle oder städtebauliche Gründe zählten damals (anders als heute!) nicht zu den Schutzgütern der öffentlichen Sicherheit und Ordnung i.S.d. Ordnungsrechts. Das Gericht hob daher das Bauverbot auf, weil das Bauverbot nicht durch die Gefahrenabwehr geboten sei. Das war über ein Jahrhundert nach Inkrafttreten des Art. 10 des Preußischen ALR das Ende der bis dahin praktizierte Allzuständigkeit der Polizei in Preußen. Die Formulierung des § 10 Abs. 2 Titel 17 des Preußischen ALR übernahm dann auch das preußische Polizeiverwaltungsgesetz.[4]

b) Süddeutschland

4 In Süddeutschland verstand man dagegen das Polizeirecht noch bis ins späte 19. Jahrhundert hinein als Bestandteil des Strafrechts. Und da dort für jede einzelne Strafandrohung eine eigene selbstständige gesetzliche Regelung existieren muss („nulla poena sine lege", keine Strafe ohne Gesetz), enthielten die Polizeigesetze[5] **Einzelermächtigungen**. Da sich aber nicht jeder Fall der Gefahrenabwehr einzeln regeln konnte, setzte sich dann allmählich in den Polizeigesetzen die Generalklausel durch. Mit der Einführung einer (noch rudimentären) **Verwaltungsgerichtsbarkeit** (zuerst 1863 in Baden) wurde nun auch die unabhängige Überprüfung von Polizeientscheidungen möglich.

III. Rückfall im 20. Jahrhundert

1. Weimarer Republik (1919 bis 1933)

5 Nach dem Ersten Weltkrieg machte der Wandel vom Kaiserreich zur ersten deutschen Republik eine gänzlich neue Verfassung notwendig. Nach Art. 9 Nr. 2 Weimarer Reichsverfassung (WRV) hatten nicht mehr die Länder, sondern hatte das **Reich die Gesetzgebungskompetenz** zum Schutz der öffentlichen Ordnung und Sicherheit, soweit Regelungsbedarf bestand. Davon wurde aber nur wenig Gebrauch gemacht. Statt dessen war auf **Länderebene Schutz- und Kriminalpolizei** als staatliche Polizei organisiert. Daneben blieb die **alte Ortspolizei** mit überwiegend verwaltungspolizeilichen Aufgaben bestehen.

---

2 Pr. OVG 9, 353 vom 14.6.1882 = DVBl 85, 219.
3 Siehe dazu die ausführliche Abhandlung von Walther JA 1997, 287.
4 § 14 des preußischen Polizei-Verwaltungsgesetzes vom 1.6.1931: *„Die Polizeibehörden haben im Rahmen der geltenden Gesetze die nach pflichtgemäßem Ermessen notwendigen Maßnahmen zu treffen, um von der Allgemeinheit oder dem einzelnen Gefahren abzuwehren, durch die die öffentliche Sicherheit oder Ordnung bedroht wird."*.
5 Württemberg 1834 und 1871, Hessen 1847, Bayern 1861 und Baden 1863 und 1871.

Ein großes Problem für die innere Stabilität der krisengeschüttelten ersten deutschen Demokratie waren u. a. die republikfeindlichen privaten Schutzvereinigungen der politisch extremen Parteien und Vereinigungen. So gründete Adolf Hitler 1921 aus seinen ehemaligen Saalordnern und Mitgliedern aufgelöster Freikorps zunächst den Versammlungsschutz der NSDAP, die **Sturmabteilung (SA)**. Trotz eines vorübergehenden Verbots beherrschten von nun an zunehmend die Gewalt von SA (seit 1925 mit der noch formal in die SA eingegliederten SS), Rotem Frontkämpferbund (Kommunisten), Stahlhelm (Rechtskonservative), Reichsbanner Schwarz-Rot-Gold (Republikaner, SPD-nah) und anderen vergleichbaren Schläger-Organisationen die Straße. Im April 1932 versuchte die sterbende erste Deutsche Demokratie unter Reichskanzler Heinrich Brüning, dem Straßenterror und den bürgerkriegsähnlichen Zuständen durch ein Verbot der SA und SS Einhalt zu gebieten, aber schon im Juni desselben Jahres hob der neue Reichskanzler Franz von Papen das ohnehin wenig wirksame Verbot wieder auf, ließ im Juli 1932 die preußische Polizeiführung in Berlin verhaften und ernannte sich selbst zum Reichskommissar für Preußen. Damit bereitete er der NS-Diktatur den Weg.

2. Polizei im NS-Staat (1933 bis 1945)

Mit der Ernennung Adolf Hitlers zum Reichskanzler am 30.1.1933 veränderte sich 6
Deutschland und damit die Rolle der Polizei fundamental. Formal gestützt auf Art. 48 Abs. 2 WRV, schaltete Hitler u. a. das Parlament aus[6] und die Länder gleich. Den öffentlichen Dienst ordnete man der Reichskompetenz zu, und „nichtarische” oder politisch nicht genehme Beamte, auch die der Polizei, wurden ihres Amtes enthoben und entlassen.[7] Die inzwischen 700.000 Mitglieder der SA wurden nun mancherorts – vor allem in Preußen – sogar als Hilfspolizisten eingesetzt. Es folgte der offene und ungebremste Terror der SA gegen politische und persönliche Gegner mit willkürlichen Verhaftungen, Verschleppen in SA-Versammlungsheime und -keller, Folter, Tötungen und Raub des Besitzes der SA-Opfer. In Berlin entstanden die ersten „wilden” Konzentrationslager (KZ), in die politisch oder persönlich Missliebige als „Schutzhäftlinge” gesperrt und gequält wurden. Ein Jahr nach der Machtergreifung wurde dann die Polizeihoheit der Länder endgültig beseitigt und damit die „Verreichlichung” der Polizei eingeleitet.[8] Nunmehr verfügte die neue Diktatur über eine **zentral verfügbare Polizei** als wichtiges Instrument des totalitären Machtapparats.

Für den eigentlichen Unterdrückungsapparat benötigte man aber ganz besondere 7
Formen der Polizei. Auf Initiative des Reichsführers SS, Heinrich Himmler, wurde schon 1931 ein Nachrichtendienst innerhalb der Schutzstaffel (SS) eingerichtet, der **Sicherheitsdienst (SD)**. Zu den Aufgaben des SD gehörte ebenso die Beobachtung gegnerischer Parteien und politischer Organisationen wie die Überwachung oppositioneller Strömungen innerhalb der nationalsozialistischen Bewegung.

Ferner baute Heinrich Himmler ab 1933 die politische Geheime Staatspolizei (**Gestapo**) auf. Diese verfügte über die ersten regulären „Konzentrationslager”, in denen politische Gegner und Andersdenkende) drakonischen Sonderbestimmungen vom Arrest über Körper- bis hin zu Todesstrafen unterworfen waren.

---

6 Notverordnung vom 4.2.1933; Gesetz „zur Behebung der Not von Volk und Reich” (Ermächtigungsgesetz) vom 23. 3. 1933.
7 7.4.1933: Gesetz zur „Wiederherstellung des Berufsbeamtentums”.
8 30.1.1934: Gesetz über den Neuaufbau des Reiches.

Am 17.6.1936 ernannte Hitler Himmler zum „Reichsführer SS und Chef der Deutschen Polizei im Reichsministerium des Innern". Die SS übernahm damit nun auch im Gesamtbereich der allgemeinen uniformierten Ordnungspolizei die Kontrolle und gewann sehr schnell zentralen Einfluss auf die personelle und ideologische Gestaltung und Ausrichtung der Polizei. Die Polizei war jetzt in einem aus zwei Hauptämtern bestehenden **Reichspolizeiamt** gebündelt. Das zur SS gehörende **Hauptamt Sicherheitspolizei** (Sipo) unter Heydrich umfasste die politische Geheime Staatspolizei (Gestapo) und die Kriminalpolizei, womit die Kriminalpolizei praktisch der Gestapo untergeordnet wurde. Zum **Hauptamt Ordnungspolizei** gehörten die Schutzpolizei, die Gendarmerie und die Gemeindepolizei. Die Gestapo erhielt **weitreichende Kompetenzen**.[9] So konnte sie u. a. ohne Hinzuziehung eines Richters sog. „Schutzhaft" in Gefängnis oder Konzentrationslagern verhängen, in Form der „verschärften Vernehmung" foltern oder über „Sonderbehandlung" hinrichten.

8 Durch eine Änderung des Strafgesetzbuches 1935 wird der Grundsatz „nulla poena sine lege" (keine Strafe ohne strafbewehrendes Gesetz zur Tatzeit) außer Kraft gesetzt. Von da an war „nach gesundem Volksempfinden" zu bestrafen, womit jede Bindung der Gerichte an Gesetze praktisch aufgehoben und durch die Weisungen der nationalsozialistischen Führung ersetzt war. 1937 wurden die „polizeiliche planmäßige Überwachung" und die „polizeiliche Vorbeugehaft" reichseinheitlich neu geregelt.[10] Damit waren alle politischen Gegner in Deutschland praktisch vogelfrei.

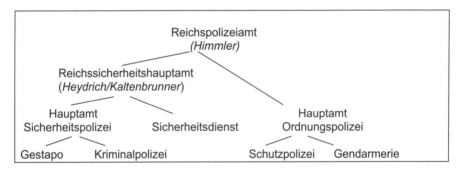

9 Der SS-Terror erreichte ganz neue Dimensionen während des 2. Weltkrieges. In Vollendung der organisatorischen Konzentration vereinte man vier Wochen nach Kriegsbeginn Ende September 1939 das Hauptamt Sicherheitspolizei im Reichsinnenministerium mit dem Sicherheitsdienst der SS zum **Reichssicherheitshauptamt** (RSHA) unter der Leitung Heydrichs. Damit hatte man nun Gestapo, Kriminalpolizei und Sicherheitsdienst gebündelt, um politische Gegner noch wirksamer zu verfolgen.[11] Im besetzten Polen und vor allem ab Sommer 1941 in der teilweise besetzten Sowjetunion ermordeten hinter der Front vom Reichssicherheitshauptamt zusammengestellte Einsatzgruppen hunderttausende Menschen, zumeist Juden, „Zigeuner" und andere, die nach wahnwitzigen Kriterien als „rassisch minderwertig" galten, aber auch Widerstandskämpfer, Kriegsgefangene, Kommunisten und sonstige Gegner sowie Behin-

---

9   Durchführungsverordnung zum Gesetz über die Gestapo vom 10.2.1936, GS. 21 und 22.
10 14.12.1937: Runderlass des Reichs- und Preußischen Ministers des Innern über die vorbeugende Verbrechensbekämpfung durch die Polizei.
11 Struktur und rechtliche Grundsätze dieses Polizeirechts beschreibt aus nationalsozialistischer Sicht (!) das Werk von Maunz aus dem Jahr 1943 „Gestalt und Recht der deutschen Polizei" (zitiert nach Drews/Wacke/ Vogel/Martens, S. 112, Fn 35, 41 und 42).

derte. Mit den Massenvernichtungslagern organisierte die SS schließlich eine fabrikartige Menschenvernichtung, die zumindest in ihrem Ausmaß[12] in der Menschheitsgeschichte einmalig ist. An den als „Aussiedlung" getarnten Transporten in die Vernichtungslager und den Massenmorden[13] waren neben SS, Sicherheitspolizei, örtlicher polnischer Polizei und in den besetzten Gebieten rekrutierten „Hilfswilligen" auch Einheiten der Ordnungspolizei beteiligt.[14]

IV. Neuorganisation der Polizei nach dem 2. Weltkrieg

1. Entwicklung in Westdeutschland seit 1945

Nach dem zweiten Weltkrieg wurden SS und Gestapo in den Nürnberger Prozessen **10** 1946 zu verbrecherischen Organisationen erklärt, merkwürdigerweise aber nicht die SA. Die alliierten Siegermächte bestimmten die weitere Entwicklung der polizeilichen Strukturen mit dem Ziel, die Polizei zu dezentralisieren und wieder rechtsstaatlichen Grundsätzen zu unterwerfen. Sie verfügten neben anderen Maßnahmen für den politischen Wiederaufbau eine strikte **Trennung von Geheimdiensten und Polizei**, die Zurückverlagerung der **Polizeihoheit auf die Länder** sowie die **Entpolizeilichung** im Bereich der Gefahrenabwehr, d.h. die Beschränkung der Polizei auf vollzugspolizeiliche Aufgaben.[15] Im überwiegenden Teil der angloamerikanischen Besatzungszonen[16] wurde im Rahmen der sog. „Entpolizeilichung" das **Trennungsprinzip** (vgl. Rn B 1) eingeführt, wurden also bei den Kommunen Ordnungsbehörden gebildet, die fortan zur allgemeinen Verwaltung und nicht mehr zur Polizei gehörten und die nicht polizeitypischen Aufgaben der Gefahrenabwehr wahrnahmen (**Ordnungsbehördensystem**)[17]. Dagegen blieb es vor allem in den überwiegend französisch besetzten Zonen[18] beim sog. **Einheitsprinzip**, das ja schon vor dem NS-Staat in Deutschland gegolten hatte: Sowohl den Polizeivollzugsdienst als auch die Ordnungsbehörden ordnete man organisatorisch der Polizei zu (**Polizeibehördensystem**).

2. Polizei in der „DDR" (1949 bis 1990)

Die Machthaber der „DDR" hielten sich an rechtsstaatliche Grundsätze ebenso wenig **11** wie die des NS-Staates. Im sowjetisch beherrschten Teil Deutschlands galten formal zunächst fast zwei Jahrzehnte die vornationalsozialistischen Landespolizeigesetze aus den 20er und 30er Jahren. Am 11.6.1968 ersetzte das „Gesetz über die Aufgaben und Befugnisse der Deutschen Volkspolizei" (**VPG**) die bis dahin geltenden Regelungen. Das VPG setzte in seinem § 11 Abs. 1 die Tradition der preußischen Generalklausel fort, ließ aber als weitere polizeiliche Aufgaben auch den **„Schutz der sozialistischen Staats- und Gesellschaftsordnung**, der sozialistischen Errungenschaften sowie des freiheitlichen Lebens und der schöpferischen Arbeit des Menschen" zu. Diese

---

12 In den Arbeits- und Vernichtungslagern starben über 6 Millionen Juden und über 500.000 sonstige Gefangene.
13 Getötet alleine weit über 20 Millionen Menschen (über 7 Mio. Zivilisten) in Russland und über 6 Millionen (über 4 Mio. Zivilisten) im kleinen Polen, die Mehrheit starb nicht in Kampfhandlungen.
14 Wolfgang Kopitzsch aaO.
15 Vgl. Rühle/Suhr vor §§ 75 ff.
16 Bayern, Berlin, Hamburg, Hessen, Niedersachsen, Nordrhein-Westfalen und Schleswig-Holstein.
17 S. Reinke Kriminologisches Journal 2000, 176 ff.
18 Rheinland-Pfalz, Baden-Württemberg und (nach seiner Rückkehr 1956) dem Saarland; außerdem im britisch besetzten Bremen.

nichts sagenden und darum beliebig auslegbaren Rechtsbegriffe sorgten (ähnlich dem Begriff des „gesunden Volksempfindens" im NS-Staat) dafür, dass es eine rechtlich bestimmbare Reduzierung polizeilicher Gewalt auf die Gefahrenabwehr nicht gab. § 11 Abs. 1 VPG diente der Rechtfertigung aller Maßnahmen, die sich gegen politisch, ideologisch oder gesellschaftlich Missliebige richteten, und als Grundlage jeglichen Vorgehens nicht nur gegen Gefahren für die öffentliche Sicherheit oder Ordnung in unserem Verständnis, sondern auch gegen politisch, moralisch oder sonst wie nicht gewollte Erscheinungen.

In der sowjetischen Besatzungszone wurde die Deutsche Volkspolizei (DVP) am 1.7.1945 offiziell neu gegründet.[19] Dabei wurde fast das gesamte Personal ausgetauscht und durch Berufsfremde ersetzt. Die Struktur der Polizei war wie im NS-Staat ein **zentralistisches Polizeibehördensystem.** In der neu gegründeten „DDR" sollten Polizeiangehörige neben der traditionellen Sicherung der öffentlichen Ordnung ihren Beitrag „zur allseitigen Stärkung und zum zuverlässigen Schutz der Arbeiter- und Bauern-Macht" leisten und waren später meistens Mitglieder SED. Innerhalb der Volkspolizei gab es seit 1960 eine eigene SED-Kreisleitung, die direkt dem SED-Zentralkomitee unterstellt war. Für die Bevölkerung waren die 1952/1953 nach sowjetischem Vorbild eingeführten „Abschnittsbevollmächtigten" der Schutzpolizei die ersten Ansprechpartner zur Aufrechterhaltung der öffentlichen Ordnung. Die Abschnittsbevollmächtigten kannten jeden Bürger ihres Wohngebietes. Sie kontrollierten die „Hausbücher", die in jedem Wohnhaus vom „Hausgemeinschaftsleiter" geführt werden mussten. Daneben wurde die Bevölkerung bis in die privatesten Ebenen hinein durch den Staatssicherheitsdienst (SSD, „Stasi"[20]) des 1950 gegründeten **Ministeriums für Staatssicherheit** (MfS) bis hin zur Unsinnigkeit bespitzelt. Es wird geschätzt, dass ungefähr 91.000 Menschen hauptamtlich und weit mehr als 100.000 sog. „Inoffizielle Mitarbeiter", also Spitzel, für das MfS arbeiteten. Der Staatssicherheitsdienst ist verantwortlich für tausendfache rechtlose Verschleppung, Kindesentziehung, Erniedrigung, Folter und Hinrichtung von tatsächlichen oder vermeintlichen politischen Gegnern. Vor allem vor dem Mauerbau 1961 schreckte er auch nicht davor zurück, missliebige Personen aus dem freien Westteil Berlins zu entführen und anschließend zu foltern, einzusperren, in die Sowjetunion auszuliefern oder umzubringen. Das MfS beherrschte auch die Volkspolizei, deren wichtigste Positionen sämtlich Vertrauenspersonen des MfS oder gar Stasioffizieren einnahmen. Die Staatssicherheit arbeitete eng mit der Kriminalpolizei und dem Strafvollzug zusammen. In eigenen Haftanstalten wurden zum Teil am gültigen Strafvollzuggesetz der DDR vorbei „Gesonderte Kommandos" eingerichtet, innerhalb derer politische Gefangene und gewöhnliche Kriminelle zum Teil in Isolierhaft und unter menschenunwürdigen Bedingungen einsaßen. Ernsthaften Schutz gegen polizeiliche Maßnahmen gab es praktisch zumindest dann nicht, wenn die polizeiliche Aktion politisch, ideologisch oder moralisch motiviert war.

3. Polizeirecht und -organisation in Rheinland-Pfalz seit 1947

12 Rheinland-Pfalz wurde nach dem Krieg aus der nördlichen französischen Besatzungszone (abzüglich des erst 1956 nach Deutschland zurückgekehrten Saarlandes) gebildet und war somit zuerst ein Kunstgebilde völlig verschiedener Landesteile und Pro-

---

19 Die Kasernierte Volkspolizei (KVP) dagegen war der militärischer Vorläufer der Nationalen Volksarmee (NVA) und von dieser nach ihrer Gründung 1956 übernommen.
20 Im Volksmund „VEB Guck und Horch".

vinzen. Hier führte man zunächst das vom preußischen Polizeiverwaltungsgesetz[21] aus der Zeit vor Hitlers Machtergreifung geprägte Polizeirecht wieder ein,[22] das 1954 durch das rheinland-pfälzische **Polizeiverwaltungsgesetz (PVG)** abgelöst wurde.[23] Es galt weiterhin das Polizeibehördensystem, nach dem nicht nur die Vollzugspolizei (uniformierte und Kriminalpolizei), sondern auch die Ordnungsverwaltung (Verwaltungsbehörden der Gefahrenabwehr) als Polizei galten (**Einheitsprinzip**, s. a. Rn B 1). 1981 arbeitete man den **Musterentwurf** für ein einheitliches Polizeigesetz des Bundes und der Länder von 1976 in das PVG ein.[24] So wurde erstmals differenziert zwischen Aufgaben und Befugnissen der Polizei. Zwangsmittel und Entschädigungsregelungen wurden nach dem Vorbild des Musterentwurfs neu gefasst. Dagegen blieben die Regeln über Polizeiverfügung, Polizeiverordnung und Organisation der Polizei im Wesentlichen unverändert. Vorschriften zum **Schutz personenbezogener Daten** fanden erstmals 1986 Eingang in das PVG.[25]

1993 ersetzte das **Polizei- und Ordnungsbehördengesetz (POG)** das bisherige PVG.[26] Das bedeutete das Ende des Polizeibehörden- und die Einführung des Ordnungsbehördensystems (**Trennungsprinzip**, s. a. Rn B 1). Seitdem gelten wie in den meisten der übrigen Bundesländer auch nur noch die uniformierte (Vollzugs-) Polizei und die Kriminalpolizei als Polizei, alle anderen bisherigen (Verwaltungs-) Polizeibehörden figurieren nunmehr als Ordnungsbehörden. Das bedeutet einen Wechsel vom materiellen, an der Aufgabenstellung orientierten Polizeibegriff zum formellen, an den beteiligten Institutionen und Behörden orientierten Polizeibegriff. Gleichzeitig wird der schon vorher bestehende Trend fortgesetzt, für die Polizei untypische Aufgaben auf die Ordnungsbehörden zu verlagern (Entpolizeilichung). Eine Konzentration der **Vollstreckungsregeln** schaffte 2000 die Streichung[27] der §§ 50 bis 56 POG a.F. zugunsten des gleichzeitig überarbeiteten rheinland-pfälzischen Verwaltungsvollstreckungsgesetzes,[28] womit die unsystematische und kaum zu verstehende Regelung abgeschafft wurde, wonach sich die Vollstreckung der Ordnungsbehörden in manchen Fällen nach den §§ 50 ff. a.F. POG, in anderen nach dem LVwVG richteten. Schließlich wurden 2004 neben einigen anderen Regelungen vor allem die häusliche Platzverweisung und das Aufenthaltsverbot eingeführt (§ 13 Abs. 2 und 3 POG) sowie die datenschutzrechtlichen Bestimmungen überarbeitet[29] und später mehrfach modifiziert.[30]

---

21 Vom 1.6.1931 GS. S. 77.
22 Zur histor. Entwicklung des Polizeirechts nach dem Krieg in Rheinland-Pfalz de Clerck-Schmidt POG, § 1, I.1.-7.
23 Vom 26.3.1954, GVBl. S. 31.
24 Gesetz vom 24.6.1981, GVBl. S. 124.
25 Gesetz vom 26.3.1986, GVBl. S. 73.
26 Gesetz vom 8.6.1993, GVBl. S. 314, i. d. F. vom 10.11.1993 GVBl. S. 595.
27 Gesetz vom 9.11.1999, GVBl. S. 407.
28 Wofür sich seinerzeit dieses Buch eingesetzt hatte, vgl. die Kritik in der 1. Auflage dieses Buches von 1996 (Rn J 3).
29 Gesetz vom 2.3.2004, GVBl. S. 202.
30 GVBl. 2005, 320; 2011, 26; s. dazu im Einzelnen Kap. G.

B. Aufgaben, Organisation, Zuständigkeiten der allgemeinen Ordnungsbehörden und der Polizei

I. Aufgabe der Gefahrenabwehr

1. Materieller und formeller Polizeibegriff

1 Zum Verständnis des organisatorischen Ordnungsrechts muss man zwei verschiedene Polizeibegriffe unterscheiden. Der **materielle Polizeibegriff** ergibt sich aus § 1 Abs. 1 S. 1 POG und definiert funktional die Tätigkeit. Demnach fallen unter diesen Begriff alle Behörden und Stellen, deren Aufgabe es ist, Gefahren für die öffentliche Sicherheit oder Ordnung abzuwehren.[1] Das sind neben der Polizei alle Ordnungsbehörden. Demgegenüber bezieht sich der **formelle Polizeibegriff** auf die Organisation. Formell ist Polizei nur die Behörde, die auch ausdrücklich als „Polizei" bezeichnet wird.[2] Das POG bezeichnet nur die in den §§ 76 bis 84 genannten Polizeibehörden und -einrichtungen als „Polizei", nicht aber mehr die allgemeinen Ordnungsbehörden (Trennungsprinzip).[3]

2. Anwendbarkeit des POG

2 § 1 Abs. 1 S. 1 POG weist den **allgemeinen Ordnungsbehörden i. S. d. § 88 Abs. 1 POG** (vgl. Rn B 18) und der Polizei die **Aufgabe der Gefahrenabwehr** zu. **Gefahr** bedeutet hier (weitergehend als die „im einzelnen Falle bestehende Gefahr" in § 9 Abs. 1 S. 1 POG, vgl. Rn D 1), dass ein Schaden für ein Schutzgut irgendwann eintreten oder sich vertiefen könnte. Mit dieser Aufgabenzuweisung wird die Polizei und werden die allgemeinen Ordnungsbehörden gleichzeitig zu allen Eigenmaßnahmen befugt, die der Schadensverhinderung oder –minderung dienen und gleichzeitig die Rechte einzelner unberührt lässt (z. B. Streifenfahrt, einfache beobachtende Verkehrsüberwachung, Beratung zum Schutz vor Verbrechen, Aufklärung über Suchtmittelgefahren)[4], ohne dass es dafür einer besonderen Ermächtigung bedürfte. Für Eingriffe in Rechte von Personen genügt sie allerdings nicht, hier bedarf es einer Ermächtigungsgrundlage, z. B. der §§ 9 ff. POG (hierzu Kap. G).

3 Das POG ist als allgemeines Gesetz der Gefahrenabwehr für die allgemeinen Ordnungsbehörden und die Polizei eine Auffangvorschrift für die nicht speziell geregelten Fälle. Also selbst die **allgemeinen Ordnungsbehörden und die Polizei** wenden es darum nur insoweit an, als nicht ein spezielleres Gesetz der Gefahrenabwehr für sie vorrangige Regelungen trifft, (z. B. im AufenthG, LPAuswG, MeldeG, LHundeG usw.); hier kann das POG aber ergänzend herangezogen werden, § 1 Abs. 2 S. 2 POG. Völlig unanwendbar (außer für die Vollstreckung der StPO über den nicht nur präventiv anwendbaren § 57 Abs. 1 POG) ist für sie das POG aber dann, wenn es um das Aufklären, Verfolgen oder Verhängen von Verwarnungen, Bußgeldern oder Strafen, also um re-

---

1 Knemeyer Rn 23.
2 Knemeyer Rn 24.
3 Vgl. Rühle/Suhr vor §§ 75 ff.
4 Götz Rn 142.

pressives Polizeirecht geht (vgl. hierzu Rn G 10). Denn für diesen Bereich obliegt dem Bundesgesetzgeber (Art. 74 Nr. 1 Grundgesetz) die Regelungskompetenz. Allerdings ist zu beachten, dass z. B. die §§ 66a, b, 69, 73, 74d StGB und die §§ 81b 2. Fall, 81g Abs. 1 u. 5, 111b ff., 112a, 164 und 484 StPO präventiver Natur sind. Erst Recht nicht anwendbar ist das POG natürlich, wenn aufgrund grundgesetzlicher und bundesrechtlicher Regelungen **Polizeibehörden des Bundes** Bundesrecht vollziehen (z. B. Bundespolizei, BKA, Feldjäger der Bundeswehr usw.).

Aus § 1 Abs. 1 S. 1 POG folgert umgekehrt, dass für **Sonderordnungsbehörden** i. **4** S. d. § 88 Abs. 2 POG (s. Rn B 17) das POG **grundsätzlich nicht anwendbar** ist.

Beispiel: Da Ruhestörungen nach § 14 LImSchG unterbunden werden, sind hierfür die in § 15 LImSchG genannten Sonderordnungsbehörden zuständig, nicht die allgemeinen Ordnungsbehörden. Ein Rückgriff dieser Sonderordnungsbehörden auf das POG ist darum nicht zulässig.

In manchen Fällen können aber auch diese Sonderordnungsbehörden auf das POG zugreifen. Manche Gesetze **verweisen** wieder in Teile des POG zurück (z. B. §§ 59 Abs. 2, 80 Abs. 2 Landesbauordnung, § 108 Abs. 1 Landeswassergesetz, § 28 Abs. 1 S. 4 Landesabfallwirtschaftsgesetz). Unabhängig von derartigen Rückverweisungen ist der Rückgriff auf das POG aber grds. auch dann zulässig, wenn es sich nicht um Ermächtigungsgrundlagen, sondern um allgemeine, **nicht POG-spezifische Grundsätze** handelt (z. B. §§ 2 f. oder § 7 POG).

Beispiel: Die Kreisverwaltung stellt vernachlässigte Tiere nach § 16a Nr. 2 TierschG sicher. Eine Rückgabe an den bisherigen Eigentümer kommt nicht in Betracht. Die Kreisverwaltung ist zwar wegen der besonderen Zuständigkeitsregelung in § 15 TierschG i. V. m. der Landeszuständigkeitsverordnung Sonderordnungsbehörde, so dass ein Rückgriff auf das POG grundsätzlich ausscheidet. Dennoch können hier zum weiteren Verwerten der Tiere durchaus die allgemeinen Grundsätze der §§ 24 ff. POG angewendet werden.

In diesem Zusammenhang ist auch zu beachten, dass zwar jeder **Hoheitsträger** den **5** Ordnungsgesetzen unterliegt (sog. **materielle Ordnungspflicht**, vgl. auch Rn E 7)[5], was nur dann nicht gelten soll, wenn das Interesse an der Wahrnehmung der eigenen störenden Aufgabe überwiegt.[6] Als Hoheitsträger gelten wegen Art. 137 Abs. 5 S. 1 WRV, Art. 140 GG auch die beiden großen christlichen Kirchen für deren sakralen Bereich wie Messen, Prozessionen, Glockenläuten.[7] Jedoch ist nach herrschender Meinung jeder Hoheitsträger für seinen *hoheitlichen* Aufgabenbereich (anders, wenn er fiskalisch, also privat, auftritt und die hoheitliche Tätigkeit unberührt bleibt[8]) selbst verantwortlich und unterliegt grundsätzlich nicht den Weisungen anderer Hoheitsträger, insbesondere nicht denen der allgemeinen Ordnungsbehörden und der Polizei im Rahmen seiner hoheitlichen (!) Tätigkeiten (also keine sog. **formelle Ordnungspflicht**).[9] Das gilt nach nicht unbestrittener Meinung auch dann, wenn der Hoheitsträger verwaltungsprivatrechtlich tätig wird, also zwar privatrechtlich handelt (z. B. beim Betrieb eines lärmenden Schwimmbades), damit aber gleichzeitig unmittelbar eine hoheitliche Aufgabe (z. B. der Daseinsfürsorge) erfüllt.[10] Begründet wird das mit dem

---

5 Gusy Rn 140; Möller/Warg Rn 122.
6 BVerwG E 29,58; dazu Britz DÖV 2002,1887, abl. Schoch Jura 2005,324 ff., Scheidler UPR 2004, 257.
7 Siehe hierzu VGH Mannheim DVBl. 2012, 1055.
8 OVG Lüneburg 21.4.2004 – 7 LC 97/02.
9 VGH Kassel NVwZ 1997, 306; Glöckner NVwZ 2003, 1208; krit. VGH Mannheim VBlBW 1996, 352; Götz § 9 Rn 75 ff.; Borowski VerwArch. 2010, 58; Britz DÖV 2002, 891; Schoch Jura 2005, 324; allerdings lässt BVerwG NVwZ 2009, 588 die Unterschutzstellung durch die Landesdenkmalbehörde des Landes gegenüber einer Bundesbehörde zu.
10 VGH Kassel NVwZ 2002, 889; NVwZ 1997, 304; a. A. VGH Mannheim VBlBW 2001, 496.

grundsätzlichen Vollstreckungsverbot gegen Behörden und juristische Personen des öffentlichen Rechts in § 7 rheinland-pfälzisches LVwVG, § 17 VwVG (Bund).

Beispiel: Bei einem Brand streiten der beauftragte Einsatzleiter der städtischen Feuerwehr und ein Polizeibeamter, ob es sinnvoll ist, im Moment Personen von einem Balkon zu holen. Der Einsatzleiter hält aufgrund seiner Erfahrung ein vorheriges Bekämpfen des Brandherdes für erforderlich. Der Polizeibeamte verlangt dennoch sofortiges Retten der Eingeschlossenen und droht Zwangsmittel an. – Letzteres ist rechtswidrig, denn die §§ 24 f. Brand- und Katastrophenschutzgesetz Rheinland-Pfalz weisen die Zuständigkeit eindeutig der Einsatzleitung der Feuerwehr zu und es ist auch nicht offensichtlich, dass diese ihre Pflichten grob verletzt.

6   Das ist nur dann anders, wenn eine Rechtsvorschrift etwas anderes bestimmt; so wird z. B. aus der Umkehr zu § 35 Abs. 1 bis 5 StVO gefolgt, dass die Bundeswehr im Straßenverkehr grundsätzlich formell ordnungspflichtig sei, also die Weisungen der Straßenverkehrsbehörden und der Polizei befolgen müsse. Schließlich folgt aus dem Grundsatz der Einheit der Verfassung, dass gegen einen Hoheitsträger eingeschritten werden kann, wenn dessen offensichtlich falsches Verhalten (das ist sehr eng auszulegen!) hochwertige Schutzgüter erheblich gefährdet (z. B. die Feuerwehr weigert sich, mittels einer Leiter Personen aus einem brennenden Haus zu retten, weil der unerfahrene Einsatzleiter die Gefahr verkennt).

Beispiel: Während des 2. Weltkrieges werden Flugabwehrgranaten entgegen den Regeln des damals geltenden preußischen Wassergesetzes mit großen Mengen Wasser ausgewaschen, um Explosionen zu verhindern. Dadurch wurde der umliegende, im Eigentum des Bundes befindliche Boden kontaminiert. Später fordert die zuständige Ordnungsbehörde vom Bund als Rechtsnachfolger des Deutschen Reiches, näher spezifizierte Eigenkontrollmaßnahmen durchzuführen. – Hier ist der Bund nicht in seinen hoheitlichen Aufgaben (sondern als Eigentümer) betroffen und kommt darum als Adressat der Maßnahme in Betracht.

II. Die Polizei

1. Die Organisation der Polizei

7   Nach § 76 Abs. 1 POG gliedert sich die Polizei in Behörden und Einrichtungen, die als Einrichtungen des Landes unmittelbar für dieses und in dessen Namen tätig werden (vgl. § 75 Abs. 1 POG). Sie alle unterstehen der direkten Aufsicht des Ministeriums des Innern und für Sport, § 92 Abs. 2 POG. **Polizeibehörden** sind nur die Polizeipräsidien, das Landeskriminalamt und das Wasserschutzpolizeiamt, § 76 Abs. 2 POG. [11] Diese haben im Gegensatz zu den Einrichtungen gegenüber dem Bürger unmittelbare Zuständigkeiten und können insbesondere Verwaltungsakte erlassen.

8   Es gibt die fünf **Polizeipräsidien**[12] Koblenz (mit Zentrum für polizeiliche Prävention), Mainz, Rheinpfalz (in Ludwigshafen, mit der Zentralen Bußgeldstelle für Verkehrsordnungswidrigkeiten), Westpfalz (in Kaiserslautern, mit Zentrum für polizeiliche Prävention) und Trier. Sie nehmen alle polizeilichen Aufgaben innerhalb ihres Dienstbezirkes wahr, soweit diese Aufgaben nicht anderweitig, insbesondere dem Landeskriminalamt oder dem Wasserschutzpolizeiamt, zugewiesen sind (§ 77 Abs. 1 POG). Der Bezirk eines Präsidiums gliedert sich in zwei bis vier regionale **Polizeidirektionen** (mit je einer zentralen **Kriminaldirektion**)[13] auf, die wiederum in **Polizeiinspektionen** (mit je einer

---

11   Landesverordnung über die Dienstbezirke der Polizeipräsidien sowie die sachliche Zuständigkeit der Wasserschutzpolizei, GVBl 1993, S. 435 i. d. F. GVBl 1997, S. 139.
12   Vgl. Rühle/Suhr § 77.
13   Koblenz, Neuwied, Mayen, Montabaur – Mainz, Bad Kreuznach, Worms – Ludwigshafen, Neustadt a.d. W., Landau – Trier, Wittlich – Kaiserslautern, Pirmasens; die Kriminaldirektion ist immer am Sitz des Polizeipräsidiums.

zentralen **Kriminalinspektion**[14]) unterteilt sind. Vereinzelt gehört zu einer Polizeiinspektion eine **Wache** als Außenstelle, die allerdings nur von 6.00 bis 22.00 Uhr geöffnet ist. Die Präsidien in Koblenz und Mainz verfügen über je eine zentrale **Verkehrsdirektion**, der die **Polizeiautobahnstationen** untergeordnet sind; ihre Hauptzuständigkeit sind die Gefahrenabwehr auf den Autobahnen und die überörtliche Verkehrsüberwachung.

Polizeipräsidium

Das **Landeskriminalamt** in Mainz ist eine Landesoberbehörde ohne eigenen Unterbau **9** und ohne eigene Außenstellen. Es ist die zentrale Einrichtung der Kriminalpolizei im Land, nimmt aber seit 2011 auch präventive Aufgaben wahr. Seine wesentlichen Zuständigkeiten lassen sich dem § 79 POG unmittelbar entnehmen. Grundsätzlich ist es – außerhalb der Datenerhebung und -verarbeitung – keine Vollzugsbehörde, sondern koordiniert und harmonisiert landesweit die Maßnahmen für die Bekämpfung der professionell verübten Schwerkriminalität wie Korruption, Staatsschutz, Eigentums-, Rauschgift-, Wirtschafts-, Umwelt- und Organisierte Kriminalität, auch für die Bekämpfung von Bankraub, Geldwäsche, illegaler Schleusung von Menschen und Waffenhandel. Das LKA hält den Kontakt mit dem Bundeskriminalamt[15] und den anderen Landeskriminalämtern. Es hat die Fachaufsicht über die anderen Polizeibehörden und kann deren Zuständigkeiten anderen oder sich selbst übertragen (sog. Kompetenz-Kompetenz).

Ebenfalls in Mainz eingerichtet ist das **Wasserschutzpolizeiamt**, § 80 POG.[16] Die **10** wichtigste Aufgabe der Wasserschutzpolizei ist die Regelung des Schiffsverkehrs. Dazu gehört die Überwachung des Verkehrs, die Durchführung von Verkehrskontrollen, die Sicherung von Gefahrentransporten oder die Sperrung der Schifffahrtswege aufgrund eines Schadensereignisses oder anderer Anlässe (z. B. Rhein in Flammen). Auf den schiffbaren Wasserstraßen in Rheinland-Pfalz (Rhein, Mosel, Saar, Lahn) einschließlich (aufgrund von Staatsverträgen) des saarländischen und luxemburgischen Ufers der Mosel

---

14 Die Kriminalinspektion ist immer am Sitz der Polizeidirektion.
15 Vgl. § 3 BKAG.
16 Vgl. Rühle/Suhr § 79.

■ nimmt die Wasserschutzpolizei vorbehaltlich besonderer Regeln grundsätzlich alle präventivpolizeilichen Aufgaben wahr,

■ verfolgt sie Ordnungswidrigkeiten und einige, in der Anlage zu § 5 Abs. 2 S. 2 der Landesverordnung[17] genannten Straftaten und

■ erfüllt sie aufgrund einer Vereinbarung zwischen dem Bund und dem Land Rheinland-Pfalz[18] für den Bund **schifffahrtspolizeiliche Aufgaben** (§ 1 Abs. 1 Nr. 2 Binnenschifffahrtsaufgabengesetz) bei der Abwehr von Gefahren für die Sicherheit und Leichtigkeit des Verkehrs sowie das Verhüten von durch die Schifffahrt ausgehenden Gefahren (vergleichbar etwa mit den Straßenverkehrsvorschriften).

Beispiel: Gefahren durch die Beeinträchtigung der Schifffahrt durch ein führerloses Schiff oder das Fahren mit einem Wasserfahrzeug ohne die notwendigen Papiere.

11 Schließlich nennt § 76 POG noch **Polizeieinrichtungen**, die nur intern oder im Auftrag und im Namen anderer wirken. Die **Bereitschaftspolizei** (§ 81 POG) ist eine dem Innenministerium unmittelbar nachgeordnete und landesweit zuständige Polizeieinrichtung, die nach dem Polizei- und Ordnungsbehördengesetz den Auftrag hat, die Polizeibehörden bei der Erfüllung ihrer Aufgaben zu unterstützen. Hierzu gehören insbesondere personelle Verstärkung der Polizeiinspektionen im Schichtdienst, Kontrollen zur Kriminalitätsbekämpfung und Unfallverhütung, Objektschutzmaßnahmen, Abschiebungen, Begleitung von Werttransporten, Einsatz geschlossener Einheiten bei Großeinsätzen (z. B. Heimspiele des FSV Mainz 05 und des 1. FC Kaiserslautern, Rosenmontagszug in Mainz, Großveranstaltungen auf dem Nürburgring, Demonstrationen, Castor-Transporte) oder bei besonderen Anlässen (z. B. Suche nach vermissten Personen und Beweismitteln, bei Katastrophen). Ferner stellt die Bereitschaftspolizei speziell ausgebildetes Personal bereit (z. B. zur Beweissicherung und Festnahme, Taucher usw.) sowie besondere Führungs- und Einsatzmittel (z. B. Spezialfahrzeuge, Informations- und Kommunikationsmittel, technische Sperren). Sie besteht aus sechs im Land verteilten[19] Hundertschaften einschließlich der Spezialeinsatz- und Personenschutzkommandos, der Polizeihubschrauberstaffel (Koblenz-Winningen), der Diensthundeausbildungsstelle und der Medienzentrale(beide in Enkenbach-Alsenborn), dem Polizeiorchester Rheinland-Pfalz (Mainz) und der Zentralen Aus- und Fortbildungsstelle (Wittlich). Letztere schult die Polizeibeamten z. B. im Schießen, im Umgang mit Kommunikations- und Informationstechnik, im Videografieren, in Einsatztechnik, Taktik, Geschwindigkeitsmessungen, Sport usw. Werden Polizeibeamte vom Bund oder von anderen Bundesländern angefordert, werden sie mit den Beamten anderer Ländern oder des Bundes einer gemeinsamen Führung unterstellt.

Beispiel: Bei einer Großdemonstration werden hessische Polizeibeamte eingesetzt und dem Polizeipräsidium Koblenz unterstellt. Ein hessischer Polizeibeamter verletzt rechtswidrig und schuldhaft einen Unbeteiligten. Die Amtshaftungsansprüche richten sich gegen das Land Rheinland-Pfalz als Träger des Polizeipräsidiums Koblenz.

Der Fachbereich Polizei der **Fachhochschule** für öffentliche Verwaltung dient der theoretischen Ausbildung neu eingestellter Polizeianwärter zum Kommissar, § 82 POG.[20] Die **Landespolizeischule** dient der darüber hinausgehenden Aus- und Fortbildung, z. B. der Ausbildung am PC, dem Fahrsicherheits-Training, dem Training an

---

17 Landesverordnung über die Dienstbezirke der Polizeipräsidien sowie die sachliche Zuständigkeit der Wasserschutzpolizei, GVBl 1993, S. 435 i.d.F. GVBl 1997, S. 139.

18 StAnz 1956 Nr. 14, S. 11.

19 Die 1. Abteilung in Enkenbach-Alsenborn, Mainz und Schifferstadt, die 2. in Wittlich und Koblenz.

20 Eine Erstausbildung für Dienstgrade unterhalb des Kommissars (A 9) gibt es ein Rheinland-Pfalz nicht mehr. Die FHöV bildet ferner in Mayen Studenten der allgemeinen Verwaltung (Inspektor) aus.

Einsatzgeräten und Waffen, der vertiefenden Weiterbildung usw. Beide Institutionen befinden sich neben dem Flughafengelände Hahn im Hunsrück.

Die **Zentralstelle für Polizeitechnik** (§ 83 POG) in Mainz hat u. a. Zuständigkeiten im Bereich der Datenverarbeitung, der Planung, Entwicklung und Pflege polizeilicher Anwendungen und beschafft zentral die von ihr dann auch ausgerüsteten Kraftfahrzeuge der Polizei.

Aufbau der Polizei

2. Zuständigkeiten der Polizei

Zuständig können Polizeibehörden nur innerhalb des Rahmens sein, in dem ihnen **12** Aufgaben zugewiesen sind. Gemäß § 1 Abs. 1 S. 1 POG hat die Polizei (neben den allgemeinen Ordnungsbehörden u. a.) die Aufgabe der **Gefahrenabwehr** (s. Rn B 3). § 1 Abs. 1 POG weist zwar der Polizei und den Ordnungsbehörden scheinbar undifferenziert gleichzeitig Aufgaben zu. Aber die Zuständigkeit der allgemeinen Ordnungsbehörden gehen vor, da sich im POG nur Aufgabenzuweisungen an die Polizei und die allgemeinen Ordnungsbehörden zusammen oder an die Polizei alleine finden, niemals aber eine ausschließlich an Ordnungsbehörden. Nähme man umgekehrt eine vorrangige Zuständigkeit der Polizei an, käme man zu dem unsinnigen Ergebnis, dass die allgemeinen Ordnungsbehörden nach dem POG niemals zuständig wären.

Demnach ist die Polizei **originär zuständig**, wenn ihr allein eine Aufgabe oder Zuständigkeit zugewiesen wurde. Solche Zuweisungen finden sich in vielen Standardmaßnahmen der §§ 9a ff. POG und in manchen **Spezialgesetzen** § 1 Abs. 2 POG, z. B.: §§ 11 bis 12a, 14 bis 17, 28 f., §§ 31 bis 32 POG; §§ 12, 12a, 13, 18 Abs. 3, 19 Abs. 4 VersG; §§ 36 Abs. 5, 44 Abs. 2 StVO; § 71 Abs. 5 AufenthG; § 163 StPO, § 53 Abs. 1 OWiG).

Weiterhin hat allein die Polizei gemäß § 1 Abs. 1 S. 3 POG die Aufgabe der **vorbeu-genden Bekämpfung von Straftaten.** Darunter versteht man zum einen das Verhüten von künftigen Straftaten, die *konkret* drohen (z. B. Verhindern eines konkret ablaufen-den Einbruchs, Unterbinden eines körperlichen Angriffs). Demgegenüber regelt das POG – außer im Rahmen der Zuständigkeit nach § 79 POG für das LKA – nicht mehr die Vorsorge *für die Verfolgung* künftiger, abstrakt in ungewisser Zukunft bevorste-hender Straftaten (z. B. durch Führen erkennungsdienstlicher Unterlagen, Kriminalak-ten, Lageplänen besonders gefährdeter Objekte usw.), weil dem Landesgesetzgeber hierzu die Gesetzgebungskompetenz fehlt[21]; die Zuständigkeit hierfür ergibt sich aber aus der StPO (vgl. Art. 74 Nr. 1 GG). Von der Kompetenz der Polizei zur Vorsorge für die spätere Verfolgung möglicher künftiger Straftaten ist die zu deren *Verhinderung* zu unterscheiden (z. B. die Beratung über den Schutz vor Wohnungseinbrüchen bei den Polizeipräsidien, der Personen- oder Objektschutz, Meldepflichten usw.); da hier die Gefahrenabwehr und nicht die Verfolgung im Vordergrund steht, ist hierfür neben den allgemeinen Ordnungsbehörden auch die Polizei nach § 1 Abs. 1 S. 2 POG zuständig.

13 Die Polizei ist zudem nach § 1 Abs. 5 POG zuständig für die Abwehr von Gefahren durch den **Straßenverkehr**; während § 44 Abs. 2 S. 1 StVO / § 6 Abs. 1 StVG die Polizei zum Aufstellen von den Straßenverkehr lenkenden Regeln ermächtigt, gilt § 1 Abs. 5 POG bei der Abwehr von Gefahren, wenn entweder Regeln des Straßenverkehrs ver-letzt sind (z. B. das Fahrzeug entspricht nicht der StVZO) oder eine anderweitige Gefahr durch den Straßenverkehr besteht (z. B. durch einen Stau). Ruhender Verkehr außer-halb von Autobahnen sowie die Prüfung von TÜV-Plakette und der Profiltiefe ist aller-dings in der Zuständigkeit der örtlichen Ordnungsbehörde; gleiches gilt für die inner-örtliche Geschwindigkeitsüberwachung, soweit die jeweiligen Kommunen das bean-tragt haben (aufgelistet in der Anlage 4), § 7 ZustVO /Straßenverkehr. [22]

Nach § 1 Abs. 6 POG ist die Polizei auch ausschließlich zuständig zur Abwehr von **Gewalt in engen sozialen Beziehungen,** womit vor allem (wenn auch nicht nur) jede Form partnerschaftlicher, familiärer und familienähnlicher Beziehungen gemeint ist. Das hat seinen Grund darin, dass hierbei häufig emotionsgeladene Gewalt mit Ge-gengewalt gestoppt werden muss, worin die Polizei besser ausgebildet und ausge-rüstet ist als die Ordnungsbehörden. Außerdem besteht eine enge Beziehung zur vor-beugenden Bekämpfung von Straftaten (§ 1 Abs. 1 S. 3 POG), und es liegt in der Regel ein Eilfall vor (§ 1 Abs. 8 POG). § 1 Abs. 6 POG ergänzt auch § 13 Abs. 2 POG, wonach Personen zur Verhinderung dieser Gewalt aus der Wohnung verwiesen werden können (vgl. Rn G 33).

Alleine zuständig ist die Polizei auch für die Sicherstellung von Sachen zur **präventiven Gewinnabschöpfung** nach Straf- oder Ordnungswidrigkeitsverfahren, § 1 Abs. 7 POG (s. a. Rn G 70). In diesem wird mutmaßliche Beute oder mutmaßlich strafbar erlangter Gewinn nach § 94 oder §§ 111b f. StPO (im Ordnungswidrigkeitsverfahren über § 46 OWiG) sichergestellt. Diese müssen aber nach § 111k StPO grundsätzlich zurückge-geben werden, sobald sie für das Straf- / Ordnungswidrigkeitsverfahren nicht mehr benötigt werden. Das Gericht kann nach § 111i StPO die Beschlagnahme zum Schutz der Rechte der Berechtigten aufrechterhalten. Liegt im Einzelfall kein Beschluss mit allen Merkmalen des § 111i StPO vor, bleibt nur noch eine Sicherstellung nach § 22 Nr. 2 POG, um dem Täter nicht doch noch den Lohn seiner Straftat belassen zu müs-sen.

---

21   Vgl. BVerfG v. 27.7.200 -, 1 BvR 668/04, Rn 97 = BVerfGE 113, 348 = NJW 2005, 2603; darum wurde 2011 die „Vorsorge für die Verfolgung von Straftaten" aus § 1 Abs. 1 S. POG 3 a. F. gestrichen.
22   LVO über die Zuständigkeiten nach dem StVG, der StVO und der StVZO, GVBl. 1993, 451; 2010, 523.

Beispiel: F wird von der Polizei gefasst, als er in einem fremden PKW das Radio ausbaute. Eine Hausdurchsuchung ergibt, dass der Keller des F voll mit derartigen Geräten ist. Nur wenige davon können jedoch den jeweiligen Eigentümern und bestimmten Straftaten zugeordnet werden. Nach Beendigung der strafrechtlichen Ermittlungen bzw. des Strafverfahrens, nach dem die verfolgungsrechtliche Beschlagnahme aufgehoben werden muss, müssten die Gegenstände an F herausgegeben werden. Um das zu verhindern, werden die Gegenstände zum Schutz des Berechtigten vor Verlust oder Beschädigung der Sache nach § 22 Nr. 2 POG sichergestellt. – Oder: Beim Hütchenspieler H wird ein größerer Geldbetrag in kleinen Scheinen gefunden, wie sie typischerweise zum Einsatz beim Hütchenspiel verwendet werden. Es drängt sich auf, dass es sich um „Gewinne" im Rahmen des betrügerischen Hütchenspiels handelt. Die Geschädigten sind nicht mehr zu ermitteln. Auch hier wird das Geld nach § 22 Nr. 2 POG sichergestellt, um eine Rückgabe der Beute zu verhindern.

Voraussetzung einer solchen Sicherstellung ist immer, dass die Gegenstände offensichtlich aus einer Straftat stammen, der Berechtigte aber (noch) nicht ermittelt werden konnte, so dass i. S. d. § 73 Abs. 1 S. 2 StGB ein Verfall des Erlangten nicht möglich ist.

Gesetzlich nicht geregelt ist die sogenannte **Annexkompetenz.** Diese besagt, dass eine Behörde (und damit auch die Polizei) auch immer dann zuständig ist, wenn eine Gefahr für eigene Amtswalter oder eigene Amtshandlungen abgewehrt werden soll (z. B. rechtswidriges Filmen von Polizeibeamten, Warnung vor einer Radarkontrolle. Diese Kompetenz ist im Grunde keine selbstständige Zuständigkeit, sondern eigentlich nur ein Anhang (Annex) zu der Zuständigkeit für die Haupthandlung, bei der der Hoheitsträger gestört oder gefährdet wird.

In allen anderen Fällen kommt nur noch eine **Eilfallzuständigkeit** aus **§ 1 Abs. 8 14 POG** für eine verhinderte andere (nicht notwendig *allgemeine* Ordnungs-) Behörde in Betracht, soweit nicht eine andere Eilfallregelung vorgeht (z. B. § 44 Abs. 2 S. 2 StVO). Dabei hat sie dann neben den eigenen auch die Befugnisse der ersetzten Ordnungsbehörde (z. B. aus § 15 Abs. 1 VersG). Zur Anwendung des § 1 Abs. 8 POG

- muss eine Gefahr abzuwehren sein und
- darf nach den oben aufgezeigten Regeln **keine originäre Zuständigkeit** der Polizei vorliegen und
- muss es zumindest den Anschein haben, dass die an sich zuständige Behörde **nicht** so **rechtzeitig einschreiten** kann, um die Gefahr ausreichend abzuwehren.

Im Rahmen dieser Aufgabenzuweisung ist dann diejenige Polizeibehörde zuständig, zu der der jeweils handelnde Beamte gehört (§ 85 Abs. 2 S. 2 POG). Es darf nicht mehr geregelt werden, als bis zum nächstmöglichen Tätigwerden der Behörde unbedingt geregelt werden muss, und die Dauer der Regelung darf nur bis zu diesem Zeitpunkt reichen. Da diese Eilfallzuständigkeit endet, sobald die originär zuständige Behörde die Gefahr abwehren kann, ist die an sich zuständige Behörde auch im Rahmen des § 1 Abs. 8 S. 2 POG zu unterrichten, und diese kann nach S. 3 die Maßnahmen aufheben oder ändern. Kosten, die der Polizei durch die Maßnahme entstanden sind, hat sie selbst zu tragen bzw. vom Verantwortlichen einzufordern.[23]

---

23   VG Mainz 19.11.2009 Az. 1 K 354/09.MZ.

Prüfung: Eilfallzuständigkeit der Polizei

Sachlich (§ 1 Abs. 8 POG)

1. Aufgabe der **Gefahrenabwehr**, § 1 Abs. 1 S. 1 POG +

2. Ausgenommen: **Schutz privater Rechte**; es sei denn
   a) gerichtliche Hilfe nicht rechtzeitig erreichbar + b) wesentliche Rechtserschwerung,
   § 1 Abs. 3 POG +

3. **Keine Zuweisung an die Polizei** +

4. Die zuständige **Behörde** kann aber die Gefahr **nicht (rechtzeitig)** abwehren

örtlich (§ 85 Abs. 1 POG)

Zuständigkeit in ganz **Rheinland-Pfalz**

---

15 Wenn **Polizeibedienstete anderer** Bundesländer, des Bundes oder einiger bestimmter ausländischer Staaten (z. B. nach dem Schengener Abkommen) unter den Voraussetzungen des § 86 Abs. 1 POG in Rheinland-Pfalz tätig werden, haben sie das in Rheinland-Pfalz geltende Recht anzuwenden; ihre Maßnahmen gelten als solche der an sich zuständigen Polizeibehörde, deren Weisungen sie unterliegen, § 86 POG. Umgekehrt dürfen rheinland-pfälzische Polizeibeamte **im Zuständigkeitsbereich eines anderen** Bundeslandes, des Bundes oder eines ausländischen Staates (abgesehen vom Staatsnotstand i.S.d. Art. 91 Abs. 2 GG) nur tätig werden, wenn sie angefordert werden und das jeweilige „fremde" Recht das vorsieht, § 87 POG. Für sie gilt dann das Recht der anfordernden Stelle.

III. Die Ordnungsbehörden

1. Organisation der Ordnungsbehörden

16 **Ordnungsbehörde** (auch: Gefahrenabwehrbehörde) ist jede Behörde, die allgemein oder für spezielle Schutzgüter Gefahren abzuwehren hat.[24] § 88 POG unterscheidet in seinen beiden Absätzen zwischen allgemeinen Ordnungsbehörden, die für alle nicht anderweitig zugewiesenen Gefahren zuständig sind, und den Sonderordnungsbehörden,[25] denen die Gefahrenabwehr für spezielle Schutzgüter aufgegeben worden ist. **Sonderordnungsbehörden** sind *„alle übrigen Ordnungsbehörden"*, die also nicht *allgemeine* Ordnungsbehörden sind. Letztere sind dadurch gekennzeichnet, dass ein Spezialgesetz eine eigene Organisation, eine eigene Zuständigkeitsregelung und eigene Befugnisse zuweist (vgl. § 88 Abs. 2 POG; z. B. nach dem Tierschutzgesetz, den Bau- oder Gewerbegesetzen usw.).[26] Für alle diese Behörden ist das POG grundsätzlich nicht anwendbar (zu den Ausnahmen vgl. Rn B 4).

Wo in kürzester Zeit mit Fachkräften und Spezialgerät zum Schutz von Leib und Leben oder erheblichem Eigentum bei Explosionen, Unfällen, Naturereignissen usw. Hilfe geleistet werden muss, bestehen die nicht ganz klar abgegrenzte Zuständigkeiten

---

24 Thiel Rn 68.
25 Vgl. Rühle/Suhr § 88, 2.
26 Thiel Rn 60.

nach dem **Landesbrand- und Katastrophenschutzgesetz** (LBKG), die von den in den §§ 3 ff. LBKG genannten Sonderordnungsbehörden wahrgenommen werden.

Beispiel: Während bei Bomben- oder Sprengstofffunden die Kampfmittelräumdienste oder andere Spezialkräfte der Polizei zuständig sind, greift das LBKG im Falle der Explosion ein. – Für Unfallfolgen auf öffentlichen Straßen sind die Verursacher oder die Straßenbaubehörde als Verkehrssicherungspflichtiger verantwortlich, Ölspuren beseitigt im Eilfall die Feuerwehr nach dem LBGK. Ähnlich verhält es sich z. B. bei durch Windwurf umgestürzten Bäumen. – Die Suche vermisster Kinder oder verwirrter Personen ist grundsätzlich Zuständigkeit der allgemeinen Ordnungsbehörden, dort wo besonderes Gerät benötigt wird, z. B. bei der Absuche größerer Flächen, handelt es sich um Zuständigkeit der Feuerwehr.

Allgemeine Ordnungsbehörden sind demgegenüber alle Ordnungsbehörden, für die **17** es keine gegenüber dem POG speziellere Organisations- und Zuständigkeitsregelung gibt (Umkehrschluss aus § 88 Abs. 2 POG).[27] Für ihre Organisation gelten die §§ 88 ff. POG, für ihre Zuständigkeit § 90 Abs. 1 POG i. V. m. der Zuständigkeitsverordnung / POG. Sie haben gegebenenfalls Befugnisse nach Spezialgesetzen (z. B. AufenthG, VersG, MeldeG, FeiertagsG), ansonsten nach dem POG, § 9 Abs. 2 POG. Die allgemeinen Ordnungsbehörden gliedern sich in drei Verwaltungsebenen. Die untere Ebene mit der Regelzuständigkeit (vgl. § 1 ZustVO) sind die **örtlichen** Ordnungsbehörden nach § 89 Abs. 1 POG, also die Verbandsgemeindeverwaltungen und die Verwaltungen der verbandsgemeindefreien Gemeinden und Städte, einschließlich der großen kreisangehörigen und der kreisfreien Städte. **Kreis**ordnungsbehörden sind in den Landkreisen die Kreisverwaltungen und in kreisfreien Städten wiederum deren Stadtverwaltungen.

Diese Kommunen nehmen nach § 75 Abs. 2 POG die Gefahrenabwehr als Auftragsangelegenheit für das Land wahr (vgl. § 75 Abs. 1 POG, „*staatlich*" bezieht sich auf das Land). Die Genehmigungs- und Dienstleistungsdirektion Trier als **Landes**ordnungsbehörde hat keine erstinstanzlichen Vollzugsaufgaben.

---

27   Vgl. Thiel Rn 61; Rühle/Suhr § 88, 1.

Aufbau der allgemeinen Ordnungsbehörden

2. Zuständigkeit der allgemeinen Ordnungsbehörden

18 Ausnahmsweise und nur außerhalb des POG findet man in Vorschriften nach § 1 Abs. 2 POG alleinige Aufgabenzuweisungen an allgemeine Ordnungsbehörden (z. B. § 7 ZustVO / Straßenverkehr, § 1 MeldeG, § 12 LHundeG, § 10 LFtG, § 3 LPAuswG, § 9 Abs. 3 Bestattungsgesetz). Ansonsten sind die allgemeinen Ordnungsbehörden zur Gefahrenabwehr nur **zuständig**, wenn keine Spezialvorschrift innerhalb oder außerhalb des POG die Polizei oder eine Sonderordnungsbehörde für zuständig erklärt (dazu Rn B 13 ff. und 17). Die allgemeinen Ordnungsbehörden sind daher mangels anderweitiger Regelung z. B. zuständig beim Umsetzen von Kraftfahrzeugen, bei Maßnahmen gegen nicht unter das LHundG fallende Hunde, bei der Unterbringung von Obdachlosen, bei Schulzuführungen oder Versammlungen. Nach § 1 ZustVO / POG ist außerhalb des Ausländer- und Versammlungsrechts[28] fast immer die örtliche (also unterste) allgemeine Ordnungsbehörde i. S. d. § 89 POG zuständig. Die **örtliche** Zuständigkeit ergibt sich grundsätzlich aus § 91 Abs. 1 POG, richtet sich also nach dem Ort der zu schützenden Interessen; zu beachten ist, dass es bei den allgemeinen Ordnungsbehörden keine dem § 1 Abs. 8 POG entsprechende Eilfallregelung gibt, nur eine Befugnis im Eilfall die räumlichen Grenzen zum Nachbarbezirk zu überschreiten (§ 91 Abs. 2 POG).

Prüfung: Zuständigkeit der allgemeinen Ordnungsbehörden

sachlich

1. Aufgabe der **Gefahrenabwehr**, § 1 Abs. 1 S. 1 POG +

2. Besteht eine **ausdrückliche Zuweisung**

a) an eine **allgemeine Ordnungsbehörde**?
(z. B. § 7 ZustVO/Straßenverkehr, § 1 Abs. 2 MeldeG, § 12 LHundeG, § 10 LFtG, § 3 Abs. 1 LPAuswG)

b) nicht an die **Polizei**?
(z. B. § 1 Abs. 1 S. 3, Abs. 5, §§ 11 ff., 14 ff., 28 f. POG, §§ 12, 18 Abs. 3 VersG, § 71 Abs. 5 AufenthG, § 36 Abs. 5 StVO)

c) nicht an eine **Sonderordnungsbehörde** i. S. d. § 88 Abs. 2 POG, § 90 Abs. 1 POG / § 4 ZustVO
(z. B. durch §§ 105 ff. LWG, 42 LNatSchG, 58 ff. LBauO, 27 ff. LAbfWG, 50 f. LStrG; § 15 LImSchG, ZustVO zum BImSchG, GewO, GastG)

Wenn somit feststeht, dass eine allgemeine Ordnungsbehörde zuständig ist:

3. **Kein Schutz privater Rechte**, § 1 Abs. 3 POG; es sei denn
a) gerichtliche Hilfe nicht rechtzeitig erreichbar + b) wesentliche Rechtserschwerung, +

4. Welche **Verwaltungsebene** der allg. Ordnungsbehörden ist zuständig, § 90 Abs. 1 POG i.V.m. §§ 2 bzw. 1 ZustVO und wer ist auf dieser Ebene **Ordnungsbehörde**, § 89 POG?   +

örtlich

1. Besondere übergreifende Regelung im Einzelfall nach §§ 91 Abs. 3, 78 Abs. 3 POG? *sonst:*

2. Zuständigkeit nach dem **Dienstbezirk** der rechtlich zu schützenden Interessen, § 91 Abs. 1 POG

IV. Einschreiten zugunsten privater Rechte

Der **Schutz privater Rechte** ist, wie sich aus einem Umkehrschluss aus § 1 Abs. 3 **19** POG ergibt, grundsätzlich keine Aufgabe der Polizei oder der allgemeinen Ordnungsbehörden.[29] Private Rechte sind solche Ansprüche und Abwehrrechte, die ausschließlich privaten Regelungen unterliegen und nicht gleichzeitig auch öffentlich-rechtlichen

---

28 Vgl. § 2 ZustVO / POG. Obwohl zum 1.1.2011 (GVBl. 2010, 280) die Durchführung der Aufgaben „nach dem Versammlungsgesetz" in § 2 Nr. 9 der ZustVO / POG aufgelistet und damit der Zuständigkeit der Kreisordnungsbehörde zugewiesen wurde (außer in großen kreisangehörigen Städten), bleibt die allgemeine Ordnungsbehörde weiterhin nach § 1 ZustVO / POG für nichtöffentliche Versammlungen in geschlossenen Räumen zuständig, da sich deren Regelung nach herrschender Meinung nach dem POG richtet (vgl. Rn G 3).

29 Nach herrschender Meinung allgemeiner Grundsatz, vgl. Möller/Warg Rn 81.

(z. B. § 44 Abs. 8 LBauO, § 4 LImSchG)[30], strafrechtlichen (z. B. den §§ 123, 185, § 263 oder 303 StGB) oder bußgeldrechtlichen Vorschriften (z. B. §§ 117 f. OWiG) unterliegen. Diese rein privaten Rechte sollen grundsätzlich von den Betroffenen selbst, gegebenenfalls mithilfe des Selbsthilferechts nach § 229 BGB oder der Zivilgerichte wahrgenommen werden. Nur wenn sie ohne Hilfe der Polizei oder Ordnungsbehörde quasi rechtsschutzlos stünden, entsteht eine – meistens auch nur sachlich und zeitlich begrenzte – Zuständigkeit in diesem Bereich, nämlich wenn

1. gerichtlicher Schutz nicht rechtzeitig zu erlangen ist *und*
2. ohne Hilfe der allgemeinen Ordnungsbehörden oder der Polizei die Verwirklichung des Rechts entweder vereitelt oder zumindest wesentlich erschwert werden würde.

Der Schutz privater Rechte obliegt grundsätzlich der ordentlichen Gerichtsbarkeit, § 13 GVG. Das ergibt sich aus dem Prinzip der Gewaltenteilung (Art. 20 Abs. 2 S. 2, Abs. 3 GG). Zudem soll nicht das Prozess- und sonstige Kostenrisiko des einzelnen über die Gefahrenabwehr auf die Allgemeinheit abgewälzt werden können. Schließlich fehlen dem handelnden Beamten regelmäßig die zivilrechtlichen Fachkenntnisse, und er ist auch aus Zeitgründen nicht in der Lage, den Sachverhalt gesichert aufzuklären.

Beispiel: Eigentümer E hat seinem Mieter M ordnungsgemäß gekündigt. M widerspricht nicht, zieht aber auch nicht bei Fristablauf aus. E verlangt von der Polizei seine Wohnung zu räumen. – Da M die Wohnung des E blockiert, gefährdet er das Eigentum und Vermögen des E. Beide können zwar unter bestimmten Voraussetzungen Schutzgüter der öffentlichen Sicherheit sein, sind es jedoch grundsätzlich erst einmal nicht. Denn weder Ordnungsbehörden noch Polizei haben die Aufgabe, private Rechtsgüter schlechthin zu schützen. Das Gesetz sieht für diesen Fall die Räumungsklage vor den Zivilgerichten vor. Da diese die Angelegenheit rechtzeitig und effektiv, zur Not auch eine einstweilige Verfügung regeln können, liegen auch die Voraussetzungen des § 1 Abs. 3 POG nicht vor. –
Anders ist das aber, wenn die Wohnung des E von unbekannten Hausbesetzern besetzt ist, die persönlich ständig wechseln (wodurch deren Benennen in einer Klageschrift kaum möglich ist) und die gerade die Wohnung erheblich beschädigen. Hier käme gerichtlicher Schutz zu spät, soweit er überhaupt praktisch möglich ist, und ohne polizeilichen Schutz wäre das Eigentum des E an der Wohnung erheblich gefährdet. Für solche Ausnahmefälle weist § 1 Abs. 3 POG der Polizei (neben den Ordnungsbehörden) Aufgaben zu. – Versperrt ein falsch geparktes Fahrzeug eine Hausausfahrt, dürfte es sich grundsätzlich um eine privatrechtliche Streitigkeit handeln, bei der der Berechtigte der Ausfahrt die Möglichkeit hat, im Rahmen der Selbsthilfe nach § 229 BGB das Fahrzeug wegschleppen zu lassen.[31] Anders ist das aber dann, wenn die Blockade in Nötigungsabsicht nach § 240 StGB vorgenommen wurde[32] oder ein sonstiges öffentliches Interesse besteht (z. B. bei der Einsatzbereitschaft eines Notarztes).

Verlangt ein Anspruchsteller ein Einschreiten der Ordnungskräfte in einer privaten Angelegenheit, muss er glaubhaft machen, dass die Voraussetzungen für ein Tätigwerden der Ordnungskräfte nach §§ 9 ff. POG vorliegen. Der Umfang der sich daraus ergebenden Handlungsbefugnis ist dann allerdings enger als bei den sonstigen Zuweisungen. Wie bei allen sekundären Befugnissen ist nur das zu veranlassen, was unbedingt notwendig ist, bis die originär zuständige Stelle tätig werden kann[33] und gegebenenfalls den Betroffenen in die Lage versetzt, effektiv Hilfe durch die Gerichte zu beantragen (z. B. durch Feststellen der Personalien des Schädigers, durch vorläufig sichernde Maßnahmen, Angabe des Kfz-Nummernschildes o. ä.).

---

30   Thiel Rn 97.
31   BGH NJW 2009, 2530.
32   VG Trier 2.08.1999 Az. 1 K 1375/98.TR.
33   Vgl. OVG Koblenz NJW 1988, 929; Gusy Rn 95; Götz § 4 Rn 25; Rühle in Polizei-heute 2002, 31 f.

V. Andere Vollzugskräfte

1. Kommunale Vollzugsbeamte

Kommunale Vollzugsbeamte sind Bedienstete einer kommunalen Ordnungsbehörde, **20** die diese beim Vollzug ihrer Aufgaben unterstützen, insbesondere im Außendienst und bei der Anwendung von Zwang.[34] Sie sind Beamte im Sinne der Beamtengesetze oder häufiger noch **Beschäftigte** nach dem TVöD. Aufgabe der kommunalen Vollzugsbeamten ist das **tatsächliche Umsetzen** des behördlichen Willens regelmäßig zum Vollzug aller, manchmal auch nur einzelner Aufgaben der Behörde. Im Wesentlichen geht es dabei darum, ordnungsbehördliche Überwachungspflichten, Weisungen und Forderungen durch- oder umzusetzen (z. B. Beitreibung von Geldforderungen, Entsiegelung von Kfz-Schildern, Einziehung von Führerscheinen, Kontrolle von Gaststätten oder Bauvorhaben und ihre jeweilige Versiegelung bei Untersagung, Kontrolle der Sperrzeiten, Betreten von Wohnungen bei hilflosen Personen, Abwehr von Gefahren vor Ort durch gefährliche Hunde, Lärm, Obdachlosigkeit, Schwarzarbeit, Umgang mit Waffen, unberechtigten Aufenthalt von Ausländern, von verbotenen Vereinen, für Jugendliche, Schulzuführung, Unterbringung psychisch Kranker, Sicherheit von Großveranstaltungen, Taxikontrollen, nach § 7 ZustVO / Straßenverkehr Abschleppen, Prüfung von TÜV-Plakette und Reifenprofil sowie innerörtliche Geschwindigkeitskontrolle von Fahrzeugen, und vieles mehr).

Nach § 94 Abs. 1 POG *sollen* die örtlichen allgemeinen Ordnungsbehörden zum Vollzug der ordnungsbehördlichen Aufgaben im erforderlichen Umfang kommunale Vollzugsbeamte bestellen. „Sollen" heißt, dass sie es in der Regel tun müssen und nur ausnahmsweise darauf verzichten können, z. B. weil eine andere Behörde die Vollzugsaufgaben mit erledigt. Es bestellt der Leiter der allgemeinen Ordnungsbehörde, der auch den Umfang der Zuweisung bestimmt, § 94 Abs. 2 S. 1 POG. Diese kommunalen Vollzugsbeamten sind keine Polizeibeamten i.S.d. §§ 76 ff. POG[35]. Nach § 4 Nr. 1 bis 5 der Landesverordnung[36] können den Vollzugsbeamten die Befugnisse aus § 10 Abs. 1 S. 1, Abs. 2 und 3 sowie aus den §§ 13 und 22 f. POG übertragen werden. Im Rahmen der Vollstreckung kann ihnen nach § 94 Abs. 1 S. 2 POG i. V. m. § 4 Nr. 6 LVO die Befugnis übertragen werden, **unmittelbaren Zwang** anzuwenden, wenn auch nur einfachen, den mit Hilfsmitteln (Fesseln, Pfefferspray) und solchen mit Schlagstock; weitergehende Waffen, insbesondere Schusswaffen, darf er nicht führen. Dadurch werden die kommunalen Vollzugsbeamten aber keine „Polizeivollzugsbeamten" i.S.d. § 80 Abs. 2 S. 1 Nr. 2 VwGO; lehnt man hier eine Analogie ab (vgl. hierzu Rn J 26) müssen zu vollstreckende Grundverfügungen wegen § 2 LVwVG immer entweder bestandskräftig oder nach § 80 Abs. 2 S. 1 Nr. 4 VwGO sofort vollziehbar sein (s. dazu genauer Rn J 25 ff.; bei Zwangsanwendung entfällt ohnehin die aufschiebende Wirkung nach § 80 Abs. 2 S. 1 Nr. 3 i. V. m. § 20 AGVwGO). Welche Befugnisse übertragen sind, ergibt sich aus dem Dienstausweis, den der Vollzugsbeamte bei sich führen muss. Die LVO trifft nähere Regelungen über Form und Inhalt der Bestellung, Dienstkleidung, -ausrüstung und -ausweis.

---

34 Stein S. 268.
35 Drews/Wacke/Vogel/Martens S. 48.; zur Anwendbarkeit des § 80 Abs. 2 S. 1 Nr. 4 VwGO s. Rn J 41.
36 Landesverordnung über die kommunalen Vollzugsbeamtinnen und kommunalen Vollzugsbeamten sowie die Hilfspolizeibeamtinnen und Hilfspolizeibeamten vom 16. Februar 2007 GVBl 2007, 61.

2. Hilfspolizeibeamte

21 Nach § 95 Abs. 1 POG können Polizeibehörden und örtliche Ordnungsbehörden widerruflich Hilfspolizeibeamte bestellen, um bestimmte polizeiliche Aufgaben wahrzunehmen. Diese Personen sind regelmäßig (sonstige) Beamte oder Beschäftigte der Ordnungsbehörden, es können aber auch andere Personen bestellt werden. Voraussetzung ist, dass dafür ein Bedürfnis besteht, wobei es immer nur um einzelne, konkret bestimmte Aufgaben gehen darf (z. B. für die Überwachung des ruhenden Verkehrs, Geschwindigkeitskontrollen, Großereignisse usw.). Zudem darf es sich nur um eine hilfsweise Wahrnehmung der Aufgaben, also um standardmäßige oder einfach gelagerte Tätigkeiten handeln. Hilfspolizeibeamten dürfen demnach nicht grundlegende, atypische oder rechtlich schwierige Aufgaben wahrnehmen. Im Rahmen ihrer Aufgaben haben sie die im POG beschriebenen Befugnisse eines Polizeibeamten. Daher sind ihre unaufschiebbaren Anordnungen auch sofort vollziehbar gem. § 80 Abs. 2 S. 1 Nr. 2 VwGO[37]. Die Hilfspolizeibeamten bestellt der Leiter der Behörde, der gleichzeitig den Umfang der Bestellung bestimmt. Im Gegensatz zur Bestellung der kommunalen Vollzugsbeamten (s. o.) besteht bei der von Hilfspolizeibeamten nach § 95 Abs. 1 POG freies Ermessen, wenn ein Bedürfnis für die Bestellung besteht. Näheres über die Voraussetzungen und Bestellung, Dienstausweis, Dienstkleidung und Ausrüstung bestimmt eine Verwaltungsvorschrift.[38]

3. Weitere Personen mit polizeilichen Befugnissen

22 Ferner erwähnt § 95 Abs. 3 POG noch drei weitere Fälle, in denen andere Personen die Befugnisse von Polizeivollzugsbeamten haben:

- Personen, die ein Gesetz funktional zu Polizeibeamten bestellt hat. Sie stehen Polizeivollzugsbeamten gleich, weshalb auch ihre Anordnungen nach § 80 Abs. 2 S. 1 Nr. 4 VwGO sofort vollziehbar sind.
- Personen, die zwar nicht funktional Polizeibeamte sind (der Polizei also organisatorisch nicht angehören), denen aber aufgrund eines Gesetzes materiell **polizeiliche Befugnisse** zustehen (z. B. § 57 POG i. V. m. § 1 LVO über die Anwendung unmittelbaren Zwanges durch Vollzugsbeamte der Gerichte und Justizbehörden; § 28 Abs. 1 S. 3 Landesabfallwirtschaftsgesetz; § 36 Abs. 1 Landeswaldgesetz, § 108 Abs. 1 S. 2 Landeswassergesetz; § 59 Abs. 2 Landesbauordnung; § 42 Abs. 1 S. 1 LNatSchG). Sie sind keine Polizeivollzugsbeamten i. S. d. § 80 Abs. 2 S. 2 Nr. 4 VwGO.
- **Ermittlungspersonen der Staatsanwaltschaft** (§ 152 Gerichtsverfassungsgesetz); sie werden durch Gesetz oder Rechtsverordnung bestimmt (z. B. § 25 Abs. 2 Bundesjagdgesetz; § 404 Abgabenordnung; ZustVO über die Ermittlungspersonen der Staatsanwaltschaft[39]). Diese Angehörigen bestimmter Beamten- oder Angestelltengruppen gehören der Polizei (insoweit bedarf es der Regelung in § 95 Abs. 3 POG ja aber nicht) oder anderen Behörden an, müssen mindestens 21. Jahre alt sein und 2 bzw. 4 Jahre die im Gesetz beschriebene Funktion ausüben. Ihnen gegenüber ist die Staatsanwaltschaft *bei der Strafverfolgung* weisungsbefugt.

---

37 Schreiben des Ministeriums des Inneren und für Sport Rheinland-Pfalz vom 15.10.87 (Az. 30.2/146–00); Stein S. 270.

38 VV des Ministeriums des Innern und für Sport vom 2.1.1995, MinBl. S. 106.

39 ZustVO vom 19.10.2005, GVBl. 2005, 490.

VI. Amtshilfe, §§ 4 ff. VwVfG / § 1 Abs. 1 LVwVfG, insbes. Vollzugshilfe nach den §§ 96 ff. POG

Wie alle anderen Behörden auch, leisten die Ordnungsbehörden und die Polizei **Amts-** **23** **hilfe** nach den §§ 4 ff. VwVfG / § 1 LVwVfG (vgl. a. § 96 Abs. 3 POG). Eine Behörde leistet der anderen nur „*ergänzende Hilfe*" (§ 4 Abs. 1 VwVfG / § 1 Abs. 1 LVwVfG), weil diese aus tatsächlichen oder rechtlichen Gründen die Aufgabe nicht oder nicht alleine bewältigen kann. Amtshilfe ist nur im Rahmen einer fremden Zuständigkeit möglich, insbesondere ist die Erfüllung einer Weisung von einer vorgesetzten Behörde keine Amtshilfe, sondern das Erfüllen einer eigenen Aufgabe. Bei der Amtshilfe wendet jede Behörde die für sie geltenden Vorschriften an und ist auch nur für ihren Part verantwortlich.

Beispiel: Heimfahren eines Zeugen nach der Vernehmung; Auskünfte, insbesondere aus Dateien; technische Hilfe; jede andere Vollziehungshilfe ohne Anwenden unmittelbaren Zwanges

Bei einer Amtshilfe, bei der unmittelbarer Zwang anzuwenden ist, handelt es sich um **Vollzugshilfe**, § 96 Abs. 1 POG.[40] Die Vollzugshilfe ist in einigen speziellen Rechtsvorschriften geregelt, so z. B. in Art. 35 GG, § 1 Abs. 5 DVO LVwVG, § 758 Abs. 3 ZPO; § 44 WehrpflG oder § 23a ZivilDG, i. Ü. gelten die §§ 96 ff. POG. Ihre Notwendigkeit kommt daher, dass die Ordnungsbehörden nach dem POG unmittelbaren Zwang nur durch ihre kommunalen Vollzugsbeamten (§ 94 POG) ausüben können. Diese sind aber regelmäßig nur sehr gering an Zahl und zudem gegenüber der Polizei für das Anwenden unmittelbaren Zwangs meistens deutlich schlechter ausgebildet. Diese Lücke muss die Polizei durch Vollzugshilfe schließen.

Beispiel: Öffnen einer Wohnung, um einen von der Ordnungsbehörde ursprünglich dort eingewiesenen Obdachlosen wieder zu entfernen; Betreten einer Wohnung, um die Musikanlage eines Ruhestörers außer Betrieb zu setzen; das zwangsweise Vorführen eines Ausländers zu einer Botschaft zum Feststellen seiner Nationalität.

VII. Kriminalprävention, § 1 Abs. 9 POG

Alle Träger öffentlicher Belange sollen im Rahmen ihrer Zuständigkeit mitwirken, straf- **24** bares Verhalten zu vermeiden, § 1 Abs. 9 S. 1 POG (**Kriminalprävention**). Die allgemeinen Ordnungsbehörden können dazu kriminalpräventive Gremien unter Einbeziehung dieser Träger öffentlicher Belange und unter Beteiligung der Polizei einrichten, § 1 Abs. 9 S. 2 POG. **Träger öffentlicher Belange** sind alle Einrichtungen, denen das Gesetz öffentliche Aufgaben zugewiesen hat (nicht notwendig auch hoheitliche Befugnisse), z. B. Feuerwehr, Sozialdienste, Jugendämter; unerheblich ist die öffentlich-rechtliche oder privatrechtliche Rechtsform. Nicht in die kriminalpräventiven Gremien gehören Private, wie z. B. Bürgerinitiativen, so gut auch ihre Absicht sein mag. Denn das würde alleine schon datenschutzrechtliche Probleme aufweisen. Mit ihnen kann natürlich gegebenenfalls in anderer Weise zusammengearbeitet werden.

Hiermit sollen viele Ursachen, die zur **Kriminalität** führen, frühzeitig auf der **kommunalen Ebene** erkannt und bekämpft und das Sicherheitsgefühl der Bevölkerung gestärkt werden. Die Regelung bezweckt, alle Initiativen zu vernetzen, die sich mit dem Verhüten von Straftaten i. w. S. befassen. Die Einrichtung dieser Gremien steht im Ermessen der allgemeinen Ordnungsbehörden, ebenso wie deren Zusammensetzung. Hiermit werden weder neue Zuständigkeiten noch Eingriffsbefugnisse geschaffen.

---

40   So auch Möller/Warg Rn 45; a. A. Thiel Rn 84, Schenke Rn 409.

C. Die Schutzgüter des POG

I. Allgemeines

1 Viele **Standardmaßnahmen** des POG und viele **Spezialgesetze** definieren ausgesprochen oder unausgesprochen die Schutzgüter selber, um deren Wahrung es geht. So schützt z. B. § 14 Abs. 1 Nr. 1 POG Leib und Leben von Personen, § 22 Nr. 2 POG das Eigentum oder § 18 Abs. 3 VersG den Ablauf einer Versammlung. Soweit das Schutzgut aber nicht definiert ist, z. B. in § 14 Abs. 1 S. 1 POG, § 13 Abs. 1 S. 1 POG oder § 22 Nr. 1 POG, geht es nach § 1 Abs. 1 S. 1 POG immer um den Schutz der öffentlichen Sicherheit und Ordnung. Das gilt natürlich erst recht, wenn das ausdrücklich so normiert ist, wie z. B. in § 9 Abs. 1 S. 1 POG oder § 15 Abs. 1 VersG.

2 Wenn man die Schutzgüter prüft, fragt man, **was der Amtswalter eigentlich schützen will** oder wollte. Ob dieses Schutzgut überhaupt geschützt werden musste, ist keine Frage des Schutzgutes, sondern die Frage, ob eine Gefahr vorliegt (s. dazu Kap. D). Die Schutzgutprüfung ist inhaltlich also völlig unabhängig davon, ob eine Gefahr i. e. S., eine Anscheins- oder eine Scheingefahr vorlag. Der Rechtsbegriff der öffentlichen Sicherheit ist durch die Rechtsprechung und Verwaltungspraxis hinreichend konkretisiert[1] und gilt damit für einen unbestimmten Rechtsbegriff hinreichend eindeutig. Beim Schutzgut öffentliche Ordnung ist die Beurteilung schon problematischer (dazu unten Rn C 13). Durchaus häufig kommt es vor, dass ein und derselbe Sachverhalt mehrere Schutzgüter berührt.

Beispiel: Schüler schütten in einer Winternacht Wasser auf die Stufen am Eingang ihrer Schule. – Hier sind zum einen die Individualgüter Gesundheit und Eigentum, aber auch die Kollektivrechtsgüter Rechtsordnung (§ 303 StGB) und Funktionieren einer hoheitlichen Einrichtung (Schulgebäude) betroffen.

II. Die öffentliche Sicherheit

1. Individualrechtsgüter

3 Die **öffentliche Sicherheit** umfasst die Rechte einzelner Personen oder Gruppen (Individualrechtsgüter) und die der Allgemeinheit (Kollektivrechtsgüter), wobei sich letztere in den Schutz der Rechtsordnung und den des Hoheitsbereiches unterteilen.[2] **Individualrechtgüter** sind alle Schutzgüter, die einzelnen Personen alleine oder zusammen mit einer abgrenzbaren Anzahl anderer zustehen. Sie unterteilen sich in absolute und relative Rechte.[3] Individualrechtgüter berühren – anders als bei den Kollektivrechtsgütern (vgl. Rn C 8) – nicht automatisch die *öffentliche* Sicherheit; für diese Schutzgüter muss darum immer gesondert geprüft werden, ob der Schutz der Güter im **Allgemeininteresse** ist. Das ist insbesondere der Fall, wenn unbeteiligte und unbestimmte Personen in ihren Individualgütern betroffen sind oder sein könnten (z. B. beim Fahren mit einem nicht verkehrssicheren Fahrzeug), wenn sich die Schutzguteinwirkung nachteilig auf die Allgemeinheit auswirkt (z. B. Behinderung der Postverteilung durch Beschädigung von Fahrzeugen der Deutschen Post AG) oder wenn die Voraussetzungen des § 1 Abs. 3 POG vorliegen (dazu Rn C 6 f.).

---

1 Erbel DVBl. 2001, 1714; Lisken/Denninger F Rn 78.
2 Knemeyer Rn 101 ff; Götz § 4 Rn 3; Schenke Rn 69 ff.; Möller/Warg Rn 78; Gusy Rn 79.
3 Vgl. Rühle/Suhr § 9, 2.1.1.

a) Absolute Rechte

Absolute Rechte sind solche, die einerseits einer Person oder einem bestimmten Personenkreis ausschließlich zustehen und andererseits **gegenüber jedermann geltend gemacht** werden können. Hierzu gehören insbesondere, aber keinesfalls abschließend:

▪ Aus Art. 2 Abs. 2 GG **Leben und Gesundheit, Freiheit**: Leben ist die physische **4** Existenz von Menschen, Gesundheit ist die Abwesenheit von Schmerzen und Krankheiten, Freiheit ist die Möglichkeit, sich vom jeweiligen Aufenthaltsort wegzubewegen. Der Schutz dieser Güter liegt grundsätzlich im öffentlichen Interesse, aber nicht immer. Denn beim Schutz von Leben und Gesundheit ist zu beachten, dass der Schutz dieser Güter mit dem Persönlichkeitsrecht aus Art. 2 Abs. 1 GG kollidieren kann. Wer Bungee-Springen, Drachenfliegen, Fallschirmspringen, Autorennen usw. betreibt, setzt sich einer gegenüber dem Normalleben erhöhten Gefahr aus. Eine solche **Selbstgefährdung** ist jedoch grundsätzlich ein zulässiges Wahrnehmen des Persönlichkeitsrechts, Maßnahmen dagegen daher grundsätzlich unzulässig.[4] Doch gilt das nur insoweit, als auch das Persönlichkeitsrecht reicht. Kann das Persönlichkeitsrecht nicht wirklich umfassend ausgeübt werden (z. B. bei Kindern, Betrunkenen, Personen unter Schock u. Ä., bei mangelnder Kenntnis der tatsächlichen Umstände)[5], oder sind nicht nur eigene Rechte betroffen (z. B. der Drachenflieger könnte auf Zuschauern landen; in einem Notfall müssten sich Rettungshelfer selbst in Gefahr begeben)[6], sind Maßnahmen zur Verringerung der Gefährdung von Leib und Leben wieder möglich.

Beispiel: In einem Skigebiet besteht Lawinengefahr. Dennoch will eine Gruppe zu einer Skiwanderung aufbrechen. – Hier kann die Gruppe am Vorhaben gehindert werden. Denn im Falle eines Lawinenunglücks sind Leben und Gesundheit nicht nur der Teilnehmer dieser Gruppe in Gefahr, sondern auch der Bergungsgruppe, die die Verschütteten aufspüren und gegebenenfalls ausgraben müsste.

Eingriffsmaßnahmen zugunsten von Leib und Leben sind auch dann möglich und **5** sogar geboten, wenn die Gefährdung dieser Schutzgüter aus höherrangigen Gesichtspunkten nicht zulässig ist. Das gilt insbesondere für den Versuch der **Selbsttötung**.[7] Dieses Problem wird überwiegend als eines der öffentlichen Sicherheit gesehen. Da es sich um ein Individualproblem handelt, erscheint es nicht richtig, in der einzelnen Selbsttötung einen Verstoß gegen die Gesellschaft und ihre Grundwerte und damit gegen die öffentliche Ordnung zu sehen.[8] Die herrschende Meinung folgert aus der Verfassung, dass es nur ein Recht auf Leben[9], nicht aber auf dessen Beendigung gibt.[10] Ob das auch für Fälle richtig ist, in denen es nur noch darum geht, einen kurzen Lebensrest unter hohen Leiden zu vermeiden (die aktive Sterbehilfe ist beispielsweise in den Niederlanden unter engen Voraussetzungen rechtmäßig), kann für das Ordnungsrecht dahinstehen. Zwar kann man nicht ohne Weiteres annehmen, dass bei Suizid *immer* ein pathologisch geistig-seelischer Zu-

---

4 OVG Lüneburg NVwZ 1992, 502; VGH Kassel NVwZ 1992, 503; Drews/Wacke/Vogel/Martens § 14 S. 231; vgl. Möller/Warg Rn 83; Rühle/Suhr § 9, 2.1.1.1.
5 Götz § 4 Rn 31; Götz § 4 Rn 30; Gusy Rn 86.
6 VGH Mannheim DVBl. 2013, 119; VBlBW 1998, S 25.
7 Vgl. Rühle/Suhr § 9, 2.1.1.1.
8 Wer will schon absolut bestimmen können, wann z. B. bei einer unheilbaren Krankheit im Endstadium ein Suizid ethisch verwerflich ist? So aber noch BayOLG DÖV 1989, 273.
9 BVerfGE 39, 1; 46, 160; 49, 80, 142; 52, 357, 365; 53, 25, 57; 55, 37, 68; 56, 54, 79; 69, 315; NJW 1987, 2287; 1988, 1651; BGH NJW 1988, 478; OVG Hamburg NJW 1977, 1254.
10 Habermehl Rn 97, Drews/Wacke/Vogel/Martens § 14 S. 230, Götz Rn 100; Knemeyer Rn 1.

stand die freie Willensbildung ausschließt.[11] Jedoch hat der Ordnungsbedienstete oder Polizeibeamte (allgemeine Ordnungsbehörden werden allerdings seltener mit diesem Problem konfrontiert werden) bei seiner schnell zu treffenden Entscheidung weder ausreichend Anhaltspunkte über die tatsächlichen Voraussetzungen des Todesentschlusses, noch ist er medizinisch-psychologisch ausreichend fachkompetent, um die engen Voraussetzungen beurteilen zu können, die selbst die Befürworter des Rechts auf Selbsttötung hierfür aufstellen. An der Verhinderung eines Suizids besteht daher *immer* ein öffentliches Interesse.[12]

6 ■ **Aus Art. 2 Abs. 2 GG Ehre, Persönlichkeitsrecht, personenbezogene Daten, Recht am eigenen Bild:** Dieser Bereich ist aber weitgehend auch von der Rechtsordnung (z. B. §§ 185 ff. StGB, §§ 26 ff. POG, Bundes- und Landesdatenschutzgesetz, §§ 22 ff. Kunst- und Urheberrechtsgesetz – KUG -) erfasst (vgl. Rn G 71). Grundsätzlich handelt es sich hierbei zwar um private Rechte i.S.d. § 1 Abs. 3 POG, bei denen der gerichtliche Selbstschutz vorgeht, bei einem gleichzeitigen Verstoß gegen Straf- oder andere öffentlich-rechtliche Normen besteht auch ein öffentliches Interesse.

Beispiel: E hat Streit mit seinem Nachbarn N. Um aller Welt zu zeigen, welchen unmoralischen Lebenswandel N führt, macht er heimlich Fotos von Intimitäten des N mit diversen Freundinnen. Diese Fotos will E ins Internet stellen. N erfährt davon und bittet um Hilfe der Polizei, die Datenträger der Fotos sicherzustellen. – Hier wäre ein Sicherstellen der Datenträger trotz § 1 Abs. 3 POG möglich, da mit gerichtlicher Hilfe die unmittelbar bevorstehende Veröffentlichung entgegen § 22 KUG und damit die Verletzung des Rechts am eigenen Bild nicht verhindert werden kann.

7 ■ **Aus Art. 14 Eigentum und Art. 13 GG Wohnung:** Für beide Begriffe gilt hier die weite Auslegung. I. S. d. Art. 14 sind Eigentum alle vermögenswerten Positionen des Privatrechts (z. B. Sacheigentum, Besitz; Erbbaurechte, Forderungen, Aktion, Urheberrechte, eingerichteter und ausgeübter Gewerbebetrieb = Sachbestand, Forderungen, Geschäftsbeziehungen, Name, Kundschaft, „good will" usw., Zugang zu Licht und Luft bei Grundstücken) und alle vermögenswerten Positionen des öffentlichen Rechts, soweit dafür Gegenleistungen erbracht wurden (z. B. berufs-/gewerberechtliche Zulassungen; Ansprüche von Soldaten; Arbeitslosengeld; Rentenversicherung). Der weite Wohnungsbegriff ist in § 20 Abs. 1 S. 2 POG umschrieben (vgl. dazu Rn G 61). Auch hier geht wegen § 1 Abs. 3 POG (s. o. Rn B 20) der gerichtliche Schutz regelmäßig vor. Nur dort, wo gerichtlicher Schutz aus zeitlichen Gründen nicht mehr effektiv wäre (z. B. es droht die endgültige Zerstörung der Sache, Fremde dringen gerade in die Wohnräume ein), besteht am Schutz dieser Güter ein öffentliches Interesse, so dass ein Eingreifen der Ordnungskräfte in Betracht kommt.[13]

b) Relative Rechte

8 **Relative Rechte** sind solche, die einerseits nur bestimmten Personen, nicht also der Allgemeinheit zustehen, und andererseits **nur gegen bestimmte Personen oder eine bestimmte Personengruppe geltend gemacht** werden können. Es sind also Leistungs- und Forderungsrechte, denen kein dingliches Recht (z. B. Eigentum) zu Gunde liegt. Relative Rechte entstehen meistens durch Vertrag oder vertragsähnliche Vereinbarungen, denkbar sind jedoch auch andere Gründe (z. B. Vermächtnis i.S.d.

---

11   So Thiel Rn 174.
12   Götz § 4 Rn 32;.
13   Vgl. Rühle/Suhr aaO.

§§ 2147 ff. BGB). Relative Rechte spielen im Ordnungsrecht kaum eine Rolle, weil sie nur ausnahmsweise im öffentlichen Interesse liegen. Das liegt an **§ 1 Abs. 3 POG** (s. o. Rn B 20), wonach deren Schutz den allgemeinen Ordnungsbehörden und der Polizei nur dann obliegt, wenn gerichtlicher Schutz nicht rechtzeitig zu erlangen ist und wenn ohne ordnungsbehördliche oder polizeiliche Hilfe die Verwirklichung des Rechts vereitelt oder wesentlich erschwert werden würde. Relative Rechte werden in der Regel gerichtlich geklärt. Anders als bei absoluten Rechten kommt es nur selten vor, dass selbst der gerichtliche Eilschutz für relative Rechte zu spät käme. Insbesondere kann hier nicht mit einem evtl. zu langen Verfahren bei Gericht argumentiert werden, denn *„gerichtlicher Schutz"* ist in diesem Sinne bereits erreicht, wenn die Gerichte entscheiden könnten; wann sie es denn tun, ist dann deren Entscheidung und berechtigt alleine angesichts der verfassungsmäßigen Gewaltenteilung keine Ordnungsbehörden zu irgendwelchen Handlungen. Wenn die Ordnungskräfte bei relativen Rechten einschreiten, dann meistens nur, wenn zusätzlich andere Schutzgüter wie Individualrechtsgüter (wenn z. B. die Vertragserfüllung medizinisch erforderlich ist) oder die Rechtsordnung (z. B. bei Betrug oder Unterschlagung) betroffen sind.

Beispiel: E hat eine Erbschaft angenommen. Nach dem Testament hat der Neffe des Erblassers N einen Vermächtnisanspruch auf Herausgabe eines Bildes von Salvador Dalí. Um diesen Anspruch nicht erfüllen zu müssen, versucht E das Bild mit einem Paketversand ins nichteuropäische Ausland zu schicken. – E ist nach § 1922 BGB Eigentümer des Bildes. N hat noch kein dingliches Recht an dem Bild, sondern nur nach § 2174 BGB einen privatrechtlichen Herausgabeanspruch (relatives Recht). Wenn E das Bild nun verschickt, käme gerichtliche Hilfe zu spät. Und befindet sich das Bild erst einmal außerhalb Europas, ist die Durchsetzung des Vermächtnisanspruchs (der durch Schadensersatz ideell nicht auszugleichen ist) mindestens wesentlich erschwert, wenn nicht gar vereitelt.

2. Kollektivrechtsgüter

Kollektivrechtsgüter sind die Schutzgüter, die nicht einzelnen Personen, sondern der   9 Allgemeinheit zugewiesen sind. Sie unterteilen sich in die objektive Rechtsordnung und in den Schutz der Hoheitsträger, ihrer Einrichtungen und Veranstaltungen.[14] Der Schutz von Kollektivrechtsgütern ist immer im Allgemeininteresse, so dass nicht gesondert geprüft zu werden braucht, ob die *öffentliche* Sicherheit betroffen ist.

a) Die objektive Rechtsordnung

Die objektive **Rechtsordnung** ist ein kollektives Schutzgut der öffentlichen Sicherheit.   10 Hierzu zählt das gesamte in Rheinland-Pfalz gültige Recht, gleich ob es geschrieben oder ungeschrieben ist. Also zählen hierzu insbesondere EU-Recht, das Grundgesetz und die Landesverfassungen, alle Gesetze, Rechtsverordnungen, Satzungen, Verwaltungsakte, Verträge (unter dem Vorbehalt des § 1 Abs. 3 POG), aber auch **Gewohnheitsrecht** wie z. B. das öffentlich-rechtliche Hausrecht, die sog. „unvordenkliche Verjährung" (bei der Widmung von schon in historischer Zeit genutzten öffentlichen Sachen, insbesondere Straßen) oder sonstiges nichtgeschriebenes Recht, wie z. B. mündliche Anweisungen oder Zeichen von Polizeibeamten. Sofern sich die Rechtsordnung aus Rechtsnormen oder **Verwaltungsakten** ergibt, müssen diese nicht zwingend rechtmäßig sein, sofern sie nur gültig sind (wobei allerdings rechtswidrige Rechtsnormen in der Regel ungültig sind). Soweit die Verfassungen (EU-, GG, Landes-) zur objektiven Rechtsordnung gehören, gilt das aber so gut wie nicht für die **Grund-**

---

14   Vgl. Rühle/Suhr § 9, 2.1.1.2.

rechte, da diese nur der Abwehr von staatlichen Maßnahmen gegenüber dem Bürger dienen, nicht aber umgekehrt Grundlage für staatliche Eingriffe sein können.[15]

Der vielfach in diesem Zusammenhang genannte § 823 BGB ist eigentlich überflüssig. Soweit sein 1. Absatz absolute Rechte schützt, wird das schon von der Gruppe der Individualrechtsgüter (s. o. Rn C 4 ff.) erfasst, die Schutzgesetze nach § 823 Abs. 2 BGB fallen schon unter die Gruppe der objektiven Rechtsordnung.

Geschützt ist bereits die **objektive** Rechtsordnung, d.h. es kommt insbesondere bei **Haftungs- und Strafrechtsnormen** auf subjektive Merkmale (Schuldfähigkeit, Schuld, Verfolgungshindernisse) grundsätzlich nicht an.[16] Das wirkt sich insbesondere bei Haftungs- und Strafrechtsnormen aus. In Bezug auf Normen des Strafrechts ist die öffentliche Sicherheit bereits dann betroffen, wenn der objektive Tatbestand eines strafbewehrten Handelns erfüllt ist. Soweit zur Strafverfolgung allerdings ein **Antrag** des Verletzten erforderlich ist (vgl. §§ 77 ff. StGB), berührt die Rechtsverletzung die *öffentliche* Sicherheit nur dann, wenn dieser Antrag gestellt wurde oder das zumindest nicht ausgeschlossen ist. Die Wertung der Bedeutung für das Allgemeininteresse wird praktisch vom Strafrecht in das Ordnungsrecht übernommen. Das bedeutet z. B. für den unbefugten Gebrauch eines Fahrzeugs (§ 248b StGB) oder Hausfriedensbruch (§ 123 StGB), dass auch ordnungsbehördliche oder polizeiliche Maßnahmen ausgeschlossen sind, wenn es der Verletzte ablehnt, einen Antrag zu stellen; für Delikte wie einfache Körperverletzung (vgl. § 230 StGB), Diebstahl oder Unterschlagung geringwertiger Sachen (§ 248a StGB) oder einfache Sachbeschädigung (vgl. § 303c StGB) gilt das insoweit, als kein überwiegendes öffentliches Interesse an der Strafverfolgung besteht..

Beispiel: Unbekannte Obdachlose klettern immer wieder über den Gartenzaun in das Anwesen des E, um von dort Früchte zu stehlen. E stellt ausdrücklich keinen Strafantrag. Hier können die Ordnungskräfte nicht eingreifen. Die kollektiven Schutzgüter der öffentlichen Sicherheit sind nicht betroffen. Für den Hausfriedensbruch gilt das schon deshalb, weil der nach § 123 Abs. 2 StGB für die Strafverfolgung notwendige Antrag fehlt, für den Diebstahl der Früchte, weil dieser Antrag fehlt und ein besonderes öffentliches Interesse nicht erkennbar ist (vgl. § 248a StGB).

b) Existenz und Funktionieren der Träger hoheitlicher Gewalt, ihrer Einrichtungen und Veranstaltungen[17]

11 **Hoheitsträger** sind alle juristischen Personen des öffentlichen Rechts, insbesondere der Bund, das Land, die Landkreise, die Gemeinden, die Zweckverbände, die rechtsfähigen Anstalten des öffentlichen Rechts und die öffentlich-rechtlichen Stiftungen.[18] Zu den geschützten Einrichtungen gehören auch solche **anderer Hoheitsträger**. Das können ausländische Missionen, aber auch Einrichtungen supranationaler Einrichtungen wie EU, UNO oder NATO sein. Dass Hoheitsträger in ihrer Existenz gefährdet sind, kommt praktisch nicht vor. Wohl aber kann deren ordnungsgemäßes Funktionieren betroffen sein

Beispiel: Parkt ein Fahrzeug widerrechtlich vor einer städtischen Feuerwehrausfahrt, ist (neben der Rechtsordnung StVO) auch die Einsatzbereitschaft nicht mehr gewährleistet. Damit ist auch die Funktionsfähigkeit der Feuerwehr berührt.

---

15 Möller/Warg Rn 89; Thiel Rn 159.

16 BVerwG NJW 1982, 1009; Götz § 4 Rn 11; Möller/Warg Rn 86.

17 Grundsätzlich anerkannt z. B. durch BVerfG (K) NJW 2007, 2167 Rn 29; man sollte zutreffender vom „Hoheitsträger", nicht wie verbreitet vom „Staat" sprechen, da letzterer nur den Bund und das Bundesland umfasst, was aber viel zu eng ist.

18 Möller/Warg Rn 91.

Hoheitliche Einrichtungen sind alle Gegenstände, die ein Hoheitsträger zur unmit- **12** telbaren Erfüllung seiner hoheitlichen Aufgaben unterhält. Hierzu gehören z. B. Verwaltungsgebäude (auch Schulen, Kasernen u. Ä.), Straßen, Sozial-, Ver- und Entsorgungseinrichtungen, Hilfsdienste usw. Ihre Funktion darf nicht nennenswert behindert werden. Hierzu gehört zwar eigentlich schon das öffentlich-rechtliche Hausrecht[19], das aber schon vom Schutzgut der objektiven Rechtsordnung umfasst ist.

Beispiel: Warnstreiks an Schulen betreffen diese Einrichtung und damit die öffentliche Sicherheit.[20] Gleiches gilt hinsichtlich der Bundeswehr für eine militante Gegenveranstaltung zu einer Vereidigung von Wehrpflichtigen.[21] Das verbotene Abhören des Polizeifunks betrifft eine Einrichtung der Polizei und deren vertrauliches Funktionieren.[22]

Hoheitliche Veranstaltungen sind alle Unternehmungen und Aktivitäten, die ein Ho- **13** heitsträger zur unmittelbaren Erfüllung seiner hoheitlichen Aufgaben unternimmt. Solche Veranstaltungen des Hoheitsträgers sind z. B. Wahlen, Volkszählungen, offizielle staatliche Empfänge[23], Parlaments- oder Ratssitzungen, Staatsbesuche, Vereidigung von Soldaten, öffentlich-rechtliche Ausbildung, Verkehrskontrollen und -überwachungen[24], Anhörungen oder Erörterung von Einwendungen im Zug öffentlicher Verwaltungsverfahren usw. Der Ablauf dieser Aktivitäten darf nicht maßgeblich beeinträchtigt werden.

Beispiel: Bauern behindern aus Unmut über die Agrarpolitik den Zugang zum Wahlraum der Europawahl. Damit wird sowohl die staatliche Veranstaltung der Wahl als auch der Zugang der Wähler, die an der Veranstaltung teilnehmen, behindert.

---

19 Gusy Rn 82.
20 OVG Hamburg NJW 1989, 605 und VGH Kassel NVwZ 1990, 386.
21 BVerwG DÖV 1989, 435 (Störungen einer öffentlichen Veranstaltung zur Vereidigung von Soldaten).
22 BayObLG DÖV 1999, 520.
23 BVerfG (K) NJW 2007, 2167 Rn 29.
24 OVG Münster NJW 1997,1596; VG Bautzen SächsVBl. 2008, 90.

Öffentliche Sicherheit

Individualrechtsgüter		Kollektivrechtsgüter	
absolute Rechte	relative Rechte	Rechtsordnung	Hoheitsbereich
Leben, Gesundheit auch: Selbsttötung aber nicht: bloße willentliche Selbstgefährdung	**Vermögen** i. Ü.* (wegen § 1 Abs. 3 nur selten betroffen)	Unverletzlichkeit von geschriebenem und ungeschriebenem Recht (insbes. Rechtsnormen, Verwaltungsakte, öffentl.-r. Verträge, Gewohnheitsrecht, anerkannte Rechtssätze usw.)	Existenz und Funktionieren von: • **Hoheitsträgern** • ihren **Veranstaltungen** (= jede Unternehmung eines Hoheitsträgers zur Erfüllung hoheitlicher Aufgaben)
Freiheit			
Ehre*; Persönlichkeit*			
persönliche Daten*, eigenes Bild*			• ihren **Einrichtungen** (= jeder Gegenstand, den Hoheitsträger zur Erfüllung seiner hoheitlichen Aufgaben verwendet)
Eigentum*, Wohnung*			
u.a.			

(unter dem Vorbehalt des § 1 Abs. 3)

III. Die öffentliche Ordnung

14 Die öffentliche Ordnung umfasst die Gesamtheit der **ungeschriebenen Regeln**, deren Befolgung nach den jeweils herrschenden sozialen und ethischen Anschauungen als **unerlässliche Voraussetzung** eines geordneten menschlichen Zusammenlebens innerhalb eines bestimmten Gebietes angesehen wird.[25] Hier geht es also nicht um die geschriebene oder ungeschriebene Rechtsordnung, sondern um unverzichtbare **Wertvorstellungen** für das gesellschaftliche Miteinander,[26] insbesondere um

■ **Toleranz**,

Beispiel: besonders grobe und herabsetzende Religionskritik im Theater[27], Zeigen der Reichskriegsflagge Norddeutscher Bund als Ausdruck faschistischer Gesinnung[28], Prostitution in der Nähe von Kirchen[29], Aufzug von Rechtsextremisten am Holocaust-Gedenktag[30] .

---

25 BVerfG NJW1985, 2395, (so ähnlich std. Rspr. seit PrOVG 91, 140); vgl. Thiel Rn 177 ff.; Rühle/Suhr § 9, 2.1.2.
26 BVerfG DVBl. 2004, 237; OVG Münster NWVBl. 2001, 95.
27 OVG Koblenz NJW 1997, 1174; dagegen öffentliche Sicherheit: Störung der Religionsausübung § 167 StGB; Störung von Bestattungsfeiern § 167a StGB; § 117 OWiG.
28 OVG Münster NJW 1994, 2409; dagegen Reichskriegsflagge von 1935 ist Verstoß gegen öffentliche Sicherheit wegen § 86a StGB; kritisch Rühl NVwZ 2003, 531; Enders JuS 1997, 545.
29 Soweit nicht schon von GAVO/ § 184a StGB, § 184b StGB, § 120 OWiG erfasst.
30 BVerfG NJW 2001, 1410; OVG Münster NJW 2001, 2111.

■ **Ethik,**

Beispiel: öffentliche Ausstellung von Leichenteilen[31]; Zwergenweitwurf[32]; ungewollte (!) Obdachlosigkeit[33]; Quasar-Tötungs-Spiel[34]; Laser-Tötungs-Spiele[35]; strittig: Paintball-Spiel (Gotcha)[36]; Damenring-/-boxkämpfe[37]; str. bei Selbsttötung[38].

■ **äußerer Anstand**

Beispiel: entgeltliche „Peepshow"[39]; entgeltliche „Telefon-Peepshow"[40]; entgeltliches Zurschaustellen von Frauen hinter Gittern im Nachtclub[41]; entgeltliches Vorführen des Geschlechtsverkehrs[42]; Verkauf von Kondomen in der Nähe von Schulen, Kirchen, Haltestellen usw.[43]; Nacktgehen[44]; Bettelei mit Kindern oder mit Bedrängen oder Berühren[45] oder organisiert.

u. Ä., soweit es um Verhalten **in der Öffentlichkeit** geht. Dabei fallen Vorgänge unter Erwachsenen, zu denen Jugendliche keinen Zutritt haben und die nur von denen wahrgenommen werden können, die das wollen, schon mangels Öffentlichkeit nicht unter die öffentliche Ordnung.[46] Solche Wertungen sind natürlich je nach Region und Bevölkerungsschicht unterschiedlich und zudem auch einem ständigen Wandel unterworfen. Dies gilt insbesondere auch für den Umfang der Menschenwürde, die insbesondere durch die öffentliche Sicherheit geschützt werden soll. Die Gefahr einer **Verletzung der Menschenwürde** ist dann gegeben, wenn aktuell ein Verhalten droht, durch das die Subjektqualität eines Menschen prinzipiell in Frage gestellt wird oder in einem konkreten Fall ein willkürliches Missachten der Menschenwürde liegt.[47] Das scheint in der Theorie klar, führt aber zu sehr unterschiedlichen Ansichten in der Praxis. Überholt sein dürfte, dass das entgeltliche Vorführen des Geschlechtsverkehrs[48] oder die „Peepshow"[49] sittenwidrig und damit ein Verstoß gegen die öffentliche Ordnung sein soll, alleine weil die Frauen ihre Menschenwürde aufgäben, über die sie auch nicht disponieren könnten, zumal diese Voraussetzungen bei Pornographie grundsätzlich nicht vorliegen sollen. Noch nicht richtig klar ist der Status der Prostitution, die sich

---

31 VGH München NJW 2003.
32 VG Neustadt NVwZ 1993, 98.
33 OVG Lüneburg NVwZ 1992, 502, VGH Mannheim NVwZ 1993, 1220; vgl. a. Rn L 6..
34 OVG Koblenz NVwZ-RR 1995, 30; OVG Münster DÖV 1995, 1004; anders VGH München GewArchiv 1994, 376.
35 OVG Münster NWVBl 2001, 94 ff.; BVerwG NJW 2002, 2487; EuGH NJW 2005, 736.
36 Kein Fall der öff. Ordnung: VG Dresden NVwZ-RR 2003, 848, VG Regensburg vom 16.6.1998 Az. RO 11 K 97.02270; anders: OVG Münster Beschluss vom 26.6.2000, Az. 5 B 588/00.
37 VGH München NVwZ 1984, 254; VG Karlsruhe GewArch 1978, 163, VG Gelsenkirchen GewArch 1978, 164, entgegen früher noch PrOVGE 91, 139, VGH München NVwZ 1984, 254.
38 Dafür BayObLG DÖV 1989, 273; VGH München NJW 1989, 1790 und 1815, vgl. aber Rn C 4.
39 BVerwG NJW 1982, 664; NJW 1996, 1423.
40 OVG Hamburg NVwZ-RR 1993, 293.
41 VGH München NVwZ 1992, 76.
42 BVerwG NJW 1992, 665, anders vor Jugendlichen geschützte „Swinger-Parties", BVerwG NVwZ 2003, 64; VGH München GewArchiv 1996, 474, VG Köln NVwZ 1984, 651; oder BayOLG BayVBl. 1977, 220 „Nackdeiball", dagegen in der Öffentlichkeit § 183a StGB, § 119 OWiG.
43 BVerwGE 10, 164; anders ansonsten aus Straßenautomaten OVG Münster NJW 1988, 787.
44 OVG Münster NJW 1997, 1180; aber VGH Mannheim NJW 2003, 234: Fall des § 118 OWiG; dagegen dürfte es angesichts Art. 8 GG zu weit gehen, unbekleidetes Fahrradfahren anlässlich des Weltnacktradeltages" wegen Verstoß gegen die öffentliche Ordnung nach dem VersG zu verbieten, so VG Karlsruhe NJW 2005, 3658.
45 BayObLG NVwZ 1998, 104; s.a. Bracker JuS 1996,482; anders „stilles Betteln", VGH Mannheim NVwZ 1999, 560.
46 BayVGH GewArchiv 1996, 474, VG Köln NVwZ 1984, 651; Gusy Rn 98 und DVBl 1982, 984.
47 VG Dresden NVwZ-RR 2003, 848.
48 BVerwG NJW 1992, 665.
49 BVerwG NJW 1982, 664; NJW 1996, 1423.

weder in einem Umfeld betätigt, das von Personen unter 18 Jahren aufgesucht wird (§ 184b StGB), noch grob anstößig abläuft (§ 119 OWiG), noch innerhalb einer Sperr-gebietsverordnung[50] geschieht (Art. 297 EGStGB, §§ 184a StGB, 120 Abs. 1 Nr. 1 OWiG). Trotz des seit 2002 gültigen Prostitutionsgesetzes wird sie nur von einigen als Beruf und Gewerbe anerkannt[51], in der Regel werden aber auch selbständigen Pro-stituierten Anzeigemöglichkeit nach § 14 GewO oder Reisegewerbekarte (§ 55 Abs. 1 Nr. 1 GewO) versagt, obwohl nach § 1 Prostitutionsgesetz durch die Vereinbarung rechtswirksame Geldforderungen entstehen (nicht jedoch solche auf die sexuelle Handlung, § 2 Prostitutionsgesetz), man also nicht mehr davon sprechen kann, die Prostitution sei verboten oder mit einem sozialen Unwerturteil behaftet.[52] Quasar- oder Laserdrom-Tötungsspiele[53] sollen wegen Missachtung des Rechtsguts Leben sitten-widrig und ein Verstoß gegen die öffentliche Ordnung sein, Paintballspiele dagegen nicht.[54]

15 Weiterhin ist bedenklich, dass man davon ausgeht, es entscheide die **herrschende Anschauung**. Selbst wenn man einmal unterstellen will, dass man diese im Ord-nungsrecht immer sicher definieren könnte, erhebt sich die Frage des Minderheiten-schutzes. Erfahrungsgemäß hat nicht immer die Mehrheit Recht. Noch in den sechzi-ger Jahren des 20. Jahrhunderts wäre womöglich eine Mehrheit zu finden gewesen, Arbeitsmaßnahmen gegen jene zu verhängen, die sich mit langen Haaren und provo-zierendem Gebaren den Regeln der damaligen Gesellschaft entzogen. Bis 1973 war beispielsweise in Übereinstimmung mit der moralischen Überzeugung der damaligen Bevölkerungsmehrheit Homosexualität unter erwachsenen Männern (§ 171 StGB a. F.), das Erschleichen des Beischlafs durch Vorspiegeln einer Heiratsabsicht (§ 179 StGB a. F.), das uneigennützige Gewähren oder Verschaffen von Gelegenheit zum Beischlaf für Nichtverheiratete (§ 180 StGB a. F.) oder das Verbreiten *„unzüchtiger”* Schriften oder Gegenstände (§ 184 StGB a. F.) strafbar, bis 1969 Ehebruch (§ 172 StGB a. F.). Und erst jetzt fängt man langsam an, die Prostitution aus dem Graubereich zwischen Legalität und Illegalität herauszunehmen[55]. Zwar wird die herrschende An-schauung dann nicht mehr zu Grunde gelegt, wenn sie mit Grundsätzen der Verfas-sung unvereinbar ist,[56] aber auch das ist letztlich eine Wertung.

16 Differenziert wird auch danach, an welchem **Ort** die Maßnahme zu treffen ist, da auch hiervon die Wertvorstellungen beeinflusst werden (z. B. eine Parade zum „Christopher-Street-Day” würde vielleicht in einem kleinen Ort in der Eifel auf wesentlich unfreund-lichere Resonanz stoßen als in einer Großstadt). Das soll aber nur gelten, soweit kein krasser Widerspruch zur überörtlichen Auffassung oder zu Verfassungsgrundsätzen besteht. Angesichts der Tatsache, dass die Unterschiede zwischen Stadt und Land infolge der Medieneinflüsse immer mehr verschwinden, dürfte die Unterscheidung nach der Region aber keine große Bedeutung mehr haben.

---

50   Vgl. hierzu BVerfG NVwZ 2009, 905.
51   Vgl. Wolfarth Verwaltungsrundschau 2004,127 f. m.w.N.
52   VGH Kassel NJW 1984, 1369; VG Berlin NJW 2001, 983; vgl. a. Armbrüster NJW 2002, 2763; Pöltl VBlBW 2003, 181.
53   EuGH DVBl. 2004, 1476; BVerwG E 115,189 f.; OVG Koblenz NVwZ-RR 1995, 30; OVG Münster DÖV 1995, 1004; OVG Münster NWVBl 2001, 94 ff.; dazu auch Beaucamp DVBl. 2005, 1174.
54   VG Dresden NVwZ-RR 2003, 848 mit dem Hinweis, dass viele – auch klassische – Spiel- und Sportarten die Ausschaltung des Gegners zum Ziel hätten.
55   Gesetz zur Regelung der Rechtsverhältnisse der Prostituierten (BGBl. I 2001, S. 3983.).
56   So Drews/Wacke/Vogel/Martens S. 247 und Lisken/Denninger E Rn 25.

Aus den oben genannten Gründen ist die Notwendigkeit des Begriffs der öffentlichen **17**
Ordnung sehr **umstritten**[57] und findet sich nicht in allen Ordnungsgesetzen.[58] Für
Versammlungs*verbote* genügt ihre Gefährdung regelmäßig nicht.[59] Manche Bundesländer haben diesen Begriff ganz oder teilweise aus ihren Polizei- oder Ordnungsgesetzen herausgenommen.[60] Man meint, auf ein gesondertes Prüfen der öffentlichen
Ordnung verzichten zu können, auch weil viele **Rechtsnormen** gerade aus Gesichtspunkten der öffentlichen Ordnung erlassen wurden, z. B. die §§ 130 Abs. 3 und 4, 167,
167a, 184, 184b StGB oder die §§ 116–121 OWiG. In diesen Fällen erfasst bereits die
öffentliche Sicherheit alle Wertvorstellungen, und ein Rückgriff auf die öffentliche Ordnung ist insoweit nicht mehr erforderlich.

Aber nicht immer decken die Güter der öffentlichen Sicherheit den Gefahrenbereich **18**
vollständig ab, wie die Beispiele oben unter Rn C 13 zeigen. Um hier Gefahren abwehren zu können, greift die herrschende Meinung doch auf das Schutzgut der öffentlichen Ordnung zurück. Dafür spricht auch, dass sich dieser Begriff nicht nur in
den allgemeinen Ordnungsgesetzen findet, sondern z. B. auch in Art. 35 Abs. 2 GG,
§ 15 VersG, § 19 GastG oder § 38 StVO. Zudem sieht selbst das Bundesverfassungsgericht den Begriff der öffentlichen Ordnung als durch Rechtsprechung und Literatur
hinreichend bestimmt an.[61] Im Hinblick auf die geschilderte Problematik des Begriffs
betrachtet man jedoch die Gesichtspunkte der öffentlichen Ordnung als gegenüber
der öffentlichen Sicherheit **subsidiär** und zieht sie nur dann noch heran, wenn Gesichtspunkte der öffentlichen Sicherheit nicht eingreifen oder in den seltenen Fällen,
in denen sich neben der öffentlichen Sicherheit **neue Gefahrengesichtspunkte** ergeben.

Beispiel: Eine Person wird obdachlos. Die Ordnungsbehörde greift zwar zum Schutz von Leib
und Leben ein. Der Nachweis einer Unterkunft erfolgt hier aber auch deswegen, weil es mit unseren gesellschaftlichen Wertvorstellungen unvereinbar ist, dass ein Mensch gegen seinen Willen
ohne Obdach ist.[62] – Skinheads sprühen die Reichskriegsflagge des Norddeutschen Bundes auf
eine Häuserwand. Hier ist wegen der Sachbeschädigung die öffentliche Sicherheit betroffen,
wegen des Zeigens der Reichskriegsflagge des Norddeutschen Bundes als Ausdruck faschistischer Gesinnung aber auch die öffentliche Ordnung.[63]

---

57 BVerwG NVwZ 2002, 602 (bestätigend); vgl. z. B. Götz Rn 98 ff.
58 Z. B. fehlt der Begriff in § 10 Abs. 1 Brem. PolG, § 8 Abs. 1 PolG NRW (anders aber § 14 Abs. 1 OBG NRW.).
59 BVerfG NVwZ 2004, 90; es sei denn, sie ist ausdrücklich normiert, z. B. in § 118 OWiG, VG Karlsruhe NJW
     2005, 3658; zu Versammlungen s. a. Rn G 2 und 3.
60 Bremen, Münster, Saarland und Schleswig-Holstein.
61 BVerfG NJW 2001, 1409; 1980, 2572; BVerwG NVwZ 2002, 602.
62 OVG Lüneburg NVwZ 1992, 502, VGH Mannheim NVwZ 1993, 1220.
63 OVG Münster NJW 1994, 2409.

Öffentliche Ordnung

BVerfG NJW1985, 2395 (urspr. PrOVG 91, S. 140):

Gesamtheit der ungeschriebenen **Regeln,**

⇐ Regeln: *Es geht um **Wertvorstellungen**, insbes. Toleranz, Ethik, äußeren Anstand u. ä., soweit es um Verhalten in der Öffentlichkeit geht*

deren **Befolgung** nach den jeweils herrschenden sozialen und ethischen Anschauungen

⇐ Herrschend: *Die Anschauung muss unzweifelhaft und weit überwiegend herrschend sein sowie mit der Verfassung im Einklang stehen*

als **unerlässliche Voraussetzung eines geordneten menschlichen Zusammenlebens**

⇐ Unerlässlich: *Die Missachtung der Werte muss schweren Schaden für das gesellschaftliche Miteinander befürchten lassen*

innerhalb eines bestimmten Gebietes angesehen wird

⇐ Gebiet: *Das gilt nicht, soweit ein krasser Widerspruch zur überörtlichen Auffassung besteht*

Wegen seiner Problematik wird auf die öffentliche Ordnung nur zurückgegriffen, soweit Gefahrengesichtspunkte nicht schon von der öffentlichen Sicherheit erfasst sind.

D. Die Gefahr und ähnliche Rechtsinstitute

I. Gefahr i.S.d. Gefahrenabwehr

Das POG dient der Gefahrenabwehr, § 1 Abs. 1 S. 1 POG. **Gefahr** im Sinne dieser **1** Vorschrift heißt, dass ein Schaden für Schutzgüter oder dessen Vertiefung möglich ist, **Gefahrenabwehr** in diesem Sinne heißt, dass versucht wird, Schaden zu verhindern oder wenigstens zu vermindern. Dieser übergreifende Gefahrenbegriff des § 1 POG umfasst sowohl die abstrakte als auch die konkrete Gefahr, aber auch den Gefahrenverdacht (s. zu den einzelnen Begriffen unten). Während also § 9 Abs. 1 POG nur solche Gefahrensituationen erfasst, die konkret vorliegen (S. 1) oder normiert sind (S. 2), umfasst die Gefahrenabwehr im Sinne des § 1 POG schon alle diejenigen Maßnahmen, die dem Vorbeugen gegen mögliche, fernere zukünftige Störungen (z. B. Maßnahmen nach § 11 Abs. 1 Nr. 2 POG) oder der Gefahrerforschung (z. B. § 10 Abs. 1 S. 2 POG) dienen, ohne dass eine im einzelnen Falle hinreichende Wahrscheinlichkeit einer Störung in absehbarer Zeit oder eine abstrakte Normierung vorliegen müssten. Der Begriff Gefahr in diesem allgemeinen Sinne erfasst nach § 1 Abs. 1 S. 2 und 3 POG auch die Vorbereitung auf die Gefahrenabwehr und das vorbeugende Bekämpfen von Straftaten (s. dazu Rn B14). Diese Gefahrverhütung stellt auf noch nicht absehbare, zukünftig mögliche Gefahren ab (vgl. Rn B 2). Der hier verwendete Gefahrenbegriff ist praktisch nur im Rahmen der Aufgabenzuweisungen (s. dazu Kap. B) bedeutsam, insbesondere für grundsätzliche und vorbeugende Maßnahmen. Für einen Eingriff genügt er aber alleine nicht.

Beispiel: Wenn die Kriminalpolizei der Polizeipräsidien im Rahmen des § 1 Abs. 1 S. 3 POG Hauseigentümer über effektiven Einbruchsschutz berät, wird zwar noch keine im einzelnen Falle bestehende Gefahr im Sinne des § 9 Abs. 1 POG abgewehrt, da weder ein konkreter Einbruch in absehbarer Zeit wahrscheinlich ist, noch abstrakt ein hier relevanter Sachverhalt als gefährlich normiert worden ist. Im Sinne des § 1 POG handelt es sich dennoch um Gefahrenabwehr, da im Vorfeld verhindert werden soll, dass Gefahren im Sinne des § 9 Abs. 1 POG überhaupt entstehen.

Die Ermächtigungsgrundlagen der Gefahrenabwehr, insbesondere das POG, sind sehr **2** unterschiedlich in dem, was sie für den Eingriff voraussetzen. Manche Vorschriften fordern überhaupt keine besondere Lage, sondern lassen den Eingriff willkürlich **ohne jeden Anlass** zu (z. B. § 10 Abs. 3 POG). Andere lassen den bloßen **Gefahrenverdacht** genügen (z. B. §§ 9a, 10 Abs. 1 S. 2, 12 Abs. 1 Nr. 1, 18, 19, 20 Abs. 1 S. 1 Nr. 1 und 2 POG oder § 27 Abs. 2 POG[1]). I. Ü. erfordern belastende Maßnahmen häufig eine **konkrete Gefahr**.

II. Die konkrete Gefahr

Eine **im einzelnen Falle bestehende** (= konkrete) **Gefahr** ist eine Sachlage, die bei **3** ungehindertem Ablauf des zu erwartenden Geschehens mit hinreichender Wahrscheinlichkeit in absehbarer Zeit zu einem Schadenseintritt führt.[2] Dem steht es gleich, wenn ein Schaden bereits eingetreten ist und die hinreichende Wahrscheinlichkeit besteht, dass er sich bei ungehindertem Ablauf in absehbarer Zeit vertieft oder verschlim-

---

1 Im besonderen Ordnungsrecht sind u. a. in § 94 Abs. 1 und 3 LWG sowie in §§ 20, 22 LAbfWG entsprechende Befugnisse geregelt.
2 Ähnlich BVerwGE NVwZ 2003, 95; 45, 51 (57); OVG Münster DVBl. 1989, 1010; § 2 Nr. 10 nds SOG /§ 2 Nr. 30 brem PolG, vgl. Götz § 6 Rn 3; Gusy Rn 108; Möller/Warg Rn 100; Knemeyer Rn 87; Rühle/Suhr § 9, 22.

mert.[3] Von einer Gefahr kann man allerdings dann nicht mehr sprechen, wenn der Schaden im vollen denkbaren Umfang eingetreten ist, so dass er nicht mehr schlimmer werden kann und damit auch nichts mehr abzuwehren ist. Anders als beim allgemeinen Gefahrenbegriff in § 1 POG (vgl. Rn D 1) muss sich also die Möglichkeit des Schadens auf eine bestimmte oder bestimmbare Person oder Personengruppe und einen wirklich vorliegenden Sachverhalt konkretisiert haben.

4 **Schaden** ist dabei die objektive, nicht unerhebliche Minderung eines vorhandenen Bestands an materiellen oder immateriellen Rechtsgütern. Davon sind solche Bestrebungen nicht erfasst, die auf eine Verbesserung der bestehenden Zustände gerichtet sind (z. B. Reparaturen, Sanierung) oder Nachteile, die nur durch die gewöhnliche Abnutzung einer Sache oder nur durch Entgehen erwarteter Gewinne entstehen.[4] Ist ein Schaden dagegen bereits eingetreten, ist das ordnungsrechtlich nur dann noch erheblich, wenn sich der **Schaden noch verschlimmern kann**, was auch dann vorliegt, wenn die Schutzgüter fortlaufend verletzt werden. Einmalige und in sich abgeschlossene Schadensvorgänge sind dagegen ordnungsrechtlich nicht mehr erheblich, weil nichts mehr abzuwehren ist.

Beispiel: Auch wenn die Körperverletzung schon eingetreten ist, kann sich der Zustand des Verletzten noch verschlechtern; es ist für die Beeinträchtigung des Straßenverkehrs nicht gleichgültig, ob ein Fahrzeug kurz oder lange widerrechtlich parkt; demgegenüber ist nichts mehr abzuwehren, wenn das denkmalgeschützte Haus abgerissen oder der Verunglückte tot ist

5 Berücksichtigt werden nur solche drohenden Nachteile, die **nicht unerheblich** sind. Die Grenze zu unerheblichen Einwirkungen ist dabei nach den örtlichen Verhältnissen und in Abhängigkeit von der gewöhnlichen Anschauung zu ziehen.[5] Alles, was unter der Schwelle erheblicher Beeinträchtigungen bleibt, ist als Belästigung unbeachtlich.[6]

Beispiel: Dass in der Nachbarschaft jemand viel Damenbesuch hat, seinen Garten nicht pflegt oder tagsüber betrunken nach Hause kommt, mag die Anwohner belästigen, wäre aber alleine noch unterhalb der Gefahrenschwelle.

Anderes gilt nur, wenn eine Rechtsnorm schon die bloße Belästigung untersagt, wie z. B. in §§ 117 und 118 OWiG.

6 Der Schadenseintritt an einem der Schutzgüter muss nicht nur theoretisch möglich, sondern aus der Sicht eines objektiven Beobachters[7] **hinreichend wahrscheinlich** sein. Ob ein Schaden wahrscheinlich ist, kann nur prognostiziert werden. Jede **Prognose** baut auf Tatsachen der Gegenwart und Vergangenheit auf und schließt daraus auf die Zukunft; reine Vermutungen genügen hier als Grundlage nicht.[8] Diese Tatsachen können sich aus Erfahrung, technischen Erkenntnissen oder wissenschaftlichem Fachwissen ergeben. Maßgebend ist der Kenntnisstand zum **Zeitpunkt der Entscheidung** (ex ante). Die entscheidende Stelle muss aus diesen Tatsachen einen logischen und nachvollziehbaren Schluss ziehen.[9] Diese Schlussfolgerung ist im Rechtsbehelfsverfahren voll überprüfbar.

---

3 So OVG Münster VBL 1990, 159 und OVG Koblenz NVwZ 1992, 499 und Brandt/Smeddinck Jura 1994, 224 (227).
4 Martens DVBl 1981, 598 und VGH Kassel NJW 1984, 1169.
5 OVG Lüneburg E 27, 323.
6 VGH Mannheim ES 24, 213.
7 OVG Lüneburg NJW 2006, 394.
8 BVerfG NJW 2008, 1515; VG Minden NJW 2006, 1450; Gusy Rn 110.
9 BayVGH BayVBl 1993, 429.

Zur Annahme einer Gefahr ist zwar keine Gewissheit des Schadenseintritts erforderlich.[10] Es muss aber mehr als die bloße Möglichkeit eines Schadenseintritts vorliegen. Schadensmöglichkeiten, die sich deshalb nicht ausschließen lassen, weil nach dem derzeitigen Wissensstand bestimmte Ursachenzusammenhänge weder bejaht noch verneint werden können, begründen keine Gefahr (z. B. bei behauptetem Elektrosmog).[11] Der drohende Schaden kann besonders schwer wiegen, weil besonders viele von dem Schaden bedroht sind oder weil das gefährdete Schutzgut besonders bedeutsam und wichtig ist.[12] Die Schwere des möglichen Schadens wiederum ist ein Maßstab für die Anforderungen, die an den Grad der Wahrscheinlichkeit gesetzt werden. Die Bedeutung des geschützten Rechtsguts und die erforderliche Wahrscheinlichkeit eines drohenden Schadens für dieses Schutzgut stehen umgekehrt proportional zueinander: Die Wahrscheinlichkeit des Schadenseintritts muss umso größer sein, je geringer der möglicherweise eintretende Schaden ist, und sie darf umso kleiner sein, je schwerer der etwa eintretende Schaden wiegt.[13]

Beispiel: Die Wahrscheinlichkeit für einen Schaden an Leib und Leben kann relativ früh angenommen werden, während diese Wahrscheinlichkeit vielleicht für eine mögliche leichte Sachbeschädigung noch nicht reichen würde.

Mit dem Eintritt des drohenden Schadens muss **in absehbarer Zeit** zu rechnen sein. 7 Dieser Zeitraum ist nicht absolut bestimmbar. Ähnlich wie bei der Wahrscheinlichkeitsprognose (Rn D 6) kann hier nur eine Beziehung zwischen der Bedeutung der Schutzgüter und dem zeitlichen Abstand zum möglichen Schadenseintritt hergestellt werden. Je wichtiger das Schutzgut, desto großzügiger kann der Zeitrahmen gezogen werden, in dem der Schaden eintreten könnte. Liegt der mögliche Schadenseintritt in ferner, nicht mehr überschaubarer Zukunft, liegt keine konkrete Gefahr vor.

Beispiel: Ruhestörungen müssen schon in einem Zeitraum zu befürchten sein, der sich nach Minuten oder wenigen Stunden messen lässt; Gefahren für Leib und Leben können dagegen schon Zeiträume erfassen, die noch Monate entfernt sind.

III. Steigerungsformen der konkreten Gefahr

1. Die gegenwärtige Gefahr

Verschiedene Ermächtigungen der Gefahrenabwehr verlangen eine gesteigerte Art der 8 konkreten Gefahr als Eingriffsvoraussetzung. So wird in z. B. § 7 Abs. 1 Nr. 1, 20 Abs. 1 S. 1 Nr. 3, 22 Nr. 1 POG, § 31 Abs. 1 oder § 61 Abs. 2 LVwVG verlangt, dass die Gefahr **gegenwärtig** sein muss. Insbesondere eigenmächtige oder besonders intensive grundrechtsrelevante Eingriffe sind nur bei gegenwärtigen Gefahren zulässig.[14] Eine Gefahr ist gegenwärtig, wenn der Schaden schon eingetreten ist oder dieser Eintritt in allernächster Zeit mit an Sicherheit grenzender Wahrscheinlichkeit bevorsteht.

Beispiel: Bei Hochwasser kann der Campingwagen auf einem Campingplatz am Fluss auch ohne Verfügung oder Beteiligung des Besitzers, sogar gegen seine vorab erklärte Weigerung, abgeschleppt werden gemäß § 61 Abs. 2 LVwVG.

---

10 VGH Mannheim NVwZ-RR 1991, 26; überzogen allerdings OVG Münster NVwZ 1999, 562 wegen erst geplanter, unzulässiger Zigarettenwerbung speziell für Jugendliche.
11 BVerwGE NVwZ 2003, 95, E 72, 300 (315).
12 BVerwG DÖV 1970, 715, DÖV 1981, 421 und DÖV 1984, 577; BVerfG DÖV 1985, 782 Wahrscheinlichkeit für Schäden durch Demonstration als bes. wichtigem Grundrecht muss besonders hoch sein.
13 BVerfG NJW 2005, 2610; BVerwG NVwZ 2003, 95: 1990, 474 (Grundwasserverunreinigung) und OVG Koblenz NVwZ 1992, 499; Götz § 6 Rn 7; Möller/Warg Rn 102; Schenke Rn 77.
14 BVerwGE 45, 58 und VGH Mannheim NVwZ-RR1994, 52; vgl. Rühle/Suhr § 9, 2.2.3b).

Der Begriff „gegenwärtige Gefahr" ist terminologisch verunglückt. Jede konkrete Gefahr ist zwangsläufig gegenwärtig, da die hinreichende Wahrscheinlichkeit von Schadenseintritt bzw. -vertiefung im Zeitpunkt der Maßnahme vorliegen muss. Gemeint ist eigentlich die Gegenwärtigkeit des Schadens.[15]

2. Die Gefahr im Verzug

9 Ähnlich der gegenwärtigen Gefahr geht auch die Gefahr **im Verzug** von einer **zeitlichen Dringlichkeit** aus.[16] Zeitlich muss der Schaden auch hier unmittelbar bevorstehen oder teilweise schon eingetreten sein und andauern. Die Regelungen beziehen sich aber nicht auf materiellrechtliche Fragen der Eingriffsbefugnis, sondern auf formellrechtliche Fragen der **Zuständigkeit**. Bei Gefahr im Verzug ist es rechtmäßig, dass auch eine nicht originär zuständige Behörde wegen der dringlichen Gefahr tätig wird.[17] Solche Notkompetenzregelungen enthalten unter anderem § 21 Abs. 1, § 28 Abs. 5 S. 3, § 78 Abs. 2, § 90 Abs. 2 und § 91 Abs. 2 POG.

Beispiel: Ein Mitarbeiter der Ordnungsbehörde der benachbarten Verbandsgemeinde verbietet Kindern, auf das brüchige Eis eines Weihers zu gehen. Mitarbeiter der an sich zuständigen Ordnungsbehörde der benachbarten Verbandsgemeinde waren nicht vor Ort. Wegen der Dringlichkeit der Gefahr durfte die Maßnahme auch von dem Mitarbeiter der an sich örtlich unzuständigen Behörde getroffen werden (vgl. § 91 Abs. 2 POG).

3. Die erhebliche Gefahr

10 Die **erhebliche** Gefahr umschreibt die hinreichende Wahrscheinlichkeit, dass **Schäden von gravierendem Ausmaß** entstehen oder sich vertiefen. Das ist bei einer Gefährdung des Staates oder von Leben stets gegeben, im Übrigen nur dann, wenn der konkret zu befürchtende Schaden nicht unerheblich ist.[18] Durch sie werden umgekehrt die Gefahren ausgeschlossen, die nur eher unerheblichen Schutzgütern drohen. Das POG verlangt eine derartige Gefahr z. B. in den §§ 7 Abs. 1 Nr. 1, 18 Abs. 3, 20 Abs. 1 Nr. 3, § 20 Abs. 2, § 28b Abs. 5 S. 3 POG.

Beispiel: Zum Schutz für Leib und Leben von Unfallopfern und angesichts unmittelbar bevorstehender oder schon begonnener Schädigung kann die Polizei bei Vorliegen der sonstigen Voraussetzungen des § 7 POG unbeteiligte Dritte zur Unfallhilfe für die Verletzten verpflichten.

4. Die dringende Gefahr

11 Der Begriff der **dringenden** Gefahr erfasst nur **wichtige Rechtsgüter** bei in **großem Ausmaß** zu befürchtenden **Schäden**. Umstritten ist, ob er zusätzlich eine **zeitliche Komponente** derart enthält, dass der Schaden unmittelbar bevorstehen muss.[19] Man findet ihn z. B. in Art. 13 Abs. 4 und 7, 2. Hs., GG (dort geht es um die Verhütung – nicht Abwehr – dringender Gefahren aufgrund gesetzlicher Regeln), in § 20 Abs. 1 und

---

15 So auch Schwabe JZ 1993, 868.
16 Vgl. Rühle/Suhr § 9, 2.2.3c).
17 BVerfGE 52, 97, 111.
18 Vgl. Rühle/Suhr § 9, 2.2.3d).
19 BVerfGE 17, 251; BVerfGE 32, 54 und BVerwGE 47, 40; OVG Rheinland-Pfalz 29.01.2007 - VGH B 1/06; VGH Mannheim NVwZ 1991,690; OLG Frankfurt/M. 21.02.2002 - 20 W 55/02; Götz Rn 304; Rühle/Suhr § 9, 2.2.3e).

Abs. 2 POG (als Ausnahme vom Verbot, fremde Wohnungen zu betreten) oder in § 29 Abs. 1 POG.

Beispiel: Um jemanden aus einer brennenden Wohnung zu retten, kann es wegen der vom Feuer verstellten Wohnung nötig werden, bedrohte Personen von einer Wohnung des Nachbarhauses aus zu retten. Dazu darf diese Wohnung Unbeteiligter wegen dringender Gefahr betreten werden.

5. Die Gefahr für Leib und Leben

Verlangt das Gesetz als Voraussetzung eine Gefahr für **Leib und Leben**, drückt es **12** damit aus, dass der mögliche Schaden in der **Tötung** eines Menschen oder darin liegen könnte, dass dieser **schwere Körperverletzungen** erleidet.[20] Als Maßstab kann hier der § 226 Abs. 1 StGB dienen. Anders als beim bloßen Schutzgut der Gesundheit reichen einfachere körperliche Beeinträchtigungen (z. B. Schnittwunden, Beulen, Blutergüsse) nicht. Diese Voraussetzung findet sich z. B. in § 14 Abs. 1 Nr. 1, § 20 Abs. 1 S. 1 Nr. 3 oder § 28 Abs. 1 Nr. 1 POG.

6. Die gemeine Gefahr

Der Begriff der **gemeinen** Gefahr findet sich z. B. in § 29 Abs. 1 POG oder in Art. 13 **13** Abs. 4 und 7 GG (vgl. Rn G 93). Er erfasst Fälle, in denen eine **unbestimmte Anzahl** von Personen durch eine Gefahr in ihren **Grundrechten** bedroht ist, z. B. durch Naturkatastrophen, terroristische Anschläge u. Ä.)

IV. Irrtümlich angenommene konkrete Gefahr

1. Die Anscheinsgefahr

Die **Anscheinsgefahr**[21] wird im Ergebnis der konkreten Gefahr gleichgestellt.[22] Bei **14** der Anscheinsgefahr liegt im Zeitpunkt der Gefahrenabwehr beim objektiven (= alle *gegenwärtigen*, nicht aber zukünftigen Umstände kennenden) Betrachter **keine im einzelnen Falle bestehende Gefahr** im oben unter 2. beschriebenen Sinne vor. Dennoch geht der Behördenbedienstete oder Polizeibeamte aufgrund seiner zwangsläufig subjektiven Betrachtung im Zeitpunkt seiner Maßnahme vom Vorliegen einer solchen konkreten Gefahr aus. Er unterliegt also einem **Irrtum** über die tatsächlichen Umstände. Im Gegensatz zum Gefahrenverdacht (s. dazu unten Rn D 18) geht der Amtswalter bei der Anscheinsgefahr irrtümlich davon aus, dass er den Sachverhalt vollständig erfasst habe. Das falsche Einschätzen einer Gefahr beruht entweder auf einer lückenhaften Sachverhaltserkenntnis oder auf einer zwar nahe liegenden, aber im Ergebnis doch fehlerhaften Prognoseentscheidung. Die Fehleinschätzung lag von Anfang an vor, wird jedoch erst nachträglich bemerkt.

Um eine Anscheinsgefahr handelt es sich bei dieser Konstellation dann, wenn der Amtswalter diesen Irrtum **nicht fahrlässig** verursacht hat.[23] Ob der Irrtum fahrlässig entstand oder nicht, muss den Umständen nach beurteilt werden. Dabei ist auf das

---

20 Vgl. Rühle/Suhr § 9, 2.2.3f).
21 Der Begriff stammt vom preußischen OVG OVGE 77, 333 (Möbelwagenentscheidung).
22 VGH Mannheim VBlBW 1993, 300 und Schenke in Steiner, Bes.VerwR, Rn 58, vgl. Rühle/Suhr § 9, 2.2.2.
23 BVerwGE 45, 58; 49, 42; OVG Münster DVBl 1979, 733 und OVG Hamburg NJW 1986, 2006, Prümm/Sigrist Rn 53.

Urteil eines sachkundigen und besonnenen Amtswalters der Behörde abzustellen.[24] Wichtige Kriterien sind dabei, welcher Zeitraum angesichts der Gefahrenlage für das Aufklären und Beurteilen der Umstände zur Verfügung stand, was dem Amtswalter in dieser Situation an Aufklärungsmaßnahmen zumutbar war und welche Vorkenntnisse vom Amtswalter vorausgesetzt werden konnten. Je wichtiger die zu schützenden Interessen sind und je unmittelbarer sie bedroht sind, umso schneller muss auch entschieden werden. Umgekehrt muss ein Eingriff umso sorgfältiger bedacht werden, je schwerwiegender dafür in die Freiheitsrechte von Bürgern eingegriffen werden muss.

Die Anscheinsgefahr besteht so lange fort, wie diese Voraussetzungen gegeben sind.

Beispiel: Die Polizei stellt einen Posten Pullover mit dem Aufnäher eines bekannten Markenemblems sicher. Die Pullover waren deutlich billiger als die Originalware. Die Preisreduzierung war mit kaum wahrnehmbaren Webfehlern in dem Markenemblem begründet. Wegen ähnlicher Praktiken in bereits abgeschlossenen Verfahren geht die Polizei auch in diesem Vorfall vom Vorliegen einer Gefahr des Markenmissbrauchs aus. Auch wenn sich im Nachhinein die Annahme der Polizei als falsch erweisen sollte, kann man ihr nicht vorhalten, dass sie im Zeitpunkt ihrer Entscheidung nach den damals verfügbaren und möglichen Ermittlungen eine Gefahr bejaht hat. Es lag eine **Anscheinsgefahr** vor.

Gegenbeispiel 1: Der kommunale Vollzugsbeamte V findet in einer abgelegenen Gegend bei einer nicht mehr benutzten Fabrik einen sehr verbeulten PKW, dessen Antenne abgebrochen worden ist und dessen Türen unverschlossen sind. Allerdings übersieht V einen Zettel auf dem Armaturenbrett mit dem Hinweis auf den Aufenthaltsort des Halters. Da V davon ausgeht, dass das Fahrzeug in diesem Zustand durch den Zugriff Dritter gefährdet ist, lässt er das Fahrzeug nach §§ 22 Nr. 2, 23 POG abschleppen und verwahren (vgl. hierzu Rn G 72 f.). Später stellt sich heraus, dass der Eigentümer, der Student S, nur wenige hundert Meter weg war, weil er mit seiner Freundin für eine halbe Stunde alleine sein wollte. – Hier durfte V den Umständen nach nicht davon ausgehen, dass der sich Wagen in einem gefährdeten Zustand befand. Da der Irrtum fahrlässig entstanden war, lag nur eine **Scheingefahr** vor (s. unten Rn D 16); V hat rechtswidrig gehandelt.

Gegenbeispiel 2: Als der Hochwasserpegel der Stadt S dramatisch steigt, lässt die zuständige Stadtverwaltung die Häuser am Ufer räumen, weil nach den Wetterprognosen zu befürchten ist, dass das Hochwasser die noch 1 cm entfernte kritische Pegelmarke erreicht, an der die Uferbebauung überflutet wird. Danach bleibt der Pegelstand wider Erwarten konstant und fällt anschließend wieder. – Hier liegt weder eine Anscheins- noch eine Scheingefahr, sondern eine konkrete **Gefahr** im oben unter Rn D 3 ff. beschriebenen **engeren Sinne** vor. Denn es bestand zum Zeitpunkt der Maßnahme für einen objektiven (= alle *gegenwärtigen* Umstände kennenden) Beobachter tatsächlich die hinreichende Wahrscheinlichkeit eines Hochwassers in absehbarer Zeit vor. Die konkrete Gefahr setzt ja keine Sicherheit des Schadenseintritts oder seiner Vertiefung voraus, sondern nur eine hinreichende Wahrscheinlichkeit. Jeder sachkundige objektive Beobachter, der also sämtliche gegenwärtigen Tatsachen zum Zeitpunkt der Maßnahme kennt (der aber nicht in die Zukunft blicken kann), hätte ebenso prognostiziert. Die Stadtverwaltung hat rechtmäßig gehandelt.

Würde man die Anscheinsgefahr der konkreten Gefahr nicht gleichstellen, wäre eine effektive Gefahrenabwehr nicht möglich. Die Ordnungsbehörde oder Polizei müsste zur Vermeidung eigener Haftung stets ausführlich den Sachverhalt erforschen, was vielfach aus zeitlichen Gründen die Effektivität der Gefahrenabwehr erheblich behindern oder diese gar unmöglich machen würde.

15 Auf der Sekundärebene[25] können entstandene Nachteile im Fall einer Anscheinsverantwortlichkeit noch in Geld ausgeglichen werden.[26] Stellt sich im Nachhinein heraus, dass der Anscheinsverantwortliche objektiv gar nicht wirklich verantwortlich ist und den Anschein auch nicht zu vertreten hat, sind die Kosten dem wirklich Verantwortlichen aufzuerlegen[27] oder von der Behörde zu tragen. Hat er aber durch sein Verhalten

---

24 VGH Mannheim NVwZ 1991, 493; VG Berlin NJW 1991, 2854; OLG Köln DÖV 1996, 86.
25 Thiel Rn 571 spricht hier von „Tertiärebene".
26 BVerfG NJW 1991, 415.
27 OVG Berlin NVwZ-RR 2002, 623; OVG Münster NWVBl. 2001, 142; OVG Münster NJW 1993, 2698.

zurechenbar den Anschein einer Verantwortlichkeit erweckt, ist er für die entstehenden Kosten zahlungspflichtig.[28] Ist jemand bereits während der noch unsicheren Verdachtslage zu bestimmten Tätigkeiten verpflichtet worden, muss er diesen Bescheid falls möglich angreifen. Ansonsten kann er später gegen ihn festgesetzte Kosten nicht abwehren, weil eine verbindliche Grundverfügung Tatbestandswirkung für den nachfolgenden Kostenbescheid entfaltet.[29]

2. Scheingefahr (Putativgefahr)

Die **Scheingefahr** (oder auch Putativgefahr) ist anders als die Anscheinsgefahr keine **16** Gefahrenart, sondern eine Form der Nichtgefahr.[30] Sie ist jedoch im Erscheinungsbild der Anscheinsgefahr sehr ähnlich. Beide Begriffe haben gemeinsam, dass **keine konkrete Gefahr** vorliegt und dass der Amtswalter aufgrund eines **Irrtums** von einer solchen ausgeht (vgl. oben Rn 14). Der entscheidende Unterschied liegt darin, dass dieser Irrtum dem Amtswalter **vorwerfbar** ist, weil er bei der ihm verbliebenen Aufklärungszeit, seinen Aufklärungsmöglichkeiten und seinen Vorkenntnissen den Irrtum hätte erkennen müssen. Das ist insbesondere der Fall, wenn ein erfahrener und umsichtiger Amtswalter aufgrund der vorliegenden Tatsachen eine Gefahr nicht angenommen hätte, weil entweder die vorhandenen Tatsachen für eine solche Annahme nicht ausreichen oder weil aufgrund der Tatsachen nicht mit hinreichender Wahrscheinlichkeit von einem drohenden Schaden ausgegangen werden konnte.[31] Gleiches gilt, wenn der Amtswalter auf die vorliegenden Tatsachen überreagiert und aus Übereifer oder besonderer Ängstlichkeit eine Gefahr bejaht hat. Da die Scheingefahr den Begriff der konkreten Gefahr weder erfüllt noch (wie die Anscheinsgefahr) ersetzt, fehlt es in diesen Fällen an diesem Tatbestandsmerkmal und führt dazu, dass die Maßnahme rechtswidrig ist.[32] Herangezogene dürfen nicht mit Kosten der rechtswidrigen Maßnahme belastet werden, ihnen ist im Gegenteil gegebenenfalls ein Ausgleich zu gewähren, § 68 Abs. 1 S. 2 POG.[33]

Beispiel: Ordnungsbedienstete einer Stadtverwaltung erfahren von Anrufern, dass in einem Ortsteil ein Gokart-Rennen stattfindet. Eine halbe Stunde vor dem Start schreiten sie, nachdem sie den Veranstalter nicht sofort finden können, unmittelbar ein und verfügen mündlich die Einstellung des Rennens. 45 Minuten später erscheint bei ihnen in der Stadtverwaltung der Veranstalter, der ihnen die für dieses Rennen notwendigen straßenverkehrsrechtlichen und straßenrechtlichen (Sondernutzung) Erlaubnisse vorlegt. – Hier ist den Bediensteten der Irrtum vorwerfbar. Die hier notwendigen Erlaubnisse wurden entweder von der eigenen Behörde erteilt oder wurden ihr zumindest förmlich mitgeteilt. Außerdem war noch eine halbe Stunde Zeit, den Veranstalter zu suchen und von ihm Einsicht in die Erlaubnisse zu verlangen. Die Einstellung des Rennens war rechtswidrig. Der Veranstalter hat Anspruch auf Ersatz seines Schadens nach § 68 Abs. 1 S. 2 POG und nach § 839 BGB / Art. 34 GG.

Nach VGH Mannheim soll keine Schein-, sondern eine Anscheinsgefahr vorliegen, wenn der Eindruck der Gefahr auf fehlerhaften Angaben in einer Datei beruht, die die Polizei selbst führt.[34]

Beispiel: V ist in der polizeilichen Datei INPOL (s. Rn G 115) im Zusammenhang mit einer 5 Jahre alten Demonstration wegen verschiedener Gewaltdelikte geführt. Die Eintragung war rechtswidrig

28 VGH Mannheim DVBl. 626; vgl. a. Finger DVBl. 2007, 798 ff.
29 VGH Mannheim NVwZ 1991, 26.
30 Vgl. Rühle/Suhr § 9, 2.2.2.
31 VGH München BayVBl 1993, 431.
32 VGH Mannheim NVwZ-RR 1991, 26.
33 Drews/Wacke/Vogel/Martens S. 225 und Gusy Rn 122.
34 VGH Mannheim VBIBW 2005, 231 (anders noch die Vorinstanz VG Freiburg 9.7.2002 – 7 K 1232/01).

und wäre längst zu löschen gewesen, was aber nicht passierte. Aufgrund dieser Eintragungen wird ihm während eines Weltwirtschaftsgipfels in Italien die Ausreise nach Italien untersagt. – Hier war der VGH der Ansicht, für die Abgrenzung Anscheins- und Scheingefahr sei immer die Sicht des handelnden Beamten maßgebend, nicht die der Polizei oder Ordnungsbehörde allgemein. Demnach könnte also eine Maßnahme als Anscheinsgefahr rechtmäßig sein, obwohl sie auf die Verwendung von Daten beruht, die grob rechtswidrig geführt werden! Eine sehr zweifelhafte Sicht. Eine Anscheinsgefahr verneinte der VGH Mannheim dann allerdings doch, weil die verwendeten Daten nach 5 Jahren nicht mehr aktuell gewesen seien.

V. Abstrakte Gefahr, § 9 Abs. 1 S. 2 POG

17   Die **abstrakte** Gefahr betrifft typisierte Sachverhalte und hat vor allem für Gefahren-abwehrverordnungen (s. dazu Kap. H) und Gesetze Bedeutung. Sie ist eine lediglich vorgestellte, mögliche, aber zumindest zurzeit noch nicht in einem Einzelfall beste-hende Schadenswahrscheinlichkeit. Eine generell-abstrakte (also vom Einzelfall los-gelöste) Betrachtung bestimmter Verhaltensweisen oder Zustände führt zu dem Er-gebnis, dass diese Verhaltensweisen oder Zustände mit hinreichender Wahrschein-lichkeit einen Schaden im Einzelfall zur Folge hätten, wenn sie tatsächlich vorliegen würden, und daher Anlass besteht, diese Gefahr mit generell-abstrakten Mitteln (also Rechtsnormen) zu bekämpfen (vgl. Rn H 7).[35] Abstrakte Gefahren betreffen also typi-sche Sachverhalte (z. B. Füttern von Tauben[36]), die nach der Lebenserfahrung oder nach Erkenntnissen fachkundiger Stellen **als gefährlich bekannt** sind (z. B. Verbreiten von Krankheiten durch Taubenfüttern). Auf den Nachweis der Gefahr im Einzelfall (z. B. die tatsächliche Krankheit einer konkret gefütterten Taube) kann dann verzichtet werden, es genügt, wenn der Sachverhalt zu der beschriebenen Verhaltensweise oder dem Zustand gehört. Das verhindert ein zeitraubendes Eingehen auf jeden Einzelfall. Die abstrakte Gefahrenvermutung ist **unwiderlegbar**. Die entsprechenden Feststel-lungen der Verordnung werden unselbstständig übernommen. Man spricht in Fällen solcher unselbstständiger Übernahme von Bewertungen auch von einer **unselbst-ständigen Verfügung**.

Beispiel: Von Hunden gehen nach allgemeiner Lebenserfahrung Gefahren aus.[37] Verlangt eine Gefahrenabwehrverordnung, dass Hunde in geschlossenen Ortslagen anzuleinen sind, kann ein sich dem widersetzender Hundehalter zum Anleinen per Verfügung angehalten werden, ohne dass der Nachweis geführt werden müsste, dass der konkret geführte Hund gefährlich ist. – Ist in einer Gefahrenabwehrverordnung ein Aufenthaltsverbot für stark alkoholisierte Personen auf öffentlichen Plätzen geregelt, so sind die Ordnungskräfte befugt, eine solche Person des Platzes zu verweisen. Es bedarf dazu nicht der (ansonsten notwendigen) Feststellung, dass von der kon-kret verwiesenen Person eine wie immer auch geartete Gefahr ausgeht. – (s. auch **Beispiele** unter Rn H 7 ff.)

Auch die Feststellung einer abstrakten Gefahr verlangt eine in tatsächlicher Hinsicht genügend gesicherte Prognose.[38] Auch für diese gilt, dass je höher der möglicherweise eintretende Schaden wäre, je geringer sind die Anforderungen an dessen Wahrschein-lichkeit.[39] Steht der Schutz des Lebens und der Gesundheit von Menschen in Rede, kann auch die entfernte Möglichkeit eines Schadenseintritts ausreichen.[40]

---

35   BVerwG NVwZ 2003, 95, OLG Karlsruhe NJW 1984, 503, VGH Mannheim DVBl 1999, 33 und OVG Bremen DÖV 1993, 576; vgl. Rühle/Suhr § 9, 2.4.
36   BayVerfGH 2005, 172; VGH Mannheim DÖV 1992, 19; NVwZ-RR 2006, 398; OVG Lüneburg NdsVBl. 1997, 137.
37   BVerwG, NVwZ 2003, 97.
38   BVerwG 2003, 96; Götz § 22 Rn 4.
39   OVG Koblenz DÖV 2007, 82; VGH Mannheim VBlBW 2008, 135; Möstl Jura 2005, 51.
40   BVerwG, NJW 1970, 1892; OVG Koblenz NVwZ 2002, 1528.

Bei der **vorbeugenden Bekämpfung von Straftaten** (s. dazu Rn B 13) genügt (neben der konkreten) auch eine abstrakte Gefahr. Weder muss hierfür der Eintritt eines konkreten Schadens unbedingt hinreichend wahrscheinlich sein noch in absehbarer Zeit bevorstehen (z. B. ist der Einbruch in ein Haus grundsätzlich immer denkbar, aber fast nie in absehbarer Zeit hinreichend wahrscheinlich).[41]

VI. Gefahrenverdacht

Beim **Gefahrenverdacht** ist sich der Ordnungs- oder Polizeibeamte nicht sicher, ob **18** eine hinreichende Wahrscheinlichkeit eines Schadenseintritts bzw. seiner Vertiefung vorliegt. Aufgrund einzelner Tatsachen kann ein **begründeter Verdacht** für das Vorliegen einer Gefahr bestehen, obwohl andererseits bei verständigem Würdigen der vorhandenen Fakten noch keine hinreichende Wahrscheinlichkeit für das Bevorstehen oder die Vertiefung eines Schadens vorliegt, sondern begründete Zweifel bestehen bleiben.[42] Dieser Unsicherheiten ist sich die Behörde **bewusst**. Sie hält weitere Ermittlungen für erforderlich, bevor ein endgültiges Urteil möglich ist.[43] Das unterscheidet den Gefahrenverdacht maßgeblich von der Anscheins- und der Putativgefahr, bei denen der Amtswalter annimmt, den Sachverhalt für seine Entscheidung ausreichend zu kennen.

Beispiel: Für einen Lebensmittelsupermarkt gibt es eine nicht vollkommen überzeugende Drohung, man habe bestimmte Lebensmittel vergiftet; ein streunender Schäferhund hat in letzter Zeit mehrere Personen angefallen, ein Ordnungsbediensteter sieht einen Schäferhund in der Nähe von Kindern, der es vielleicht sein könnte; ein Polizeibeamter entdeckt ein Auto, das einem als gestohlen gemeldeten Fahrzeug ähnlich sieht, allerdings ein anderes Kennzeichen hat (ausgetauscht?), er lässt es überprüfen.

Die Ordnungsbehörde oder Polizei muss nach überwiegender Meinung die erforderlichen Ermittlungsmaßnahmen nach dem Amtsermittlungsgrundsatz des § 24 VwVfG selbstständig durchführen, um festzustellen, ob nun eine Gefahrensituation besteht oder nicht (**Gefahrerforschung**).[44] Den potenziell Verantwortlichen (Gefahrverdächtigten, vgl. Rn E 26) trifft grundsätzlich noch keine Pflicht zur Gefahrenaufklärung oder gar -beseitigung, allerdings lassen manche Standardmaßnahmen einen Eingriff ausdrücklich zu, obwohl nur ein Gefahrenverdacht (Rn D 18) besteht. In jedem Fall können die jeweiligen Ordnungskräfte von Personen bestimmte Verhaltensweisen verlangen, wenn diese unumgänglich sind, damit die Ordnungskräfte ihrer Untersuchungs- und Aufklärungspflicht nachkommen können.[45] Ermächtigungsgrundlage hierfür sind die Eingriffsnormen, die im Falle, dass die Existenz einer Gefahr feststünde, auch Grundlage der Gefahrenabwehrmaßnahmen wären. Zu eng ist jedoch die immer wieder zu lesende Behauptung, der Adressat sei nur zur Duldung, nie aber zu aktivem Handeln verpflichtet.[46] Diese Aussage ist insoweit richtig, als die bloße Duldungsverfügung gegenüber der Handlungsverfügung das mildere Mittel und darum regelmäßig vorzuziehen ist. Auch reicht in den typisch ordnungsbehördlichen Fällen, insbesondere im Be-

---

41 Habermehl Rn 86.
42 OVG Münster WuM 2002, 322; vgl. Rühle/Suhr § 9, 2.3; Götz Rn 154/155 und Götz NVwZ 1990, 725 (730); Porscher NVwZ 2001,141; Gerhardt Jura 1987, 521; Schink DVBl 1989, 1182 (1186) und Petri DÖV1996, 443 ff.
43 Lisken/Denninger E, Rn 38.
44 OVG Koblenz DVBl 1991, 1376; Classen JA 1995, 608; Petri DÖV 1996,443.
45 OVG Münster NWVBl 1990, 159; OVG Koblenz AS 21, 209 und NVwZ 1992, 501; OVG Münster NVwZ 1993, 1001.
46 BVerwGE 49, 41; Knemeyer Rn 70 und Drews/Wacke/Vogel/Martens S. 226, Schoch Jus 1994, 670; differenzierend Breuer NVwZ 1987, 751; Fleischer Jus 1988, 330 ff; de Wall Jus 1993, 939.

reich der Boden- und Gewässerverschmutzung in der Regel eine Duldungsverfügung aus. In manchen Fällen setzt aber die Gefahrerforschung voraus, dass eine Person auch etwas tut (z. B. Einlass gewähren, den Ort verlassen, Auskünfte geben). Soweit die Handlungen für die Gefahrerforschung unerlässlich sind, könne sie dem Adressaten aufgegeben werden.[47]

Beispiel: In einem Seniorenheim wird eine demenzkranke Frau vermisst. Ein Vollzugsbeamter der örtlichen Ordnungsbehörde sieht eine ältere Frau, auf die die Beschreibung zutreffen könnte. Da er sich aber nicht sicher ist (darum keine Anscheinsgefahr!), hält er die Frau an und verlangt von ihr ein Ausweispapier. Sie gibt ihm einen Personalausweis, und es stellt sich heraus, dass es sich nicht um die Gesuchte handelt. – Hier war die Maßnahme als solche der Gefahrenerforschung bei Vorliegen eines Gefahrenverdachts analog § 10 Abs. 1 S. 1 POG berechtigt, obwohl von der Frau ein Handeln verlangt wird.

Während des Gefahrenverdachts wird der Adressat durch **vorläufige Verfügungen** herangezogen. Dass sind solche Verwaltungsakte, deren Regelung von vorneherein nicht auf eine endgültige Regelung ausgerichtet, sondern nur den momentanen Zustand vorläufig regeln soll.[48]

VII. Latente Gefahr

19 Bei der **latenten Gefahr** handelt es sich um eine Gefahrenquelle, die noch nicht in eine konkrete Gefahr umgeschlagen ist, aber durch weitere Umstände umschlagen kann, also „schlummernd" (latent) vorhanden ist. Es geht also darum, dass zwei unterschiedliche Kausalketten aufeinander treffen und erst dadurch die konkrete Gefahr begründet wird (z. B. Dämpfe eines Kühlturms führen zu Glatteis auf der Straße). Die latente Gefahr kann für vorbeugende Maßnahmen und für die Verantwortlichkeit nach Schadenseintritt maßgeblich sein. Dann nämlich muss die Frage entschieden werden, welche der beiden Kausalketten denn nun für die Gefahr ursächlich ist.[49] Die Bestimmung einer latenten Gefahr ist also für die Bestimmung des Adressaten von Bedeutung,[50] weshalb diese Problematik auch dort behandelt wird (vgl. Rn E 27).

---

47 BVerwG NVwZ 2003, 95.
48 Überblick zum Anwendungsbereich der vorläufigen Verfügung bei Martens NVwZ 1991, 1043 ff.
49 OVG Münster OVGE 11, 250 ff.
50 Schoch JuS 1994, 937.

Gefahr

konkrete (= im einzelnen Fall bestehende)

Im engeren Sinne	Anscheinsgefahr
1) In einem konkreten Fall ergeben **tatsächlich** bestehende Umstände	*(nur für nachträgliche Rechtmäßigkeitsprüfung anwendbar)*
2) im Zeitpunkt der Entscheidung eine hinreichende **Wahrscheinlichkeit**,	1) Bei Kenntnis aller gegenwärtigen Gegebenheiten besteht **keine Gefahr i.e.S.** +
3) dass **in absehbarer Zeit**	2) der Amtswalter hat aber im Zeitpunkt der Entscheidung den **Eindruck** einer Gefahr +
4) das zu schützende Gut • entweder **geschädigt** wird oder • sich eine Schädigung weiter vertieft	3) an diesem Irrtum trifft ihn angesichts der Umstände **keine Fahrlässigkeit**
abstrakte Gefahr: Eine nach Erfahrungsgrundsätzen mögliche Sachlage, die i. F: ihres Eintritts eine konkrete Gefahr bewirken könnte	**Scheingefahr**: (*Putativgefahr*) Der Amtswalter nimmt fahrlässig das Vorliegen einer Gefahr an (≠ Gefahr)

Sonderformen der konkreten Gefahr:

gegenwärtige = **unmittelbare**	Die Schädigung hat **bereits begonnen** oder sie steht nach menschlicher Erfahrung als sicher oder höchst wahrscheinlich **alsbald bevor**
in Verzug	Die **zuständige** Stelle kann den erwarteten Schaden **nicht rechtzeitig** verhindern
erhebliche	Es ist ein Schaden für ein **bedeutsames Schutzgut** zu befürchten
f. Leib u. Leben	Es droht eine **nicht nur leichte Körperverletzung** oder der **Tod**
dringende	Es droht (str., ob gegenwärtig) ein Schaden für wichtige **Schutzgüter**
latente	Noch keine hinreichende Wahrscheinlichkeit eines Schadens, aber eine von vornherein im Verhältnis zum Normalmaß **erhöhte Gefahrentendenz**

Gefahrenverdacht

= Eine gegenwärtige oder zukünftige Schädigung ist zwar noch nicht hinreichend wahrscheinlich, aber es bestehen doch so viele Anhaltspunkte, dass weiterer **Aufklärungsbedarf** besteht.

⇩

Rechtmäßig sind nur solche Eingriffe, die unabdingbar sind, um den Sachverhalt <u>selbst</u> weiter aufzuklären; Eingriffe zur Gefahrenabwehr sind grundsätzlich unzulässig

E. Die Adressaten

I. Die Regeln der Adressaten allgemein

1 Viele Ermächtigungsgrundlagen innerhalb (vgl. für die Adressaten bei Standardmaßnahmen Rn G 9) und außerhalb des POG regeln die Frage des richtigen Adressaten in einem mit.[1] Beispielsweise ist nach § 13 Abs. 1 S. 2 POG derjenige verantwortlich, der Rettungskräfte behindert, nach § 18 Abs. 3 VersG derjenige, der Versammlungen stört, nach § 17 Abs. 1 LAbfWG, wer Abfälle rechtswidrig entsorgt usw. Soweit es solche Regelungen gibt, gehen diese vor. Manche dieser **Spezialregelungen** sind gänzlich abschließend, wie z. B. im Abfallrecht, die §§ 54 ff LBauO oder § 9 Abs. 1 Bestattungsgesetz, andere lassen einen Rückgriff auf die §§ 4 ff. POG zu. Im letzteren Falle können die §§ 4 ff. POG ergänzend herangezogen werden. Welches Spezialgesetz eine abschließende Regelung hat und welches nicht, lässt sich nur aus Wortlaut und Sinn der jeweiligen Spezialnorm ableiten. Meistens ist der zumindest ergänzende Rückgriff jedoch zulässig. Das gilt sogar für das Versammlungsgesetz, für dessen Anwendung im Hinblick auf Art. 8 GG der Rückgriff auf Ermächtigungsgrundlagen (!) des POG verwehrt ist (vgl. Rn G 2 f.), nicht jedoch der Rückgriff auf allgemeine Grundsätze wie die Adressatenregelungen.

2 Soweit nicht Spezialnormen vorgehen, richtet sich die Frage des Adressaten nach den §§ 4 bis 7 POG. Der Aufbau dieser vier Normen lässt eine klare **3-Stufen-Regelung** erkennen:

1) Zuerst kommen die Verantwortlichen nach § 4 oder § 5 POG zur Gefahrenabwehr in Betracht (1. Stufe).
2) Nur wenn dass effektiv nicht möglich ist (vgl. § 6 Abs. 1 POG: *„... wenn der Zweck der Maßnahme durch Inanspruchnahme der nach den §§ 4 oder 5 Verantwortlichen nicht oder nicht rechtzeitig erreicht werden kann."*), kommt die 2. Stufe in Betracht. Dann muss nämlich nach § 6 POG die Ordnungsbehörde oder Polizei versuchen, die Gefahr selbst oder durch beauftragte Dritte zu beseitigen.
3) Und wenn das auch nicht effektiv möglich ist, aber nur dann, kommt das Heranziehen von nichtverantwortlichen Personen in Betracht, das allerdings auch nur dann, wenn die vier Voraussetzungen des § 7 Abs. 1 POG kumulativ gegeben sind (3. Stufe).

Das ist auch der Grund, warum die unmittelbare Ausführung bei den Vorschriften über die Adressaten zu finden ist. Sie ist eben keine Vorschrift über den Zwang i.S.d. LVwVG, sondern eine negative Adressatenregelung. Allerdings ist sie in ihrer Erscheinungsform dem Zwang sehr ähnlich und vom Laien davon kaum zu unterscheiden. Aus diesem Grund und zur besseren Verständlichkeit ist die unmittelbare Ausführung weiter unten (Rn J 38 ff.) behandelt.

3 Das Gesetz spricht von *„Verantwortlichen"*. Weit verbreitet ist noch der Begriff des „Störers". **Störer** ist jemand, der selbst zur Gefahr beiträgt. Dieser Begriff ist aber für die §§ 4 und 5 POG zu eng. Der Verantwortliche nach § 4 Abs. 2 oder 3 oder der nach § 5 POG muss nicht unbedingt selbst etwas zur Störung beigetragen haben. Er muss nicht einmal rechts- oder geschäftsfähig sein.[2] Nach diesen Vorschriften haftet man ordnungsrechtlich, weil einen aus einer bestimmten tatsächlichen oder rechtlichen Si-

---

1 Vgl. Rühle/Suhr vor §§ 4 ff., 1.1.
2 Thiel Rn 226.

tuation heraus eine bestimmte Verantwortung trifft, ungeachtet der Tatsache, ob man ursächlich oder schuldhaft etwas zum Entstehen der Gefahr beigetragen hat oder nicht. Vergleichbares gibt es auch in anderen Rechtsgebieten; z. B. haftet nach § 7 StVG der Halter eines Fahrzeuges, nach § 833 BGB der Halter eines sog. „Luxustieres" oder nach § 22 WHG derjenige, der Stoffe in ein Gewässer einleitet, ungeachtet der Tatsache, ob er den Schaden verursacht oder verschuldet hat.

Die §§ 4 und 5 POG sind grundsätzlich **gleichwertig**. Alleine die Tatsache, dass sich 4 eine Verantwortlichkeit aus der einen oder anderen Norm ergibt, sagt noch nichts über die Vorrangigkeit aus. Allerdings kann für die Adressatenauswahl i. e. S. (dazu unten Rn E 33) von Bedeutung sein, aus welchem Gesichtspunkt und aus wie vielen Aspekten sich im Einzelfall die Verantwortlichkeit ergibt. Aus diesen Gründen sollten für jeden Fall vollständig § 4 Abs. 1 bis § 5 Abs. 3 POG, also alle Aspekte einer möglichen Verantwortlichkeit geprüft werden, auch wenn man an irgendeiner Stelle schon fündig geworden ist. Insbesondere ist es ein bei Lernenden weit verbreiteter Irrtum, dass der § 5 den § 4 POG ausschließe.

Beispiel: Geht H mit seinem Hund spazieren und reißt dieser sich los, um andere anzugreifen, ist H wegen des Ausführens Verhaltensverantwortlicher nach § 4 Abs. 1 POG, aber auch als Inhaber der tatsächlichen Gewalt und als Eigentümer / Berechtigter nach § 5 Abs. 1 und 2 POG verantwortlich.

II. Verhaltensverantwortlichkeit nach § 4 POG

1. Verhaltensverantwortlichkeit für eigenes Verhalten, § 4 Abs. 1 POG

a) In Betracht kommende Person

§ 4 Abs. 1 POG regelt die Verantwortlichkeit für eigenes ursächliches Verhalten Der 5 **Wortlaut** dieser Norm ist bedauerlicherweise doppelt verunglückt. Zum einen taucht im Gegensatz zur Überschrift im Text selber nicht mehr auf, dass die Gefahr durch das *Verhalten* einer Person verursacht sein muss. Das legt den falschen Schluss nahe, dass man alleine durch seine Existenz oder durch ungesteuertes Sein (z. B. auch derjenige, der von Dritten auf Eisenbahnschienen festgebunden wird) verantwortlich werden kann, was aus Gründen der Wertung und der Effektivität nicht möglich sein kann. Zum anderen sagt die Vorschrift, dass Maßnahmen gegen diese Personen zu richten „sind", was in der Gesetzessprache „müssen" heißt. Das aber nimmt ernsthaft niemand an. Richtigerweise „können" die Maßnahmen gegen diese Personen gerichtet werden. Die Adressatenauswahl bleibt im Ermessen der Ordnungskräfte (ansonsten gelänge man auch zu einem unauflösbaren Widerspruch, wenn zusätzlich noch eine andere Person nach dem insoweit ebenfalls falsch formulierten § 5 Abs. 1 POG verantwortlich wäre).

Die Verantwortlichkeit trifft immer eine **Person**, wobei egal ist, ob es sich um eine 6 natürliche oder um eine juristische Person handelt. Ein Tier dagegen, z. B. ein sich losreißender Hund, kommt allerdings nicht in Frage. Bei natürlichen Personen spielen Alter, Geschäftsfähigkeit, Zurechnungsfähigkeit usw. grundsätzlich keine Rolle, und zwar weder auf der Primärebene (Gefahrenabwehr) noch auf der Sekundärebene (Kosten).[3] Auch die Regeln der Immunität oder Indemnität, z. B. nach Art. 46 Abs. 3 GG und Art. 94 Abs. 2 Landesverfassung Rheinland-Pfalz, schützen grundsätzlich

---

3 VG Berlin NJW 2001, 2489; Thiel Rn 571 spricht hier von „Tertiärebene".

nicht vor Ordnungsverfügungen, wohl allerdings vor freiheitsbeschränkenden Maßnahmen.

Bei den juristischen Personen kommt es nicht darauf an, ob sie voll rechtsfähig (z. B. AG, GmbH, e.V.) oder teilrechtsfähig (z. B. OHG, KG) sind.[4] Auch kommen juristische Personen des öffentlichen Rechts (Körperschaften, rechtsfähige Anstalten, Stiftungen), vertreten durch ihre Vertretungsorgane, als Adressat in Betracht.

7 Ist der Adressat allerdings ein **Hoheitsträger**, stellt sich die Frage, ob der eine Hoheitsträger (Ordnungsbehörde) gegenüber einem anderen eine Ordnungsverfügung erlassen kann.[5] Dabei liegt das Problem nicht in der Frage, ob Hoheitsträger die Regelungen der Gefahrenabwehr zu beachten haben (sog. **materielle Ordnungspflicht**, vgl. Rn B 6), denn das haben sie in einem Rechtsstaat ohne Zweifel.[6]

Beispiel: Bundesbehörden müssen die Vorschriften der Gefahrenabwehr beachten, z. B. die Verordnungen über Landschafts- und Naturschutzgebiete.[7] – Die Kirche muss das Geräusch ihrer Turmuhr an § 22 Abs. 1 S. 2 BImSchG ausrichten.

Die eigentliche Frage liegt darin, ob ein Hoheitsträger sich der Verfügung eines anderen unterwerfen muss (sog. formelle Ordnungspflicht). Hier muss man differenzieren: Soweit sich der Hoheitsträger auf das Gebiet des Privatrechts begibt, wie es auch ein Privatmann könnte (**fiskalische Tätigkeiten**), kann er keinen anderen Regelungen unterliegen als dieser.[8] Wenn er also am Privatrechtsverkehr teilnimmt, ohne hoheitliche Aufgaben unmittelbar wahrzunehmen, unterliegt er auch der formellen Ordnungspflicht und muss Ordnungsverfügungen befolgen, die gegen ihn erlassen werden.[9]

Beispiel: Die Straßenverkehrsbehörde darf ein Dienstfahrzeug der Verbandsgemeindeverwaltung wegen Sicherheitsmängeln stilllegen; die Gaststättenbehörde darf der Kantine einer Behörde (falls diese sie ausnahmsweise noch selbst betreibt) Auflagen zur Einhaltung der Hygienevorschriften erteilen.

Ordnungsrechtliche Verfügungen gegen einen Hoheitsträger sind aber dann grundsätzlich nicht mehr möglich, wenn dieser **hoheitlich** tätig wird.[10] Andernfalls würde die Ordnungsbehörde oder Polizei mittelbar über das Ordnungsrecht die Erfüllung der hoheitlichen Aufgaben des Adressaten bestimmen. Das aber würde wiederum zu einer faktischen Kompetenzverschiebung führen, die den Vorschriften über die Zuständigkeiten zuwiderlaufen würde. Hier fehlt es schon an dem notwendigen Über-/Unterordnungsverhältnis. Aus diesem Grunde haben die allgemeinen Ordnungsbehörden und die Polizei nur dann die Kompetenz, eine Ordnungsverfügung gegen einen Hoheitsträger in dessen hoheitlichem Bereich zu erlassen, wenn es ausnahmsweise ausdrücklich im Gesetz bestimmt ist oder wenn ein Eilfall vorliegt, der dem eigentlich zuständigen Hoheitsträger nicht mehr die Zeit für wirksame Maßnahmen lässt (vgl. Rn B 5). Die Ordnungskräfte können also grundsätzlich nur an den Hoheitsträger appellieren, notfalls muss versucht werden, die Angelegenheit über gemeinsame Aufsichtsinstanzen, bei Ermangelung solcher sie politisch zu lösen.

Beispiel: Leitet die Bundeswehr auf ihrem Gelände Chemikalien in den Boden, so ist das aus unterschiedlichen rechtlichen Gesichtspunkten rechtswidrig. Dennoch haben die Ordnungsbe-

---

4 OVG Lüneburg NJW 1979, 735.
5 Vgl. Rühle/Suhr vor §§ 4 ff., 1.2.2.
6 Habermehl Rn 217; Götz Rn 223.
7 BVerwG E 29, 58; NJW 1977, 163; VGH Mannheim NuR 1984, 209.
8 Habermehl, Rn 221 mwN.
9 BVerwG aaO S. 59; Habermehl Rn 221.
10 BVerwGE 29, 59; OVG Lüneburg E 12, 340 (Paketpostamt); OVG Lüneburg ZfW 1992, 318; OVG Lüneburg NVwZ 1993, 407; Habermehl, Rn 220; Götz Rn 240; Papier Jura 1989; 510; Kloepfer NuR 1988, 17; Frings/ Spahlholz Rn 271.

hörden keine hoheitliche Möglichkeit, unmittelbar gegen die Bundeswehr vorzugehen, die Polizei allenfalls aus repressiven Gründen. Anders nur, wenn die Einleitung z. B. aus einem Unfall herrührte und die Ordnungsbehörde weiteren Schaden wesentlich schneller und effektiver abwehren könnte als die Bundeswehr selbst. Anders auch, wenn es sich um Verstöße gegen die StVO durch Fahrzeuge der Bundeswehr handelt. Aus dem Umkehrschluss aus §§ 35, 44 Abs. 5 StVO ergibt sich, dass auch die dort genannten Organisationen (darunter die Bundeswehr in Friedenszeiten) nicht nur materiell, sondern auch formell dem Straßenverkehrsrecht unterstehen. Damit ist hier die Straßenverkehrsbehörde nach § 44 Abs. 1 StVO zuständig.

Problematisch ist der Fall, dass der Hoheitsträger **verwaltungsprivatrechtlich** tätig wird. Darunter versteht man, dass der Hoheitsträger zwar auf dem Gebiet des Privatrechts handelt, damit aber *unmittelbar* Aufgaben erfüllt, die ihm als Hoheitsträger übertragen sind. Dabei handelt es sich im Wesentlichen um kommunale Aufgaben der Daseinsvorsorge.

Beispiel: Betreiben eines Jugendtheaters (das Bereitstellen von Freizeiteinrichtungen ist eine kommunale Aufgabe, der Eintritt ist aber nur mit dem privatrechtlichen Kauf einer Eintrittskarte möglich); Personennahverkehr durch die Stadtwerke GmbH (der Personennahverkehr gehört ebenfalls zur Daseinsvorsorge, die GmbH kann als privatrechtliche Körperschaft aber nur Beförderungsverträge in zivilrechtlicher Form abschließen, auch wenn die Stadt regelmäßig Mehrheitseigner ist); Betreiben eines Fischereihafens durch eine Stadt.[11]

Hier liegt zwar formal Privatrecht vor, es geht aber letztlich um hoheitliche Bereiche. Wie diese Fälle einzuordnen sind, ist nicht ganz klar. Eine Ordnungsverfügung gegen einen auf dem Verwaltungsprivatrecht tätigen Hoheitsträger dürfte insoweit zulässig sein, als die Wirkungen der Verfügung nicht den Grad einer De-facto-Zuständigkeitsverlagerung vom anderen Hoheitsträger zur Ordnungsbehörde bzw. Polizei annimmt und die Erfüllung der hoheitlichen Aufgaben des anderen Hoheitsträgers nicht beeinträchtigt.[12] In jedem Falle muss man jedoch darauf achten, dass nicht über die Ordnungsverfügung die Wahrnehmung der hoheitlichen Aufgaben des Adressaten inhaltlich bestimmt wird.

8

b) Relevantes Verhalten

Verhalten ist zum einen grundsätzlich jedes **Handeln**. Allerdings wird das häufig wieder für den Fall eingeschränkt, dass jemand nur seine Rechte wahrnimmt.[13]

Beispiel: Der Vermieter wird nicht verantwortlich für die Obdachlosigkeit seines bisherigen Mieters, nur weil er von seinen im BGB verbürgten Rechten Gebrauch gemacht und seinem zahlungssäumigen Mieter die Wohnung gekündigt hat.

Diese Ausnahme gilt grundsätzlich auch für das Handeln, dem eine behördliche Genehmigung zu Grunde liegt, aber nur bezogen auf solche Gefahren, die zur Zeit der Genehmigungserteilung für die Behörde erkennbar waren.[14]

Handeln setzt kein bewusstes Tun mit Handlungswillen oder gar Zweckgerichtetheit im Rechtssinne voraus, sondern erfasst auch jedes Tun von Unreifen oder Desorientierten, solange zumindest ein natürlicher Handlungswille erkennbar ist.[15]

Beispiel: Kinder laufen über eine Autobahn; ein stark Betrunkener will mit dem Fahrrad nach Hause fahren; eine demente Frau geht in Richtung eines Gewässers.

---

11 OVG Schleswig vom 31.1.2002 Az. 4 L 107/01.
12 OVG Schleswig aaO.: Errichtung einer Ölsperre durch die Ordnungsbehörde auf Kosten des Bundes als Träger des Wasser- und Schifffahrtsamtes.
13 Drews/Wacke/Vogel/Martens S. 316; Götz § 4 Rn 14; Möller/Warg Rn 129.
14 BVerwG NJW 1978, 1818; VGH Mannheim NVwZ-RR 2000, 589; DÖV 1990, 344; OVG Münster NVwZ 1985, 355; Gusy Rn 88; a. A. Papier NVwZ 1986, 257.
15 Drews/Wacke/Vogel/Martens S. 307.

Ein relevantes Verhalten ist jedoch nicht mehr gegeben, wenn selbst bei großzügigem Betrachten nicht mehr von Handlungsfähigkeit gesprochen werden kann (z. B. bei Bewusstlosigkeit, im Vollrausch, im Endstadium einer Demenz); dann aber auch würden ordnungsrechtliche Verfügungen ohnehin keinen Sinn machen.

9 **Unterlassen** ist grundsätzlich kein Verhalten. Es ist auch grundsätzlich nicht einzusehen, warum jemand in die Verantwortung genommen wird, wenn er nichts getan hat. Das ist jedoch dann anders, wenn er zum Handeln verpflichtet gewesen wäre.[16] Allerdings reicht auch hier eine privatrechtliche Pflicht nicht aus.[17] Denn solche Pflichten wirken zwischen den Vertragspartnern, räumen aber der Allgemeinheit, für die die Ordnungsbehörden handeln, keine unmittelbaren Rechte ein.

Beispiel: E hat Altreifen auf seinem Grundstück. Der Unternehmer U übernimmt es gegenüber E vertraglich, diese Reifen ordnungsgemäß zu beseitigen. Es passiert aber nichts. – Verantwortlich ist alleine E. U hat nichts getan; er hatte zwar aus dem Vertrag eine Pflicht zum Handeln, diese Pflicht oblag ihm aber nur gegenüber E, so dass die allgemeinen Ordnungsbehörden daraus nichts ableiten können.

Nur dann ist also Unterlassen ein Verhalten i.S.d. § 4 Abs. 1 POG, wenn der Betreffende eine **öffentlich-rechtliche Pflicht zum Handeln** hatte.[18] Eine solche Pflicht kann sich aus einer Rechtsnorm (Gesetz, Rechtsverordnung, Satzung), aus einem Verwaltungsakt, aus einem öffentlich-rechtlichen Vertrag oder aus einer Garantenpflicht ergeben.

10 Zweifelhaft ist, ob die Verhaltenshaftung durch Unterlassen auch durch Normen begründet werden kann, die sich nicht an bestimmte Personen oder Gruppen, sondern sich an Jedermann richten. Insbesondere ist dabei die Einbeziehung des § 323c StGB (**Unterlassene Hilfeleistung**) umstritten.[19] Einerseits begründet hier eine öffentlich-rechtliche Norm eine Handlungspflicht, deren Missachtung sogar strafbewehrt ist, woraus sich umgekehrt eine Pflicht zum Handeln ableitet.[20] Andererseits wendet sich aber § 323c StGB an jedermann. Es fehlt hier anders als in den anderen Fällen an einer wirklichen Sonderstellung, die die Zuordnung einer Verantwortlichkeit i.S.d. § 4 Abs. 1 POG rechtfertigt. Der Streit hat jedoch eigentlich nur für die Frage Bedeutung, aus welchem Budget Ausgleichszahlungen geleistet werden, nämlich ob diese sich nach den §§ 68 ff. POG (bei Nichtverantwortlichkeit) oder nach den §§ 2, 26, 63 SGB VII (bei Verantwortlichkeit) richten. Herangezogen werden kann die Person in diesen Notfällen fast immer, gleich ob als Verantwortlicher oder als Nichtverantwortlicher.

11 Zum Teil wird Verpflichtung zum Handeln angenommen, wenn jemand durch sein **vorausgegangenes Handeln** eine Gefahr überhaupt erst herbeigeführt hat (z. B. Schaffen einer Gefahrenlage, Unterlassen von zwar nicht vorgeschriebenen, aber sich aufdrängenden Vorsichtsmaßnahmen)[21]. Unter den genannten Umständen ist es vertretbar, bestimmte Gefahren der Risikosphäre dieser Personen zuzurechnen, weil sie bewusst oder aus Unbedachtheit eine Gefahr herbeigeführt haben, die sie nachträglich mitverantworten und möglichst umgehend wieder beseitigen müssen.

---

16 OVG Münster DVBl 1979, 735; Rühle/Suhr § 9, 1.1.2.; Götz § 9 Rn 42.
17 VGH Mannheim NVwZ 1996, 1036; a. A. Schenke Rn 126.
18 OVG Münster DVBl 1979, 735, vgl. Rühle/Suhr § 9, 1.1.2.
19 Dafür Götz Rn 240; dagegen Habermehl Rn 203; s. a. Rühle/Suhr § 4, 1.1.2.
20 So u. a. Götz Rn 192/263 und Gusy Rn 302 sowie de Clerck-Schmidt, § 7 Abs.I 2; a. A. Drews/Wacke/ Vogel/Martens S. 331, 332; Habermehl Rn 203.
21 VGH München BayVBl 1996, 437 (438) wegen andauernder Untätigkeit des Eigentümers nach Felssturz.

c) Ursächlichkeit

Das Verhalten der Person muss für die Gefahr **ursächlich** sein. Ursächlichkeit setzt **12** zunächst einmal voraus, dass das Verhalten nicht hinweggedacht werden kann, ohne dass die konkret eingetretene Gefahr entfiele (Conditio-sine-qua-non-Formel, auch naturgesetzlicher Ursachenzusammenhang oder **Äquivalenztheorie**, weil nach ihr alle Bedingungen ein gleiches = äquivalentes Gewicht haben).[22] Danach ist ein Verhalten also ursächlich, wenn ohne das die Gefahr nicht genau so entstanden wäre. Diese Theorie alleine ist aber für Zurechnungen viel zu weit. Sie würde dazu führen, dass Tatbeiträge aus einem völlig anderen Zusammenhang oder aus vielleicht lang abgelaufener Zeit noch relevant wären. Im Straf- und im privaten Haftungsrecht bestehen diese Bedenken nicht, weil dort noch zusätzlich die Schuld der ursächlichen Person geprüft und das zu weite Ergebnis dieser Kausalitätsprüfung damit relativiert wird. Aber im Gefahrenabwehrrecht geht es ausschließlich um Verantwortlichkeit, die Schuld hingegen wird nicht mehr geprüft.[23]

Beispiel: Bei einem Unfall wären bei bloßer Anwendung der Äquivalenztheorie z. B. auch Hersteller und Voreigentümer des Fahrzeugs ursächlich, weil ohne das Herstellen des Fahrzeuges oder ohne die Eigentumsübertragung auf den jetzigen Eigentümer der Unfall so nicht hätte geschehen können.

Will man also abstrus weite Zurechnungen vermeiden, muss man die Äquivalenzlehre einschränken. Hierzu gibt es eine Vielzahl an Theorien[24], die letztlich alle nicht vollkommen befriedigend sind. Durchgesetzt hat sich heute die **Unmittelbarkeitstheorie**.[25] Diese besagt, dass in jedem Fall die **letzte Ursache** in der äquivalenten Ursachenkette maßgeblich ist, hingegen die früheren Ursachen grundsätzlich nicht.

Beispiel: Fahrzeug wird hergestellt – dann an den Ersteigentümer verkauft – der verkauft an Zweiteigentümer – dieser verleiht das Fahrzeug – der Entleiher fährt zu schnell und bewirkt einen Unfall. – Alle Vorgänge können nicht hinweggedacht werden, ohne dass der Unfall in seinem konkreten Ablauf entfiele, also sind alle Vorgänge äquivalent ursächlich. Ordnungsrechtlich interessiert grundsätzlich aber nur der letzte Vorgang. Darum gilt ordnungsrechtlich hier nur das Fahren des Entleihers als letzte Ursache.

Dass frühere Ursachen aber außer Betracht bleiben sollen,[26] führt zumindest dann zu **13** Wertungswidersprüchen, wenn ein früherer Verursacher bewusst auf das Verhalten des Letztverursachers Einfluss nimmt, z. B. ein Anstifter. Dann nämlich stehen Letzt- und früherer Verursacher wertend betrachtet derart gleich, dass *beide* als verantwortliche Adressaten in Betracht kommen. Außerdem ermöglicht eine solche Erweiterung, dass man bei manchen Störungen nicht nur gegen das Symptom (den beeinflussten Letztverursacher) vorgehen kann, sondern auch gegen die Quelle (den manipulierenden früheren Verursacher). Den früheren (meist, wenn auch nicht zwingend: vorletzten) Verursacher bezeichnet man in solchen Fällen als **Zweckveranlasser**.[27] Keine Einigkeit besteht allerdings darin, wodurch genau sich ein solcher kennzeichnet.

---

22 BGH NJW 1951, 711; BVerwGE 28, 240.

23 Schenke Rn 241; Thiel Rn 231.

24 Z. B. Rechtswidrigkeitstheorie von Schnur DVBl 1962, 1 ff; Theorie von der Sozialadäquanz; Hurst AöR83 (1958) 43 ff (75) und Gusy Rn 270; s. a. Selmer JuS 1992, 97.

25 PrOVGE 103, 139; OVG KO NVwZ 1992, 500 mwN; OVG Münster NVwZ-RR 2008, 12; VGH Mannheim NVwZ-RR 1996, 387; VGH Kassel NVwZ-RR 1989, 137; Götz Rn 196; Kemeyer Rn 325; Selmer JuS 1992, 99; Drews/Wacke/Vogel/Martens S. 313.

26 So z. B. VGH Kassel DÖV 1986, 441, wonach der vorwerfbar bremsende und einen Ketten-Auffahr-Unfall auslösende Autofahrer als mittelbarer Verursacher nicht herangezogen werden kann.

27 Übersicht bei Lisken/Denninger Rn 60 ff.; Muckel DÖV 1998, 18.

Man kann **subjektiv** darauf abstellen, ob sich jemand **zweckgerichtet** gerade deshalb so verhalten hat, *um* den Letztverursacher zu dessen Verhalten zu veranlassen (daher der Name).[28] Dabei genügt es richtigerweise, dass der beabsichtigte Erfolg wenigstens so ungefähr eingetreten ist. Nicht unbedingt braucht der Betroffene das konkrete Ausmaß seiner Verursachung oder gar die Gefahr selbst erkannt zu haben, denn das wird ja nicht einmal vom Letztverursacher gefordert.[29]

Beispiele: Der Inhaber eines Ladengeschäfts setzt in seinem Schaufenster eine Puppe in eine Badewanne, um Interessenten anzulocken; dadurch bilden sich Menschenmengen vor dem Schaufenster, die wegen ihrer Größe zur Verstopfung der Straße führen.[30] – Der Gastwirt entlässt seine Gäste, die beim Weggehen auf der Straße lärmen.[31] – Ein Vermieter vermietet im Sperrgebiet Wohnungen zur Prostitution, weil er dadurch mehr Miete bekommt; eine hier wirksame Sperrgebietsverordnung verbietet lediglich *„die Ausübung* der Prostitution", nicht ausdrücklich die Vermietung selbst.[32] – Die Schaulustigen, Gäste und Prostituierten sind in diesen Fällen Letztverursacher, der Ladeninhaber, der Gastwirt und der Vermieter haben aber ihren Ursachenbeitrag zu dem Zweck gesetzt, dass die Letztverursacher sich eben so verhalten. Ob sie den Eintritt der Gefahr gewollt oder auch nur gesehen haben, ist nicht erheblich. Sie sind Zweckveranlasser. – (Fälschlich) abgelehnt: Eine Borkumer Kurkapelle spielt 1924 ein bekanntes Lied, dessen erste zwei Strophen harmlos, die dritte jedoch krass judenfeindlich und herabwürdigend ist. Nach Abspielen und Mitsingen der ersten beiden Strophen singt das Publikum die dritte Strophe mit. Hier war das preußische OVG der (irrigen) Meinung, die Kapelle sei kein Zweckveranlasser, sondern die Gefahr läge latent bei den Singenden.[33]

14 Demgegenüber bemängelt die **objektive Lehre** an der subjektiven, dass Wertungen dem schuldunabhängigen Ordnungsrecht fremd seien.[34] Sie stellt darum auf den von Willen und Vorstellung der Personen losgelösten Zusammenhang ab. Danach ist entscheidend, ob diese vorausgehende mit der späteren letztursächlichen Handlung eine erkennbare natürliche Einheit bildet. Das sei nicht nur bei subjektiver zurechenbarer Veranlassung des Letztverhaltens gegeben, sondern darüber hinaus auch dann, wenn *aus der Sicht eines unbefangenen Dritten* die vom Letztverursacher herbeigeführte Gefahr eine **typische Folge** des Verhaltens des früheren Verursachers ist.[35]

Beispiele: Eine Gruppe Fußballrowdies möchte von einem Busfahrer vom Stadion in die Innenstadt gefahren werden. Es gibt objektive Anhaltspunkte dafür, dass sie dort (wieder) randalieren werden. Darüber macht sich der Busfahrer aber keine Gedanken, es ist ihm auch egal. Die Polizei gibt dem Busfahrer auf, diese Beförderung zu unterlassen. – Der Busfahrer ist nach der subjektiven Lehre kein Zweckveranlasser, denn er hat keinerlei Interesse, die Rowdies an einen bestimmten Ort zu fahren, ihm geht es nur um die (noch nicht zur Gefahr gehörende) Fahrt. Allerdings ist die Randale seiner Fahrgäste eine typische, vorhersehbare Folge seines Transports. Nach der objektiven Lehre ist er darum Zweckveranlasser. – Ein Autofahrer bremst, um nicht ein Eichhörnchen zu überfahren. Dadurch kommt es hinter ihm zu Auffahrunfällen. – Subjektiv hat der Fahrer

---

28 Pr OVGE 103, 139; 40, 216 und E 85, 270; VGH Kassel NVwZ 1992, 1111 und NVwZ-RR 1992, 622; VGH Mannheim NVwZ-RR 1996, 388; NVwZ 1987, 238; VG Minden NVwZ 1988, 665; vgl. Rühle/Suhr § 4, 1.2.2.

29 Ein Fußballverein ist darum ohne weitere Besonderheiten kein Zweckveranlasser für gewaltsame Ausschreitungen seiner Fans, OVG Hamburg DVBl. 2012, 784.

30 PrOVG 40, 216; 85, 270; die Entscheidungen sind von 1904 bzw. 1929, daher erklärt sich die in heutigen Tagen unverständliche Aufregung vor dem Schaufenster.

31 BVerwG GewArch 2003, 200; VGH Kassel NVwZ-RR 1990, 406; OVG Münster NVwZ-RR 1992, 615.

32 VGH Kassel NVwZ 1992, 1111. – Allein die Vermietung von Zimmern an ausländische Prostituierte im Mischgebiet *außerhalb* von Sperrbezirken macht den Vermieter noch nicht zum Zweckveranlasser; VGH Mannheim DÖV 1996, 84.

33 PrOVG E 80, 176; die 3., hetzerische Strophe des Liedes lautete: *„An Borkums Strand nur Deutschtum gilt, nur deutsch ist das Panier. Wir halten rein den Ehrenschild Germania für und für! Doch wer dir naht mit platten Füßen, mit Nasen krumm und Haaren kraus, der soll nicht deinen Strand genießen, der muß hinaus, der muß hinaus!".*

34 Was nicht stimmt, man sehe sich nur z. B. die Entscheidungen zur öffentliche Ordnung oder zur Angemessenheit i. S. d. § 2 Abs. 2 POG an.

35 OVG Münster NWVBl. 2003, 321; OVG Lüneburg NVwZ 1988, 639; VGH Mannheim DÖV 1996, 83; Drews/Wacke/Vogel/Martens S. 316.

keinerlei Vorstellung oder Willen im Hinblick zu allem, was hinter ihm ist. Objektiv ist aber der Unfall eine typische Folge seines Verhaltens. Nach der objektiven Lehre wäre er darum Zweckveranlasser, nach der subjektiven dagegen Nichtverantwortlicher.

Die objektive Sichtweise schränkt also die Ergebnisse der Äquivalenzlehre weit weniger ein als die subjektive und zieht den Kreis der Zweckveranlasser damit weiter. Unabhängig von diesem Meinungsstreit kommt allerdings die Provokation, die typischerweise eine **Versammlung** für Andersdenkende auslöst, für sich alleine als Zweckveranlassung keinesfalls in Betracht, denn eine solche Sicht würde das in Art. 8 GG geschützte Recht erheblich aushöhlen.[36] Ob die Auswahl eines Versammlungsortes dann anders gesehen werden kann, wenn eine rechtsgerichtete Organisation einen Versammlungsort mit für den Nationalsozialismus geschichtsträchtiger Bedeutung auswählt, erscheint ohne verfassungsmäßiges Verbot der Organisation und ohne Verletzung eines Straftatbestandes bei aller Sympathie für die Unterbindung rechtsextremen Gedankenguts eher zweifelhaft.[37]

2. Verantwortlichkeit für fremdes Verhalten

a) Verantwortlichkeit des Aufsichtspflichtigen

Nach § 4 Abs. 2 POG kann die Maßnahme auch gegen denjenigen gerichtet werden, **15** den die Aufsichtpflicht für eine Person trifft, die noch nicht 14 Jahre alt ist. Voraussetzung ist also zunächst, dass eine Person unter 14 Jahren nach § 4 Abs. 1 POG verhaltensverantwortlich ist. Personen unter 14 Jahren sind nach dem Sprachgebrauch der Gesetze **Kinder**, vgl. § 19 StGB, § 1 Abs. 1 Nr. 1 JuSchG.[38] Für dieses Kind muss der Betreffende eine **Aufsichtspflicht** haben. Woraus sich diese Aufsichtspflicht ableitet, ist unerheblich. Die Grundlage der Aufsichtspflicht kann folgern aus

- Gesetz,
  z. B. Lehrer an öffentlich-rechtlichen Schulen, §§ 1a Abs. 3, 41, 44 Abs. 1 LSchulG; elterliches Sorgerecht, soweit es auch das Recht zur Personensorge umfasst (vgl. §§ 1626 Abs. 1 S. 2, 1631 Abs. 1 BGB)
- gerichtlicher Anordnung
  z. B. Vormundschaft nach den §§ 1773 BGB
- Vertrag
  z. B. entgeltliche Dienst- oder Werkverträge i.S.d. §§ 611 ff., 631 ff. BGB, wie bei Erzieherinnen im Kindergarten, Babysitter; Privatlehrer usw.
- vertragsähnlichem Verhältnis
  z. B. unentgeltliche Auftragsverhältnisse i.S.d. §§ 662 ff. BGB, z. B. wenn die Freundin sich zur Aufsicht des Kindes bereit erklärt oder wenn eine Mutter die Spielfreunde des eigenen Kindes zu Besuch hat (z. B. Kindergeburtstag)
- Geschäftsführung ohne Auftrag (§§ 677 ff. BGB)
  z. B. die Nachbarin holt das Kind vorübergehend zu sich, weil es nach der Schule zu Hause vor verschlossenen Türen stand

---

36 BVerfG NVwZ 2000, 1406.
37 So aber OVG Lüneburg NVwZ 1988, 638 im sog. „Bad-Harzburg-Fall"; hier kam noch erstaunlicherweise hinzu, dass auch der Versammlungsschutz der Veranstaltungshalle durch die Polizei verneint wurde, obwohl andernorts gewalttätige Fußballfans von der Polizei erfolgreich vom Bahnhof zum Stadion und zurück geführt werden.
38 Vgl. Rühle/Suhr § 4, 2.1.

Eine Aufsichtspflichtverletzung braucht nicht vorzuliegen. Die aufsichtpflichtige Person ist dann für die Gefahr und ihre Beseitigung neben dem Kind verantwortlich. Das ist auch nachvollziehbar, da der Aufsichtspflichtige sich ja bewusst ist, dass er eine Verantwortung hat. Diese erstreckt sich eben auch auf das Ordnungsrecht. Die Ordnungsbehörde oder Polizei wird dann jeweils denjenigen heranziehen, der zur Gefahrenabwehr jeweils effektiver erscheint.

Beispiel: Ein 5jähriger Junge läuft an parkenden Autos entlang und zerkratzt mit einer Glasscherbe deren Lack. – Unzweifelhaft ist der Junge nach § 4 Abs. 1 POG verantwortlich. Das ermöglicht es den Ordnungskräften, gegen ihn Weisungen zu erteilen und diese auch durchzusetzen. Wenn es aber um längerfristige Vorkehrungen gegen die Wiederholung solcher Vorkommnisse geht, wird es effektiver sein, entsprechende Verhaltensregeln den Eltern als Aufsichtspflichtigen aufzugeben.

b) Verantwortlichkeit für den Verrichtungsgehilfen

16 Nach § 4 Abs. 3 POG ist auch derjenige verantwortlich, der eine andere Person zu einer Verrichtung bestellt hat, wenn die bestellte Person in Ausübung dieser Verrichtung die Gefahr i. S. d. § 4 Abs. 1 POG verursacht hat. Ähnlich wie bei § 4 Abs. 2 POG sind Besteller und Bestellter nebeneinander verantwortlich. Der Gedanke für diese Regelung ist, dass derjenige, der sich die Tätigkeit eines anderen im eigenen Interesse zu Nutze macht, auch für die Nachteile einzustehen hat, die aus diesem Heranziehen des Dritten folgen. Es geht hier im Wesentlichen um das **Arbeitgeber-/Arbeitnehmerverhältnis** i. w. S. Die nach § 4 Abs. 3 POG herangezogene Person muss jemanden zur Verrichtung bestellt haben. Das geschieht typischerweise durch Dienst- oder Werkverträge. Maßgebend ist, dass der Bestellte in einem Weisungs- und in einem **sozialen Abhängigkeitsverhältnis** zum Besteller steht und die Weisung vornehmlich gemäß den **Interessen des Anweisenden** erlassen wird.[39] Darum kommen keine Gefälligkeitsverhältnisse oder Verträge zwischen grundsätzlich Gleichberechtigten in Betracht[40], ebenso wenig wie solche Über-/Unterordnungsverhältnisse, wo die Weisung nicht primär im Interesse des Anweisenden erlassen werden.

Beispiel: Zur Verrichtung bestellt ist der Geselle gegenüber dem Meister, der Fahrer gegenüber seinem Unternehmer, der Angestellte gegenüber seinem Chef, nicht jedoch der Handwerker gegenüber dem Kunden, der hilfsbereite Nachbar (keine soziale Abhängigkeit), das Kind gegenüber den Eltern (Weisungsverhältnis dient dem Kind).

Weitere Voraussetzung einer Verantwortung des Auftraggebers nach § 4 Abs. 3 POG ist, dass der Auftragnehmer und Weisungspflichtige in Ausführung der Verrichtung, also der ihm übertragenen Aufgaben gehandelt hat.[41] Ob der Weisungsbefugte tatsächliche Weisungen erteilt hat, ist dabei unerheblich. Es genügt, dass er die Befugnis zu entsprechender Weisung hatte.[42] Wenn der Weisungspflichtige dagegen nur bei Gelegenheit der Ausführung eines Auftrags gehandelt hat, dann kann der Weisungsberechtigte dafür nicht verantwortlich gemacht werden. Die Gelegenheitshandlung erfüllt weder den zu erbringenden Auftrag, noch dient sie der Erfüllung dieses Auftrags. Der Auftrag gibt nur die Gelegenheit dazu, ein auftragsfremdes Ziel/Vorhaben mit erledigen zu können. Für diese gelegentliche Handlung ist nur der Ausführende selbst verantwortlich.

---

39 VGH Mannheim NJW 1993, 1543; vgl. Rühle/Suhr § 4, 2.2.
40 Anders VGH Mannheim NVwZ 1990, 684 für Bauherrn und Heizungsbauer.
41 OVG Münster DVBl 1973, 927.
42 Lisken/Denninger E Rn 86 will dagegen bei Handeln entgegen ausdrücklicher Weisung den Weisungsberechtigten freistellen. Das ist nur möglich, wenn auch andere Entlastungsbeweise des Arbeitgebers zugelassen würden. Das will das POG der Effizienz wegen aber gerade nicht.

Beispiel: Wirft der Schreinergeselle den Verpackungsmüll der gelieferten Holzfenster in die Baugrube, ist neben ihm seine Firma als weisungsbefugter Arbeitgeber für die rechtswidrige Entsorgung verantwortlich, nicht dagegen der Bauherr als Auftraggeber. Der Bauherr hat mit dem Handwerksbetrieb einen Werkvertrag geschlossen über die Erstellung der Baumaßnahme. Dieses Werk hat der Schreinerbetrieb selbstverantwortlich zu erbringen. Zwischen Bauherrn und Schreiner besteht insoweit kein Weisungsverhältnis. – Wenn der Schreinergeselle von zuhause Müll mitbringt und diesen auch noch in der Baugrube entsorgt, handelt er dabei nur bei Gelegenheit seiner arbeitsvertraglichen Aufgabe. Dafür ist er allein verantwortlich. Der Arbeitgeber ist dafür nicht verantwortlich zu machen.

III. Verantwortlichkeit für den Zustand von Sachen und für Tiere

1. Anwendungsbereich des § 5 POG

§ 5 POG ist Ausdruck der Inhalts- und Schrankenbestimmung des Art. 14 Abs. 1 S. 2 **17** GG.[43] Wer eine **potenziell gefährliche Sache** oder ein **gefährliches Tier** (§ 5 Abs. 1 S. 2 POG) besitzt oder daran Rechte hat, trägt wegen der damit verbundenen Einwirkungsmöglichkeit nach § 5 POG Verantwortung. Diese ist wie beim Verhaltensverantwortlichen (vgl. oben Rn E 5) unabhängig von Fragen der Schuld oder Schuldfähigkeit. Deshalb muss man, bevor man in die nähere Prüfung der Voraussetzungen des § 5 näher einsteigt, erst einmal feststellen, ob im konkreten Sachverhalt ein Objekt des § 5 POG vorliegt. Dabei kommt es anders als in § 4 POG ausschließlich auf den Zeitpunkt der Ordnungsverfügung an. Leider ist der § 5 Abs. 1 S. 1 POG ähnlich schlecht formuliert wie der § 4 Abs. 1 POG (s. o. Rn E 5). Denn auch hier wird ein wichtiger Begriff aus der Überschrift („*Zustand*") nicht im Text wiederholt, und auch hier wird fälschlich das Heranziehen als verbindlich vorgeschrieben („*sind*"), obwohl unzweifelhaft Ermessen besteht. Insbesondere ist es ein großer Unterschied, ob der Betreffende dafür haftet, dass von seiner „Sache" die Gefahr ausgeht oder nur von deren „Zustand".[44]

Beispiel: Derjenige, mit dessen Hammer jemand eine Scheibe einschlägt, ist nicht nach § 5 POG verantwortlich (sondern nur nach § 4 POG). Zwar geht vom Hammer infolge seiner Zweckentfremdung eine Gefahr aus, nicht jedoch von dessen Zustand.

Tier (s. a. § 90a BGB) ist jedes irdische Lebewesen, das kein Mensch und keine Pflanze **18** ist. Seine Gefährlichkeit bestimmt sich alleine aus seinem konkreten Verhalten.

Beispiel: Ein Pferd ist ausgebrochen und läuft frei auf einer Straße herum (vgl. a. § 28 StVO).

Das Tier steht grundsätzlich einer Sache gleich (§ 5 Abs. 1 S. 2 POG), solange sich nicht Unterschiede dadurch ergeben, dass das Tier ein fühlendes Lebewesen ist, insbesondere sind die Regeln des Tierschutzgesetzes zu beachten, wonach ein Tier so weit vermeidbar nicht leiden darf.

Bei Hunden wird die Gefährlichkeit durch verschiedene Rechtsnormen näher spezifiziert. Das *Bundes*gesetz zur Bekämpfung gefährlicher Hunde[45] regelt in dem nicht für verfassungswidrig erkannten Teil[46] ein Einfuhr- und Verbringungsverbot für bestimmte Hunderassen. Das *Landes*hundegesetz[47] begründet Pflichten für sog. „**gefährlichen Hunde**". Das sind solche, die sich durch ihr aggressives Verhalten (Beißen, drohende Gebärden) als gefährlich erwiesen haben oder (wegen ihrer Aggressivität, Bissfestig-

---

43 BVerwG UPR 1997, 193; NJW 1999, 2312.
44 Vgl. Rühle/Suhr § 5, 1.2.
45 BGBl. I 2001, S. 530.
46 BVerfG DVBl. 2004, 698.
47 GVBl. 2004, 576.

keit und Bissstarre) Abkömmlinge der Rassen Pit Bull Terrier, American Staffordshire Terrier und Staffordshire Bullterrier sind, § 1 LHundeG. Mit gefährlichen Hunden darf weder Zucht noch Handel betrieben werden (§ 2 LHundeG), gegebenenfalls ist das Tier unfruchtbar zu machen.[48] Der Halter bedarf einer Erlaubnis, muss seine Sachkunde nachweisen und zuverlässig sein, also die Gewähr dafür bieten, dass er den Hund in einer Weise hält, dass von dem Hund keine in der Gefahrenabwehrverordnung aufgeführten Gefahren ausgehen.[49] Er muss eine Haftpflichtversicherung abschließen, den Hund durch einen einzuspritzenden Mikrochip kennzeichnen[50] und anderweitige Obhut oder Abhandenkommen des Tieres anzeigen. Gefährliche Hunde dürfen in der Öffentlichkeit nur einzeln sowie von erwachsenen und zuverlässigen Personen mit Maulkorb und Leine geführt werden. Gegebenenfalls darf der Hund dem Halter auf Dauer weggenommen werden.[51] Ermächtigungsgrundlage für Ordnungsverfügungen ist § 7 LHundeG.

Ferner regeln örtliche Satzungen zur Gefahrenabwehr für alle Hunde Anleinpflicht oder Verunreinigungsverbot auf öffentlichen Flächen. Verursachen Hunde zu viel Lärm, kann hiergegen nach den §§ 14, 10 LImSchG eingeschritten werden.

19 Für den Begriff der **Sache** gelten grundsätzlich die §§ 90 ff. BGB. Erfasst werden wie im BGB unbewegliche und bewegliche Gegenstände einschließlich der mit ihnen untrennbar verbundenen wesentlichen Bestandteile im Sinne der § 93 und 94 BGB. Das gilt auch für angepflanzten Bewuchs eines Grundstücks, § 94 Abs. 2 BGB, sowie ungetrennte Erzeugnisse und Ausbeute eines Grundstücks nach § 99 BGB, insbesondere Früchte. Aber anders als dort kommt es nur auf die tatsächlichen, nicht auf rein rechtliche Verhältnisse an. Deshalb entscheidet nicht die körperliche Abgrenzbarkeit, so dass weiter als im BGB auch schwebende Gase und flüssige Stoffe Sachen im Sinn des § 5 POG sein können, ohne in Behältnissen gefasst zu sein.[52] Sind die beweglichen Sachen allerdings Abfall i. S. d. § 3 KrWG, gehen die Abfallgesetze vor.

Beispiel: Eine Reinigung verwendet als Reinigungssubstanz eine Chemikalie, die giftige Chlordämpfe entwickelt. Diese Dämpfe sind dem tatsächlichen Inhaber der Reinigung zuzurechnen, ebenso wie die Sachgesamtheit der Gegenstände, die erst im Zusammenwirken die Dämpfe in der Reinigung verursachen.

Aus der rein tatsächlichen Betrachtung ergibt sich weiter, dass anders als im Zivilrecht Scheinbestandteile i.S.d. § 95 BGB (= Sachen, z. B. Pflanzungen oder Hütten, die nur vorübergehend oder in Ausübung z.B. eines Erbbaurecht oder einer Grunddienstbarkeit mit dem Grundstück verbunden sind) oder Zubehör eines Grundstücks i.S.d. § 97 BGB keine selbstständigen Gegenstände, sondern Bestandteil der Hauptsache sind. Sogar ganze Sachgesamtheiten wie z. B. öffentliche Einrichtungen können in diesem Sinne *„Sache"* sein.[53] Zur Sache Grundstück gehören aber die Bestandteile nicht mehr, die ihm rechtlich schlechthin nicht zugeordnet sind, z. B. das darunter liegende Grundwasser[54] oder Stollen eines Bergwerks.[55]

Für die Anwendbarkeit des § 5 POG reicht es aber nicht, dass die Sache momentan (z. B. durch Missbrauch oder durch Zufall) gefährlich ist, die Gefahr muss vielmehr von

---

48 Was nach BVerfG NVwZ 2004,975 verfassungsgemäß ist.
49 OVG Münster NVwZ 2000, 458.
50 Ist verfassungsgemäß OVG Münster NVwZ 2004,489.
51 OVG Koblenz GV 2003, 206.
52 Lisken/Denninger E Rn 88; Prümm/Sigrist Rn 109.
53 OVG Schleswig vom 31.1.2002 Az. 4 L 107/01: Städtischer Hafen als Sache.
54 Vgl. § 4 Abs. 2 WHG.
55 VGH Mannheim DVBl. 2013, 132: Ist der Stollen einbruchgefährdet, ist der Eigentümer des darüber liegenden Grundstücks Nichtverantwortlicher.

ihrem **Zustand** ausgehen, also in ihr angelegt sein.[56] Das ist zum einen der Fall, wenn die Gefahr bereits dann besteht, wenn sich die Sache in der Ruhelage befindet.

Beispiel: Wenn ein Auto einen Vergaserbrand hat und Explosionsgefahr besteht, so ist es wegen seines konkreten Zustandes gefährlich.[57]– Wenn ein Auto auf dem Bürgersteig geparkt ist, behindert es die Fußgänger; das Auto selbst ist dann gefährlich durch seine spezielle Lage im Raum.

Zum anderen ist die Sache im Zustand gefährlich, wenn die Gefahr bei der bestimmungsgemäßen Benutzung der Sache auftritt.

Beispiel: Die Reifen des geparkten Autos haben nicht mehr ausreichend Profil (würde es bestimmungsgemäß gefahren, droht ein Unfall); Kampfmesser (ist – wie der Name schon sagt – bestimmungsgemäß zum Kämpfen da).

Waffen und insbesondere verbotene Waffen i.S.d. § 2 Abs. 3 WaffG i. V. m. Anl. 2 Abschn. 2 zum WaffG sind immer im Zustand gefährlich. Der Zustandsverantwortliche haftet auch für Naturereignisse.[58] Nicht genügt es, dass eine Sache, die in der Ruhelage und beim bestimmungsgemäßen (!) Gebrauch keine Gefahr auslöst, erst durch Zweckmissbrauch Dritter gefährlich wird. Das würde den Verantwortungskreis ins Unermessliche weit ziehen.

Beispiel: Einstechen auf eine Person mit dem Küchenmesser eines Dritten; Werfen mit einem Ziegelstein einer nahe gelegenen Baustelle. – Hier sind die Eigentümer der Sachen nicht verantwortlich, weil nur ihre potenziell nicht gefährlichen Sachen zweckentfremdet worden sind.

Zustandsverantwortlich wird man aber nicht schon deshalb, weil man keine Vorkehrungen zum Schutze seiner Sache dagegen trifft, dass Dritte diese gefährden, z. B. bei der Gefahr terroristischer Anschläge, es sei denn, man verstößt damit gleichzeitig gegen Vorschriften.[59]

Maßgeblich für die Verantwortlichkeit nach § 5 POG ist (anders als bei § 4 POG) der **Zeitpunkt der Ordnungsmaßnahme** (Verfügung oder Realakt); fallen nach einer Ordnungsverfügung die Voraussetzungen weg, ändert das nichts mehr an der Verantwortlichkeit, kann aber möglicherweise ein Vollstreckungshindernis sein.

2. Inhaber der tatsächlichen Sachgewalt

Zugerechnet wird die von einer Sache ausgehende Gefahr nach § 5 Abs. 1 POG dem **20** **Inhaber der tatsächlichen Gewalt** über eine Sache.[60] Wenn es um Bodenverunreinigungen geht, ist § 4 Abs. 3 S. 1 BBodSchG spezieller, bei Der Begriff des Inhabers der tatsächlichen Gewalt ist nahezu deckungsgleich mit dem „*Besitz*" i.S.d. § 3 Abs. 9 KrWG. Bewusst wird zunächst an die tatsächliche Sachherrschaft über eine Sache angeknüpft.[61] Im Interesse effektiven polizeilichen Handelns ist es sinnvoll, gegenüber demjenigen einschreiten zu können, der die gefährliche Sache tatsächlich innehat. Dabei müssen die Ordnungskräfte nicht erst ermitteln, ob der tatsächliche Inhaber auch rechtlich befugter Inhaber der Sache ist. Die Sachherrschaft muss ge-

---

56 Lisken/Denninger E Rn 89; Götz Rn 214; Habermehl Rn 184; 633; Schoch JuS 1994, 937; Pietzcker DVBl 1984, 458 und Bay VGH NVwZ 1986, 942 (946) und NVwZ 1987, 912; a. A. Scholler/Schloer, S. 249; Wegmann BayVBl 84, 686.
57 Zur Zustandsverantwortlichkeit des Eigentümers eines vom Brand betroffenen Grundstücks OVG Frankfurt / O. NVwZ-RR 2003m 496 ff.
58 BVerwG NJW 1999, 2312; OVG Koblenz NJW 1998, 625.
59 BVerwG DVBl 1986, 369.
60 Vgl. Gusy Rn 350; Möller/Warg Rn 135; Rühle/Suhr § 5, 2; auch ein Insolvenzverwalter BVerwG NVwZ 2004, 1505.
61 OVG Schleswig 31.1.2002 Az. 4 L 107/01: Stadt ist Inhaber der tatsächlichen Gewalt ihres Hafens.

genüber anderen Personen in irgendeiner Weise qualifizierter sein (z. B. durch Nähe, Einfluss, Akzeptanz Dritter). Anders als beim *„Besitzer"* i.S.d. § 854 BGB kommt es aber nicht auf subjektive Elemente an. Ob der Betroffene Besitzwillen hat oder nicht oder ob er überhaupt Kenntnis von seinem Besitz hat, ist völlig irrelevant. Deshalb ist für die Inhaberschaft der tatsächlichen Sachgewalt als rein tatsächlichem Vorgang nur die natürliche Willensfähigkeit (Bewusstsein, Gewalt zu erlangen), nicht aber Geschäftsfähigkeit notwendig; folglich ist es für die Verantwortlichkeit auch völlig gleichgültig, ob dem Betreffenden die tatsächliche Gewalt aufgedrängt wurde oder ob er sie freiwillig erworben hat.

Beispiel: Auch derjenige, der nicht weiß, dass jemand Kokain in seinem Wagen versteckt hat, muss als Zustandsverantwortlicher die Durchsuchung dulden.

Auch derjenige ist Inhaber der tatsächlichen Gewalt, der nach § 855 BGB nicht Besitzer, sondern nur Besitzdiener wäre (z. B. der Fahrer eines Firmenfahrzeugs). Umgekehrt wird der Erbe nach § 857 BGB mit dem Erbfall zwar Besitzer, soweit das auch der Erblasser war, aber dadurch alleine noch nicht Inhaber der tatsächlichen Gewalt.

Die tatsächliche Gewalt ist eine gegenüber anderen besondere Beziehung von gewisser Dauer und Festigkeit zu der Sache bzw. dem Tier. Dabei sind die Voraussetzungen beim Erwerb der Gewalt enger zu ziehen als bei ihrer Fortdauer. So reicht beim Erwerb der Gewalt eine vorübergehende, flüchtige Berührung der Sache nicht. Dagegen dauert eine einmal begründete Gewalt grundsätzlich auch dann noch fort, wenn z. B. eine Sache vorübergehend in eigene Räume verlegt ist, ein zahmes Tier frei herumläuft oder bei kurzfristiger Abwesenheit von einer Sache. Auch steht der tatsächlichen Gewalt nicht entgegen, dass die Sache oder das Tier nur mangelhaft beherrscht wird, denn häufig wird das gerade die Ursache der abzuwehrenden Gefahr sein. Ebenso wenig steht der Annahme tatsächlicher Gewalt entgegen, dass ein anderer ebenfalls solche ausübt, solange sich nicht beides gegenseitig ausschließt. Die tatsächliche Gewalt geht erst dann verloren, wenn dieses Herrschaftsverhältnis nicht nur vorübergehend beendet wird, sei es freiwillig oder unfreiwillig. Die tatsächliche Gewalt endet deshalb z. B. mit der Weitergabe des Besitzes, mit dem Verlieren der Sache außerhalb der eigenen Wohnung oder wenn ein Tier endgültig aufgehört hat zurückzukehren. Die tatsächliche Gewalt braucht nicht rechtmäßig zu sein. Auch derjenige, der die Sache gestohlen, unterschlagen oder rechtswidrig in Benutzung hat (z. B. nach § 248b StGB), ist Inhaber der tatsächlichen Gewalt.

Beispiel: Der Dieb eines Hundes ist für das Tier verantwortlich, solange er die tatsächliche Sachherrschaft über das Tier ausüben kann. Ob ihm das Tier gehorcht und der Dieb die Sachherrschaft insoweit auch tatsächlich ausübt, ist unerheblich. Entscheidend ist, dass das Tier seiner Einflusssphäre zugeordnet ist.

Bei Grundstücken ist zu beachten, dass von einer qualifizierten Sachherrschaft nur gesprochen werden kann, wenn das Grundstück gegen unbefugte Einwirkung durch Zäune, Tor o. Ä. geschützt und nicht frei zugänglich ist.

Beispiel: Eine GmbH betreibt eine Schleuse und Schiffsanlegestelle. Das Gelände ist nicht eingezäunt. Dort ist ein Schild aufgestellt: *„Benutzen des Betriebsgeländes verboten, ausgenommen Schifffahrtsbetreibende, Ausrüster, Rasfahrer und Fußgänger auf eigene Gefahr."* Die GmbH soll für Ablagerungen auf diesem Gelände als Verantwortliche herangezogen werden.[62] – Die GmbH ist nicht Inhaberin der tatsächlichen Gewalt, da nahezu jeder gleichen Zugang hatte. Das ist vor allem im Abfallrecht bedeutsam, da dort nicht der Eigentümer alleine als solcher herangezogen werden kann.[63]

---

62   OVG Lüneburg DVBl 2002, 472 (Ls.).
63   OVG Münster NWVBl. 2007, 26.

Eine Besonderheit besteht bei **Insolvenzverwaltern**. Er handelt als Amtswalter im ei- 21
genen Namen und für Rechnung der Masse. Der Insolvenzverwalter erfüllt also eine
persönliche Pflicht nach § 55 Abs. 1 Nr. 1 Insolvenzordnung.[64] Damit kommt er grundsätzlich als Verantwortlicher in Betracht, wenn er selbst die Voraussetzungen der Verantwortlichkeit in seiner Person erfüllt.[65] Solange er als Insolvenzverwalter die Verfü-
gungsgewalt über eine Sache hat, ist er als Inhaber der tatsächlichen Gewalt und als
Berechtigter Zustandsverantwortlicher. Allerdings mit Ausnahme des in § 4 Abs. 3
S. 4 1. Hs. BBodSchG genannten Falles[66] führt die Freigabe der Sache durch den Insolvenzverwalter dazu, dass die Verantwortlichkeit von ihm auf den Schuldner des
Insolvenzverfahrens zurückgeht, auch wenn die Freigabe erst nach der Ordnungsverfügung erfolgt.[67] Allerdings darf er dann aber auch keine Sachherrschaft mehr besitzen
(z. B. bleibt er verantwortlich, wenn er zwar Abfälle freigibt, aber weiterhin Betreiber
des Betriebes bleibt, auf dessen Gelände die Abfälle lagern)[68]. Hat der Insolvenzverwalter allerdings z. B. einen nach dem BImSchG zu regelnden Betrieb fortgeführt,
kommt er als Verhaltensverantwortlicher in Betracht.[69] Eine solche Fortführung setzt
allerdings voraus, dass der Insolvenzverwalter verfügungsbefugt war und den ursprünglichen Betriebszweck fortsetzt, also wirtschaftlich nutzt.[70]

3. Berechtigter an der Sache oder dem Tier

Während § 5 Abs. 1 POG an die tatsächliche Beziehung zur Sache oder zum Tier an- 22
knüpft, leitet § 5 Abs. 2 POG die Verantwortlichkeit aus der rechtlichen Beziehung dazu
ab. Das ist der Fall, wenn der Betroffene an der Sache irgendeine Berechtigung hat,
wobei das Eigentum nur ein Unterfall davon ist. Was Eigentum ist, richtet sich nach
den allgemeinen Regeln.[71] **Eigentümer** ist deshalb nur derjenige, der i.S.d. § 903 BGB
mit der Sache (im Rahmen des Gesetze und Rechte Dritter) nach Belieben verfahren
und andere von Einwirkungen ausschließen kann, also z. B. nicht der Erbbauberech-
tigte.[72] Eigentum am Grundstück bzw. sein Verlust setzt Auflassung und Eintragung
voraus.[73] **Sonstige Berechtigungen** können sich aus Miete, Pacht, Erbbaurecht, Lea-
sing, Leihe, Auftrag, Pfandrechten, Sicherungsrechten usw. ergeben. Der Inhaber der
tatsächlichen Gewalt ist immer Berechtigter, es sei denn, er hat die Sache oder das
Tier gestohlen, unterschlagen oder unrechtmäßig im Gebrauch. Innerer Anknüpfungs-
punkt für die Zustandshaftung des Eigentümers ist nicht die formale Rechtsposition
als solche, sondern die regelmäßig mit ihr verbundene Verfügungsmacht, d.h. die
rechtliche und tatsächliche Möglichkeit auf die die Gefahr verursachende Sache Erfolg
versprechend einzuwirken.[74] Nur für den Fall, das der Berechtigte keinerlei Einfluss auf
die Sache mehr hat, weil ein anderer die Berechtigung dem Grunde nach nicht ak-

---

64 BVerwGE 122, 75; BGHZ 148, 252; dagegen will Schmidt NJW 2010, 1493 alleine auf die ursprüngliche
    Ordnungspflicht der insolventen Gesellschaft abstellen.
65 OVG Berlin NVwZ 2010, 594; BayVGH NVwZ-RR 2006, 537.
66 Zum BBodSchG BVerwG 2006, 929.
67 BVerwGE 122,75; ZIP 2004, 2145; OVG Lüneburg NJW 2010, 1546.
68 BayVGH NVwZ-RR 2006, 537.
69 BVerwG NVwZ 2008, 583.
70 VGH Kassel NJW 2010, 1545.
71 NVwZ-RR 1997, 267.
72 VGH Mannheim NJW 1998, 624.
73 VGH Mannheim VBlBW 1996, 351.
74 OLG Dresden LKV 2003, 583; darum ist der Eigentümer eines Grundstücks nicht zustandsverantwortlich
    für einen darunter liegenden instabilen Stollen, VGH Mannheim DVBl. 2013, 119, wohl aber für eine darauf
    befindliche Fliegerbombe, OVG Münster NWVBl. 1998, 65.

zeptiert, entfällt nach § 5 Abs. 2 S. 2 POG die Verantwortlichkeit. Das setzt aber voraus, dass der Inhaber der tatsächlichen Gewalt die Sache oder das Tier gestohlen oder unterschlagen hat oder es ohne grundsätzliche Zustimmung des Berechtigten benutzt. Es genügt nicht, dass er es nur anders benutzt als abgesprochen.

Beispiel: E verleiht sein Auto an seine Freundin F, damit diese für ihn einkauft. Diese holt aber damit ihre beste Freundin ab und macht mit ihr eine Spritztour. – Hier liegt kein Fall des § 5 Abs. 1 S. 2 POG vor, denn es wird nicht die Eigentumsstellung des E schlechthin geleugnet (wie z. B. beim Autodieb), sondern es werden nur Abmachungen über die Art und Weise des Umganges mit der Sache nicht beachtet.

Gegenbeispiel: Ein Schrebergartengrundstück wird von Obdachlosen besetzt, die dort Zelte aufschlagen. Diese weigern sich, dem Eigentümer Zutritt zu gewähren. Es sind dringende Sicherungsmaßnahmen durchzuführen, weil das Grundstück nicht mehr verkehrssicher ist. – Hier wird dem Eigentümer der Besitz unberechtigt entzogen. Solange die Besetzung andauert, ist er nach § 5 Abs. 2 S. 2 POG kein Verantwortlicher.

Weiterhin gilt der Ausschluss der Verantwortlichkeit nur so lange, als auch die Sache entzogen wird. Danach fällt dem ursprünglich Berechtigten die Verantwortlichkeit ohne neuen Begründungakt wieder zu[75].

Beispiel: Der Dieb lässt das Fahrzeug nach einer Spritztour vor der Ausfahrt eines Krankenhauses stehen. Für den gefährlichen Zustand des Fahrzeugs, das durch seine Lage die öffentliche Einrichtung Krankenhaus sowie die für Patienten lebenswichtige Zu- und Abfahrt des Krankenhauses beeinträchtigt, ist der Eigentümer ab Wiederauffinden seines PKW nach § 5 Abs. 2 POG verantwortlich.

Der Dieb kann nur noch aus Verhalten verantwortlich gemacht werden. Seine Zustandsverantwortlichkeit für den PKW nach § 5 Abs. 1 POG bestand nur für die Dauer seiner Sachherrschaft über den PKW und ist seit der Aufgabe des PKW beendet.

4. Aufgabe des Eigentums an einer Sache oder einem Tier

23 Überträgt der Eigentümer sein Eigentum auf eine andere Person (z. B. Verkauf, Schenkung), erlischt insoweit auch seine Verantwortlichkeit. Gibt er aber sein Eigentum schlicht auf, so dass kein neuer Eigentümer an seine Stelle tritt (**Dereliktion**), die Sache also **herrenlos** (d.h. ohne Eigentümer) bleibt, verhindert § 5 Abs. 3 POG die Flucht aus der Verantwortlichkeit. Eine solche Dereliktion geschieht bei beweglichen Sachen und bei Tieren dadurch, dass der Eigentümer in der Absicht, auf das Eigentum zu verzichten, den Besitz an der Sache aufgibt (§ 959 BGB); bei Grundstücken muss der Eigentümer den Verzicht gegenüber dem Grundbuchamt erklären, und dieses muss den Verzicht im Grundbuch eintragen (§ 928 Abs. 1 BGB).

Beispiel: E ist Eigentümer eines Grundstückes, auf dem ein Felsen steht, der Steinschläge verursacht. Der Felsen müsste aufwendig saniert werden. Um das zu vermeiden, erklärt E gegenüber dem Grundbuchamt den Verzicht auf das Eigentum am Grundstück. – Dieser Verzicht nutzt E hier nichts, da er nach § 5 Abs. 3 POG weiterhin Zustandsverantwortlicher bleibt.

Große praktische Bedeutung hat die Vorschrift nicht. Auch ohne § 5 Abs. 3 POG wird weitgehend angenommen, dass die Dereliktion sittenwidrig und daher unbeachtlich ist, wenn ihr einziger Zweck derjenige ist, die Allgemeinheit mit Entsorgungskosten zu belasten.[76] Zudem ist häufig das Aufgeben des Eigentums ein Verhalten i.S.d. § 4 Abs. 1 POG, wodurch zumindest insofern eine Verantwortlichkeit besteht.

---

75   Habermehl Rn 190.
76   BVerwG NJW 2003, 2250.

Beispiel: Wird der Hund auf der Autobahn ausgesetzt, liegt darin zwar auch eine Eigentumsaufgabe mit anschließender Herrenlosigkeit i.S.d. § 5 Abs. 3 POG; gleichzeitig ist die Eigentumsaufgabe aber auch die letzte Ursache i.S.d. § 4 Abs. 1 POG für das Entstehen der Gefahr.

Weiterhin ist eine Dereliktion, die *nach* der betreffenden Ordnungsverfügung vorgenommen wird, ohnehin nicht mehr relevant (siehe auch oben Rn E 19 a. E.).[77]

Beispiel: V verkauft und übereignet ein kleines Schiff an K. Dieses liegt an einem Stausee etwa 200 km entfernt von K. Bevor K das Schiff in unmittelbaren Besitz nehmen kann, sinkt das Boot infolge eines Sturms. Um die hohen Bergungskosten zu sparen, gibt K das Eigentum am Schiff auf. – Hätte hier K vor der Eigentumsaufgabe bereits eine Ordnungsverfügung erhalten, das Schiff zu bergen, würde das an der Anwendbarkeit des § 5 **Abs. 2** S. 2 POG nichts mehr ändern, da es auf den Zeitpunkt der Verfügung ankommt. Käme die Ordnungsverfügung erst danach, wäre K nach § 5 **Abs. 3** POG verantwortlich.

Und schließlich werden die wichtigsten Fälle von den Umweltgesetzen geregelt, insbesondere durch § 17 Abs. 1 LAbfWG und das KrWG.[78]

5. Opfergedanke

Soweit Grundstücke durch Fremdeinwirkung in einen gefährlichen Zustand gebracht **24** worden sind und sich der Grundstückseigentümer selbst in einer Opferrolle befindet, fragt es sich, ob die Zustandshaftung des Eigentümers aus § 5 POG bzw. § 4 Abs. 3 S. 1 BBodSchG einzuschränken ist.

Beispiel: Eigentümer hat ein vor Jahren verseuchtes Grundstück erworben; durch einen Schiffs-, Fahrzeug- oder Flugzeugkatastrophe wird das Erdreich mit Öl verseucht; durch Unwetter gelangt ein Hang ins Rutschen. – Wer trägt in diesen Fällen die im Vergleich zum Grundstückswert enorm hohen Kosten der Gefahrenabwehr?

Teilweise wurde dazu vertreten, dass es sich aus Art. 14 Abs. 2 GG nicht rechtfertigen lasse, dem Eigentümer die Zustandsverantwortlichkeit auch dann aufzubürden, wenn sie aus Gefahrenereignissen folge, die spezifisch der Allgemeinheit zugerechnet werden müssten.[79] Demgegenüber vertrat die früher herrschende Meinung die Ansicht, der Eigentümer oder tatsächliche Inhaber habe die Nutzung der Sache mit ihren wirtschaftlichen Vorteilen, darum müssten sie auch die Nachteile tragen, wenn das Grundstück die Gefahrengrenze überschreite.[80] Eine Ausnahme von diesem Grundsatz sei allenfalls denkbar, wenn die Inanspruchnahme den wirtschaftlichen Wert des Eigentums übersteigen oder zumindest aushöhlen würde. Das BVerwG erwog eine Einschränkung der Zustandsverantwortlichkeit des Eigentümers für solche Fälle, in denen die Übernahme der vollen Kostenlast für den Eigentümer als Zustandsverantwortlichen enteignenden Charakter hätte.[81] Das Bundesverfassungsgericht[82] hat in einer Entscheidung über Sanierungsmaßnahmen nach dem BBodSchG klargestellt, dass es der Grundsatz der Verhältnismäßigkeit erfordere, im Hinblick auf Art. 14 Abs. 1 S. 2 GG den finanziellen Sanierungsaufwand zu dem Verkehrswert des Grundstücks in Relation zu setzen. Im Regelfall bilde der Verkehrswert die Obergrenze der Kostentragung, weil

---

77 OVG Bremen DÖV 1989, 16; VGH Mannheim BWVBl. 1998, 19.
78 Vgl. Rühle/Suhr § 5, 4.
79 OVG Koblenz DVBl 1998, 103; Pietzcker DVBl 1984, 463; Breuer JuS 1986, 363; Papier Jura 1989, 505 (509); Schinck VerwArch. 82 (1991), 378; Lisken/Denninger E Rn 95/97.
80 VGH Mannheim NVwZ-RR 1997, 267, VGH München NVwZ 1986, 944 mwN; VGH Mannheim DÖV 1986, 249 und DÖV 1990, 344; OVG Koblenz NVwZ 1992, 500; Drews/Wacke/Vogel/Martens, S. 320; Götz Rn 221.
81 BVerwG NVwZ 1991, 475; BVerwG NVwZ 1997, 577 und NJW 1998, 3627.
82 BVerfGE 102, 1 ff.; Finger NVwZ 2011, 1288.

ab dort der privatnützige Gebrauch des Grundstücks wegfällt. Diese Grenze könne sogar niedriger sein, wenn die Gefahr durch Naturereignisse, Eingriffe nicht berechtigter Dritter, Kriege oder anderer der Allgemeinheit zuzurechnender Faktoren verursacht sei. Sie kann auch deshalb niedriger sein, weil die Vorteile des Grundstücks den wesentlichen Teil des Vermögens des Eigentümers bilden und Grundlage seiner privaten und familiären Lebensführung ist. Umgekehrt könne die Grenze aber auch höher liegen, wenn der Eigentümer die Gefahr bewusst in Kauf nimmt (z. B. weil er die Belastung des Grundstücks bei Erwerb gekannt hatte) oder die Risiken fahrlässig nicht gekannt hat.[83] Auf jeden Fall sei die Zumutbarkeitsgrenze aber überschritten, wenn der Zustandsverantwortliche mit Vermögen einstehen müsste, das in keinem rechtlichen oder wirtschaftlichen Zusammenhang mit dem sanierungsbedürftigen Grundstück mehr steht.

Ein enteignender Charakter liegt sicherlich auch dann nicht vor, wenn der Betroffene die Gefahr durch Versicherungen hätte abdecken können oder die Gefahr gerade Folge einer zielgerichtet gezogenen Nutzung ist.

Beispiel: Die Aufwendungen für die Sicherung eines Felsüberhangs zum Schutz der darunter liegenden Hausgrundstücke sind dem Eigentümer des Felsgrundstücks uneingeschränkt zumutbar, wenn er bzw. sein Rechtsvorgänger den unter dem Felsen wohnenden Hauseigentümern eben die jetzt bedrohten Grundstücke verkauft hatte.[84]

IV. Anschein und Verdacht

1. Anscheinsverantwortlichkeit

25 **Anscheinsverantwortliche** stehen den Verantwortlichen gleich. Anscheinsverantwortlichkeit kann auf drei Weisen entstehen.

1. Zum einen ist sie möglich bei Vorliegen einer Anscheinsgefahr (vgl. hierzu Rn D 14 f.). Liegt eine solche vor, dann ist derjenige Anscheinsverantwortlicher, **der Verantwortlicher wäre**, wenn die angenommene Gefahrenlage wirklich bestanden hätte.

   Beispiel: Die Ordnungsbehörde geht aufgrund einer unvermeidbaren Verwechslung davon aus, dass für den Hund des H Auflagen nach dem Landeshundegesetz existierten. Entsprechende Verfügungen würden an H als Anscheins-Zustandsverantwortlichen ergehen.

2. Weiterhin ist auch der Anscheinsverantwortlicher, der den **Anschein einer Gefahr zu vertreten** hat.

   Beispiel: Der Wohnungseigentümer verreist und hat vorher seine Wohnung mit Zeitschaltuhren versehen. Das An- und Ausgehen der Lichter veranlasst die nicht informierten Nachbarn, die Polizei zu rufen, die in die Wohnung, in der sie Einbrecher vermutet, eindringt. – Hier hat der Wohnungsinhaber durch sein Verhalten (Schaltuhren setzten plus Unterlassen der Benachrichtigung an die Nachbarn) die letzte Ursache vor der Anscheinsgefahr gesetzt.[85]

3. Schließlich kann die Anscheinsverantwortlichkeit dadurch entstehen, dass tatsächlich eine Gefahr i. e. S. vorliegt und der Betreffende den **Eindruck erweckt, er sei Verantwortlicher**, es in Wahrheit aber gar nicht ist.

   Beispiel: Aufgrund von Messungen steht fest, dass in das Grundwasser gefährliche Stoffe eingedrungen sind. Die zuständige Behörde geht ohne Schuld davon aus, dass diese Stoffe nur aus dem Betrieb des C kommen können, und gibt ihm bestimmte Abwehrmaßnahmen

---

83 S. hierzu auch Mohr NVwZ 2003, 686.
84 OVG Koblenz DÖV 1998, 162.
85 OLG Köln VersR 1995, 1052.

auf. Später stellt sie fest, dass der Betrieb des B hierfür verantwortlich war. C wurde als Anscheinsverantwortlicher herangezogen.

Sofern die Gefahr oder die Verantwortlichkeit durch Fahrlässigkeit der Ordnungskräfte angenommen wurde, liegt nur eine **Scheinverantwortlichkeit** vor (vgl. hierzu Rn D 16). Diese ist eine Form der Nichtverantwortlichkeit.

Die Frage der Verantwortlichkeit muss auf **Primärebene** (Gefahrenbeseitigung) und **Sekundärebene** (Kostenersatz) **getrennt** geprüft werden.[86] So kann es sein, dass jemand aufgrund eines Anscheins zu Recht als Verantwortlicher zur Gefahrenbeseitigung herangezogen wird, ein anderer aber später zu den Kosten, weil sich inzwischen herausgestellt hat, dass tatsächlich die Störung von diesem ausging.

2. Gefahrverdächtiger

Im Gegensatz zur Anscheinsgefahr bestehen beim **Gefahrverdacht** (vgl. hierzu Rn D **26** 18) Bedenken, ob tatsächlich eine Gefahr vorliegt. Die Ordnungskräfte sind noch nicht vom Vorliegen einer Gefahr überzeugt und wollen gerade deshalb weitere Ermittlungen zur Aufklärung des Verdachts vornehmen. Dazu erlassen sie aufgrund der jeweiligen Ermächtigungsgrundlagen vorläufige Verwaltungsakte, mit denen die Ordnungskräfte es sich selbst ermöglichen, im Rahmen des Untersuchungsgrundsatzes (§ 24 VwVfG) den Sachverhalt weiter aufzuklären. Dabei ist es nicht immer so, wie oft behauptet, dass nur Duldungspflichten auferlegt werden können. Wenn die Untersuchung durch die Ordnungskräfte nicht anders möglich ist, kann auch in engen Grenzen ein Tun verlangt werden (z. B. den Platz zu verlassen). Diese Verwaltungsakte richten sie dann gegen diejenigen, die Verantwortliche wären, wenn der Verdacht sich bestätigen würde. Zweifelhaft ist dabei, ob der Gefahrverdächtige wirklich ein Verantwortlicher ist.[87]

Beispiel: Wenn im vorigen Fall noch nicht feststünde, ob Stoffe in das Grundwasser gelangt sind, aber zerborstene Leitungen und fehlende Bestände des Stoffes festgestellt worden wären (Gefahrenverdacht), wäre der Betreiber des Grundstücks mit den Unregelmäßigkeiten Gefahrverdächtiger (vgl. auch § 94 Abs. 1 S. 2 LWG).

Zumindest für die Kosten muss ein Gefahrverdächtiger, der sich später als nicht verantwortlich für die richtiger- oder fälschlicherweise angenommene Gefahr erweist und diesen Verdacht auch nicht zu vertreten hat, als Nichtverantwortlicher behandelt werden.[88]

V. Latenter Verursacher

Problematisch wird die Bestimmung der Verantwortlichkeit, wenn **zwei Ursachen-** **27** **ketten** erst durch ihr Aufeinandertreffen und alleine deswegen die Gefahr verursachen, ohne dass wie beim Zweckveranlasser die eine Ursache auf die andere bezogen ist (vgl. hierzu auch Rn D 19).[89] Eine ursprünglich ungefährliche Sache mit **erhöhtem Gefährdungspotential** überschreitet durch Hinzutreten weiterer Einzelheiten oder absehbare Veränderungen die Gefahrenschwelle, und die in einer Sache angelegte Ge-

---

86   VGH Mannheim NVwZ-RR 2012, 387; BGH NJW 1994, 2355.
87   Verneinend Götz Rn 155/439.
88   OVG Berlin NVwZ-RR 2002, 623; OVG Münster NWVBl. 2001, 142; DVBl. 1996, 1444; BGH DVBl 1992, 1158; OLG Hamm NWVBl 1992, 110.
89   Vgl. Rühle/Suhr § 4, 1.2.3.

fährlichkeit aktualisiert sich.[90] Diese Problematik tritt meistens im Bereich der Zustandsverantwortlichkeit auf, ist aber auch im Bereich der Verhaltensverantwortlichkeit denkbar.[91]

Beispiel: Ein Haus wird abgerissen, wodurch der verunstaltende Giebel des Nachbarhauses (latente Gefahr für das Ortsbild) sichtbar wird.[92] – Die (latent den Straßenverkehr gefährdende) Hecke an der Straßenkreuzung wächst zu einem Verkehrshindernis.[93]– Der (latent immissionsgefährliche) Schweinemästerbetrieb beeinträchtigt die herannahende Wohnbebauung.[94] – Die (latent gefährlichen) Kühltürme eines Kraftwerks führen bei bestimmten Wetterlagen zur Glatteisbildung auf der vorbeiführenden Straße.[95]– Ein nachträglich errichtetes Wasserwerk neben bereits bestehenden Friedhöfen gefährdet (latent) die Wasserqualität.[96]

Da nur eine Ursachenkette maßgeblich sein kann, muss entschieden werden, in welcher die Gefahr ursprünglich (latent) angelegt war. Das kann letztlich nur durch Wertung geschehen, was in der Praxis zu gewissen Unsicherheiten führt.[97] Die Rechtsprechung hierzu ist nicht immer einheitlich. Mangels wirklich klarer Regeln hat sich dieses Konstrukt letztlich als wenig hilfreich und eigentlich überflüssig erwiesen, weshalb man auch kaum noch darauf zurückgreift.[98]

VI. Rechtsnachfolge in polizeirechtliche Verantwortlichkeit

28 Wechseln die tatsächlichen Verhältnisse, stellt sich die Frage, ob Ordnungspflichten überhaupt übergehen können.[99] Heute wird zumindest überwiegend angenommen, dass das in bestimmten Fällen möglich ist.[100] Rechtsnachfolge setzt einen Übergangstatbestand und eine übergangsfähige Rechtsbeziehung voraus.[101] Ein **Übergangstatbestand** kann in Form einer Gesamt- (z. B. Erbschaft, Vermögensübernahme) oder Einzelrechtsnachfolge (z. B. Kauf, Vermächtnis) gegeben sein. **Übergangsfähig** sind allerdings nur vertretbare, nicht aber höchstpersönlich Rechtsbeziehungen. **Höchstpersönlich** ist eine Rechtsbeziehung, wenn sie sich nicht von der Person des Trägers lösen lässt, weil sie sich in diesem persönlichen Bezug erschöpft oder aus anderen Gründen nicht von dieser Person zu trennen ist.[102] Regelungsgegenstand ist dann also ein lebender Mensch, weswegen die Ordnungsverfügung nicht oder nicht ohne wesentliche Änderung ihres Inhalts auf andere übertragen werden kann. Die Höchstpersönlichkeit bestimmter Pflichten und Befugnisse ist manchmal bereits gesetzlich bestimmt, z. B. § 9 GastG. Darüber hinaus sind Duldungs- oder Unterlassungspflichten immer höchstpersönlich. Bei Handlungspflichten ist das dagegen nur dann der Fall, wenn das geforderte Handeln nicht sinnvoll durch einen anderen ausgeführt werden kann (z. B. bei körperlichen Untersuchungen oder Eingriffen, Platzverweisungen, Anhalteboten, Vorladungen). In Fällen höchstpersönlicher Pflichten ist ein Übergang

---

90 V. Mutius Jura 1983, 306; Ronellenfitsch VerwArch.1986, 438 und Staupe DVBl 1988, 610.
91 Vgl. z. B. Borkumlied-Fall PrOVG E 80, 176.
92 PrOVG E 40, 391.
93 OVG Lüneburg E 17, 447.
94 OVG Münster E 11, 250.
95 OVG Münster E 16, 289.
96 OVG Münster vom 16.5.52 bei Vogel-Martens, S. 123.
97 Vgl. etwa die Zusammenstellung bei Habermehl Rn 210.
98 Möller/Warg Rn 139; Thiel Rn 217 f.
99 Rechtsnachfolge wurde früher überwiegend abgelehnt, vgl. statt vieler Schenke Rn 187–189.
100 VGH München NVwZ 2002, 364; VGH Kassel NVwZ 1998, 1315; Vgl. Rühle/Suhr vor §§ 4 ff, 3; auch die folgenden Fn.
101 OVG Lüneburg NJW 1998, 97.
102 BVerwG NVwZ 2006, 931; s. a. VGH Kassel NJW 1987, 394 und BVerwG E 64, 110. Nach BVerwG NVwZ 2012, 888 geht keine Rechtsbeziehung über, die auf Zuverlässigkeit des Adressaten basiert.

ausgeschlossen, die Ordnungspflicht würde dadurch ihren Sinn entweder verändern oder gar keinen Sinn mehr machen.[103]

Lässt sich hingegen die Rechtsbeziehung sinnvoll von dem jeweiligen Träger lösen oder erschöpft sie sich nicht in diesem persönlichen Bezug, ist sie **vertretbar** und damit übergangsfähig. Das sind die Fälle, in denen Regelungsgegenstand eine Sache oder ein Tier, also ein übergangsfähiges Objekt ist (z. B. Beseitigung eines Fahrzeugs, Leinenzwang für einen gefährlichen Hund, Einzäunung eines Geländes). Die Ordnungspflicht geht dann, einer dinglichen Belastung gleich, mit der Sache oder dem Tier über. Selbst ein Konkursverwalter hat die Verpflichtung noch zu erfüllen, sogar als Masseschuld.[104] Umstritten ist im Einzelnen die Begründung, soweit nicht der Übergang wie z. B. in § 81 S. 3 LBauO, § 4 Abs. 3 S. 1 BBodSchG[105] oder § 90 Abs. 2 ZVG ausdrücklich geregelt ist. Teilweise wird der Übergang für die Gesamtrechtsnachfolge direkt aus den §§ 1922, 1967 BGB oder den sonstigen Regelungen der Gesamtrechtsnachfolge abgeleitet.[106] Andere wenden diese Regeln nur bei gesetzlicher ausdrücklicher Verweisung[107] oder analog[108] an.

Letztlich dürfte die Begründung aber nicht entscheidend sein. Praktisch gilt der Grundsatz: Ist das Objekt der Regelung übergangsfähig (z. B. ein Grundstück, eine bewegliche Sache, ein Tier), geht mit ihm auch die Ordnungspflicht über, andernfalls nicht (s. dazu a. Rn J 37).

VII. Heranziehung von Nichtverantwortlichen

1. Personenkreis

Nichtverantwortliche sind nach der Legaldefinition des § 7 Abs. 1 POG alle, die nicht **29** nach § 4 oder § 5 POG (man müsste eigentlich ergänzen: und nicht nach anderen Vorschriften) verantwortlich sind.[109] Sie sollen grundsätzlich nicht zur Gefahrenbeseitigung herangezogen werden. Einzige Ausnahme ist der sog. **Notstand**, der in § 7 Abs. 1 POG beschrieben wird. Nur wenn sämtliche Ziffern dieser Vorschrift erfüllt sind, kann der Nichtverantwortliche in Anspruch genommen werden. Dann steht er aber immer noch besser da als der Verantwortliche, denn ihm stehen nach den §§ 68 ff POG regelmäßig Ausgleichsansprüche zu. Zu den Nichtverantwortlichen zählen hinsichtlich der Kosten richtigerweise auch reine Anscheinsverantwortliche und Gefahrenverdächtige, die den **Anschein** bzw. den **Verdacht nicht zu vertreten** haben (vgl. dazu Rn E 25 ff.).

2. Voraussetzungen

Um einen Nichtverantwortlichen zur Gefahrenabwehr heranziehen zu können, muss **30** nach § 7 Abs. 1 Nr. 1 POG zunächst einmal eine **gegenwärtige und erhebliche Gefahr** vorliegen (vgl. hierzu Rn D 8 und 10). Es müssen also besonders wichtige Schutz-

---

103 BVerwG NJW 1987, 3212.
104 OVG Greifswald DVBl 1998, 98.
105 Hierzu VGH Kassel DVBl 2000, 210.
106 Stadie, aaO S. 502; VGH Mannheim NJW 1986, 272; BGH NJW 1978, 2091.
107 Peine DVBl 1980, 941 (946) mwN.
108 Drews/Wacke/Vogel/Martens, S. 300 mwN.; Wallerath JuS 1971, 464; BVerwG NJW 1987, 3212; offengelassen von Ossenbühl NJW 1968, 1992 und BVerwGE 37, 317.
109 Vgl. Rühle/Suhr § 7, 1.

güter der öffentlichen Sicherheit betroffen und außerdem muss die Dringlichkeit der Gefahr besonders groß sein.[110] Dabei gilt, je höherwertiger das Schutzgut, desto großzügiger sind die Anforderungen an die Dringlichkeit.[111]

Beispiel: Die Inanspruchnahme eines Nichtverantwortlichen zur Abwehr von unmittelbar drohenden Schäden für Leib und Leben ist darum denkbar, nicht dagegen für Bagatellschäden oder Schäden, die erst in ferner Zukunft eintreten würden.

31 Zur Abwehr dieser Gefahr dürfen nach § 7 Abs. 1 Nr. 2 POG **Maßnahmen gegen** einen nach §§ 4 und 5 POG Verantwortlichen **nicht** oder nicht rechtzeitig **möglich** oder sie dürfen nicht erfolgversprechend sein. Das ist insbesondere der Fall, wenn

- es gar keine Verantwortlichen gibt, z. B. bei Naturkatastrophen,
- der Verantwortliche oder sein Aufenthalt unbekannt ist
- der Verantwortliche nicht ansprechbar ist (z. B. Ohnmacht, Volltrunkenheit) oder
- gar nicht rechtzeitig zur Gefahrbeseitigung in der Lage ist.

Es können auch Hinderungsgründe **rechtlicher Art** vorliegen, etwa wenn der Verantwortliche nur unter Verstoß gegen öffentliches Recht herangezogen werden könnte oder seine Heranziehung zu einem unverhältnismäßig hohen Schaden führen würde.[112]

32 Nach § 7 Abs. 1 Nr. 3 POG muss es auch ausgeschlossen sein, dass die **Ordnungskräfte selbst oder durch Beauftragte** die Gefahr effektiv abwehren können. Das gilt selbst dann, wenn zwar die Gefahrenabwehr durch die Ordnungskräfte oder ihre Beauftragten etwas langsamer, umständlicher usw. ist, solange die Effektivität der Gefahrenabwehr nicht ernsthaft beeinträchtigt ist.

Zum einen darf also eine Abwehr der Gefahr durch die Ordnungskräfte selbst entweder gar nicht oder nicht rechtzeitig möglich sein.[113] Als vorrangige Maßnahme kommt insbesondere eine unmittelbare Ausführung nach § 6 Abs. 1 POG in Betracht. Der dadurch entstehende Kostenaufwand erfüllt nur dann die Voraussetzungen des § 7 Abs. 1 Nr. 3 POG, wenn sie völlig unverhältnismäßig hoch sind. Auch sind die Möglichkeiten der Amts- und Vollzugshilfe auszuschöpfen.[114] Darüber hinaus kann der Hoheitsträger allerdings nicht über die Kapazitäten anderer Hoheitsträger verfügen, insbesondere wenn dadurch deren Aufgaben längerfristig blockiert werden (z. B. kann die Ordnungsbehörde zur Unterbringung von Obdachlosen nicht ohne Weiteres auf anderen Zwecken gewidmete, öffentliche Gebäude, etwa Schulturnhallen, verwiesen werden).[115]

33 Zum anderen sind erst die Möglichkeiten auszuschöpfen, private Dritte vertraglich heranzuziehen (**Beauftragte**), bevor an die einseitige Beanspruchung eines unbeteiligten Nichtverantwortlichen gedacht werden kann. Das vertragliche Heranziehen Dritter ist nicht schon wegen der hohen Kosten entsprechender Aufträge unmöglich, es sei denn, sie sind völlig unverhältnismäßig.

Beispiel: Ein Luxushotel mit Tagespreisen von 200 EUR ist keine vertragliche Alternative zu einer Zwangseinweisung eines Obdachlosen bei einem Nichtverantwortlichen. Für kurzfristige, zwangsweise Unterbringung kommt aber auch ein schlecht belegtes Hotel in Betracht, wenn die Erstattung nach §§ 68 ff POG vertretbar ist.

---

110 OVG Hamburg NJW 2012, 1975.
111 BVerwGE 45, 58; VGH Mannheim NVwZ-RR 1994, 52.
112 Drews/Wacke/Vogel/Martens, S. 334.
113 Schmidt-Jortzig JuS 1970, 509.
114 VGH Kassel NVwZ-RR 1994, 86 für Versammlung mit Gegenveranstaltung.
115 OVG Schleswig NJW 1993, 413.

Ein unbeteiligter Dritter darf erst dann belangt werden, wenn dies ohne Gefahr für **34** eigene, wichtige Rechtsgüter und ohne Verletzung anderweitiger, vorrangiger Pflichten dieses Dritten möglich ist (§ 7 Abs. 1 Nr. 4, 1. Fall, POG). Als **wichtige Rechtsgüter** sind Leib, Leben und Gesundheit anzusehen. Vermögen und Eigentum können hier nur ausnahmsweise als erheblich berücksichtigt werden. Wenn eine Entschädigung nach §§ 68 ff POG nur unzureichender Ausgleich wäre, etwa wegen der Einmaligkeit eines Gegenstands oder existentieller Bedeutung der Erhaltung oder Erlangung bestimmter Eigentums- und Vermögensgegenstände, kann auch insoweit eine Inanspruchnahme unzulässig sein.[116]

Beispiel: Ein Unbeteiligter kann nicht zur Versorgung eines Verletzten mit offenen Wunden verpflichtet werden, wenn der Verletzte an einer lebensgefährlichen Infektion leidet und der Unbeteiligte ohne Schutzhandschuhe arbeiten soll.

Schließlich müssen vor einer Inanspruchnahme des unbeteiligten Dritten nach § 7 **35** Abs. 1 Nr. 4 2. Fall POG dessen **sonstige Pflichten** bedacht werden. Soweit derartige Pflichten des unbeteiligten Dritten höher zu gewichten sind als die mit der Abwehr einer Gefahr verbundenen Schutzgüter der öffentlichen Sicherheit, kann sich der Dritte auf die Wahrnehmung dieser Pflichten berufen und auch deshalb eine Inanspruchnahme nach § 7 Abs. 1 POG zurückweisen. Es kann sich dabei auch um privatrechtlich begründete Pflichten handeln.[117] Sind beide kollidierenden Pflichten gleichrangig, ist die Beanspruchung des Nichtverantwortlichen zumindest dann rechtswidrig, wenn der Nichtverantwortliche (z. B. aufgrund seines Berufes) eine besondere Verantwortung im Hinblick auf die Pflichtenwahrnehmung hat, denn die Ordnungskräfte dürfen dann seine Entscheidung nicht einfach ersetzen.

Beispiel: Der Arzt auf dem Weg zu einem Patienten mit Herzinfarkt muss nach seiner Überzeugung und beruflichen Verantwortung selbst entscheiden, ob die Versorgung des Patienten oder die von der Polizei verlangte Versorgung des Unfallopfers Vorrang hat. – Demgegenüber wäre die Weisung des Polizeibeamten rechtmäßig, wenn er nur zum Schichtdienst ins Krankenhaus fahren wollte, weil das keine gleichwertige oder gar höhere Pflicht als die Rettung akut verletzter Personen wäre.

VIII. Auswahl der Adressaten

Kommt nach den obigen Grundsätzen nur eine Person als Verantwortlicher oder als **36** nach § 7 POG heranziehbarer Nichtverantwortlicher in Betracht, ist damit auch schon die Frage geklärt, wer als Adressat ausgewählt werden muss.[118] Oft wird man aber mehrere Personen finden, die nach den obigen Grundsätzen verantwortlich sind oder, wenn es keine zur Gefahrenabwehr fähigen Verantwortlichen gibt, die nach § 7 POG als Nichtverantwortliche herangezogen werden können. Dann fragt es sich, nach welchen Grundsätzen auszuwählen ist. Hierbei handelt es sich bereits um eine Ermessensentscheidung.[119] Dabei ist dem Gesetz kein Rangverhältnis zwischen verschiedenen Arten von Verantwortlichkeit zu entnehmen.[120] Weder besteht ein genereller Vorrang von Verhaltens- gegenüber Zustandsverantwortlichen,[121] noch einer von

---

116   Zur Zulässigkeit der Bildung eines künstlichen Staus auf der Autobahn zum Ergreifen von Straftätern vgl. LG Bückeburg NJW 2005,3014.
117   Habermehl, Rn 198.
118   Vgl. Rühle/Suhr vor §§ 4 ff., 2.
119   OVG Koblenz NJW 1989, 930; OVG Magdeburg NVwZ-RR 2008, 615.
120   VGH Mannheim NVwZ RR 1994, 52.
121   VGH München NJW 1993, 81.

Mehrfachverantwortlichen gegenüber Einfachverantwortlichen[122] oder verschuldeter vor unverschuldeter Verantwortlichkeit oder Täter- vor Opferverantwortlichkeit. Noch weniger gibt es gesetzliche Differenzierungskriterien unter den Nichtverantwortlichen.

Für diese Auswahl i. e. S. ist entscheidend, dass es sich hier nicht um eine Form der Bestrafung handelt, sondern dass das Ordnungsrecht ausschließlich dazu dient, Gefahren und Schäden abzuwehren. Folglich ist in erster Linie entscheidend, welche Person am **effektivsten** die Gefahr abwehren kann. Effektiv heißt schnell, gründlich und zuverlässig. Wer die Gefahr am effektivsten beseitigen kann, ist von Fall zu Fall individuell zu entscheiden. Die größere Effektivität liegt in eiligen Fällen regelmäßig bei dem, der zeitlich-räumlich der Sache am nächsten ist, bei kostenintensiven Maßnahmen bei dem, der über das größere Vermögen verfügt, bei komplizierten Vorgängen bei dem, der das beste Fachwissen hat. Auch die persönliche Reife, die Bereitschaft mitzuwirken, die gleichzeitige Beanspruchung mit anderen Maßnahmen der Gefahrenabwehr oder auch weitere Kriterien können für die Effektivität maßgebend sein.

Beispiel: Der 8-jährige K verlässt gelegentlich nachts heimlich das Haus und läuft durch die Stadt. – Hier besteht eine Gefahrensituation zumindest aus Gründen des Jugendschutzes. Wird der Junge aufgegriffen, dient es der Gefahrenabwehr am meisten, wenn gegen ihn selbst als Verantwortlichen nach § 4 Abs. 1 POG verfügt wird, sich nach Hause zu begeben (natürlich unter Kontrolle). Wenn es aber um eine Regelung für die Zukunft geht, die Wiederholungen vermeiden soll, wäre eine Verfügung gegen K in Anbetracht seiner Reife nicht sehr Erfolg versprechend. Verfügungen, die Vorkehrungen gegen Wiederholungen enthalten, wären gegen die Eltern als Verantwortliche nach § 4 Abs. 2 POG Erfolg versprechender.

Die Ordnungskräfte müssen aber nicht unbedingt jedem Aspekt intensiv nachgehen.[123]

37 Nun kommt es auch vor, dass nach den obigen Kriterien zwei oder mehr Personen in gleicher oder vergleichbarer Effektivität herangezogen werden können. Wenn zur Gefahrenabwehr aber eine Person genügt, wäre es Übermaß, alle heranzuziehen. Hier muss dann nach weiteren Kriterien ausgewählt werden. Damit beginnt die eigentliche Ermessensentscheidung (die näher im nächsten Kapitel behandelt wird). Zu dieser Entscheidung können alle sonstigen sachbezogenen Kriterien herangezogen werden, insbesondere unter dem Gesichtspunkt der **Zumutbarkeit**. Derartige Kriterien können sein: Gibt es in öffentlich-rechtlichen oder privaten Vorschriften Regelungen der Lastverteilung (z. B. Regressansprüche eines Verantwortlichen gegen einen anderen, Zuordnung über Normen der Gefährdungshaftung oder der Risikoverteilung)? Wer steht dem Ereignis am nächsten? Wer hat oder hätte von dem Vorgang, der die Gefahr auslöste, den größten Vorteil, d.h. in wessen Interesse fand der Vorgang statt? Wem ist die Maßnahme unter Berücksichtigung seiner sonstigen Verpflichtungen, seiner wirtschaftlichen Möglichkeiten und seiner sonstigen Leistungsfähigkeit am ehesten zuzumuten? Wie sind die Anteile der Verursachung, z. B. kann es bei sog. Summationsschäden[124] die Inanspruchnahme einer Person unverhältnismäßig sein, die nur einen ganz untergeordneten Beitrag geleistet hat.[125] Hier, aber nur hier, können ausnahmsweise auch einmal Schuldgesichtspunkte einfließen, denn natürlich ist regelmäßig demjenigen, der einen Gefahrenzustand verschuldet hat, die Gefahrenabwehr eher zuzumuten als demjenigen, den nur eine Gefährdungshaftung trifft.

122 VGH Mannheim ZfW 1981, 105.
123 OVG Münster NVwZ 1997, 804.
124 Damit meint man Schäden, die erst mit einer Anhäufung von Maßnahmen verschiedener Personen entstehen, insbesondere bei Umweltverschmutzungen.
125 BVerwG NVwZ 2006, 929 (hier 2 % der verschmutzenden Ablagerungen.).

Beispiel: Bei einer Gewässerverunreinigung durch die Produktion eines Betriebes liegt es nahe, wegen der Verantwortung nach § 21a ff. WHG die Maßnahmen gegen den Betriebsbeauftragten für Gewässerschutz zu richten; kommen Regressansprüche des Fahrzeughalters gegen den Fahrzeugführer in Frage, der schuldhaft einen Unfall verursacht hat, liegt es nahe, den Fahrer auch gleich ordnungsrechtlich zu beanspruchen; hat ein Tanklastzug einen Ölunfall verursacht und muss ein Fachunternehmen beauftragt werden, werden Maßnahmen sinnvollerweise eher an den vermögensstärkeren Unternehmer als an den Fahrer gerichtet werden.

Schließlich kann es vorkommen, dass keines dieser Kriterien zu einer Entscheidung **38** führt. Da aber einerseits einer Person ausgewählt werden muss, aber andererseits die Auswahl mehrerer Personen Übermaß wäre, bleibt den Ordnungskräften gar nichts anderes übrig, als willkürlich eine dieser Personen auszusuchen. Da ihnen keine Alternative bleibt, ist diese Auswahl trotz mangelnder Unterscheidungsmerkmale rechtmäßig, solange nicht sachfremde Erwägungen oder andere Ermessensfehler (siehe dazu das nächste Kapitel) einfließen. Zu beachten ist, dass bei **Kostenbescheiden** (z. B. über die Kosten einer unmittelbaren Ausführung, Ersatzvornahme oder Sicherstellung), bei deren Erlass die Gefahr ja schon abgewehrt und nur noch zu fragen ist, wer die Kosten trägt, ausschließlich nach den hier beschriebenen **Zumutbarkeitskriterien** entschieden werden kann.[126]

Allgemeine Adressatenregelung nach POG

Eventuelle Adressatenregelungen in Ermächtigungsgrundlagen der §§ 10 ff POG und in Spezialgesetzen gehen den §§ 4 ff. POG vor !

F. Ermessen

I. Ermessen, Regelvorgabe, gebundene Entscheidung

1 Wie ganz überwiegend im öffentlichen Recht räumen die Vorschriften der Gefahrenabwehr den Behörden Ermessen ein, § 3 Abs. 1 POG (**Opportunitätsprinzip**).[1] Ermessen wird deshalb regelmäßig eingeräumt, weil auf völlig unterschiedliche, vielfach
nicht vorher absehbare Sachverhalte reagiert werden muss, was im Vorhinein durch
Rechtsnormen nicht möglich ist. Im Rahmen des Ermessens können die jeweiligen
Amtsträger flexibel auf den Einzelfall reagieren und gegebenenfalls Besonderheiten
berücksichtigen. Ermessen kann ausdrücklich eingeräumt werden (in der Regel durch
Beugeformen von „können", seltener durch solche von „dürfen" wie z. B. in § 20
Abs. 4 POG). Da Ermessen aber die Regel ist, ist es auch dann eingeräumt, wenn nicht
ausdrücklich eine Regelvorgabe oder eine Bindung angeordnet ist. Eine Regelvorgabe
(**intendiertes Ermessen**[2]) erkennt man überwiegend daran, dass etwas getan werden
„soll" (z. B. in § 16 Abs. 2 S. 3 2. Hs., Abs. 3, § 24 Abs. 2 POG), manchmal aber auch
erst aus dem Sinn (vgl. z. B. Rn J 43). Das bedeutet dann, dass normalerweise so wie
vorgegeben zu verfahren ist, aber in atypischen Ausnahmefällen auch einmal im Rahmen des Ermessens davon abgewichen werden kann.[3] Fast so selten wie die Regelvorgabe ist die **gebundene Entscheidung** (in der Regel erkennbar an einer Beugeform
von „sein", „haben zu", „müssen", „dürfen nur" oder einer ähnlich zwingenden Formulierung, z. B. in §§ 15 Abs. 1 S. 1, 16 Abs. 1 und Abs. 2, 17, 18 Abs. 3, 21 Abs. 1
und 3–4, 23, 25 POG). Bei ihr wird zwingend eine Rechtsfolge vorgegeben, der Amtswalter hat hier keinerlei Spielraum bei seiner Entscheidung. Weicht er von der Vorgabe
ab, ist die Maßnahme schon deswegen rechtswidrig.

2 **Ermessen** ist die Entscheidungsfindung aufgrund einer Abwägung aller für die Entscheidung relevanten Belange zueinander. Beim Ermessen hat die Ordnungsbehörde
dem Grunde nach **Ermessensspielraum**. Das heißt, dass sie zwar gewisse Ermessensgrenzen und -regeln beachten muss, innerhalb dessen aber eine Auswahl unter
mehreren Möglichkeiten (falls so viele verbleiben) hat, deren Zweckmäßigkeit durch
ein Verwaltungsgericht nicht mehr überprüft werden kann. Gerichtlich überprüft werden kann nur, ob die (unten beschriebenen) Ermessensgrenzen und -regeln gewahrt
sind.

Beispiel: Die Verbandsgemeindeverwaltung wird mittags darum gebeten, zum Schutz der Mit-
tagsruhe der Anwohner gegen laute private Bauarbeiten einzuschreiten. Hier haben grundsätzlich
die Bediensteten einen gerichtlich nicht überprüfbaren Spielraum, ob sie angesichts anderer zu
erledigender Aufgaben einschreiten, wann sie das tun und in welcher Form das zweckmäßig ist.
Dieser Spielraum endet erst dort, wo nach den unten beschriebenen Regeln Grenzen bestehen.

II. Arten des Ermessens

3 Man unterscheidet das Entschließungs- und das Auswahlermessen.[4] Beim **Entschließungsermessen** geht es um den Abwägungsvorgang hinsichtlich der Frage,

---

1 Siehe zum Ermessen Stumm I Rn 526 ff. und 549 ff. und Rühle/Suhr § 3.
2 Vgl. Schoch Jura 2010; 358; Stumm I unterscheidet in Rn 553 und 561 Soll-Vorschriften und intendiertes
  Ermessen, wobei letzteres dann keine praktische Unterschiede zur gebundenen Verwaltung aufweist.
3 BVerwGE 42, 26.
4 Vgl. Rühle/Suhr § 3, 1.2.

„ob" die Ordnungskräfte tätig werden. Sie müssen nicht in jedem Fall tätig werden.[5]
Sie müssen nur fehlerfrei darüber entschieden haben.[6] Das **Auswahlermessen** betrifft
die Frage, „wie" die Ordnungsbehörde oder Polizei die Maßnahme getroffen hat. Mit
Ausnahme der Ermessensüberschreitung, die beim Entschließungsermessen nicht
denkbar ist, können alle unten aufgeführten Ermessensfehler sowohl beim Entschließungsermessen als auch beim Auswahlermessen vorkommen, so dass diese
Punkte immer für beide Arten des Ermessens geprüft werden müssen. Die Rechtmäßigkeit der Ermessensausübung lässt sich nicht positiv feststellen, sondern ergibt sich
daraus, dass keine **Ermessensfehler** vorliegen, d.h. dass die unten folgenden **Ermessensgrenzen** eingehalten sind.

III. Ordnungsgemäße Abwägung

1. Richtige Ermittlung des Sachverhalts

Eine ordnungsgemäße Abwägung setzt zunächst voraus, dass der tatsächliche Sach- **4**
verhalt richtig ermittelt wurde.[7] Es müssen alle für den Einzelfall erheblichen Tatsachen
nach §§ 24, 26 VwVfG/§ 1 LVwVfG durch die Behörde erhoben und erwogen worden
sein.[8] Ohne vollständige Sachverhaltsermittlung ist eine ausgewogene Ermessensentscheidung, bei der alle erheblichen Aspekte einzubeziehen und gegeneinander abzuwägen sind, gar nicht möglich. Ansonsten will der Amtswalter einen **anderen Sachverhalt** regeln als den, über den gerade zu entscheiden ist. Daher ist außerhalb von
Eilfällen auch die Anhörung der Betroffenen (§ 28 VwVfG/§ 1 LVwVfG) regelmäßig unverzichtbar.[9] Rechtswidrig ist eine auf einem fehlerhaft angenommenen Sachverhalt
basierende Verfügung aber nur dann, wenn dieser Fehler dem Amtswalter **vorwerfbar** ist.

Beispiel: Nach einem Verkehrsunfall ist Öl ausgelaufen. Der Polizei ist wegen oberflächlicher
Ermittlungen entgangen, dass das Oberflächenwasser in einen vorbei fließenden Bach mit Fisch-
besatz geleitet wird. Das ausgestreute Ölbindemittel fließt mit dem Regen in den Bach und tötet
die Fische. Die ergriffene Maßnahme war fehlerhaft wegen des unzulänglich ermittelten Sachverhalts.

2. Gebrauch des Ermessens (kein Nichtgebrauch)

Nach § 40 VwVfG/§ 1 LVwVfG muss eingeräumtes Ermessen auch tatsächlich **aus- 5
geübt** werden.[10] Dabei hat die Ordnungsbehörde oder Polizei das Für und Wider eines
Eingreifens und seiner Art und Weise zu prüfen und zu entscheiden, ob ein Eingreifen
geboten ist und gegebenenfalls wie.[11] Wird nicht derart abgewägt, z. B. weil die Ordnungsbehörde oder Polizei irrig glaubt, gar kein Ermessen zu haben, spricht man vom
Ermessensnichtgebrauch.

---

5 Knemeyer, Rn 91, 92.
6 Unlogisch ist darum die in studentischen Arbeiten immer wieder zu lesende Formulierung, dass kein Fehler
   im Entschließungsermessen vorliege, da die Ordnungsbehörde oder Polizei ja gehandelt habe. Ob die
   Behörde gehandelt hat oder nicht, ist alleine für die Rechtmäßigkeit des Entschließungsermessen überhaupt nicht aussagekräftig. Maßgebend ist, **warum** sie gehandelt bzw. nicht gehandelt hat.
7 VGH Mannheim NVwZ-RR 92, 350.
8 BVerwGE 33, 249.
9 BVerfGE 58, 67 und BVerwG DVBl 1965, 28.
10 OVG Lüneburg NVwZ 1985, 121; v: Mutius Jura 1987, 97.
11 BVerwGE 59, 113 BVerwG NJW 1989, 2034.

Ermessensnichtgebrauch erkennt man daran, dass entweder Abwägungen gar nicht erkennbar sind (was bei mündlichen Verfügungen allerdings kaum zu beurteilen ist) oder zum Ausdruck kommt, dass der Sachwalter davon ausging, schon vom Grundsatz her kein Ermessen zu haben. Häufig wird ein solcher Fehler an der Begründung deutlich, wenn dort ohne weitere Ausführung z. B. davon gesprochen wird, dass *„so zu entscheiden war"* oder so entschieden werden *„musste"*.

Wenn die Entscheidungsbehörde auf eigene Ermittlungen im Einzelfall völlig verzichtet und insbesondere Massenvorgänge hinsichtlich der Tatsachenermittlung vollständig privaten Dritten überlässt, kann sie mangels eigener Erkenntnisse vom Einzelfall Ermessen nicht mehr sinnvoll ausüben. Zweck des Ermessens ist gerade die am Einzelfall orientierte sachgerechte Einzelentscheidung anstelle der abstrakt-generellen Maßnahmenregelung bei gebundener Verwaltung. Diese Einzelfallentscheidung ist bei der vorgenannten Pauschalierung der Entscheidungsmuster nicht mehr möglich.

6 Beispiel: Private Überwachungsdienste ermitteln verkehrswidrig geparkte Fahrzeuge in ihnen von der Verwaltung vorgegebenen Stadtbereichen und geben ihre Feststellungen mit Angabe zum Standort der Fahrzeuge an die zuständige Ordnungsbehörde durch. Die Ordnungsbehörde erlässt dann ausnahmslos und ausschließlich aufgrund der ihr gemachten Angaben Abschleppanordnungen.

Bei schriftlichen Ordnungsverfügungen ist zu beachten, dass diese nach § 39 Abs. 1 VwVfG/ § 1 LVwVfG zu begründen sind, insbesondere soll die Begründung von Ermessensentscheidungen auch die Gesichtspunkte erkennen lassen, von denen die Behörde bei der Ausübung ihres Ermessens ausgegangen ist. Bei der Überprüfung solcher schriftlichen Bescheide gehen daher die Gerichte meistens davon aus, dass die Begründung alle abgewogenen Gesichtspunkte enthält. Das heißt dann im Umkehrschluss, dass im Zweifel die Gesichtspunkte, die nicht in der Begründung wieder zu finden sind, auch nicht Gegenstand der Abwägung waren. Nachträgliche Beteuerungen der Sachbediensteten, man habe sehr wohl abgewägt, nur das in der Begründung zu erwähnen vergessen, helfen dann gegen die Aufhebung des Bescheides meistens wenig.

Richtlinien, Verwaltungsvorschriften oder **Anweisungen**, die den Amtswaltern Vorgaben zur Ausübung des Ermessens geben, sind mit diesen Grundsätzen vereinbar. Denn das Ermessen steht nicht dem einzelnen Bediensteten, sondern der jeweiligen zuständigen Ordnungs- oder Polizeibehörde zu. Die Pflicht zur Ermessensausübung gilt zwischen Exekutive und dem Bürger, nicht zwischen Weisungsberechtigtem und Weisungsgeber innerhalb der Exekutive. In diesen Fällen muss allerdings geprüft werden, ob bei dem Weisungsgeber das Ermessen auch für den jeweiligen Einzelfall ausreichend ausgeübt wurde bzw. ob den Weisungsgebundenen ein ausreichender Spielraum zur Beurteilung des Einzelfalls gelassen wurde.

3. Keine Ermessensunterschreitung (kein Defizit)

7 Bei der Abwägung kann es vorkommen, dass nicht *alle relevanten Gesichtspunkte eingestellt* werden. Wird nicht alles, was abzuwägen ist, in den Abwägungsvorgang eingestellt, muss das die Abwägung und damit das Ergebnis verzerren.

Beispiel: Der Bedienstete B der Stadtverwaltung verweist pöbelnde Jugendliche aus der Fußgängerzone. Der davon betroffene J erklärt dem Bediensteten, er habe in einer halben Stunde einen Arzttermin bei Dr. A um die Ecke. B hält dem entgegen, dass ihn das nicht interessiere und J sich darum zu entfernen habe. – Hier hätte der Arzttermin in die Abwägung einbezogen werden müssen. B war aber nicht einmal bereit sich mit diesem Argument zu beschäftigen, also hat er es auch nicht abgewägt. Unabhängig von der Frage, wie diese Abwägung ausgegangen wäre, ist die Platzverweisung schon deswegen rechtswidrig, weil der Gesichtspunkt Arztbesuch außer Acht blieb.

4. Sachgemäße Erwägungen (keine Fehleinstellung)

Das Ermessen ist entsprechend dem Zweck der Ermächtigung auszuüben, § 40 **8** VwVfG / § 1 LVwVfG. Abgewägt werden darf nur dass, was für die zu treffende Entscheidung relevant ist.[12] Was relevant ist, hängt von der jeweiligen Zielrichtung der Maßnahme ab. Im Polizei- und Ordnungsrecht ist das Ziel immer die **Effektivität der Gefahrenabwehr**. Folglich sind alle Motive sachfremd, die sich nicht an der Gefahrenabwehr orientieren. Sie dürfen nicht in die Abwägung mit eingestellt werden. Dass können unehrenhafte (z. B. persönliche), aber auch durchaus ehrenhafte Motive (z. B. fiskalische Gesichtspunkte) sein.

Beispiel: Ein Parkverbot im öffentlichen Straßenraum vor dem Gebäude der Ordnungsbehörde mit Ausnahmen zugunsten der dort Beschäftigten verfolgt keinerlei sachbezogene, verkehrsregelnde Ziele, sondern ausschließlich sachfremde, für die Bediensteten der Ordnungsbehörde gedachte Erleichterungen. – Eine Platzverweisung wird u. a. auch deswegen ausgesprochen, weil die Betreffenden das Straßenbild „verunzieren" und somit für den Tourismus und die Geschäftswelt nachteilig sind.[13]

Eine an sich zutreffende Sachentscheidung darf auch nicht mit Auflagen oder Bedingungen verknüpft werden, die nicht gefahrenorientiert sind.[14] Es besteht insoweit ein **Kopplungsverbot**.

Beispiel: Die Verwaltung darf ein gebotenes Einschreiten gegen Randalierer einer bestimmten Szene nicht davon abhängig machen, dass der Beschwerdeführer sich zur informellen Zusammenarbeit mit der Polizei gegen die polizeibekannten Randalierer bereit erklärt.

Ordnungsrechtliche Maßnahmen dürfen auch nicht der **ausschließlichen Aufgabenerleichterung** der Polizei dienen, wie insoweit § 45 Abs. 1 POG für Gefahrenabwehrverordnungen ausdrücklich feststellt.

Beispiel: Die polizeirechtliche Verpflichtung des Vermieters eines Wohnheims für Prostituierte, die Pässe ausländischer Prostituierter vor Abschluss eines Mietvertrags darauf zu kontrollieren, ob im Pass Arbeitsauflagen enthalten sind, überzieht die möglichen Pflichten des Vermieters. Damit ist eine reine Arbeitserleichterung für die selbst kontrollpflichtige Behörde verbunden, eine eigene Aufgabe wird unzulässig auf Privatleute verlagert.[15]

5. Richtige Gewichtung der Belange (keine Fehleinschätzung)

Selbst wenn alle relevanten Gesichtspunkte in die Abwägung eingestellt worden und **9** umgekehrt keine darin enthalten sind, die dort nicht hingehören, hängt die Abwägung maßgeblich auch davon ab, ob die Gesichtspunkte das Gewicht in der Abwägung erhalten, das ihnen zukommt. Werden hier wichtige Gesichtspunkte nur untergeordnet oder unwichtige vorrangig berücksichtigt, beeinflusst auch das die Richtigkeit der Abwägung nachteilig.

Beispiel: Maßnahmen bezogen auf einen Kampfhund werden nicht umgesetzt, weil man dem Hund auch unter Berücksichtigung der von dem Tier ausgehenden Gefahren derartige Ein-

---

12 BVerwG NJW 1988, 2254.
13 S. Rühle in Polizei-heute 1998, 191 f.
14 BVerwG DÖV 1979, 759.
15 VGH Mannheim DÖV 1996, 84.

schränkungen seiner natürlichen Lebensbedingungen nicht zumuten will. – Hier wurde zwar kein Abwägungsgesichtspunkt fehlerhaft weggelassen oder hinzugefügt, der Gesichtspunkt der natürlichen Lebensbedingungen des Hundes wurde aber über- bzw. der der Gefahren für Leib und Leben Dritter unterbewertet.

6. Einhalten der Denkgesetze

10 Nur ein **schlüssiges** und in sich **logisches Vorgehen** ist sachgerecht. Weder allgemeine Denkgesetze noch Lebenserfahrung dürfen bei einer Entscheidung außer Acht gelassen werden, weil andernfalls eine Gefahr nicht abgewehrt werden kann.

Beispiel: Einen Bombenfund darf die Behörde nicht deshalb auf sich beruhen lassen, weil die Bombe dort schon seit dem Kriegsende gelegen hat ohne Schaden anzurichten und deshalb viele Jahre später schon gar kein Handlungsbedarf bestehe.

IV. Ordnungsgemäßes Ergebnis

1. Bestimmtheit einer Maßnahme

11 Aus § 37 Abs. 1 VwVfG / § 1 LVwVfG ergibt sich, dass der Adressat **unzweifelhaft erkennen** können muss, was von ihm eigentlich verlangt wird. Andernfalls kann er ja die Verfügung nicht zuverlässig befolgen und ist dem Risiko ausgesetzt, dass die Ordnungsverfügung mit Zwangsmitteln durchgesetzt wird. Bestimmtheit ist keine Frage der Ausführlichkeit einer Anweisung, sondern ihrer Klarheit.[16] Abzustellen ist immer auf den Erkenntnis- und Wissensstand des jeweiligen Adressaten. Darum ist eine Anweisung nicht absolut entweder bestimmt oder unbestimmt. Vielmehr hängt die Bestimmtheit vom Horizont des Adressaten und von den konkreten Umständen ab.[17] Kommen zur Gefahrenabwehr mehrere Mittel in Betracht, genügt es, wenn eines davon bestimmt wird, § 3 Abs. 2 S. 2 POG.

Beispiel: Soll ein Grundstück abgesichert werden, so wird man einem nicht sachkundigen Bürger recht genau beschreiben müssen, wie er das auszuführen hat; gegenüber einem Fachunternehmer reicht es dagegen möglicherweise schon aus, wenn man ihm das bloße erwartete Ergebnis vorgibt. – Gibt es in einem Wirtshaus eine Schlägerei, kann die aus einem Wort bestehende Verfügung „Aufhören!" völlig bestimmt sein, da alle Angesprochenen verstehen können, was gemeint ist. Demgegenüber können unpräzise Ausführungen über mehrere Seiten einer Ordnungsverfügung im Einzelfall verwirrend und damit unbestimmt sein. – Die Verfügung zum Abstreuen des eisglatten Fußwegs mit einem abstumpfenden Mittel kann sich darauf beschränken, eines von mehreren gleich gut geeigneten Mitteln, z. B. Salz, zu benennen.[18]

Ungenügende Bestimmtheit macht eine Verfügung mindestens rechtswidrig, bei völliger Unbestimmtheit sogar nach § 44 Abs. 1 VwVfG / § 1 LVwVfG nichtig.

2. Keine Ermessensüberschreitung

12 Jede Ermessensnorm räumt auf der **Rechtsfolgenseite** einen gewissen Spielraum ein, der **nicht überschritten** werden darf, § 40 VwVfG / § 1 LVwVfG. So darf z. B. gestützt auf § 13 Abs. 1 POG jemand des Platzes verwiesen werden; diese Vorschrift alleine deckt aber beispielsweise weder eine damit verbundene Freiheitsentziehung (z. B. durch Wegtransport im Streifenwagen, den sog. Verbringungsgewahrsam, vgl. dazu

---

16 OVG Münster NVwZ 1988, 659 und VGH Mannheim NVwZ 1989, 163.
17 VGH Mannheim VBlBW 1990, 257.
18 VGH Kassel NVwZ 1992, 1103.

Rn G 40), noch nicht nur vorübergehende Maßnahmen ab (z. B. ein langfristiges Aufenthaltsverbot). Selbst die Generalklausel des § 9 Abs. 1 S. 1 POG hat trotz ihres weiten Wortlautes auf der Rechtsfolgenseite („... *können die notwendigen Maßnahmen treffen ...*") ihre Grenzen in dem, was auf der Rechtsfolgenseite angeordnet werden darf, was sich allerdings im Wesentlichen aus grundrechtlichen Reglungen ergibt (vgl. Rn G 14).

3. Kein Verstoß gegen gesetzliche Vorgaben

Nach § 40 VwVfG / § 1 LVwVfG sind die gesetzlichen Grenzen des Ermessens einzuhalten. Häufig machen Gesetze Vorgaben, die die Grenzen des Ermessens noch weiter abstecken. Das gilt für das POG insbesondere bei der Frage des **Adressaten** (siehe dazu Kap. E). Aber auch andere Gesetze stellen weitere Grenzen auf (z. B. kann eine Ordnungsverfügung, die einen Dritten begünstigt, nur innerhalb der Entscheidungsfrist des § 48 Abs. 4 / § 49 Abs. 3 S. 2 VwVfG aufgehoben werden). **13**

4. Gleichbehandlung

Nach Art. 3 GG sind **vergleichbare Sachverhalte** gleich zu behandeln. Daraus wiederum folgt, das ungleiche Sachverhalte gleichmäßig ungleich zu behandeln sind. Ein Verstoß hiergegen ist verbotene **Willkür**. Die Ordnungskräfte dürfen nicht ohne triftigen Grund in vergleichbaren Fällen einmal so und das nächste Mal anders entscheiden. Zu beachten ist, dass zwei Fälle niemals dieselben und damit praktisch nie vollkommen gleich gelagert sind. Entscheidend ist, dass die abwägungsrelevanten Merkmale vergleichbar sind. Aspekte, die für die Entscheidung nicht wesentlich sind, können dagegen voneinander abweichen. **14**

Beispiel: Beim Umsetzen von Fahrzeugen ist es relevant, ob die Verstöße gegen die StVO und die Verkehrsbeeinträchtigung vergleichbar sind, nicht etwa, um was für Wagentypen es sich handelt.

Abzustellen ist immer auf die Praxis der Behörde, deren Bediensteter die Entscheidung trifft. Es wird darauf abgestellt, wie diese Behörde in vergleichbaren Fällen ihren Ermessensspielraum ausnutzt. Besteht in derartigen Fällen eine solche Entscheidungspraxis, dürfen die Bediensteten der Behörde davon nicht ohne besondere Gründe abweichen. Dieser Entscheidungspraxis gleich stehen **Verwaltungsrichtlinien** oder andere generell-abstrakte interne Weisungen, die den Bediensteten vorgeben, wie in bestimmten Fällen der Ermessensspielraum auszufüllen ist. Ein triftiger Grund für das Abweichen von der Verwaltungspraxis kann der sein, dass sich die Behörde ernsthaft entschließt, ihre bisherige Praxis nachhaltig zu ändern, z. B. weil diese sich als unzweckmäßig erwiesen hat; dann können nur noch Vergleichsfälle herangezogen werden, die zeitlich nach dieser Grundsatzentscheidung liegen. Wollte man die Behörde auch jetzt noch an frühere Fälle binden, wäre es den allgemeinen Ordnungsbehörden und der Polizei niemals möglich, eine einmal als unzweckmäßig erkannte Praxis zu ändern.

Beispiel: Die Verbandsgemeindeverwaltung V hat bisher falsch parkende Fahrzeuge nur verwarnt. Inzwischen hat aber das wilde Parken erheblich zugenommen und führt zu erheblichen Verkehrsbeeinträchtigungen. Grundsätzlich kann die Ordnungsbehörde oder Polizei nicht willkürlich mal in einem Fall abschleppen lassen und im nächsten nicht. Wenn sich hier aber die Verbandsgemeindeverwaltung ernsthaft vornimmt, ab jetzt die Fahrzeuge auch beseitigen zu lassen, läge kein Verstoß gegen den Gleichheitsgrundsatz vor.

15 Wird gegen den Gleichheitsgrundsatz verstoßen, kann der Bürger das der Verfügung oder Maßnahme rechtlich entgegenhalten, auch wenn die Maßnahme für sich alleine gesehen keine Mängel aufwiese. Der in der Leistungsverwaltung geltende Grundsatz „Keine **Gleichheit im Unrecht**" ist hier nicht anwendbar, weil es ja gerade um die Abwehr von willkürlichen Eingriffen geht.[19]

Auch kann der Bürger eine Maßnahme schon alleine deswegen angreifen, weil sie entsprechenden, für diese Ordnungsbehörde oder Polizei verbindlichen **Verwaltungsvorschriften** oder anderen grundsätzlichen Anweisungen an alle Bediensteten einer Behörde widerspricht.[20] Zwar richten sich diese Maßnahmen direkt nur intern an die Bediensteten einer Verwaltung und wirken nicht unmittelbar auf die Rechtsbeziehungen zum Bürger. Dieser kann sich aber mittelbar doch darauf berufen, da Verwaltungsvorschriften und andere grundsätzliche Weisungen als intern verbindliche Vorgabe die Verwaltungspraxis bestimmen. Hält sich ein Bediensteter nicht an diese Vorgaben, weicht er ja zwangsläufig auch von der Verwaltungspraxis ab.

Beispiel: Weist der Bürgermeister der Verbandsgemeindeverwaltung seine Bediensteten an, Fahrzeuge nur noch bei Verkehrsbehinderung abzuschleppen, ist ein danach durchgeführtes Abschleppen eines nicht behindernden Fahrzeuges in der Regel schon deswegen rechtswidrig.

5. Möglichkeit der Befolgung einer Verfügung

16 Die Verfügung darf vom Adressaten nur verlangen, was er auch erfüllen kann, § 2 Abs. 1 POG.[21] Das bezieht sich sowohl auf die tatsächliche als auch auf die rechtliche[22] Möglichkeit. **Tatsächlich** möglich ist eine Maßnahme, die körperlich, physikalisch und technisch erfüllbar ist, die man also ausführen *kann*. **Rechtlich** möglich ist eine Maßnahme, deren Ausführung nicht gegen unsere Rechtsordnung verstößt, die man also ausführen *darf*. Zudem unterscheidet man noch objektive und subjektive Hindernisse. **Objektiv unmöglich** ist eine Maßnahme, die niemand ausführen kann oder darf, **subjektiv unmöglich** (auch „Unvermögen") ist diejenige, die zwar der Adressat nicht ausführen kann oder darf, aber mindestens eine andere Person ausführen könnte bzw. dürfte. Diese Begriffspaare werden kombiniert.

Beispiel:
a) Tatsächlich-objektive Unmöglichkeit (aus tatsächlichen Gründen kann niemand die Verfügung ausführen): Maulkorbverfügung hinsichtlich eines Hundes, der inzwischen schon getötet wurde; Abrissverfügung hinsichtlich bereits abgebrannter Bauten; technisch unmögliche Sicherungsmaßnahmen an einem Felsen.
b) Rechtlich-objektive Unmöglichkeit (aus rechtlichen Gründen kann niemand die Verfügung ausführen): Verbrennen von Abfällen außerhalb dafür zugelassener Anlagen; Beseitigung eines Bauwerks, das unter Denkmalschutz steht; Rodungsarbeiten in einem Naturschutzgebiet.
c) Tatsächlich-subjektive Unmöglichkeit (aus tatsächlichen Gründen kann der Adressat die Verfügung nicht ausführen, wohl aber ein Dritter): Ein körperlich Behinderter soll bei Aufräumarbeiten nach einem Unfall helfen; ein nicht fachkundiger Angestellter soll eine komplizierte Maschine umstellen; eine Person ohne Telefon soll ein Fachunternehmen herbeirufen.
d) Rechtlich-subjektive Unmöglichkeit (aus rechtlichen Gründen kann der Adressat die Verfügung nicht ausführen, wohl aber ein Dritter): Eine Person ohne Waffenschein soll mit einer Pistole einen Hund töten; der Mieter eines Gebäudes soll die Zierspitzen des Gartenzaunes

---

19 Stumm I Rn 565 unterscheidet insoweit nicht zwischen Leistungs- und Eingriffsverwaltung.
20 BVerwGE 77, 352.
21 Vgl. Rühle/Suhr § 2, 2.
22 OVG Frankfurt/O. NVwZ-RR 2003, 496: Keine Auferlegung abfallrechtlicher Maßnahmen, bei denen der Adressat wiederum gegen das KrWG verstoßen würde.

(Verletzungsgefahr für Kinder) absägen oder abstumpfen (Eingriffe in die Substanz der Mietsache sind dem Mieter grundsätzlich nicht gestattet).

Eine tatsächlich-objektiv nicht ausführbare Ordnungsverfügung ist nach § 44 Abs. 2 Nr. 4 VwVfG / § 1 LVwVfG **nichtig** und damit nach § 43 Abs. 3 VwVfG unwirksam. Für die anderen Formen der Unmöglichkeit gilt das allerdings nur dann, wenn sie i.S.d. § 44 Abs. 1 VwVfG (die Unmöglichkeit ist immer ein besonders schwerwiegender Fehler) auch offensichtlich ist (was man z. B. regelmäßig bei Verstößen gegen Strafrechtsnormen annehmen kann); andernfalls ist die Verfügung nur im Rahmen der Rechtsbehelfsfristen anfechtbar. Davon gibt es aber zwei Ausnahmen:

Fehlt es dem Adressaten an den notwendigen finanziellen Mitteln, der Verfügung **17** nachzukommen (z. B. die Beseitigung von Trümmerteilen in Auftrag zu geben), wäre das eigentlich ein Fall der tatsächlich-subjektiven Unmöglichkeit. Würde man dieses **wirtschaftliche Unvermögen** als Rechtswidrigkeitsgrund anerkennen, käme man zu einem widersinnigen Ergebnis.

Beispiel: Die Beseitigung von Erdverunreinigungen kostet 50.000 EUR, der Verantwortliche kann aber nur 49.000 EUR aufbringen, so dass die Maßnahme im Wege der Ersatzvornahme durchgeführt werden muss (vgl. Rn J 4 ff). Sähe man die Verfügung deshalb als in der Ausführung unmöglich und damit als rechtswidrig an,[23] könnte auch eine Kostenforderung nach § 63 Abs. 1 LVwVG nicht gegen den Adressaten gerichtet werden, weil ja die zugrunde liegende Verfügung rechtswidrig wäre. Im Ergebnis müsste der Verantwortliche überhaupt nichts bezahlen. Könnte er aber in diesem Beispiel 1.000 EUR mehr aufbringen, wäre die Verfügung rechtmäßig und er hätte 50.000 EUR zu zahlen.

Um das zu vermeiden, wird das wirtschaftliche Unvermögen nicht als Fall der Unmöglichkeit behandelt, sondern nur als Fall der eingeschränkten Durchsetzbarkeit.

Das bedeutet für das obige **Beispiel**: Die Ordnungsverfügung wäre nicht wegen der mangelnden finanziellen Mittel des Verantwortlichen rechtswidrig. Zwar müsste auch dann die Maßnahme im Wege der Ersatzvornahme umgesetzt werden. Da die zugrunde liegende Ordnungsverfügung aber rechtmäßig ist, kann gegen den Verantwortlichen ein auf § 63 Abs. 1 LVwVG gestützter Kostenbescheid gerichtet werden. Dieser kann dann bis zu einer Höhe von 49.000 EUR sofort und hinsichtlich des Restes vielleicht später verwirklicht werden.

Der zweite Sonderfall ist die rechtlich-subjektive Unmöglichkeit, **solange** diese noch **18** **behebbar** ist. Der Grund rechtlich-subjektiver Unmöglichkeit liegt häufig darin, dass der Adressat die Zustimmung (z. B. nach § 182 BGB) des (Mit-)Berechtigten benötigt. Solange es realistisch möglich ist, dass diese Zustimmung noch erteilt wird oder erzwungen werden kann, ist die Ordnungsverfügung nicht rechtswidrig, sondern nur **vorläufig nicht durchsetzbar**.[24]

Erzwungen werden kann die Zustimmung durch eine sog. **Duldungsverfügung**.[25] Das ist eine Ordnungsverfügung, in der einem Adressaten zwar nicht aufgegeben wird, etwas selbst auszuführen, wohl aber, die Ausführung durch einen anderen zu dulden. Es ergehen also dann in derselben Sache zwei Verfügungen: Die eine richtet sich gegen den Hauptadressaten, der eine bestimmte Maßnahme vornehmen soll, die andere gegen den Rechtsinhaber, der diese Maßnahme dulden soll. Gegen eine solche Duldungsverfügung kann sich ihr Adressat nur wehren, soweit er durch diese selbst in eigenen Rechten verletzt ist, nicht aber kann er sich auf vermeintliche Mängel der nicht

---

23 So aber noch 1953 OVG Koblenz AS 2, 1, 4 f.
24 VGH Kassel NJW 1985, 2492 f.; NJW 1983, 2282; Götz Rn 394; Habermehl Rn 763, 839.
25 OVG Saarlouis NVwZ-RR 2003, 337; OVG Berlin LKV 2005,515.

gegen ihn gerichteten Hauptverfügung wenden.[26] Andererseits steht einem Rechtsbehelf gegen die Duldungsverfügung nicht entgegen, dass möglicherweise die Hauptverfügung schon bestandskräftig ist, da diese nur zwischen dem Hauptadressaten und
der Behörde wirkt, grundsätzlich nicht aber ihm gegenüber. Ist eine solche Duldungsverfügung vollziehbar (das ist z. B. nicht der Fall, wenn nach § 80 Abs. 1 VwGO aufschiebende Wirkung besteht), steht sie im Verhältnis zu demjenigen, der die Maßnahme ausführen soll, einer Zustimmung gleich, so dass diesem die Maßnahme nun
rechtlich möglich ist. Um allerdings vollstreckt werden zu können, muss auch die Duldungsverfügung außerdem i.S.d. § 2 LVwVG volistreckbar sein.

Beispiel: Mieter M wurde vor drei Wochen in einem Bescheid aufgegeben, eine rechtswidrig
errichtete Mauer abreißen. Die Verfügung erging an ihn, weil der Eigentümer E in Norddeutschland
wohnt. E hält entgegen, er sei als Mieter zu einer solchen Maßnahme nur berechtigt, wenn der
Eigentümer E zustimme, was dieser aber verweigert habe. Darum schickt die zuständige Behörde
eine Woche später an E eine Verfügung, nach der E den Abriss durch M zu dulden habe. Da M
sich dennoch weigert, die Mauer abzureißen, wird ihm ein Zwangsgeld angedroht. – M ist zivilrechtlich nicht berechtigt, in die Substanz der Mietsache einzugreifen. Eine Zustimmung des E
liegt nicht vor. Eine Verfügung existiert zwar, diese ist aber nach § 2 LVwVG noch nicht voll-
streckbar, da sie weder bestandskräftig ist noch ein Fall des § 80 VwGO vorliegt. Deshalb ist
derzeit zwar jede Beseitigungsverfügung, wohl aber jede Zwangsmaßnahme rechtswidrig.
M könnt also mit Erfolg gegen die Androhung vorgehen. –
Fortführung: M lässt die Beseitigungsverfügung bestandskräftig werden. Aber E legt gegen die
an ihn gerichtete Duldungsverfügung Widerspruch ein. Darin trägt er vor, die Beseitigungsverfügung verletze sein Eigentum und sei eine unzumutbare Beeinträchtigung der Rechte des M. –
Dass die gegen M ergangene Verfügung bestandskräftig ist, steht dem Widerspruch des E nicht
entgegen. In diesem Widerspruch kann er auch die mögliche Verletzung seines Eigentums geltend machen, nicht allerdings die mögliche Beeinträchtigung des M, denn insoweit beruft er sich
auf fremde Rechte.

19 Eine Duldungsverfügung setzt voraus, dass sie erforderlich ist, um das Hindernis zur
Durchsetzung der Hauptverfügung auszuräumen, also nur wenn die Gefahr besteht,
dass ein Dritter unter Berufung auf eigene Rechte den Vollzug der Hauptverfügung
verhindert.[27] Sie kann der Duldungsadressat mit der Begründung angreifen, die Hauptverfügung sei rechtswidrig.[28]

Beispiel: Einem von mehreren Eigentümern wird die Beseitigung von illegal errichteten Anlagen
aufgegeben. Dieser Eigentümer E verliert den folgenden Anfechtungsprozess. Nunmehr wird dem
Miteigentümer aufgegeben, die Maßnahme zu dulden. Diesem gegenüber ist der Beseitigungs-
bescheid aber nicht bestandskräftig, da er am Prozess nicht beteiligt war und ihn darum die
Rechtskraft des Urteils nach § 121 VwGO nicht bindet. Die Duldungsverfügung kann er noch mit
der Behauptung angreifen, die Beseitigungsverfügung sei rechtswidrig. – Aber: Ein Ehepaar er-
wirbt ein Grundstück, für dessen Gebäude eine bestandskräftige Beseitigungsverfügung vorliegt.
Gegen den Ehemann soll diese nun durchgesetzt werden. Hier bedarf es keiner Duldungsverfügung gegen die Ehefrau, denn diese ist ja als (Mit-)Rechtsnachfolgerin des früheren Eigentümers
selbst an die zu vollstreckende Grundverfügung gebunden.[29]

Eine Duldungsverfügung kann aber nur erlassen werden, wenn die Gefahr besteht,
dass ein Dritter unter Berufung auf eigene Rechte den Vollzug der Hauptverfügung
verhindert. Sie ist darum rechtswidrig, wenn ihr Adressat dem Vollzug der Hauptverfügung zugestimmt hat oder ihm offensichtlich kein den Vollzug hinderndes Recht zusteht.[30]

26   OVG Berlin LKV 2005, 515.
27   OVG Koblenz NVwZ-RR 2004,239.
28   OVG Saarlouis aaO.
29   OVG Lüneburg NJW 2011, 2228.
30   OVG Koblenz NVwZ-RR 2004, 239.

6. Verhältnismäßigkeit einer Maßnahme, §§ 2 und 3 Abs. 2 S. 2 POG

a) Geeignetheit

Eine Maßnahme muss zur Abwehr einer Gefahr nach allgemeiner und nicht nur sub- **20** jektiver Einschätzung tauglich oder zumindest dazu förderlich erscheinen. Es kommt nicht darauf an, ob die Maßnahme wirklich objektiv geeignet ist, also im nachhinein betrachtet zum Erfolg geführt hat. Das wird man von Maßnahmen der Gefahrenabwehr selten mit Sicherheit voraussagen können. Entscheidend ist, dass die getroffene Maßnahme aus vernünftiger Sicht zum Zeitpunkt der Maßnahme als eine **sinnvolle Maßnahme der Gefahrenabwehr erscheint** („Schritt in die richtige Richtung").

Beispiel: So ist das bloße Sicherstellen des Führerscheins und der Fahrzeugpapiere nicht geeignet, den volltrunkenen Autofahrer vom Weiterfahren abzuhalten; das Androhen von Zwangsgeld i. V. m. Zwangshaft gegenüber einer mit Aids infizierten und drogenabhängigen Prostituierten ist ungeeignet, ein Prostitutionsverbot gegen sie durchzusetzen, wenn bereits mehrfach vergeblich gegen die Prostituierte Zwangshaft angewandt worden war; es ist absehbar, dass sich die Drogenabhängige nach Absitzen der zweiwöchigen Zwangshaft wieder prostituieren wird[31]. Aber sinnvolle Maßnahmen zur Lebensrettung sind auch dann geeignet, wenn der Verletzte dennoch stirbt.

b) Erforderlichkeit

Nach § 2 Abs. 1 POG ist von mehreren möglichen und geeigneten Maßnahmen dieje- **21** nige auszuwählen, die den Einzelnen und die Allgemeinheit am wenigstens beeinträchtigt. Es muss das **mildeste Mittel** angewandt werden. Dieser Prüfungspunkt hat natürlich nur dann Bedeutung, wenn wenigstens zwei mögliche und geeignete Maßnahmen zur Gefahrenabwehr zur Verfügung stehen. In diesem Fall vergleicht man diese möglichen und geeigneten Maßnahmen miteinander. Diejenige, die den Einzelnen und die Allgemeinheit am wenigsten beeinträchtigt, ist auszuwählen. Alle anderen sind dann nicht erforderlich und damit rechtswidrig. Diese Entscheidung enthält ihrer Natur nach immer auch wertende Elemente.

Beispiel: Beim Abspielen von Musik auf einem Fest in einer Wohnung wird unzumutbar lauter Lärm für die Nachbarschaft verursacht. Es ist möglich, durch Schließen der Fenster dieser Wohnung und Umstellen der Musik auf eine Anlage mit geringerer Kapazität den Lärm auf ein zulässiges Maß zurückzuführen. Dann darf der Lärm nicht durch ein Verbot des Festes bekämpft werden. Stattdessen müssen die zuvor genannten, zur Lärmbekämpfung gleichermaßen geeigneten Maßnahmen ergriffen werden.

c) Angemessenheit

Nach § 2 Abs. 2 POG darf eine Maßnahme nicht zu einem Nachteil führen, der zu dem **22** erstrebten Erfolg **erkennbar außer Verhältnis** steht.[32] Man spricht hier von Verhältnismäßigkeit i. e. S. oder auch von Angemessenheit. Diese ist nun eine reine Wertung:

1. Dazu muss man zunächst feststellen, welcher **Nachteil** durch die mögliche, geeignete und mildeste Maßnahme der Ordnungsbehörde oder Polizei entsteht. Das werden meistens Eingriffe in Grundrechte (insbesondere Art. 2, 5, 13 oder 14 GG), können aber auch Rechte aus anderen Grundlagen sein.
2. Dann muss man den **erstrebten Erfolg** bestimmen. Das ist hier immer die effektive Gefahrenabwehr, d.h. der Schutz bestimmter Güter der öffentlichen Sicherheit oder Ordnung.
3. Beides darf zueinander nicht erkennbar **außer Verhältnis** stehen. **Erkennbar** heißt, dass das Missverhältnis ins Auge springt; auch ein Laie muss unzweifelhaft erken-

---

31 VG Stuttgart NVwZ 1999, 323.
32 Vgl. Rühle/Suhr § 2, 3.4.

nen können, dass hier „mit Kanonen auf Spatzen geschossen" wird. Das hat zur Konsequenz, dass sogar ein Eingriff rechtmäßig ist, der leicht intensiver ist als die Störung, die abgewehrt werden soll (was im Rahmen einer Wertung ohnehin nicht scharf abgegrenzt werden kann); nur offensichtlich darf das nicht sein.

Beispiel: F hat sein Fahrzeug im Geltungsbereich eines Parkscheinautomaten abgestellt und ordnungsgemäß einen Parkschein gelöst und ins Fahrzeug gelegt. Vollzugsbeamte stellen später bei einer Kontrolle fest, dass die Parkzeit fast abgelaufen ist. Das warten sie ab und lassen, da es keinen Hinweis auf den Aufenthalt von F gibt, dann unmittelbar das Fahrzeug abschleppen. – Das Abschleppen war geeignet, den Parkverstoß zu beseitigen; es gab auch kein milderes Mittel. Aber eine Abschleppmaßnahme mit ihren praktischen und finanziellen Nachteilen für den Betroffenen stand, da keine weitergehende Gefährdung von Schutzgütern vorlag, erkennbar außer Verhältnis zur Abwehr eines gerade wenige Minuten dauernden Parkverstoßes.

Das gleiche gilt auch für die **zeitliche Angemessenheit** einer Maßnahme. Eine Maßnahme darf zeitlich nur solange aufrechterhalten werden, wie dies zur Abwehr der Gefahr gerechtfertigt ist. Das ist selbstverständlich. Da für Maßnahmen ab ihrer Erledigung oder einer erkennbaren Aussichtslosigkeit kein Tatbestand einer Ermächtigung mehr besteht, werden sie rechtswidrig und wären auch ohne § 2 Abs. 3 POG nach den Regeln des Folgenbeseitigungsanspruchs zu beenden.

d) Austauschmittel

23 Der von den Behörden herangezogene Verantwortliche hat allerdings das – eher selten ausgeübte – Recht, von sich aus ein Austauschmittel anzubieten gemäß § 3 Abs. 2 S. 2 POG. Ist das Austauschmittel nicht nur geeignet, sondern zudem auch **gleich effektiv**, und wird dadurch die **Allgemeinheit nicht stärker belastet** als mit dem verfügten Mittel, so muss die Verwaltung dem Angebot entsprechen. § 3 Abs. 2 S. 2 POG hat nur da Bedeutung, wo das Austauschmittel ein anderes ist als das, was sich aus den Erwägungen der Erforderlichkeit und der Angemessenheit nach § 2 Abs. 1 und 2 POG ergäbe. Wenn der Adressat eine Maßnahme, die nach allgemeiner Abwägung nicht erforderlich oder im Verhältnis zu den Rechtsgütern des Adressaten vielleicht sogar unangemessen ist, subjektiv als angenehmer empfindet, warum sollte man ihm diese Möglichkeit nicht lassen, wenn es aus der Sicht der effektiven Gefahrenabwehr und der Allgemeininteressen unerheblich ist?

Das Austauschmittel muss beantragt werden. Ein solcher **Antrag** ist nur innerhalb laufender Rechtsbehelfsfristen oder bei sofort vollziehbaren Verfügungen innerhalb einer gewährten Nachfrist möglich, und auch nur so lange, als sinnvollerweise das Mittel noch gewechselt werden kann. Ob das angebotene Mittel gleich effizient ist, prüft die Verwaltung nach ihrem **Ermessen**.[33] Das auf Antrag von der Behörde zugelassene Austauschmittel kann befristet zugelassen werden. Es verdrängt dann nicht die ursprünglich verfügte Maßnahme. Nach fruchtlosem Ablauf der gesetzten Frist kann wieder gemäß der verfügten Maßnahme vorgegangen werden.

Beispiel: Der Eigentümer ist durch Verfügung verpflichtet worden, eine morsche Linde zu fällen. Er bietet an, zusammen mit dem örtlichen Heimatverein die Linde durch Mauerwerk dauerhaft abzustützen. Die Behörde muss das Angebot annehmen, weil die angebotene, für E kostspieligere Maßnahme gleich effektiv ist, ohne die Allgemeinheit mehr zu belasten. Sie darf auf der Durchführung in angemessener Frist bestehen. Wenn nach Ablauf dieser Frist die Stützaktion nicht durchgeführt ist, kann die Behörde nur gemäß ihrer ursprünglichen Verfügung vorgehen und den Baum fällen lassen. Sie darf aber nicht ihrerseits im Weg der Ersatzvornahme die Maurerarbeiten auf Kosten des E durchführen lassen.

---

33 BVerwG NVwZ-RR 1996, 21.

V. Folgen von Ermessensmängeln

Bei den oben beschriebenen Ermessensmängeln kann manchmal zweifelhaft sein, ob **24** ein Aspekt unter diesem oder unter jenem Gesichtspunkt einzuordnen ist. Da es letztlich nur darauf ankommt, dass alle denkbaren Fehler irgendwie erfasst werden, ist die exakte Einordnung ebenso zweitrangig wie die genaue Reihenfolge der Fehlerprüfung.

Wenn einer der oben als relevant beschriebenen Mängel in der Entscheidung vorliegt, heißt das noch nicht zwangsläufig, dass die Entscheidung selbst rechtswidrig ist. Hinzukommen muss weiterhin, dass es zumindest nicht auszuschließen ist, dass der Fehler **Einfluss auf das sachliche Ergebnis** hatte. Das allerdings wird man in der Regel annehmen müssen, da man normalerweise nicht ausschließen kann, dass die Entscheidung ohne den Ermessensmangel anders und vielleicht für den Betroffenen günstiger ausgegangen wäre. Einzige Ausnahme ist der Fall der Ermessensreduzierung auf Null (s. dazu unten Rn 26), wenn zwar ein Ermessensfehler vorliegt, aber dennoch das Ergebnis gewählt wurde, auf das sich das Ermessen ohnehin reduziert hatte. Wenn keine andere Entscheidung hätte ergehen können, kann der Mangel im Ermessen nicht ursächlich gewesen sein. Die Entscheidung ist dann trotz des Mangels nicht rechtswidrig. In praktisch allen anderen Fällen führt ein einziger Ermessensfehler zur **Rechtswidrigkeit der gesamten Entscheidung.**[34]

Beispiel: Der Vollzugsbeamte V sieht das falsch geparkte Fahrzeug des F. Von der Situation her ließe es sich ebenso gut vertreten, das Fahrzeug abzuschleppen, als auch, es bei einer Verwarnung zu belassen. Mit F hat V schon lange Streit. Um F zu ärgern lässt er das Fahrzeug auf einen anderen Platz umsetzen. – Obwohl die Maßnahme im Ergebnis vertretbar ist, ist sie hier rechtswidrig. Denn V hatte sachfremde Motive, und es kann nicht ausgeschlossen werden, dass V ohne diese Motivation anders entschieden hätte. Das wäre nur dann anders, wenn unzweifelhaft wäre, dass als rechtmäßige Maßnahme nur und nichts anderes als die Abschleppmaßnahme übrig geblieben wäre, z. B. wenn F eine Feuerwehrausfahrt zugestellt hätte.

---

34 Alter Studentenspruch: *„Ein faules Ei verdirbt den Brei"*.

Prüfung: Ermessensfehler
(vgl. auch § 40 VwVfG)

---

1. Allgemeine Rechtsfehler

▸ Ist die Regelung so **bestimmt** ausgedrückt, dass der Adressat sie in der konkreten Situation versteht, § 37 Abs. 1 VwVfG?

▸ Liegt eine **Ungleichbehandlung** zu anderen Fällen vor, Art. 3 Abs. 1 GG?

▸ Verstoß gegen zwingende **gesetzliche Vorgaben** (z. B. § 48 Abs. 4 VwVfG)?

▸ Ist das Geforderte dem Verpflichteten rechtlich und tatsächlich **möglich**?
(Ausnahme: Finanzielle Leistungsfähigkeit und fehlende, aber ersetzbare Zustimmung Dritter)

2. Allgemeine Ermessenfehler
hins. Entschließung („ob") und Auswahl („wie")? Insbes.:

▸ Wurde eine **Rechtsfolge** gewählt, die die Norm – zumindest so – nicht vorsieht (Ermessensüberschreitung)?

▸ Weicht der wirkliche **Sachverhalt** in wesentlichen Teilen von dem ab, wovon die Behörde   ausgeht?

▸ Wurde **überhaupt nicht abgewägt** (Nichtgebrauch des Ermessens)?

▸ Wurden **nicht alle** erheblichen Belange abgewägt (Ermessensdefizit)?

▸ Liegen der Entscheidung **sachfremde Erwägungen** zugrunde (Fehleinstellung)?

▸ Wurden die abzuwägenden Belange **nicht richtig gewichtet** (Fehleinschätzung)?

▸ Liegen Verstöße gegen Denkgesetze vor (**Logik**)?

▸ Ist der Grundsatz der **Verhältnismäßigkeit i. w. S.** gewahrt, d. h.:

    ▸ Ist die Maßnahme **geeignet**, das angestrebte Ziel zu erreichen?

    ▸ Gibt es keine andere mögliche und geeignete Maßnahme, die den einzelnen und die Allgemeinheit voraussichtlich **weniger beeinträchtigt** (also milder ist)?

    ▸ Führt die Maßnahme nicht zu einem Nachteil, der zum erstrebten Erfolg erkennbar **außer Verhältnis** steht (also offensichtlich unangemessen ist)?

Anmerkung: Die Prüfungsreihenfolge beim Ermessen wird sehr unterschiedlich gehandhabt. Entscheidend ist, dass die o. g. Punke überhaupt geprüft (nicht notwendig auch alle niedergeschrieben) werden

VI. Anspruch des Bürgers auf Tätigwerden der Ordnungskräfte

25 Meistens geht es dem Bürger im Konflikt mit den allgemeinen Ordnungsbehörden bzw. der Polizei darum, Eingriffsmaßnahmen abzuwehren. Es kann sich jedoch auch die umgekehrte Interessenlage ergeben, dass nämlich Dritte die Ordnungskräfte drängen, gegen einen bestimmten Adressaten vorzugehen.[35]

Beispiel: Nachbarn wünschen ein Vorgehen gegen den Veranstalter einer lauten Party; ein Hausbewohner verlangt das Abschleppen eines vor seiner Garagenausfahrt abgestellten Fahrzeugs; Bürger fordern Maßnahmen gegen einen streunenden Kampfhund; die Ehefrau beantragt ein Vorgehen gegen ihren sie prügelnden Ehemann.

---

35   Vgl. Rühle/Suhr § 3, 1.3.5.2.

Dann stellt sich die Frage, ob ein Bürger ein solches Recht überhaupt haben kann. Denn Ordnungsrecht ist hoheitliche Aufgabe, die nicht von Privaten bestimmt werden darf. Insbesondere das Ermessen der Ordnungsbehörde oder der Polizei kann nicht durch den Wunsch Einzelner ausgefüllt werden (was ohnehin unmöglich ist, wenn an die Ordnungskräfte widerstreitende Wünsche herangetragen werden). Es gilt darum der **Grundsatz**, dass der Bürger **keinen Anspruch** darauf hat, ob überhaupt eine Maßnahme getroffen wird und falls ja, mit welchem Inhalt. Andererseits gibt es Fälle, in denen der Rechtsstaatlichkeit wegen doch ein solcher Anspruch ausnahmsweise bejaht werden muss. Ein Anspruch auf ein bestimmtes Handeln der allgemeinen Ordnungsbehörden oder der Polizei besteht aber nur dann, wenn die im Folgenden beschriebenen drei Voraussetzungen kumulativ vorliegen:

1. Möglichkeit, die Forderung zu erfüllen

Ein Anspruch auf eine bestimmte Maßnahme setzt zunächst voraus, dass die bean- **26** spruchte Ordnungsbehörde oder Polizei diese Maßnahme überhaupt erfüllen kann und darf, ihr das Gewünschte also **tatsächlich und rechtlich möglich** ist. Dem können tatsächliche oder rechtliche Hindernisse entgegenstehen. Zur Frage des rechtlichen Dürfens gehört auch, ob die jeweilige Stelle originär oder zumindest für Eilfälle zuständig ist.

Beispiel: Die Polizei kann keine Streife irgendwo hinschicken, wenn alle Polizeibeamten bereits im Einsatz sind; die Ordnungsbehörde kann keine Messungen durchführen, wenn die notwendigen Messgeräte anderweitig benutzt werden; die Ordnungsbehörde kann keine Sicherungsmaßnahmen durchführen, wenn das technisch unmöglich ist – Die Ordnungskräfte dürfen einen Kampfhund nicht töten, wenn von diesem keine unmittelbare und gegenwärtige Gefahr ausgeht; die allgemeine Ordnungsbehörde darf mit eigenen Kräften niemanden in Gewahrsam nehmen, der wiederholt die Ruhe stört.

Aber der bloße Umstand, dass die Maßnahme vom Hoheitsträger durchgeführt werden könnte und dürfte gibt dem Bürger noch keinen Anspruch auf diese, nicht einmal einen Anspruch auf fehlerfreie Entscheidung. Denn grundsätzlich handelt es sich um Aufgaben, die alleine dem Hoheitsträger obliegen und die Rechte Einzelner nicht berühren.

Beispiel: Im Straßenbereich vor einer Mietwagenagentur A ist regelmäßig ein Mietfahrzeug der Konkurrenz B mit Werbeaufschriften im Parkverbot abgestellt. Gelegentliche Geldbußen nimmt Firma B als Nebeneffekt einer kostenlosen Werbung in Kauf. Das Parkverbot dient nur der Leichtigkeit des fließenden und ruhenden Straßenverkehrs, A hat keinen Anspruch darauf, dass das Fahrzeug B abgeschleppt wird.

2. Betroffenheit subjektiver Rechte

Dem Anspruchsteller muss ein (subjektives) Recht zustehen, das ohne die begehrte **27** Maßnahme gefährdet wäre. Ein **subjektives Recht** liegt regelmäßig vor, wenn die Norm

1. zwingenden Charakter hat,
2. nicht nur den Schutz der Allgemeinheit bezweckt, sondern zumindest auch **zugunsten einer bestimmten Person** (oder eines bestimmten abgrenzbaren Personenkreises) erlassen wurde und

3. erkennbar wird, dass sich die Person auf den Rechtsatz auch berufen können soll.[36]

Viele Vorschriften lassen schon im Wortlaut erkennen, dass sie einen abgrenzbaren Personenkreis, insbesondere die Nachbarschaft, schützen wollen, z. B. § 5 Abs. 1 GastG, § 5 Abs. 1 Nr. 1 BImSchG oder §§ 10, 14 LImSchG. Anderen kann man das nur aus ihrem Sinn entnehmen, z. B. § 8 LBauO. Grundrechte sind immer subjektive Abwehrrechte.

Wird festgestellt, dass 1. der Ordnungsbehörde bzw. der Polizei die Maßnahme möglich ist und dass 2. die subjektiven Rechte des Anspruchstellers gefährdet sind (aber nur dann), hat der Anspruchsteller zumindest einen **Anspruch auf eine ermessensfehlerfreie Entscheidung**. D.h. er kann zwar noch nicht eine bestimmte Maßnahme verlangen, wohl aber, dass über sein Begehren fehlerfrei entschieden wird. Wird sein Begehren abgelehnt und enthält es einen Ermessensfehler, kann er eine neue, fehlerfreie Entscheidung verlangen.

3. Ermessensreduzierung auf Null

28 Einen Anspruch auf eine bestimmte Maßnahme hat der Antragsteller nur dann, wenn sich zusätzlich das den Ordnungskräften zustehende Ermessen auf Null reduziert hat. Das ist der Fall, wenn bei ordnungsgemäßer Prüfung im konkreten Fall **nur** *eine rechtmäßige Maßnahme übrig* bleibt, weil alle alternativ möglichen Maßnahmen an einem Fehler leiden würden.[37] Damit verbleibt den Ordnungskräften kein Spielraum mehr im Rahmen des Ermessens. Die Ordnungsbehörde oder Polizei kann rechtmäßigerweise nur diese eine Maßnahme treffen und der Antragsteller kann diese konkrete Maßnahme wegen der Gefährdung seiner subjektiven Rechte auch verlangen. Zu beachten ist allerdings, dass die Ermessensreduktion für Entschließungsermessen und Auswahlermessen getrennt zu prüfen ist und eine Reduzierung des Entschließungsermessens nicht unbedingt auch eine Reduzierung des Auswahlermessens bedeutet. Auch innerhalb des Auswahlermessens kann die Reduktion nur einen Teil betreffen.

Beispiel: Die Anwohner haben bei nächtlicher Ruhestörung durch eine Party einen Anspruch darauf, dass die Ordnungskräfte dagegen einschreiten und ihre Gesundheit schützen (Reduzierung des Entschließungsermessens), wenn das den Ordnungskräften möglich ist; in welcher Form die Ruhe aber wieder hergestellt wird (Auswahlermessen), ist alleine Ermessen der Ordnungskräfte. – Der Geschädigte hat gegen einen Ordnungsbediensteten einen Anspruch darauf, dass er die Personalien des anwesenden Schädigers feststellt, wenn das zur Durchsetzung des Schadensersatzes erforderlich ist (Reduzierung des Entschließungs- und teilweise des Auswahlermessens); für weitergehende Maßnahmen (im Auswahlermessen) bleibt es wiederum beim Ermessensspielraum der Ordnungskräfte.

---

36 BVerwG NVwZ-RR 1996, 537, NVwZ 1989, 1157.
37 VGH Mannheim NVwZ-RR 1991, 66.

Anspruch auf ein bestimmtes Verhalten eines Hoheitsträgers

---

1. Ist dem beanspruchten Hoheitsträger das Verlange überhaupt möglich?

a) Kann der Hoheitsträger das Verlangte **tatsächlich** durchführen?

b) Ist es ihm **rechtlich** erlaubt?

• Ist der Hoheitsträger für die begehrte Maßnahme überhaupt zuständig**?**

• Gibt es eine Rechtsnorm, die das Verlangte vorsieht und liegen deren rechtliche Voraussetzungen vor?

↳ Der Bürger hat alleine deswegen grundsätzlich noch **keinerlei Rechte**, weder im Hinblick auf den Erlass noch auf den Inhalt einer hoheitlichen Entscheidung

---

2. Droht ein Nachteil für ein subjektives Recht des Antragstellers?

1) Subjektives Recht:

Gibt es eine geschriebene oder ungeschriebene Rechtsgrundlage, die

• die begehrte Rechtsfolge vorsieht +

• die zumindest auch dazu dient, einen **Personenkreis zu schützen**, zu dem auch der Antragsteller gehört, und zwar vor Nachteilen wie den hier in Rede stehenden?
(= bei Drittbeteiligung häufig die für die Behörde geltende Ermächtigungsgrundlage)

2) **Droht** ohne die begehrte Maßnahme ein nennenswerter **Nachteil** für dieses Recht?

↳ Wenn 1. und 2. vorliegen, hat der Antragsteller zumindest einen Anspruch darauf,
dass sein Antrag beschieden wird; ist der Behörde Ermessen eingeräumt, hat er einen
Anspruch **auf ermessensfehlerfreie Entscheidung**

---

3. Ist fehlerfrei nur eine Stattgabe des Antrages denkbar?

✦ Bei **gebundener Entscheidung**: Deckt sich die Rechtsfolge mit dem Anspruch?

oder

✦ Bei Ermessen: **Reduziert sich das Ermessen** auf die Vornahme des begehrten
Verhaltens („auf Null"), weil jede alternative Entscheidung einen Rechtsfehler hätte?

↳ Wenn neben 1. und 2. auch 3. vorliegt, hat der Antragsteller einen
Anspruch auf das konkrete hoheitliche Verhalten.

G. Die Eingriffsermächtigungen des POG

I. Allgemeines

1. Spezialregelungen außerhalb des POG

1 Eingriffe in die Rechte des Bürgers bedürfen nach Art. 20 Abs. 3 GG einer **Ermächtigungsgrundlage**. Derartige Eingriffsbefugnisse dienen der Allgemeinheit und können darum **nicht verwirkt** werden.[1] Die umfangreiche Entwicklung des Ordnungsrechts hat es mit sich gebracht, dass das **besondere Ordnungsrecht** eine Vielzahl spezieller Regelungen enthält. Die meisten Sonderregeln sind solche, die für *Sonder*ordnungsbehörden wie Gewerbe-, Umwelt-, Baubehörden usw. (vgl. § 88 Abs. 2 POG und Rn B 17) gelten und das POG gänzlich verdrängen, es sei denn es wird ausdrücklich zurückverwiesen (wie z. B. in § 59 Abs. 2 LBauO, § 108 LWasserG oder § 28 Abs. 1 S. 4 LAbfWG); diese sind hier ebenso wenig Gegenstand der Darstellung wie Sonderregeln für Bundesordnungsbehörden. Aber auch für die allgemeinen Ordnungsbehörden (vgl. Rn B 18) gibt es viele Spezialvorschriften, die den Standardmaßnahmen des POG vergleichbar sind und diesen als Spezialregelungen entweder vorgehen oder sie manchmal ganz ausschließen. Nach § 9 Abs. 2 POG haben die allgemeinen Ordnungsbehörden und die Polizei zur Erfüllung von Aufgaben, die ihnen durch andere Rechtsvorschriften übertragen sind, die in diesen **Spezialvorschriften** benannten Befugnisse, im Übrigen können sie auf die Befugnisse des POG zurückgreifen. Das bedeutet, dass für jede Maßnahme zunächst einmal zu schauen ist, ob für diese nicht irgendwo spezialgesetzlich etwas geregelt ist. So erlassen die allgemeinen Ordnungsbehörden z. B. Verfügungen gegen gefährliche Hunde nach § 7 LHundeG, untersagen Deutschen die Ausreise nach § 10 PassG, stellen einen Personalausweis nach § 7 LPAuswG sicher oder schleppen ein Kraftfahrzeug im Halteverbot nach § 63 VwVG ab. Die Polizei z. B. kontrolliert im Bereich des Straßenverkehrs nach § 36 Abs. 5 StVO oder schickt den Ausländer nach §§ 12 Abs. 3, 71 Abs. 5 AufenthG in den für ihn zulässigen Bezirk zurück. Diese Befugnisse gehen den Regeln des POG vor. Das gilt auch dann, wenn den allgemeinen Ordnungsbehörden zwar keine Befugnisse eingeräumt werden, diese aber im Spezialgesetz auch nicht gewollt waren (sog. negative Regelung). Z. B. enthält das Versammlungsgesetz keine Regelung der Gewahrsamnahme von Versammlungsteilnehmern oder das LMedienG keine Regelung über eine Sicherstellung von Druckwerken oder eines Verteilungsverbotes wegen ihres Inhalts durch Ordnungskräfte; beides soll bewusst nicht möglich sein, weswegen man diesen gesetzgeberischen Willen nicht durch einen Rückgriff auf das POG umgehen

2. Versammlungsrecht

2 Ein Sonderfall ist das Versammlungsrecht. Eine **Versammlung** ist eine örtliche Zusammenkunft mehrerer Personen[2] zur gemeinschaftlichen, auf die Teilhabe an der öf-

---

1 VGH Mannheim NVwZ-RR 2008, 696.
2 Zwei (Schenke Rn 361; Kniesel NJW 2000, 2857; Kahl JuS 2000, 1092) oder drei (OLG Saarbrücken NStZ-RR 1999, 119).

fentlichen Meinungsbildung gerichteten Erörterung oder Kundgebung.[3] Keine Versammlungen sind daher bloße Ansammlungen, etwa ein Menschenauflauf nach einem Verkehrsunfall oder die Zuhörerschaft eines Konzerts; hier verfolgen zwar alle den gleichen, nicht aber einen gemeinsamen Zweck.[4] Versammlungen sind durch Art. 8 GG geschützt, soweit es sich um **Deutsche** (Art. 116 GG) handelt[5], die sich friedlich und **ohne Waffen** (= Waffen i. S. d. § 1 WaffenG und jeder Gegenstand, der geeignet und vom Benutzer dazu bestimmt ist, Verletzungen oder erhebliche Sachschäden beizubringen) versammeln. Das POG füllt für alle Versammlungen Lücken des Versammlungsgesetzes aus, soweit es nicht um Ermächtigungsgrundlagen geht, insbesondere bei der Zuständigkeit oder der Konkretisierung des Ermessens, z. B. in §§ 2 f. oder die 4 ff. POG. Darüber hinaus wird das **POG** in **Vorphase** (Planung, Anreise) und **Nachphase** (Auflösung, Abfahrt) von Versammlungen ergänzend für anwendbar gehalten, soweit dass Versammlungsgesetz nichts Spezielleres regelt und die Maßnahme gegenüber Art. 8 GG verhältnismäßig ist.[6] Unproblematisch ist umgekehrt auch, dass im Zusammenhang mit Versammlungen die Standardmaßnahmen des Versammlungsgesetzes als Spezialregeln vorgehen (insbesondere die §§ 12a / 19a, 13 / 18 Abs. 2, 15, 18 Abs. 3[7], 19 VersG). Allerdings für den **Ablauf** der Versammlung muss man für die Anwendbarkeit des POG unterscheiden:

a) Öffentliche Versammlungen unter freiem Himmel

Öffentliche Versammlungen **unter freiem Himmel** sind solche, die seitlich nicht zur Allgemeinheit hin abgeschirmt sind.[8] Sie gelten wegen des direkten Kontakts zum Umfeld als riskanter als Versammlungen in geschlossenen Räumen und sind zwar grundsätzlich durch Art. 8 Abs. 1 GG geschützt, in sie kann aber nach Art. 8 Abs. 2 GG *„durch Gesetz oder aufgrund eines Gesetzes"* **eingegriffen** werden. Ein solches Gesetz kann nur eine Vorschrift sein, die sich typischerweise im Regelungsbereich des Grundrechts, hier also der Versammlungsfreiheit, bewegt und gemäß Art. 19 Abs. 1 S. 2 GG das Grundecht (hier Art. 8 GG) zitiert. Ein solches Gesetz sind die §§ 14 ff. i. V. m. § 20 Versammlungsgesetz (VersG).[9] Das POG dagegen zitiert zwar ebenfalls in § 8 Nr. 3 POG den Art. 8 GG, bewegt sich aber nicht typischerweise in dessen Regelungsbereich. Darum ist das **POG** hier *hinsichtlich seiner Ermächtigungsgrundlagen*

---

3 Vgl. VG Braunschweig NZV 2000, 142; OVG Weimar NVwZ-RR 1998, 498; Deger NVwZ 1999, 266; Kniesel NJW 2000, 2857; Kahl JuS 2000, 1091; Deutelmoser NVwZ 1999, 240 ff.; wobei aber umstritten ist, ob das mit dem Ziel der Teilhabe an der öffentlichen Meinungsbildung geschehen muss, so z. B. BVerfG NVwZ 2011, 422, Rn. 19; NVwZ 2005, 80; NJW 2001, 2459 (Loveparade); OVG Münster NVwZ 2001, 1316; VGH Mannheim NVwZ 1998, 763; dazu auch Tschentscher NVwZ 2001, 1243 ff.

4 Probleme bereiten neuerdings sog. Facebook-Parties (vgl. Levin/Schwarz DVBl. 2012, 10; Trunit JurA 2012, 365) und sog Flashmobs (vgl. Ernst DÖV 2011, 537.).

5 Nach herrschender Meinung gilt für EU-Bürger wie bei allen Ausländern das Versammlungsrecht nur über Art. 2 Abs. 1 GG, so Bodo Pieroth/Bernhard Schlink, Grundrechte. Staatsrecht II, 27. Aufl. 2011, Rn 122; Sachs-Höfling, Grundgesetz, 6. Auflage 2011, Art. 8 Rn 46; a. A. z. B. Sachs BayVBl. 1990, 385, Ruppel „Der Grundrechtsschutz der Ausländer im deutschen Verfassungsrecht", 1968, S. 43 ff.; Schwabe, NJW 1974, 1044.

6 BVerfG NVwZ-RR 2010, 625, Rn. 14; BVerfGE 84, 2009; 69, 349.

7 S. zur Vollstreckung von § 18 Abs. 3, Abs. 1, § 11 Abs. 2 VersG das Beispiel bei Rn J 24.

8 BVerfGE 69, 348 (Brokdorf); Gusy Rn 418.

9 Mit Inkrafttreten des 1. Teils der sog. Föderalismusreform am 1.9.2006 (52. Gesetz zur Änderung des Grundgesetzes vom 28.8.2006, BGBl. I, S. 2034) ist der Regelungsbereich „Versammlungsrecht" aus Art. 74 Abs. 1 Nr. 3 GG und damit aus dem Katalog der konkurrierenden Gesetzgebung gestrichen und in die Gesetzgebungszuständigkeit der Länder gemäß Art. 70 Abs. 1 GG überführt worden; in Rheinland-Pfalz gilt jedoch bis zum Erlass eines Landesversammlungsgesetzes das Bundesgesetz einschließlich evtl. künftiger Änderungen weiter, Art. 125a GG.

nicht anwendbar[10]. Das ist insofern misslich, als das Versammlungsgesetz Standardeingriffe nur unvollständig regelt. Sofern es eine bestimmte Standardmaßnahme im Versammlungsgesetz nicht gibt (z. B. Sicherstellung, Sachdurchsuchung), muss die Maßnahme auf eine Analogie zu § 15 Abs. 3 4. Fall i. V. m. Abs. 1 VersG gestützt werden. Denn wenn der Gesetzgeber bei einer unmittelbaren Gefahr für die öffentliche Sicherheit oder Ordnung eine Auflösung der Versammlung zulässt, muss wegen des verfassungsmäßigen Grundsatzes der Verhältnismäßigkeit erst recht eine geringere Maßnahme darauf gestützt werden können. Nicht hierauf stützen kann man aber eine Gewahrsamnahme (nicht minder schwer als Auflösung) oder einen Platzverweis (spezieller geregelt in § 18 Abs. 3, Abs. 1 i. V. m. 11 Abs. 2 VersG).[11]

b) Öffentliche Versammlungen in geschlossenen Räumen

Öffentliche Versammlungen **in geschlossenen Räumen** finden an einem Ort statt, an dem sie nach allen Seiten (nicht notwendig von oben, es sei denn in diese Richtung bestünde ausnahmsweise Kontakt zu anderen, z. B. möglich bei tiefliegenden Standorten) von der Allgemeinheit abgeschirmt sind und bei denen der Zugang nicht auf bestimmte Personen eingeschränkt ist. Durch diese räumliche Abgrenzung geht von einer solchen Versammlung eine geringere Gefahr aus als von einer unter freiem Himmel.[12] Für diese Versammlungen gilt daher nur Art. 8 Abs. 1 GG, nicht auch Art. 8 Abs. 2 GG. Das bedeutet, in dieses Recht **kann** überhaupt **nicht eingegriffen** werden.[13] Die §§ 2–13 VersG sind darum keine Normen, die das Versammlungsrecht einschränken, sondern nur solche, die dessen verfassungsimmanente Schranken aufzeigen, also die Grenzen des Grundrechts. Da jede weitergehende Maßnahme eine verbotene Einschränkung des Grundrechts wäre, bleibt auch hier für die Anwendung der Ermächtigungsgrundlagen des **POG kein Raum**. Allerdings ist zu beachten, dass dann, wenn die in den §§ 5 und 13 VersG genannten Schutzgüter gefährdet sind, diese beiden Vorschriften auch Maßnahmen abdecken, die geeignet, aber milder als ein Verbot bzw. eine Auflösung sind.

c) Nichtöffentliche Versammlungen in geschlossenen Räumen

3 **Nichtöffentliche** Versammlungen (nur möglich **in geschlossenen Räumen**) unterscheiden sich von den zuletzt genannten dadurch, dass nur ein vorher konkret festgelegter Personenkreis eingeladen ist und das auch ernsthaft kontrolliert wird.[14] Auch für sie gilt nur Art. 8 Abs. 1 GG, wonach ein echter **Eingriff nicht möglich** ist. Für sie gilt aber das Versammlungsgesetz nach seinem Wortlaut nicht[15], so dass die herrschende Meinung die Vorschriften des **POG** anwendet, allerdings nur um die verfassungsgemäßen Schranken zu bestimmen.[16] Das heißt, man wendet das POG nur zum Schutz solcher Schutzgüter an, die die verfassungsimmanenten Schranken des Art. 8

---

10 Kahl JuS 2000, 1092.
11 Auch eine Identitätsfeststellung ist kritisch, vgl. Kniesel NJW 2000, 2862 f.
12 Vgl. BVerfGE 69, 348.
13 BVerwG NVwZ 1999, 991 unter Berufung auf BVerwGE 90, 112, 122 (zu Art. 4 GG); vgl. dazu auch Brodersen JuS 2000, 199.
14 BVerwG NVwZ 1999, 992; OVG Weimar NVwZ-RR 1998, 498 f.; Kniesel NJW 2000, 2862.
15 Ausgenommen die §§ 3, 21, 23 und 28 VersG.
16 BVerwG NVwZ 1999, 92; VGH Mannheim VBlBW 1987, 183 f.; OVG Lüneburg NVwZ 1988, 638; OVG Münster NVwZ 1989, 885; VG Minden NVwZ 1988, 663; OVG Saarlouis E 13, 211;Götz Rn 276; Schoch JuS 1994, 481; Thiel Rn 603; Schenke Rn 343 und 362; a. A. Kniesel NJW 2000, 2865; Alberts NVwZ 1992, 40; Rühl NVwZ 1988, 581; Ketteler, DÖV 1990, 956; Krüger DÖV 1993, 660; zur hierfür abweichenden Zuständigkeit vgl. Rn B 18 am Ende.

Abs. 1 GG bestimmen. Man könnte auch die §§ 2 ff. VersG analog anwenden, das Ergebnis wäre dasselbe.

Zusammenfassend ergibt sich also für das **Verhältnis POG zum Versammlungsgesetz**:

1. Die Ermächtigungsgrundlagen des **POG** (nicht das POG insgesamt) sind **während des Ablaufs** einer öffentlichen Versammlung durch das Versammlungsgesetz **verdrängt**; in der Vor- und Nachphase allerdings ergänzend zum VersG anwendbar.
2. Das **POG** ist während des Ablaufs einer nichtöffentlichen Versammlung (in geschlossenen Räumen) **eingeschränkt** auf die verfassungsimmanenten Schranken **anwendbar** (hM).
3. Das **POG** ist dagegen neben dem Versammlungsgesetz **uneingeschränkt anwendbar**
   a) mangels Eingriffs in den sachlichen Regelungsbereich des Art. 8 GG
      – bei Maßnahmen, die zwar zeitlich während einer Versammlung stattfinden, mit deren Ablauf und Inhalt keinen inhaltlichen Zusammenhang haben (z. B. Brandschutzmaßnahmen, Eingriffe wegen mitgeführter Kampfhunde; Unterbinden von Rauschgifthandel)
      – bei nach den §§ 5, 13 oder 15 VersG verbotenen oder aufgelösten Versammlungen (kein Schutz durch Art. 8 GG), sofern das Versammlungsgesetz nicht Spezielleres regelt (z. B. § 15 Abs. 4 VersG) und
   b) mangels Zugehörigkeit zum durch Art. 8 GG geschützten Personenkreis
      – gegenüber ausländischen Teilnehmern
      – neben § 2 Abs. 3 VersG gegenüber unfriedlichen oder bewaffneten Teilnehmern
      – gegenüber nach den §§ 11 / 18 Abs. 1 und 3 VersG ausgeschlossenen Teilnehmern
      – gegenüber reinen Versammlungsstörern ohne eigene Versammlungsabsicht
      – gegenüber sonstigen Anwesenden ohne Versammlungsabsicht, z. B. Zuschauer, Gewerbetreibende

Repressive Maßnahmen (Straf- oder Bußgeldverfolgung) werden durch das VersG nicht eingeschränkt, wenn sie gegenüber Art. 8 GG verhältnismäßig sind. Zu beachten ist noch, dass das **Uniformverbot** (§ 3 VersG) sowie das **Schutzwaffen- und Vermummungsverbot** (§ 17a VersG) über die Versammlungen hinaus für alle „*öffentlichen Veranstaltungen*" gilt.

2. Verhältnis Generalklausel zu Standardmaßnahmen des POG

Greift kein Spezialgesetz ein, sind als nächstes die Standardmaßnahmen des POG, **4** die §§ 9a ff. POG zu prüfen.[17] Denn die Standardmaßnahmen der § 9a ff. POG sind gegenüber der Generalklausel § 9 Abs. 1 S. 1 POG die **spezielleren Regelungen**, gegenüber den präventiven Regelungen außerhalb des POG die allgemeinen. Dass sie § 9 Abs. 1 S. 1 POG vorgehen, ergibt sich schon alleine aus ihrem spezielleren Tatbestand, der der Polizei und den Ordnungsbehörden für besondere Situationen eine auf diese zugeschnittene Ermächtigungsgrundlage an die Hand gibt.[18] Alleine die beson-

---

17 Zur Subsidiarität der Generalklausel vgl. genauer Knemeyer Rn 154 ff.; Möller/Warg Rn 67.
18 Möstl Jura 2011, 840.

dere rechtliche Ausgestaltung für besondere Situationen rechtfertigt schon die Existenz der Standardmaßnahmen.[19]

Abgesehen von den §§ 13 Abs. 1, 19 und 22 ff. POG sind die Standardmaßnahmen aber vor allem deshalb notwendig, weil das **Grundgesetz** diese Sonderregelungen erfordert; die betreffenden Maßnahmen auf § 9 Abs. 1 S. 1 POG zu stützen, wäre in vielen Fällen verfassungswidrig. Zum einen unterliegen die in § 8 POG zitierten Grundrechte nach Art. 2 Abs. 2 S. 3, 8 Abs. 2, 10 Abs. 2, 11 Abs. 2 bzw. Art. 13 Abs. 7 GG dem **Gesetzesvorbehalt.** Das bedeutet zum einen, dass Einschränkungen nur *„durch oder aufgrund"* eines formellen Gesetzes möglich sind, dessen wesentliche Regelungen sich **im Schutzbereich des Grundrechtes bewegen** (was bei Generalklauseln nie möglich sein kann). Außerdem müssen diese Einschränkungen, da sie sich nicht schon aus der Hauptintention des POG ergeben (anders z. B. beim StGB), der Klarheit halber gemäß Art. 19 Abs. 1 S. 2 GG **zitiert** werden, um eine vom Gesetzgeber ungewollte Einschränkung auszuschließen. § 8 POG zitiert folgende Grundrechte:

- Nr. 1: **Art. 2 Abs. 2 S. 1 GG** (Leben und körperliche Unversehrtheit) im Hinblick z. B. auf die §§ 62 ff. POG
- Nr. 2: **Art. 2 Abs. 2 S. 2, 104 GG** (Freiheit der Person) z. B. wegen der §§ 10 bis 12 sowie 14 bis 18 POG, deren Vollzug Freiheitsentziehungen oder -beschränkungen entweder zum Ziel hat oder typischerweise als Begleiterscheinung mit sich bringen kann.
- Nr. 3: **Art. 8 GG** (Versammlungsfreiheit) hätte nicht wegen der nichtöffentlichen Versammlungen in geschlossenen Räumen eingefügt werden müssen, für die das Zitiergebot aus Art. 8 Abs. 2 GG nicht gilt, wohl aber für Maßnahmen nach dem POG in der Vor- und Nachphase einer Versammlung unter freiem Himmel (s. o. Rn G 2).
- Nr. 4: **Art. 10 GG** (Brief-, Post-, Fernmeldegeheimnis) im Hinblick auf die §§ 31 ff. POG
- Nr. 5: **Art. 11 GG** (Freizügigkeit) im Hinblick auf das Aufenthaltsverbot (§ 13 Abs. 3 POG) sowie die Meldeauflage (§ 12 a POG)
- Nr. 6: **Art. 13 GG** (Unverletzlichkeit der Wohnung) muss wegen der Eingriffe in §§ 13 Abs. 2, 20 f. und 29 POG zitiert werden (vgl. dazu Rn G 61 f.)

Dagegen greifen rechtmäßige Maßnahmen nach den §§ 13 Abs. 1, 19 und 22 ff. POG weder in Art. 2 Abs. 2 GG noch – zumindest soweit sich die Maßnahme gegen Verantwortliche richtet – in das nach Art. 14 GG geschützte Eigentum ein[20]; die §§ 19 und 22 ff. stehen allerdings z. T. mit Einschränkungen i.S.d. Art. 2 Abs. 2 S. 2 GG in engem Zusammenhang.

5   Zum anderen wird das aus Art. 2 Abs. 1 GG folgende Recht auf **informationelle Selbstbestimmung** spätestens seit dem Volkszählungsurteil des Bundesverfassungsgerichts[21] als ein so wichtiges Schutzgut angesehen, dass für Eingriffe in dieses eine konkrete Regelung zwingend erforderlich ist. Das macht die §§ 10 bis 12 sowie 26 ff. POG erforderlich, in denen genaue Regelungen enthalten sind, wie personenbezogene Informationen erhoben und behandelt werden dürfen.

6   Ein weiter Sinn der Standardmaßnahmen ist der, durch besondere **Verfahrens- und Folgenregeln** den Schutz der Grundrechte soweit wie möglich zu erhalten[22]. Dem dienen Regelungen über die Art und Weise, in der die Grundrechte durch die Stan-

---

19   Genauer Schenke Rn 115 ff.; Beckmann NVwZ-RR 2011, 842.
20   Drews/Wacke/Vogel/Martens § 33, 3. a), S. 668; vgl. zur fehlenden Eigentumsgarantie polizeiwidriger Sachen BVerfGE 20, 351; BVerwG NJW 1999, 231; BVerwGE 38, 218; BGH 54, 296.
21   BVerfGE 65, 41 ff.
22   BVerfGE 56, 37.

dardmaßnahmen eingeschränkt werden können, über die Dauer des Eingriffs und was anschließend zu geschehen hat, über Richtervorbehalte, Beteiligungs- und Anwesenheitsrechte, Bescheinigungen usw. (siehe die §§ 11 Abs. 2, und 12 Abs. 2 und 4, 15 ff., 18 Abs. 3, 19 Abs. 2, 20 Abs. 3, 21 und 23 ff. POG).

3. Allgemeines zu den Standardmaßnahmen des POG

Die in §§ 9a ff. POG enthaltenen Regelungen zu Standardmaßnahmen lassen sich nach **7** dem **Regelungsgegenstand** gliedern und unterscheiden:

- **Erhebung und Verarbeitung personenbezogener Informationen**:

  Identitätsfeststellung (§ 10 Abs. 1), Prüfung von Berechtigungsscheinen (§ 10 Abs. 3), erkennungsdienstliche Behandlung (§§ 11, 11a), Vorladung und Vernehmung (§ 12), Datenerfassung und -verarbeitung (§§ 26 ff. POG)
- **Einschränkung der Bewegungsfreiheit i. w. S.**:

  Platzverweisung, Aufenthaltsverbot (§ 13), An- und Festhalten zur Befragung oder Identitätsfeststellung (§§ 9a, 10 Abs. 2 S. 3) bzw. zur Vorführung (§ 12), Gewahrsamnahme (§§ 14–17 POG),
- **Durchsuchung** und **Sicherstellung**:

  Personendurchsuchung (§ 10 Abs. 2 bis 4, § 18 Abs. 1–3), Sachdurchsuchung (§ 10 Abs. 2 bis 4, § 19), Durchsuchung von Räumen und Wohnungen (§§ 20, 21), Sicherstellung von Sachen (§§ 22–25 POG)

Die Standardmaßnahmen kann man auch danach unterteilen, ob sie eine **Gefahr** (z. B. § 10 Abs. 1 S. 1, § 13, § 14, § 20, § 22), einen **Gefahrenverdacht** (z. B. § 9a Abs. 4, § 10 Abs. 1 S. 2, § 18 und § 19 jew. Abs. 1 Nr. 4 + 5) oder **nicht** einmal diesen voraussetzen (z. B. § 9a Abs. 1, § 10 Abs. 3).

In Konstruktion und Aufbau sind die Standardmaßnahmen zueinander sehr unter- **8** schiedlich gestaltet, so dass es schwer fällt, gemeinsame Prüfungsreihenfolgen zu finden. Bei den Standardmaßnahmen gibt es solche, die, wie die Generalklausel auch, Grundlage für eine Verfügung sein können, die ein Handeln, Dulden oder Unterlassen aufgeben (§§ 9a, 10, 12, 13 und 22 POG). Die anderen Standardmaßnahmen (§§ 11, 14 bis 21 sowie 26 ff.) haben ihre eigentliche Bedeutung darin, eigenes Handeln der Polizei zu ermöglichen. Diese sog. **Standardmaßnahmen im engeren Sinne** können allenfalls Grundlage einer Duldungs- oder Unterlassungs-, niemals aber einer Handlungspflicht sein. Bedeutung hat das insoweit, als die Ausführung dieser Maßnahmen noch keine Vollstreckung ist und daher für sich alleine noch nicht deren Regeln unterliegt (vgl. Rn J 1). Standardmaßnahmen sind, obwohl präventiv, nicht analogiefähig.[23]

Für die meisten Standardmaßnahmen gelten besondere **Regelungen hinsichtlich des** **9** **Adressaten**[24], indem sie den sich aus den §§ 4 ff. (vgl. hierzu Rn E 1) ergebenden Umfang der Ausführungsmöglichkeiten erweitern oder einschränken. Diese Adressatenregelungen reichen von sog. „Jedermann-Regelungen" (z. B. in § 9a Abs. 4, § 10 Abs. 1 S. 2 Nr. 3 oder § 26 Abs. 2 POG) bis zu speziellen Definitionen (z. B. in § 13 S. 2; § 14 Abs. 1; § 18 Abs. 1; § 20, § 22 Nr. 3 POG). Zu beachten ist, dass auch eine Standardmaßnahme gegen einen Nichtverantwortlichen nur zulässig ist, wenn zusätzlich die Voraussetzungen des § 7 Abs. 1 POG vorliegen. Nichtverantwortliche sind die,

---

23 BVerfG NJW 1996, 3146.
24 Habermehl Rn 175.

die nicht nach irgendeiner Zuweisung Verantwortliche sind (vgl. Rn E 29 ff.). Wichtig ist diese Differenzierung vor allem deswegen, weil der Nichtverantwortliche einen Ausgleichsanspruch nach den §§ 68 ff. POG hat (z. B. für Schäden, vgl. Rn K 1 ff.). Eine Nichtverantwortlichkeit kommt allerdings nur in Betracht, wenn sich die Verantwortlichkeit für die jeweilige Standardmaßnahme aus den §§ 4 ff. POG und nicht aus der Standardmaßnahme selbst ableitet, denn letztere kennen keine Regeln der Nichtverantwortlichkeit.

Beispiel: Die Polizei betritt gewaltsam eine Wohnung, um dort einen Amokläufer in Gewahrsam zu nehmen.– Aus § 20 Abs. 1 Nr. 1 POG ergibt sich, dass die Maßnahme grundsätzlich rechtlich möglich ist, regelt aber selbst keine Verantwortlichkeit, so dass die §§ 4 ff. POG gelten. Der Amokläufer ist unzweifelhaft Verantwortlicher nach § 4 Abs. 1 POG. Ist der Wohnungsinhaber allerdings ein anderer, ist dieser ohne Hinzutreten weiterer Umstände im Zweifel Nichtverantwortlicher. Also müssen zudem die Voraussetzungen des § 7 POG vorliegen, was hier der Fall ist. Es bestehen für ihn grundsätzlich Ansprüche aus den §§ 68 ff. POG (z. B. wegen der beschädigten Haustür).

Gegenbeispiel: A und B betreten gemeinsam ein Kaufhaus. A wird von der Security beim Ladendiebstahl erwischt. Aber nicht alle gestohlenen Gegenstände können bei A gefunden werden. Der herbeigerufene Polizeibeamte untersucht darum auch den B nach § 18 Abs. 1 Nr. 2 POG, ohne allerdings etwas zu finden. B hat finanzielle Verluste, weil er auf die Polizei warten musste und darum zu spät zur Arbeit kommt. – § 18 Abs. 1 POG enthält eigene Adressatenregelungen, die den §§ 4 ff. und damit auch dem § 7 POG vorgehen. Für B gilt daher nicht § 7 und damit auch nicht die §§ 68 ff. POG.

Die §§ 10 Abs. 1 S. 1, 13 S. 1 und 22 Nr. 1 POG enthalten keine solchen speziellen Adressatenregelungen; für sie und für die Generalklausel des § 9 Abs. 1 S. 1 POG gelten ausschließlich die §§ 4 ff POG.

4. Konkurrenz der Standardmaßnahmen nach dem POG und der StPO

10 Schwierigkeiten kann die **Abgrenzung** der Standardmaßnahmen zu den Eingriffsbefugnissen der Strafprozessordnung bereiten, denn fast jede Standardmaßnahme des POG hat eine Entsprechung in der StPO. Da Polizeibeamte häufig gleichzeitig sowohl zur Gefahrenabwehr als auch zur Verfolgung der Tat einschreiten (doppelfunktional), entsteht die Frage, welche Vorschriften für den Eingriff eigentlich jeweils gelten.[25] So ähnlich sich zum Teil diese Standardmaßnamen sind, der Unterschied zwischen präventivem und repressivem Eingriff ist immens. Die **Prävention** ist zukunftsbezogen, eine auf einer Prognose beruhende Reaktion auf eine Schadenswahrscheinlichkeit, um den Eintritt des Schadens zu verhindern oder dessen Umfang zu mindern; die moralische Qualität des Verhaltens ist fast ohne Bedeutung. Die Maßnahmen richten sich nach dem Prinzip der Opportunität (Ermessen, vgl. Rn F 1). Die **Repression** dagegen ist vergangenheitsbezogen, reagiert auf ein schädigendes Verhalten oder den Versuch dazu; sie orientiert sich an der Einzelfallgerechtigkeit und sucht nach individueller Schuld[26]. Hier gilt grundsätzlich das Legalitätsprinzip (§ 152 Abs. 2 StPO), die Maßnahmen sind also weitgehend gesetzlich vorgegeben. Keine Probleme bereitet das nur, wenn der Amtswalter ausschließlich zur Gefahrenabwehr oder ausschließlich zur Verfolgung von Straftaten oder Ordnungswidrigkeiten tätig wird. Häufig wird aber die Maßnahme sowohl von präventiven als auch von repressiven Gesichtspunkten motiviert sein.

Beispiel: Ein Polizeibeamter will eine Person durchsuchen, bei der er Rauschgift zum Verkauf vermutet. – Er stellt ein Auto sicher, das gestohlen worden ist und in dem sich Spuren eines

---

25   Hierzu Thiel Rn 83 ff.
26   Staechlin ZRP 1996, 431.

Mordes befinden. – Hier bestehen sowohl präventive (Rauschgift soll nicht in Verkehr gelangen; Fahrzeug soll dem Eigentümer nicht weiter entzogen werden) als auch repressive Gesichtspunkte (Verstoß gegen das BTMG; Sicherung von Beweisen für eine Straftat).

Hier kann letztlich nur den Ausschlag geben, ob der **Schwerpunkt** der Maßnahme **11** eher auf dem einen oder eher auf dem anderen Gebiet liegt (Dominanztheorie).[27] Dazu muss man die Güter, zu deren Schutz die konkreten Maßnahmen dienen, einander gegenüberstellen und gewichten. Eine generelle Regel, dass im Zweifel das eine oder das andere vorginge, gibt es nicht. Allenfalls ließe sich generalisieren, dass es wichtiger ist, einen Schaden für ein Schutzgut zu verhindern (präventiv), als die Verletzung desselben (!) Schutzgutes zu ahnden (repressiv), da es erstes Ziel der Ordnungskräfte sein muss, Schutzgutverletzungen erst gar nicht zuzulassen.

Im o. g. ersten Beispiel wäre es im Zweifel wichtiger, Leben und Gesundheit der „Kunden" eines Dealers, insbesondere der noch nicht abhängigen, zu schützen, als die möglicherweise begangene Straftat (die ja denselben Schutzgütern dient) zu verfolgen. Der Schwerpunkt der Maßnahme ist also präventiv. – Im zweiten Beispiel stehen mit dem Eigentumsschutz (präventiv) und Aufklärung eines Kapitalverbrechens gegen das Leben (repressiv) einander unterschiedliche Schutzgüter gegenüber. Da das Leben höherwertig gegenüber dem Eigentum ist, ist hier der Schwerpunkt im Repressiven zu sehen.

Dabei sind manchmal Überscheidungen zwischen präventivem und repressivem polizeilichen Handeln möglich. Im Zweifel entscheidet die Polizei selbst, ob sie gerade präventive oder repressive Aufgaben erfüllt.[28]

Zu beachten ist bei mehraktigen Tatbeständen, dass eine ursprünglich präventive Motivation durch den Tatsachenablauf in eine repressive umschlagen kann oder umgekehrt.

Beispiel: Ein Polizeibeamter hält ein Kfz ohne konkreten Grund im Rahmen einer allgemeinen Verkehrskontrolle an (§ 36 Abs. 5 StVO, also präventiv) und verlangt Führer- und Fahrzeugschein zu sehen. Der Fahrer hält zunächst an, zündet aber plötzlich wieder den Motor und versucht wegzufahren, was jedoch der Polizeibeamte noch verhindern kann. Dieser verlangt u. a. erneut die beiden Ausweise. – Jetzt, da mindestens ein Verstoß gegen § 49 Abs. 3 Nr. 1 StVO vorliegt, überwiegt eindeutig der repressive Gesichtspunkt, die Forderung ist daher diesmal aus § 163b StPO gerechtfertigt.

Diese Unterscheidung hat nicht nur Bedeutung für den anzuwendenden Tatbestand, der bei der Standardmaßnahme häufig von dem der StPO-Norm abweicht, sondern auch für den **Rechtsschutz**. Während die präventivpolizeilichen Maßnahmen (auch die der StPO, wie z. B. § 81b 2. Fall) den allgemeinen verwaltungsrechtlichen Regeln unterliegen, sind die repressiven Maßnahmen Justizverwaltungsakte für die der Rechtsweg zum Oberlandesgericht nach § 23 EGGVG gegeben ist.[29]

Dass der präventive Gesichtspunkt den repressiven verdrängt oder umgekehrt, heißt nicht, dass der zurücktretende für die konkrete Maßnahme ohne Bedeutung sei. Denn zumindest für die Frage der Angemessenheit der Maßnahme i.S.d. § 2 Abs. 2 POG sind *alle* Eingriffsgesichtspunkte zu berücksichtigen. Darüber hinaus ist zu beachten, dass für die Entscheidung, *ob* eingegriffen wird oder nicht, das Gefahrenabwehrrecht andere Regeln kennt als die StPO. Während beim ersteren grundsätzlich Entschließungsermessen besteht, gilt für repressive Maßnahmen nach den §§ 152 Abs. 2, 160 StPO, § 152 GVG grundsätzlich das Legalitätsprinzip (ausgenommen die in § 172 Abs. 2

---

27 BVerfGE 39,44; VGH München BayVBl. 1986, 337; Möller/Warg Rn 52.
28 LG Kaiserslautern Beschluss vom 10.8.04 Az. 1 T 244/04; LG Mainz Beschluss vom 14.7.04 Az. 8 T 151/04.
29 BVerwG E 47, 255 und BVerwG E 66, 192 (193); NJW 1989, 2640 und BayVGH NJW 1984, 2238.

S. 3 StPO genannten Fälle und bei Ordnungswidrigkeiten, § 47 Abs. 1 OWiG). Das hat zur Konsequenz, dass praktisch bei doppelt motivierten Maßnahmen häufig eingegriffen werden muss.

12 Die Standardmaßnahmen des POG sind Eingriffsnormen und haben eine deutlich größere Bedeutung für die Arbeit der **Polizei** als für die der Ordnungsbehörden. Insbesondere die Standardmaßnahmen i. e. S. sind dem – nur der Polizei zustehenden – unmittelbaren Zwang ähnlich und werden häufig von ihm begleitet. Folgerichtig stehen nur der Polizei *alle* Standardmaßnahmen zur grundsätzlichen Verfügung. Demgegenüber beschränkt sich für die **allgemeinen Ordnungsbehörden** die Anwendungsberechtigung auf einige Maßnahmen der § 9a ff. POG.

5. Handlungsformen

13 Die Ordnungsbehörden und die Polizei haben drei Möglichkeiten, Maßnahmen der Gefahrenabwehr zu treffen. Neben den Gefahrenabwehrverordnungen (s. dazu Kap. H) können sie Verwaltungsakte erlassen und Realakte ausführen[30]. Eine Besonderheit ist dabei die Duldungsverfügung (vgl. hierzu Rn F 18). Wesentliches Merkmal des **Verwaltungsakts** ist, dass er auf eine Regelung im Einzelfall gerichtet ist (die Regelung muss also so beabsichtigt sein), andernfalls handelt es sich um einen **Realakt** (vgl. § 35 VwVfG / § 1 LVwVfG). Derjenige, der einen Verwaltungsakt erlässt, will auf die Rechtslage einwirken. Bei Ordnungsverfügungen kommen dabei nur Gebote, Verbote und Erlaubnisse in Betracht. Unerlässliche Voraussetzung für seine Wirksamkeit ist aber auch die Bekanntgabe eines Verwaltungsakts, § 43 Abs. 1 VwVfG / § 1 LVwVfG. Wird eine Standardmaßnahme nach den §§ 9a ff. POG in Abwesenheit des potenziellen Adressaten ausgeführt, liegt nur ein Realakt vor (dieser ist aber keine unmittelbare Ausführung i.S.d. § 6 POG, da hier eine Duldungspflicht und keine vertretbare Handlung durchgesetzt wird, vgl. hierzu Rn J 38).[31]

Beispiel: Das Durchsuchen der Tasche einer angehaltenen Person nach § 18 POG oder einer Wohnung nach § 21 POG bei Anwesenheit des Wohnungsinhabers ist wegen der damit verbundenen Duldungspflicht Verwaltungsakt; ist aber kein Adressat anwesend oder ist die allein anwesende Person bewusstlos oder volltrunken, fehlt es an der für einen Verwaltungsakt notwendigen Bekanntgabe, und die Maßnahme ist Realakt. – Weigert sich eine Person trotz Platzverweisung, den Ort zu verlassen, und wird er gewaltsam weggedrängt, ist zwar die Platzverweisung Verwaltungsakt, nicht jedoch das Wegdrängen, da dieses zwar auf eine tatsächliche Folge, aber nicht mehr auf eine Rechtsfolge gerichtet ist (die Rechtspflicht zu Verlassen des Ortes ergab sich ja schon aus der Platzverweisung).

---

30 Vgl. zu den Begriffen und den formalen Voraussetzungen detailliert Rühle/Suhr § 9, 3.
31 Vgl. Götz § 12 Rn 3 ff.

II. Die Generalklausel, § 9 Abs. 1 S. 1 POG

Tatbestandsvoraussetzung des § 9 Abs. 1 S. 1 POG ist das Vorliegen einer Gefahr für **14**
die öffentliche Sicherheit oder Ordnung (vgl. Kap C und D). Auf der Rechtsfolgenseite
können die **notwendigen Maßnahmen** getroffen werden (vgl. (Kap. E und F). Trotz
dieser Anhäufung von unbestimmten Rechtsbegriffen gilt die Generalklausel als verfassungsgemäß.[32] Maßnahmen können sowohl Verwaltungsakte als auch Realakte
sein. Danach kann grundsätzlich jede zur Gefahrenabwehr dienende Maßnahme getroffen werden, ausgenommen die folgenden (vgl. auch oben Rn G 1):

▪ **Spezialgesetze** (z. B. § 7 LHundeG) und Standardmaßnahmen des POG
   (§§ 9 a ff. POG) sind vorrangig anzuwenden.
▪ Bei **Grundrechten mit Einschränkungsvorbehalt** (s. dazu oben Rn G 4) sind Eingriffe aufgrund von § 9 Abs. 1 S. 1 POG nie möglich, auch wenn sie in § 8 POG zitiert
   sind, weil die Generalklausel nie typischerweise den Schutzbereich eines bestimmten Grundrechts regelt.
▪ Bei **Grundrechten ohne Einschränkungsvorbehalt** (z. B. Art. 4 oder 8 Abs. 1 GG)
   kann § 9 Abs. 1 S. 1 POG nur Grundlage von Maßnahmen sein, die die verfassungsimmanenten Grenzen aufzeigen; echte Eingriffe sind dagegen nicht möglich,
   weil diese Grundrechte über die verfassungsimmanenten Schranken (Schutz wichtiger Verfassungsgüter und Schutz von Grundrechten Dritter) hinaus nicht eingeschränkt werden können.

Beispiel: Eine auf § 9 Abs. 1 S. 1 POG gestützte Anmeldepflicht für nichtöffentliche (darum
nicht VersG!) Versammlungen in geschlossenen Räumen ist als echter Eingriff in Art. 8 Abs. 1
GG unzulässig; nicht aber deren Auflösung bei Gefahren für Leib und Leben, da hierbei die

---

32 BVerfGE 54, 144; Schenke Rn 49; Götz § 8 Rn 8.

verfassungsimmanenten Schranken erreicht sind. – Generelles Verbot religiöser Werbung auf der Straße unzulässig (Art. 4 Abs. 1 GG); nicht aber ein Verbot im Einzelfall bei unverhältnismäßiger Einschränkung der Religionsfreiheit Dritter.

Auf die Generalklausel stützt sich auch das sog. **Gefährderanschreiben**. Davon spricht man, wenn zwar lediglich eine Empfehlung für ein bestimmtes Verhalten gegenüber einem Adressaten ausgesprochen wird, die aber geeignet ist, auf die Freiheitsrechte des Betroffenen einzuwirken und somit sein Verhalten beeinflussen kann.

Beispiel: Anlässlich eines EU-Gipfels schreibt die Polizei Personen an, die bei früher an Demonstrationen gegen solche Veranstaltungen beteiligt waren. Darin heißt es u. A.: *„Um zu vermeiden, dass Sie sich der Gefahr präventiver polizeilicher Maßnahmen im Rahmen des Gefahrenabwehr oder strafprozessualen Maßnahmen ... aussetzen, legen wir Ihnen hiermit nahe, sich nicht an den oben genannten Aktionen zu beteiligen."* – In diesem Schreiben wird einerseits kein Recht unmittelbar begründet, geändert, aufgehoben, mit bindender Wirkung festgestellt oder verneint; also nichts geregelt, weshalb kein Verwaltungsakt vorliegt. Es geht andererseits aber auch über eine unverbindliche Beratung oder Information hinaus, da es geeignet ist, auf die durch die Freiheitsrechte des Art. 5 Abs. 1 S. 1 und Art. 8 Abs. 1 GG gewährleistete Willensentschließungsfreiheit des Adressaten einzuwirken. Darum handelt es sich um einen Eingriff, der einer Ermächtigungsgrundlage bedarf. Ein solches Schreiben kann auf § 9 Abs. 1 S. 1 POG gestützt werden, wenn das Vorverhalten des Adressaten und die sonstigen Umstände eine Gefahrenprognose rechtfertigen.[33]

Im Übrigen wird zur Generalklausel auf die vorausgehenden Kapitel und den unten stehenden Vorschlag einer Prüfungsreihenfolge verwiesen.

---

[33] OVG Lüneburg NdsVBl 2006,19, das die Rechtmäßigkeit des Eingriffs im konkreten Fall verneint hat.

Prüfung einer Verfügung (= belastender VA der Gefahrenabwehr) **gem. § 9 Abs. 1 S. 1 POG**

formell

1. Ist die **Zuständigkeit** gegeben?
   - **sachlich** *(für Ordnungsbehörden §§ 1 Abs. 1, 88 ff. POG / ZustVO; für die Polizei §§ 1, 76 ff. POG)*
   - **örtlich** *(für Ordnungsbehörden § 91 POG; für die Polizei §§ 78 bzw. 85 POG)*
2. Grds. besteht **Form**freiheit, evtl. Begründungszwang *(§§ 37 Abs. 2, 39 VwVfG / § 1 Abs. 1 LVwVfG)*
3. Wurde das vorgeschriebene **Verfahren** eingehalten (*§§ 9 ff., insbes. § 28 VwVfG / § 1 Abs. 1 LVwVfG)?*

materiell

Tatbestand (= Ist die Norm anwendbar?)

1. Was <u>will</u> Ordnungsbehörde / Polizei mit ihrer Maßnahme schützen, in Betracht kommen

   a) die ö�entliche Sicherheit *(Individualrechtsgüter; Rechtsordnung; Hoheitsbereich)*? oder

   b) die öffentliche Ordnung *(für ein gesellschaftliches Miteinander unverzichtbare Wertevorstellung)*?
   Öffentliche Ordnung ist subsidiär, wenn öffentliche Sicherheit bereits alle Gefahrengesichtspunkte erfasst

2. Besteht für diese Güter ein Schutzbedürfnis vor einer konkreten (Anscheins-) Gefahr?
   (= Besteht im einzelnen Fall zum Entscheidungszeitpunkt die hinreichende Wahrscheinlichkeit, dass ohne ordnungsrechtliche Maßnahme in absehbarer Zeit das Schutzgut geschädigt wird oder ein solcher Schaden sich vertieft?)

Rechtsfolge (= Wozu wird die Ordnungsbehörde / Polizei ermächtigt) ⇩ ----------------------------

„können" ⇨ **Ermessen**, § 3 Abs. 1 POG = Abwägung des Für und Wider
Eine Ermessensentscheidung ist ausschließlich dann fehlerhaft, wenn ein Rechtsfehler vorliegt. Jeder Fehler
führt zur Rechtswidrigkeit der gesamten Verfügung (Prüfungsreihenfolge darum variabel). Ein solcher Fehler ist
sowohl beim grundsätzlichen **Entschluss** einzugreifen als auch bei der **Auswahl** der Mittel und des Adressaten
möglich:

1. Allgemeine ermessensunabhängige **Rechtsfehler**
   Insbes.: – Ausreichende Bestimmtheit, § 37 Abs. 1 VwVfG? *(Adressatenabhängig)*
   – Verstoß gegen Gleichheitsgrundsatz (Art. 3 GG = Willkürverbot)?
   – Verstoß gegen rechtliche Vorgaben?
   – Möglichkeit, § 2 Abs. 1 POG? *(Ausnahmen: Wirtschaftl. Unvermögen; fehlende Zustimmung Dritter)*

2. **Allgemeine** Rechtsfehler im **Ermessen**
   Insbes.: – Fehlerhafte Tatsachenermittlung?
   – Überschreitung der Rechtsfolge?
   – Fehlende Abwägung (Nichtgebrauch)?
   – Unvollständige Abwägung (Defizit)?
   – Sachfremde Erwägungen (Fehleinstellung)? *(Sachgemäß = alleine an Gefahrenabwehr orientiert)*
   – Falsche Gewichtung der Belange (Fehleinschätzung)?
   – Verstöße gegen Denkgesetze (Logik)?

3. Rechtsfehler beim Auswahlermessen hins. des Adressaten?
   (Welcher der Nicht-/Verantwortlichen kann vertretbarerweise herangezogen werden?)
   - Kommt der Verfügungsempfänger als Adressat in Betracht?
     = Ist er nach §§ 4, 5 POG verantwortlich oder nach § 7 POG notstandspflichtig?
   - Sind auch andere verantwortlich oder notstandspflichtig?
   - Wäre es nicht effektiver *(hilfsweise: zumutbarer, gerechter)*, diese anderen heranzuziehen?

4. Rechtsfehler bei der Verhältnismäßigkeit i. w. S., § 2 Abs. 1 + 2 POG?
   - Erscheint bei ihrem Erlass die Maßnahme zur Gefahrenabwehr **geeignet**, zumindest sinnvoll?
   - Ist die Maßnahme **erforderlich** (= Es gibt kein anderes geeignetes Mittel, das den einzelnen
     und die Allgemeinheit weniger beeinträchtigt?)
   - Steht die Wirkung des Eingriffs nicht erkennbar **außer Verhältnis** zum Wert des Schutzgutes?

   (Bei Antrag: Zulassung von geeigneten **Austauschmitteln**, § 3 Abs. 2 S. 2 POG?)

III. Kontrolleingriffe, §§ 9a ff. POG

1. Befragung und Auskunftspflicht, § 9a POG

a) Tatbestand des § 9a Abs. 1 bis 3 POG

15 Mit dieser Norm können die allgemeinen Ordnungsbehörden oder die Polizei Auskünfte von Personen zur Erfüllung ordnungsbehördlicher oder polizeilicher Aufgaben
auch unterhalb der Schwelle einer konkreten Gefahr erlangen und auch dann, wenn
auch noch kein Anfangsverdacht i. S. d. StPO vorliegt. Das gilt aber nicht für Aufgaben
der Strafaufklärung i. S. d. § 163 StPO i. V. m. § 1 Abs. 3 POG, da dafür die Sonderregeln der §§ 133 ff. StPO gelten und der Landesgesetzgeber nicht zuständig ist.

Beispiel: Die Polizei hat den Verdacht, dass A mit Drogen handelt. Sie befragt dazu seine Freun-
din F. Als Freundin darf sie die Auskunft nicht verweigern.[34] – Ein Sachverständiger muss für die
Behandlung eines Vergifteten über ein ihm bekanntes Gegengift Auskunft geben. Ist die Art der
Vergiftung unbekannt, kann er nicht zur Auskunft nach § 9a POG verpflichtet werden. Er kann
allenfalls als Sachverständiger nach § 98 VwGO i. V. m. §§ 485, 402 ZPO zur Untersuchung und
Aussage i. S. d. verpflichtet werden (§ 26 Abs. 3 S. 1 VwVfG).

Voraussetzung ist, dass

1. anzunehmen ist, dass die Person **sachdienliche Angaben** machen kann. Diese
   Annahme muss sich auf bestimmte Umstände stützen, z. B. aufgrund persönlicher
   Beziehungen, besonderer Fachausbildung, besonderer Ortskenntnisse usw.
2. Außerdem muss sich die Befragung auf einen **bestimmten Sachverhalt** beziehen
   und aus einem **bestimmten Anlass** herrühren. Ein allgemeines Ausforschen ohne
   konkreten Anlass, z. B. „ins Blaue hinein" oder auf Vorrat, ist nicht zulässig.

Beispiel: Zulässig ist z. B. die Frage an eine asiatisch aussehende Person, die beim Anblick
der Polizei wegzulaufen versuchte, nach Ausweis- und Aufenthaltspapieren. Unverbindlich
wäre dagegen die ohne Anlass gestellte Frage an den Nachbarn, ob ihm zufällig in letzter Zeit
etwas aufgefallen sei.

b) Rechtsfolgen des § 9a Abs. 1 bis 3 POG

16 **Befragung** ist das Gebot an eine Person, Auskünfte über ihre Wahrnehmungen oder
sonstige sachbezogene oder personenbezogene Informationen zu geben. Es handelt
sich hier um eine höchstpersönliche Handlungspflicht des Adressaten. § 9a POG ist
anders als die §§ 26 ff. POG primär auf Sachauskunft gerichtet, auch wenn der Adressat verpflichtet wird, seine persönlichen Grunddaten anzugeben, damit die Sachaus-
künfte verwertbar und überprüfbar sind. Von § 10 POG unterscheide sich § 9a POG
daher darin, dass die Feststellung der Identität des Adressaten nicht das eigentliche
Ziel ist.

Die **allgemeinen Ordnungsbehörden oder die Polizei** können eine Person zunächst
anhalten, also kurzfristig zum Verweilen zwingen, und zwar egal wo sie sich befindet.
§ 9a Abs. 2 POG differenziert zwischen den Angaben zur Person und der Auskunft zur
Sache Der Befragte muss unter den Voraussetzungen des § 9a Abs. 1 POG jedenfalls
Angaben zur Person machen, also seine persönlichen Grunddaten, nämlich Vor- und
Familiennamen, Tag und Ort der Geburt, Wohnanschrift und Staatsangehörigkeit an-
geben. Die unberechtigte Verweigerung dieser Auskünfte ist eine Ordnungswidrigkeit
nach § 111 OWiG. **Auskünfte zur Sache** muss der Angehaltene aber nur erteilen,
wenn das zur Abwehr einer Gefahr für die öffentliche Sicherheit oder Ordnung erforderlich ist. Die **Auskunftsverweigerungsrechte** aus persönlichen oder beruflichen

---

34 BVerfG NJW 1999, 1622.

Gründen nach den §§ 52 bis 55 StPO, bestehen auch hier (§ 9a Abs. 3 POG). Dabei bestehen die Verweigerungsrechte aus persönlichen Gründen (§ 52 StPO) und die der Richter und Beamten (§ 54 StPO) nur, soweit die Auskunft zur Abwehr einer gegenwärtigen Gefahr für Leib oder Leben einer Person unerlässlich ist. Demgegenüber bestehen die Verweigerungsrechte für bestimmte Berufe (§ 53 Abs. 1 StPO) und Berufshelfer (§ 53a StPO) selbst dann.[35] Das ist allerdings für die Fälle nicht mehr nachvollziehbar, in denen ein das Amts- oder Berufsgeheimnis deutlich überragendes Schutzgut ernsthaft bedroht ist. Hier hat man einfach eine Regelung aus der StPO übernommen, ohne die den Gesetzen zugrunde liegenden Unterschiedlichkeiten der Schutzgüter zu berücksichtigen. Der Rang eines gefährdeten Schutzgutes kann aber deutlich über dem der Strafverfolgung liegen. Das gilt insbesondere für die Schutzgüter, auf die sich die in § 138 StGB genannten Straftaten beziehen.

Beispiel: Ein Täter entführt ein Kind, um es zu missbrauchen (keine Katalogtat der §§ 138 f. StGB), was er vorher schon mit anderen Kindern getan hat. Seinem katholischen Priester hat er den Ort des Verbrechens gebeichtet (von der Anzeigepflicht ausgenommen, vgl. § 139 Abs. 2 StGB). Soll dieser sich jetzt bei der Frage nach der Örtlichkeit unter völliger Verschiebung unserer Verfassungswerte auf Kosten des Kindes auf sein Aussageverweigerungsrecht nach § 53 Abs. 1 Nr. 1 StPO (gilt nur für öffentlich-rechtliche Geistliche bei Ausübung ihrer seelsorgerischen Tätigkeit) berufen können?

Weitergehende Befugnisse ergeben sich aus § 9a POG nicht.

Beispiel: Beamter B soll bestochen worden sein. Die Polizei befragt ihn, B verweigert die Auskunft, weil er ein Disziplinarverfahren fürchtet. Soweit dagegen ein Beamter als Geheimnisträger Geld für Informationen erhalten hat, kann er sich wegen eines Disziplinarverfahrens nicht auf sein Schweigerecht berufen, wohl aber wegen eines drohenden Strafverfahrens.

Über dieses Verweigerungsrecht ist der Betroffene zu **belehren.**

Beispiel: Die Polizei droht Pastor P ein Zwangsgeld für den Fall an, dass er den neuen Aufenthalt der bis dahin in seiner Gemeinde im Kirchenasyl weilenden Abschiebeflüchtlinge nicht preisgibt. Auf berufliche Schweigepflichten könne er sich nicht berufen, da die Flüchtlinge Moslems seien. Diese falsche Belehrung durch die Polizei führt dazu, dass die danach preisgegebene Information über die neue Unterkunft der Abschiebeflüchtlinge nicht verwertet werden darf.

Diese Belehrungspflicht wirft allerdings Fragen auf. Zunächst fragt es sich, warum nicht auch über den Umfang der Auskunftspflicht nach Absatz 2 zu belehren ist. Denn werden Auskünfte im Glauben an eine Auskunftspflicht gegeben, die nach § 9a Abs. 2 POG gar nicht hätten erhoben werden dürfen (weil es nicht unmittelbar der Gefahrenabwehr diente), ist diese Auskunft zumindest in einem Strafprozess regelmäßig nicht verwertbar.[36] Viel schlimmer ist aber, dass die Belehrungspflicht nach § 9a Abs. 3 POG ohne Anpassung an die Besonderheiten der Gefahrenabwehr aus dem Zusammenhang der StPO gerissen und hier eingefügt worden ist. Was dort passt, muss aber nicht unbedingt hier passen. Nunmehr hat das POG eine Belehrungspflicht, die wie in der StPO absolut gilt, also in schlechthin jedem Fall erfolgen muss, selbst wenn das Ergebnis absurd ist.

Beispiel: Eltern bitten die Polizei um Hilfe, weil ihre Tochter verschwunden ist. Dazu muss die Polizei wissen, wo die Eltern die Tochter zuletzt gesehen haben. Diese Aussage dürften rein rechtlich die Eltern gestützt auf § 52 Abs. 1 Nr. 3 StPO verweigern. Natürlich ist alleine die Vorstellung abwegig, sie würden das in dieser Situation tun. Aber nach § 9a Abs. 3 POG müssen die Eltern dennoch über ihr Verweigerungsrecht belehrt werden.

Zweifelhaft ist, inwieweit die über das Anhalten hinausgehende Auskunftspflicht **erzwungen** werden kann. Unmittelbarer Zwang scheidet hierfür schon nach § 65

---

35 Vgl. hierzu BVerfG NJW 2004, 999, Rn 148.
36 BGH JZ 1992,918.

Abs. 3 LVwVG aus. Die Anwendung von Zwangsgeld wird man schon aus dem Um-kehrschluss zu dieser Norm zulassen müssen,[37] sie wird aber häufig aus Zeitgründen nicht in Betracht kommen.

Die erlangten Auskünfte können auch für andere Zwecke **verwendet** werden, ausge-nommen die, die wegen einer gegenwärtigen Gefahr für Leib und Leben gegenüber den Berufen nach §§ 53 f. StPO ohne Belehrung erlangt worden sind, § 9a Abs. 3 S. 5 POG. Das hat vor allem für die strafrechtliche Beweisführung Bedeutung.

c) Schleierfahndung, § 9a Abs. 4 POG

17 § 9a Abs. 4 POG ermächtigt die Polizei zur sog. **Schleierfahndung** (Personenkontrol-len, die in einem „Sicherheitsschleier" stattfinden).[38] Anders als die §§ 36 Abs. 5 StVO, 111 StPO oder 10 Abs. 1 Nr. 3 POG ist diese Kontrolle nicht auf verkehrsrechtliche Verstöße bzw. bestimmte Straftatbestände beschränkt. Voraussetzung ist, dass durch Tatsachen begründete Anhaltspunkte vorliegen, dass

1. dies zur vorbeugenden Bekämpfung von Straftaten von erheblicher Bedeutung (das sind die in § 28 Abs. 3 POG beschriebenen) oder
2. zur vorbeugenden Bekämpfung grenzüberschreitender Kriminalität oder
3. zur Unterbindung unerlaubten Aufenthalts erforderlich ist.

Die Person muss im öffentlichen Verkehrsraum angetroffen werden. **Öffentlich zu-gänglich** sind Räume, wenn sie entweder ausdrücklich oder mit stillschweigender Duldung des Verfügungsberechtigten für jedermann oder aber für eine allgemein be-stimmte größere Personengruppe überlassen sind und auch so benutzt werden.[39] Das ist also jeder Bereich, der auf einer rechtlichen Grundlage (z. B. Widmung) oder auch nur praktisch jedermann zugänglich ist (z. B. unbebaute Grundstücke, Geschäftsräu-me mit Publikumsverkehr). Nicht hierzu gehören insbesondere die Wohnung i. S. d. § 20 Abs. 1 S. 2 POG, hoheitliche Bereiche, die nicht jedermann zugänglich sind (z. B. Kasernen), aber auch öffentliche Flächen, die erkennbar nicht der Allgemeinheit zur Verfügung stehen (z. B. Rasenfläche vor einer Polizeibehörde).

Beispiele: Kontrollen auf Landstraßen, um Anhaltspunkten nachzugehen, dass Autos in größe-rem Stil verschoben oder Drogen transportiert werden sollen. Kontrollen von Kleinbussen gegen osteuropäische Einbrecherbanden. Kontrolle von Schiffen zur Bekämpfung der Schleuserkrimi-nalität.

Die Polizei kann dann zum einen ohne Verdacht und Anlass im öffentlichen Verkehrs-raum angetroffene Personen kurzfristig anhalten, befragen und verlangen, dass mit-geführte Ausweispapiere ausgehändigt werden. Erstaunlicherweise sieht die Vor-schrift aber keine Befugnis zum Datenabgleich vor, was wiederum dieser Fahndungs-art die Bedeutung nimmt. Weitergehend als § 36 Abs. 5 StVO werden hier Kontrollen auch innerhalb von Verkehreinrichtungen (z. B. Eisenbahnen) und gegen Mitfahrer ermöglicht. Im Gegensatz zur unberechtigten Verweigerung von persönlichen Grund-daten nach § 111 OWiG ist die Verweigerung der Ausweispapiere keine Ordnungs-widrigkeit, zumal es für die Ausweise keine Mitführungspflicht gibt. Ferner darf die Polizei mitgeführte Fahrzeuge aller Art (z. B. Schiffe) und Sachen in Augenschein neh-men; deren Durchsuchung richtet sich aber nach § 19 POG.

---

37 So Drews/Wacke/Vogel/Martens S. 194 Fn 70, Heckmann VBlBW 1992,171, anders Würtenberger/Heck-mann/Riggert Rn 384.
38 Näheres bei Götz § 17 Rn 28 ff.; Knemeyer Rn 172; Groh NdsVBl. 2011, 10; Trennt DÖV 2012, 216.
39 BGH NStZ 2004, 625.

Beispiele: Öffnen des Kofferraums, Betrachten abgedeckter Gegenstände, Einsatz von Spürhunden.[40]

In-Augenschein-Nehmen ist keine Durchsuchung (vgl. dazu Rn G 58), sondern umfasst nur die Formen sinnlicher Wahrnehmung. Für Durchsuchungen bedarf es der Voraussetzungen der §§ 18 ff. POG.

Die Schleierfahndung wird vielfach als unverhältnismäßig betrachtet,[41] zumal sie auch zeitlich und räumlich unbeschränkt ist und nicht einmal einen Behördenleitervorbehalt (wie z. B. in § 28 Abs. 5 oder § 32 Abs. 3 POG) erfordert.

2. Identitätsfeststellung nach § 10 Abs. 1 und 2 POG

Identitätsfeststellung ist die Erhebung von Daten, die eine Person von anderen un- **18** terscheidet, insbesondere Vor- und Familiennamen, Tag und Ort der Geburt, Wohnanschrift und Staatsangehörigkeit. Ihr präventiver Charakter ergibt sich daraus, dass der potenzielle Störer aus der Anonymität herausgeholt wird und so möglicherweise von (weiteren) Störungen abgehalten werden kann.[42] Sie greift grundsätzlich nur in das Persönlichkeitsrecht (Art. 2 Abs. 1 GG) des Überprüften ein, kann aber ausnahmsweise auch Dritte belasten, z. B. den Gastwirt, in dessen Gaststätte wiederholt umsatzschädigende Überprüfungen vorgenommen werden.[43]

a) Tatbestände des § 10 Abs. 1 POG

§ 10 **Abs. 1 S. 1** POG erfordert eine im einzelnen Falle bestehende **Gefahr** für die öffentliche Sicherheit oder Ordnung und entspricht insoweit § 9 Abs. 1 S. 1 POG. Gerade auch zum Schutz privater Rechte i.S.d. § 1 Abs. 3 POG hat er besondere Bedeutung.

Beispiel: Ein Passant beschädigt mit seiner Leiter eine Schaufensterscheibe. Er weigert sich aber gegenüber dem Ladeninhaber, seine Personalien für die Schadensregulierung anzugeben. Hier dürfte ein herbeigerufener Polizeibeamter oder Vollstreckungsbediensteter die Personalien feststellen, damit der Geschädigte seinen Anspruch zivilrechtlich verfolgen kann.

§ 10 **Abs. 1 S. 2** gilt schon bei Gefahrenverdacht. § 10 Abs. 1 2 **Nr. 1** POG betrifft allgemein **gefährliche Orte**. Das sind solche, an denen aufgrund tatsächlicher Anhaltspunkte nach aller Erfahrung eines kundigen Amtswalters damit zu rechnen ist, dass

- ◼ dort Straftaten geplant oder durchgeführt werden; dabei genügt nicht jede Straftat, sondern nur Taten mit einer gewissen Schwere, die einen Eingriff in die informationelle Selbstbestimmung rechtfertigen,
- ◼ sich dort Ausländer unter Verstoß gegen aufenthaltsrechtliche Vorschriften aufhalten,
- ◼ sich dort Straftäter verbergen oder
- ◼ dort Personen der Prostitution nachgehen; die Prostitution ist selbst keine Straftat, sie ist aber häufig mit solchen verbunden

Beispiel: Orte für solche Kontrollen sind z. B. Asylantenheime, Bordelle, einschlägige Kneipen usw.

---

40 Kaster VerwArch 2001, 234.
41 LVerfG MV NVwZ-RR 1999, 617; Lisken NVwZ 1998, 23 f.; Möllers NVwZ 2000, 384 f.; Waechter DÖV 1999, 145; a. A. LVerfG Sachs.-Anh. NVwZ 2002, 1281; Sächsischer VerfGH 10.7.2003, Az. Vf 43-II-00.
42 VGH Mannheim NVwZ-RR 2011, 231.
43 OVG Bremen NordÖR 2003, 457.

Es genügt, dass sich der Adressat an einem solchen Ort aufhält. Aufhalten ist mehr als sich nur hindurchzubewegen; es bedarf eines gewissen Verharrungsmoments.[44]

§ 10 **Abs. 1 S. 2 Nr. 2** POG bezieht sich auf besonders **gefährdete Objekte** und ist insoweit objektbezogen. Hier genügt es, dass

1. sich der Adressat an einem besonders gefährdeten Objekt aufhält, z. B. an Verkehrs- oder Versorgungsanlagen oder -einrichtungen, öffentlichen Verkehrsmitteln, Asylbewerberheimen, jüdischen Friedhöfen, Kasernen, Flughäfen, und
2. aufgrund tatsächlicher Anhaltspunkte nach aller Erfahrung eines kundigen Amtswalters damit zu rechnen ist, dass an derartigen Objekten Straftaten begangen werden, die die darin befindlichen Personen oder das Objekt selbst unmittelbar körperlich gefährden. Zu beachten ist, dass es ausreicht, dass aus Erfahrung oder aus Anhaltspunkten heraus geschlossen werden kann, dass Objekte dieser Art (*„an derartigen Objekten"*) Gegenstand von Angriffen oder anderen Störungen sein können (z. B. Asylantenheime, weil es in Deutschland in der Vergangenheit Anschläge gegen solche gegeben hat); nicht erforderlich ist es, dass irgendwelche Anhaltspunkte dafür sprechen, wonach gerade diesem Objekt (also z. B. dem konkret betroffenen Asylantenheim) Störungen drohen.

Beispiel: Orte für solche Kontrollen sind z. B. Atomkraftwerke, Asylantenheime, Polizeidienststellen, Trinkwasserbrunnen.

§ 10 **Abs. 1 S. 2 Nr. 3** POG ist schließlich die Einrichtung einer **Kontrollstelle** zur Verhinderung von Straftaten nach § 100a StPO bzw. § 27 Vers G ausreichende Voraussetzung dafür, um dort entsprechende Kontrollen i. S. d. § 10 Abs. 2 POG durchführen zu dürfen. Damit gemeint sind wesentlich politische und besonders schwere, sonstige Straftaten bzw. typische versammlungsrechtliche Straftaten. Für das Begehen dieser Taten muss ein konkreter Verdacht bestehen. Eine anlassfreie Kontrolle aus generalpräventiven Gründen, die sog. Schleierfahndung (ähnlich § 36 Abs. 5 StVO), darf aufgrund § 10 POG (s. aber § 9a Abs. 4 POG) nicht durchgeführt werden.[45]

b) Rechtsfolgen

19 Befugt sind die **allgemeinen Ordnungsbehörden** und die **Polizei**. Nach § 10 Abs. 2 S. 1 POG sind **die erforderlichen Maßnahmen zur Identifizierung** zulässig, soweit nicht speziellere Vorschriften gelten. Für den Umfang der berechtigt feststellbaren Daten kann § 9a Abs. 2 POG entsprechend herangezogen werden. Darüber hinaus können nach § 10 Abs. 2 S. 2 POG die zur Identitätsfeststellung erforderlichen Begleitmaßnahmen getroffen werden, insbesondere kann der Betroffene

■ **angehalten** werden, dies ist als Aufforderungen zu kurzfristigem Innehalten eine bloße Freiheitsbeschränkung, keine Freiheitsentziehung i.S.d. Art. 104 GG,

■ nach seinen **Personalien** befragt und aufgefordert werden, mitgeführte **Ausweispapiere** zur Prüfung auszuhändigen

und falls die Identität auf andere mildere Weise nicht oder nur unter erheblichen Schwierigkeiten festgestellt werden kann

---

44 OVG Hamburg NVwZ-RR 203,276.
45 Vgl. § 163b StPO für repressive Verfahren; ablehnend Waechter DÖV, 1999, 138; VerfGH MV NVwZ-RR 1999, 617 hat präventive Schleierfahndung im Binnenland als verfassungswidrig aufgehoben; im Ergebnis gegen die verdachtlose Schleierfahndung im Bereich der Fernmeldeüberwachung auch BVerfG NJW 2000, 65.

■ **festgehalten** werden, was schon intensiver und als Freiheitsentziehung i.S.d. Art. 2 Abs. 2 S. 2, 104 GG nach § 15 Abs. 1 S. 1 POG **richterlich** zu bestätigen ist, und

■ persönlich und hinsichtlich der Sachen **durchsucht** werden, auf die er Zugriff hat (z. B. Gegenstände im Fahrzeug, in der Nähe abgestellte Taschen usw.).

Beispiel: Mitglieder einer Fangruppe sind zu einem Fußballspiel ihrer Mannschaft nach Trier angereist. Sie werden gleich nach ihrer Ankunft vor dem Bahnhof nach ihren Personalien gefragt. Bis zur Durchführung der Identifizierung müssen die Betroffenen warten, obwohl das Spiel ihrer Mannschaft bereits begonnen hat. – Die Identifizierung wäre rechtswidrig, solange weitere tatsächliche Anhaltspunkte für eine konkrete Gefahr oder für bevorstehende Straftaten i. S. d. § 10 Abs. 1 S. 2 Nr. 1a. aa fehlen. (Eine gleichwohl durchgeführte Maßnahme wäre aber zu dulden und dürfte ggf. mit Zwang von der Polizei durchgesetzt werden, da sie wirksam und beachtlich ist.)

Die Identitätsfeststellung gibt dem Adressaten eine vertretbare Handlungspflicht zum Aushändigen der Ausweispapiere und eine Duldungspflicht für die übrigen Maßnahmen auf.

3. Prüfung von Berechtigungsscheinen, § 10 Abs. 3 POG

Tatbestandsmäßig reicht hier aus, dass ein Berechtigungsschein vorliegt. **Berechti-** 20 **gungsscheine** sind mitzuführende behördliche Urkunden, die bestätigen, dass bestimmte Tätigkeiten ausgeführt oder bestimmte Gegenstände mitgeführt oder benutzt werden können. Die **Pflicht zum Mitführen** eines Scheins muss sich aus anderen Regelungen ergeben. Solche Regelungen gibt es z. B. in § 2 StVG i. V. m. § 36 Abs. 5 StVO für den Führerschein, §§ 24 S. 2, 31a Abs. 3 StVZO für den Fahrzeugschein und das Fahrtenbuch, § 37 WaffG für die Waffenbesitzkarte bzw. den Waffenschein, § 15 Abs. 1 BJagdG für den Jagdschein, § 33 Abs. 1 LFischereiG für den Fischereischein, § 55 Abs. 2 i. V. m. § 60c Abs. 1 S. 1 GewO für die Reisegewerbekarte usw.

Beispiel: Eine Drückerkolonne von Zeitschriftenwerbern ist von Haus zu Haus unterwegs. Nach Beschwerden über das aufdringliche Vorgehen der Werber verlangt die Polizei, dass die Werber ihre Reisegewerbekarte vorlegen. Dazu sind sie nach § 60 Abs. 1 bzw. § 60 Abs. 2 GewO gegenüber den zuständigen Behörden verpflichtet.

Insbesondere bedarf es weder einer im einzelnen Falle bestehenden Gefahr noch auch nur eines Gefahrenverdachts.

Auf der Rechtsfolgenseite ist der Adressat verpflichtet, den Beamten der **allgemeinen Ordnungsbehörden** und der **Polizei** den Berechtigungsschein zur Prüfung **auszuhändigen** (vertretbare Handlungspflicht).

Im Straßenverkehrsrecht hat diese Vorschrift wegen der spezielleren §§ 36 Abs. 5 StVO, 24 StVO, 4 Abs. 2, 48 Abs. 3 FahrerlaubnisVO kaum Bedeutung.

4. Erkennungsdienstliche Maßnahmen nach § 11 POG

Erkennungsdienstliche Maßnahmen sind Feststellung und Registrierung individu- 21 eller körperlicher Merkmale, insbesondere die in § 11 Abs. 4 POG genannten. Sie stehen nur der **Polizei** zu, den allgemeinen Ordnungsbehörden stehen erkennungsdienstliche Maßnahmen z. B. nach § 4 Abs. 5 LPAuswG zu, wenn Zweifel an der Identität des Ausweisinhabers bestehen.

a) Tatbestand des § 11 Abs. 1 Nr. 1 POG

Voraussetzung nach § 11 Abs. 1 Nr. 1 POG ist, dass

1. eine **Identitätsfeststellung** allein mit den Mitteln nach § 10 POG nicht oder nur unter erheblichen Schwierigkeiten möglich wäre und

2. zusätzlich hinreichend wahrscheinlich ist, dass beim Einsatz erkennungsdienstlicher Maßnahmen eine Identifizierung möglich sein wird.

Beispiel: Die Polizei führt auf dem Platz vor dem Dom in Mainz eine Personenkontrolle durch. Nach örtlicher Erfahrung der Polizei vor Ort werden dort immer wieder ausländerrechtlich Illegale aufgegriffen. Diesmal wird der farbige Deutsche D angetroffen, der seine Identität nicht näher darlegen kann. Er wird zur erkennungsdienstlichen Behandlung nach § 11 Abs. 1 Nr. 1 i. V. m. § 10 Abs. 1 2 Nr. 1a. bb POG auf die Wache gebeten. Er weigert sich, da er weder Ausländer sei noch sonst Anlass für eine solche Überprüfung gegeben habe. – Die erkennungsdienstliche Behandlung des D ist nach den genannten Vorschriften zulässig, da davon nicht nur Ausländer betroffen sind und keine konkrete Gefahr vorliegen muss. Nach vergeblich versuchter Identifikation im Rahmen von § 10 POG sind zusätzliche Maßnahmen nach § 11 Abs. 1 Nr. 1 POG möglich.

b) Tatbestand des § 11 Abs. 1 Nr. 2 POG

22 Nach § 11 Abs. 1 Nr. 2 POG muss

1. jemand einer – nicht unbedingt erheblichen[46] – **Straftat verdächtig** sein und

2. aus der Art und Weise der Tatbegehung darüber hinaus eine hinreichende Wahrscheinlichkeit dafür bestehen, dass eine **Wiederholung** der Tat in absehbarer Zeit zu erwarten ist.[47]

Beispiel: In der Tasche einer Kundin findet der Kaufhausdetektiv eine nicht bezahlte Ware. Das Kaufhaus ruft die Polizei. Diese nimmt den Fall auf. Ferner ist sie zu erkennungsdienstliche Maßnahmen berechtigt, weil ein Verdacht besteht.

Die Tat muss strafbewehrt sein, Bußgeldtatbestände genügen nicht. Für den Verdacht, dass jemand eine Straftat begangen hat, müssen tatsächliche Hinweise bestehen. Ist jemand bereits Beschuldigter eines Ermittlungsverfahrens, kommen erkennungsdienstlichen Maßnahmen nur nach § 81b 1. Fall (*„für die Zwecke der Durchführung des Strafverfahrens"*) StPO in Betracht.[48]

Problematisch ist die Abgrenzung zu **§ 81b 2. Fall StPO** (*„für die Zwecke des Erkennungsdienstes"*). Während im 1. Fall dieser Vorschrift Ermächtigungen zur repressiven Verfolgung von Straftätern enthalten sind, erlaubt der 2. Fall präventive erkennungsdienstliche Maßnahmen.[49] Der Bundesgesetzgeber durfte aus dem Sachzusammenhang mit Art. 74 Abs. 1 Nr. 1 GG heraus die Regelung des § 81b 2. Fall StPO treffen, wodurch § 11 Abs. 1 Nr. 2 POG nach Art. 31 GG insoweit verdrängt ist, soweit der früher geschaffene § 81b 2. Fall StPO reicht.[50] Für erkennungsdienstliche Maßnahmen, die im Zusammenhang mit oder als Folge von Strafverfahren durchgeführt werden, ist daher § 11 Abs. 1 Nr. 2 POG unwirksam und nicht anzuwenden. Er bleibt aber insoweit wirksam, als keine Überschneidung mit § 81b 2. Fall StPO besteht. § 11 Abs. 1 Nr. 2

---

46 OVG Koblenz 1.12.2000 Az. 11 B 11929/00.OVG.

47 Bei Involvierung in die Drogenszene regelmäßig anzunehmen, VG Neustadt/W. vom 6.3.2006 Az. 5 K 1991/05.NW; bei einem rückfallgefährdeten Sexualstraftäter allerdings abgelehnt von OVG Lüneburg Nds-VBl. 2011, 290.

48 OVG Münster DÖV 1983, 603 (604).

49 BVerwGE 66, 202; NJW 2006, 1225; OVG Koblenz DÖV 2001,212; OVG Münster DVBl 1999, 1228; früher anders unter Berufung auf OVG Koblenz, Urteil vom 27.6.1984 AZ 11 A 37/83.

50 BVerwGE 11, 182; 26, 170; OVG Koblenz NVwZ-RR 2001, 238; OVG Münster NJW 1999, 2689; OVG Schleswig NVwZ-RR 2007, 817; VG Trier 5.6.2002 Az. 1 L 477/02.TR und 1 L 478/02.TR.

POG ist demnach anwendbar, wenn die erkennungsdienstlichen Maßnahmen von vornherein gegen Personen gerichtet sind, für die selbst bei Tatbegehung ein Strafverfahren nicht in Betracht kommt. Das betrifft im Wesentlichen die nicht strafmündigen Kinder unter 14 Jahren i.S.d. § 19 StGB, Schuldunfähige i.S.d. § 20 StGB, Verurteilte, Freigesprochene, auch Anfangsverdächtigte, gegen die anschließend kein Ermittlungsverfahren eingeleitet wird.[51] Dagegen gilt § 81b 2. Fall StPO auch dann wenn ein eingeleitetes Verfahren später, d. h. nach der erkennungsdienstlichen Maßnahme eingestellt wird.[52] In jedem Fall richtet sich die polizeiliche Zuständigkeit hierfür nach § 1 Abs. 1 S. 3 POG und nicht nach der StPO.[53]

c) Rechtsfolgen des § 11 POG

Als mögliche Maßnahmen zählt § 11 Abs. 3 POG beispielhaft die wichtigsten erken-   **23** nungsdienstlichen Maßnahmen auf. Aber auch Stimmaufzeichnungen, Zahnbilder, Videos, Unterschriften, Maßnahmen, die den ganzen Körper oder bestimmte Körperteile und besondere persönliche Merkmale, wie Narben, Tätowierungen oder auch Piercings betreffen, usw. sind zulässig.[54] Ihnen allen gemeinsam ist die **beschreibende** und vergleichende, aber **nicht untersuchende Natur** der Maßnahmen. Insoweit können körperliche Untersuchungen, die mit Eingriffen verbunden sind, nicht dazu rechnen. Ebenso wenig zählen hierher beschreibende und vergleichende Maßnahmen, die typischerweise erst aufgrund körperlicher Eingriffe möglich werden. Blutuntersuchungen, Genomanalysen[55] oder die Gabe von Brechreizmitteln[56] sind präventivpolizeilich nur im Rahmen des § 11a POG zulässig. Die erkennungsdienstliche Maßnahme geschieht auch immer **offen**.

Beispiel: Vor dem Gebäude des Strafgerichts werden Jugendliche mit Spraydosen aufgegriffen. Das Amtsgebäude ist noch nicht mit Graffiti bemalt. Die Jugendlichen werden einer erkennungsdienstlichen Behandlung durch Bildanfertigung und Abnahme von Fingerabdrücken unterzogen. – Das Anfertigen von Personenfotos und Fingerabdrücken ist eine erkennungsdienstliche Maßnahme i.S.d. § 11 Abs. 3 Nr. 1 und 2 POG. Die Tatbestandsvoraussetzungen des § 11 Abs. 1 Nr. 2 POG sind zwar nicht erfüllt. Die aufgegriffenen Personen haben noch keine Sachbeschädigung am Gerichtsgebäude begangen. Erkennungsdienstliche Behandlung nach § 11 Abs. 1 Nr. 1 i. V. m. § 10 Abs. 1 S. 2 Nr. 2 POG kommt ebenfalls nicht in Betracht, weil eine absehbare Sprayaktion der Jugendlichen weder die Beschäftigten im Gericht noch das Gebäude selbst in seiner Amtsfunktion schädigt. Allerdings besteht nach § 10 Abs. 1 S. 1 POG eine konkrete Gefahr für die öffentliche Sicherheit, soweit eine Sachbeschädigung des Gerichts absehbar bevorsteht. Soweit die Jugendlichen als mögliche Verursacher dieser Gefahr nicht identifiziert werden können, dürften sie nach § 11 Abs. 1 Nr. 1 POG zusätzlich erkennungsdienstlich behandelt werden.

Der Adressat ist zur Duldung der Maßnahme, soweit zur erkennungsdienstlichen Maßnahme unverzichtbar, auch zur Mitwirkung (insoweit höchstpersönliche Handlungspflicht) verpflichtet. Die erkennungsdienstliche Maßnahme selbst ist Realakt, gegebenenfalls verbunden mit Verwaltungszwang. In der Regel bleibt es nicht bei der schlichten, erkennungsdienstlichen Behandlung. Betroffene Personen werden zusätzlich in Dateien oder Informationssystemen nach bestimmten Ordnungskriterien dieser Dateien erfasst und gespeichert. Spätestens dieser Dokumentationsvorgang greift gezielt in die Grundrechte des Betroffenen im Sinne eines Eingriffs mit Regelungscharakter ein und hat insoweit den Charakter einer Verfügung. Zum Ermessen im Einzelnen vergleiche Kapitel F.

---

51   VG Neustadt/W. 29.11.2011 Az. 5 K 550/11.NW Drews/Wacke/Vogel/Martens, S. 189.
52   BVerwGE 11, 182; 26, 170; VGH Kassel NVwZ-RR 1994, 654.
53   BVerwG NJW 2006, 1225.
54   VG Neustadt Veränderung der Haar- und Barttracht BVerfGE 47, 246 ff.
55   Brinkmann NJW 1999, 1697.
56   OLG Frankfurt NJW 1997, 1647 dazu Grüner JuS 1999, 122.

24 Zuständig für die erkennungsdienstlichen Maßnahmen ist die **Polizei**. Das gilt auch für solche Maßnahmen, die ihren Ausgang bei einer Identifikation durch Ordnungsbehörden nach § 10 Abs. 1 S. 1 POG genommen haben.

Verfahrensrechtliche Erfordernisse ergeben sich aus § 11 Abs. 2 POG und § 81f Abs. 2 StPO. Angelegte Daten zu erkennungsdienstlichen Maßnahmen sind nach Wegfall der Voraussetzungen des § 11 Abs. 1 POG **von Amts wegen zu vernichten**, also nicht nur unbrauchbar zu machen. Das gilt auch für die Untersuchungsergebnisse und Spurenmaterial von Vermissten, wie auch der Verweis auf § 81g StPO zeigt. Als falsch erkannte Ergebnisse erkennungsdienstlicher Maßnahmen sind ebenfalls zu vernichten. Verwaltungsrichtlinien regeln hierfür **Überprüfungsfristen**. Der Betroffene kann bei Fehlen oder Wegfall der Voraussetzungen des § 11 Abs. 1 POG die Vernichtung der Unterlagen verlangen. Darüber ist der Betroffene beim Durchführen der Maßnahmen zu belehren.

Die gerichtliche Durchsetzung eines Anspruchs auf Vernichtung entsprechender Unterlagen erfolgt je nach Rechtsgrund der Maßnahmen vor unterschiedlichen Gerichten. Wegen Unterlagen in **strafverfahrensrechtlichen Akten** nach § 81b 1. Fall StPO kann nach § 23 ff. EGGVG vor dem **OLG** Klage erhoben werden. Das Aufbewahren entsprechender Unterlagen zur Straftatenverhütung nach § 81b 2. Fall StPO ist eine **präventive** Maßnahme, die vor dem **Verwaltungsgericht** nach § 40 Abs. 1 VwGO zu überprüfen ist.[57] Gleiches gilt für § 11 POG. Klageart ist dann die **Verpflichtungsklage**, da es um die Löschung von vorgehaltenen, persönlichen Merkmalen bei Verdächtigen geht. Das Anlegen solcher Daten über Verdächtige ist ein Verwaltungsakt, dann gilt gleiches für den umgekehrten Fall des Beseitigens dieser Aufzeichnungen.[58]

5. Medizinische und molekulargenetische Untersuchungen, § 11a POG

25 Hierbei handelt es sich um eine besondere Form der **Identitätsfeststellung**. Die in § 11a POG beschriebenen Untersuchungen sind zu keinem anderen Zweck zulässig. Nach § 11a Abs. 1 POG sind bei **verstorbenen** oder solchen Personen, die sich erkennbar in einem die **freie Willensbildung ausschließenden Zustand** oder sonst in **hilfloser Lage** befinden, auch medizinische Untersuchungen zur Identitätsfeststellung rechtmäßig, wenn andere Möglichkeiten zur Identitätsfeststellung nicht oder nur unter erheblichen Schwierigkeiten möglich sind.

Beispiel: In einem Reisebus verbrennen nach einem Unfall Insassen zur Unkenntlichkeit. Um festzustellen, wer die Opfer sind, bleibt nur die molekulargenetische Untersuchung.

Die **Polizei** ordnet zwar die Untersuchung an, ausführen darf sie jedoch nur ein approbierter **Arzt**, § 81 Abs. 1 S. 2 StPO, § 11a Abs. 1 S. 2 POG, wobei sich allerdings fragt, ob das auch für die Hauptanwendungsfälle der Speichel- oder Haarprobe gelten muss. Diese Form der Untersuchungen kann aber auch bei Lebenden wichtig werden, z. B. zur Identifizierung von ausgesetzten Säuglingen oder anderer hilfloser Personen. Dann darf allerdings kein Nachteil für die Gesundheit des Betroffenen zu befürchten sein.

Diese medizinischen Untersuchungsergebnisse dürfen nach § 11a Abs. 2 POG mit Spurenmaterial von **Vermissten** zum Zwecke der Identitätsfeststellung verglichen werden, indem molekulargenetische Vergleichsuntersuchungen durchgeführt werden.

---

57 BVerwG NJW 1989, 2640 und VGH München NJW 1984, 2236; vorausgesetzt die Daten werden noch vorgehalten VG Trier 16.11.2010 Az. 1 K 178/10.TR.
58 VGH München wie vor.

Zu diesem Zweck können, soweit erforderlich, medizinische Unterlagen (z. B. Röntgenbilder des Hausarztes, Gebissabdrücke) vorübergehend genutzt oder Körperzellen entnommen oder sichergestellt werden. Das ist bedeutsam vor allem für Großschadensereignisse (z. B. Großbrand, terroristischer Anschlag) mit einer Vielzahl von verletzten Personen, für das Klären von Vermisstenfällen und das Identifizieren von Verstorbenen außerhalb von staatsanwaltschaftlichen Ermittlungen. Demgegenüber sind die Rechtsgrundlagen für körperliche und molekulargenetische Untersuchungen zu *repressiven* Zwecken die §§ 81a, 88 ff. StPO und das DNA-Identitätsfeststellungsgesetz. Abweichend von § 81a StPO sind diese Untersuchungen nur zur Identitätsfeststellung zugelassen. Die hier gewonnen Erkenntnisse können also nicht für andere Zwecke verwendet werden, § 81f StPO, § 11a Abs. 2 S. 2 POG. Soweit es sich um die molekulargenetische Untersuchung einer lebenden Person handelt, bedarf es einer Entscheidung des **Amtsgerichts** am Sitz der Polizeidienstelle, § 11a Abs. 3 POG.

Wie bei den meisten Maßnahmen bedarf es auch hier der Ermächtigungsgrundlage nur, wenn der Betroffene, bei Toten die Personenberechtigten, eingewilligt haben. Eine **Einwilligung** im Rechtssinne liegt aber nur vor, wenn sie eindeutig und ausdrücklich von einer Person mit entsprechender Verstandesreife erfolgt, diese über die Sachlage und ihr Verweigerungsrecht belehrt worden ist und die Person den Eingriff nicht nur resigniert hinnimmt. Im Zweifel liegt keine Einwilligung vor.

6. Vorladung, § 12 POG

Vorladung ist das Gebot an eine Person, zu einer bestimmten Zeit an einem bestimm- **26** ten Ort persönlich zu erscheinen. **Vorführung** ist die Durchsetzung der Vorladung mittels unmittelbaren Zwangs.

a) Tatbestände des § 12 Abs. 1 S. 1 POG

Nach § 12 Abs. 1 **Nr. 1** POG kann eine Person vorgeladen werden, wenn

- Tatsachen, nicht nur Vermutungen, die Annahme rechtfertigen, dass jemand **sachdienliche Angaben** machen kann und
- diese Angaben zur **Erfüllung einer bestimmten polizeilichen Aufgabe** erforderlich sind.

Ob den Vorgeladenen eine **Pflicht zur Aussage** trifft und keine Aussageverweigerungsgründe vorliegen, ist **nicht Voraussetzung** einer Vorladung.

Beispiel: Bei der Stadtverwaltung als Versammlungsbehörde verdichten sich die Hinweise, dass die rechtsradikale Organisation O plant, die für in 5 Tagen angemeldete Versammlung gewaltsam zu gestalten. A ist ein Mitglied dieser Organisation, hat aber schon früher wertvolle Auskünfte gegeben. Man will ihn nun zu diesen Hinweisen befragen. Er dürfte für diese Befragung in die Behörde vorgeladen werden.

§ 12 Abs. 1 **Nr. 2** POG ermöglicht der Polizei die Vorladung, wenn es zur Durchführung **erkennungsdienstlicher Maßnahmen** erforderlich ist. D.h. es darf kein weniger einschneidendes Mittel geben, die erkennungsdienstlichen Maßnahmen umzusetzen.

Beispiel: Der 12jährige L stiehlt eine Ware aus einem Kaufhaus, wird erkannt, kann aber fliehen. Nun sollen nach § 11 Abs. 1 Nr. 2 POG erkennungsdienstliche Maßnahmen durchgeführt werden. Hierzu kann er von der Polizei (nicht von der Ordnungsbehörde) vorgeladen werden.

b) Rechtsfolgen

27 Dem Adressaten kann das Erscheinen auferlegt werden, allerdings eng begrenzt auf den **Vorladungszweck**. Die **Verhältnismäßigkeit** i. w. S. ist besonders zu beachten. Allerdings ist eine Vorladung nicht schon deshalb unverhältnismäßig, weil sich der Geladenen ernsthaft weigert auszusagen, denn meistens kann nicht ausgeschlossen werden, dass der Geladene sich in der Behörde eines Besseren besinnt.

Bei der Vorladung ist auf die persönlichen Verhältnisse des Geladenen Rücksicht zu nehmen. Das gilt gegenüber beruflich bedingten Zeiteinschränkungen ebenso wie gegenüber familiär oder gesundheitlich bedingten zeitlichen oder sachlichen Einschränkungen, § 12 Abs. 2 S. 2 POG. Es muss geprüft werden, ob der Zweck nicht auch durch Aufsuchen des Betroffenen erfüllt werden kann. Zum Ermessen im Einzelnen vergleiche Kapitel F.

c) Durchführung der Vorladung

28 Zuständig für die Vorladung ist in beiden Fällen des § 12 Abs. 1 POG die **Polizei**, bei Auskunftsersuchen im Rahmen ordnungsbehördlicher Aufgaben auch die Ordnungsbehörde, § 12 Abs. 1 S. 2 POG. Bei der Vorladung muss der **Grund** dafür angegeben werden, § 12 Abs. 2 S. 1 POG.

Notfalls, also wenn der Vorladung keine Folge geleistet wird und kein milderes Mittel zur Verfügung steht, kann die Verfügung auch durch **Zwang** durchgesetzt werden, § 12 Abs. 3 POG. Das gilt für die Durchführung erkennungsdienstlicher Maßnahmen im Rahmen der Verhältnismäßigkeit uneingeschränkt. Eine Aussage darf aber nur erzwungen werden, wenn die erwarteten Angaben zur Abwehr einer Gefahr für Leib, Leben oder Freiheit einer Person dienen. Als Zwangsmittel der höchstpersönlichen Erscheinungspflicht kommen Zwangsgeld und – insoweit nur für die Polizei – unmittelbarer Zwang durch Vorführung in Betracht.[59] Die zwangsweise Durchsetzung von Vorladungen ist ein Eingriff in Art. 2 Abs. 2 S. 2 GG und bedarf wegen Art. 104 GG der Bestätigung durch **gerichtlichen Beschluss** gemäß § 15 Abs. 1 S. 1 POG.

Mittels § 12 dürfen aber nicht die **§ 133 Abs. 2 oder § 163a Abs. 3 S. 1 StPO umgangen** werden, wonach im repressiven Verfahren ein Erscheinen mit Vorführung nur gegenüber Gericht und Staatsanwaltschaft, nicht aber gegenüber der Polizei, erzwingbar ist.[60]

7. Meldeauflagen, § 12a POG

29 Mit der Meldeauflage sollen vor allem Großveranstaltungen wie Sport- oder Musikereignisse, Versammlungen[61] vor gewaltbereiten Störern geschützt werden. Die **Polizei** kann gegenüber einer Person anordnen, sich an bestimmten Tagen zu bestimmten Zeiten bei bestimmten Polizeidienststellen zu melden.[62] Voraussetzung ist, dass Tatsachen die Annahme rechtfertigen (**Gefahrenverdacht**), dass der Adressat eine **Straftat** (nicht nur Ordnungswidrigkeit) begehen wird. Allgemeine Vermutungen reichen nicht. Der Verdacht braucht andererseits aber noch nicht zu einer konkreten Gefahr verdichtet zu sein. Es reicht eine Prognose, für die z. B. die Art und Weise der Ausführung bisheriger Straftaten, erfolgte Drohungen, Aufrufe oder Internetauftritte maß-

---

59 VG Gießen NVwZ-RR 1999, 376.
60 Gusy Rn 199.
61 Vgl. hierzu VGH Mannheim DÖV 2008, 218; Schucht NVwZ 2011, 709.
62 Das war schon früher aufgrund der Generalklausel möglich, vgl. BVerwG DÖV 2008, 28.

gebend sein können. Die Unschuldsvermutung gilt hier wie im gesamten Gefahren-abwehrrecht nicht.

Beispiel: H ist ein polizeibekannter Hooligan, der schon fünfmal in der Datei „Gewalttäter Sport"[63] erfasst ist, weil er bei Fußballspielen andere zu Sachbeschädigungen und Körperver-letzungen aufstachelt und diese Taten auch selber begeht. Als in Deutschland ein internationales Fußballturnier stattfindet, wird H aufgegeben, sich zu bestimmten Zeiten bei seiner örtlichen Po-lizeidienststelle zu melden.[64]

Die zu verhindernden Straftaten sind jedenfalls die, die nach deutschem Strafrecht strafbar sind, also nicht nur solche im Inland (§ 3 StGB), sondern auch solche im **Ausland**, insbesondere gegen deutsche oder international geschützte Rechtsgüter oder deutsche Staatsbürger (vgl. §§ 4 ff. StGB). Ob das auch für die seltenen Fälle gilt, in denen die Tat *nur* nach dem Recht des ausländischen Staates strafbar ist, in dem die Tat begangen werden soll, wird man wohl nach Wortlaut und Sinn der Vorschrift be-jahen müssen, solange die Strafbewehrung mit unserer verfassungsgemäßen Werte-ordnung übereinstimmt (z. B. demonstrative Schmähkritik an religiösen Einrichtungen anderer Länder, nicht aber z. B. bei sachlicher Kritik). Präventiv kann ja die Ausreise durchaus eingeschränkt werden (vgl. §§ 7 Abs. 1 Nr. 1, 8, 10 PassG,[65] § 2 Abs. 2 Per-sAuswG; insoweit kein Eingriff in Art. 11 GG, sondern nur in Art. 2 Abs. 1 GG), die Mel-deauflage kann dann dieses Ausreiseverbot flankieren.

Die Meldeauflage ist ein **Eingriff in Art. 11 GG**, da so ein freier Aufenthalt in ganz Deutschland nicht mehr möglich ist. Selbstverständlich muss die Meldeauflage zur Verhinderung der Straftat das **mildeste geeignete Mittel** sein, § 2 Abs. 1 und 2 POG. Besonders wenn es um das Ziel geht, einen potenziellen Gewalttäter von einer Ver-sammlung fernzuhalten, ist wegen des Schutzes von Art. 8 GG genaue Sorgfalt ge-boten; hier wird man schon schwere Gründe und eine recht sichere Schadenserwar-tung haben müssen, wenn man die Teilnahme unterbinden will. Eine Meldeauflage darf zunächst nur für höchstens einen Monat verfügt und kann auf Entscheidung des **Amtsgerichts** am Sitz der Polizeidienststelle um einen weiteren Monat verlängert werden.

IV. Entfernungsgebote, § 13 POG

1. Allgemeine Platzverweisung, § 13 Abs. 1 POG

Platzverweisung ist das Gebot, eine bestimmte Örtlichkeit kurzfristig zu verlassen, **30** bzw. das Verbot, sie kurzfristig nicht zu betreten. Ihre allgemeine Form gilt nicht als schwerwiegender Eingriff.[66] Diese Platzverweisung steht sowohl den **allgemeinen Ordnungsbehörden** als auch der **Polizei** zu. **Speziellere** Regeln der Platzverweisung finden sich in § 46, § 57 AufenthG, §§ 56, 59 AsylVfG, § 25 Abs. 1 S. 4 LBKG, § 28 InfSchG oder in § 8 JuSchG. Gegen Teilnehmer einer ablaufenden öffentlichen Ver-sammlung (vgl. Rn G 2) setzt die Anwendbarkeit von § 13 Abs. 1 POG voraus, dass der Adressat aufgrund eines Ausschlusses von der Versammlung nach den §§ 18

---

63 Die Zentrale Informationsstelle Sporteinsätze (ZIS) registriert und beobachtet bundesweit Fußball-Gewalt-täter im Rahmen der Datei „Gewalttäter Sport". Dort werden Daten solcher Personen gespeichert, gegen die im Zusammenhang mit Sportveranstaltungen strafrechtliche Ermittlungsverfahren eingeleitet oder deswegen verurteilt wurden (vgl. dazu Spiecker/Kehr DVBl. 2011, 930).

64 OVG Lüneburg NVwZ-RR 2006, 613; hierzu auch BVerfG vom 19.6.2006 – 1 BvQ 17/06 – in BVerfGK 8, 225; Rühle/Suhr § 12a, 4.

65 Hierzu OLG Stuttgart NVwZ-RR 2009, 679.

66 VG Neustadt/W. 15.11.2002 Az. 7 K 811/02.NW.

Abs. 3 und 1, 11 Abs. 2 VersG eine gesetzliche Pflicht zum Weggehen hat. Bei der Störung von Amtshandlungen geht § 164 StPO vor, der zwar eigentlich die Festnahme regelt, aber als Mindermaßnahme auch die Befugnis zur Platzverweisung umfasst. Eine gewisse Ähnlichkeit der allgemeinen Platzverweisung besteht mit dem **öffentlich-rechtlichen Hausrecht**, dessen Anwendung der Platzverweisung vorgeht.[67] Das öffentlich-rechtliche Hausrecht ist im räumlichen Anwendungsbereich enger als die Platzverweisung, da es auf Räumlichkeiten und befriedetes Besitztum beschränkt ist, die hoheitlich genutzt werden. Dafür reicht es zeitlich weiter, da es anders als die Platzverweisung nach § 13 Abs. 1 POG auch langfristig oder gar dauerhaft ausgesprochen werden kann. Eine Platzverweisung ist jedoch in aller Regel **ausgeschlossen**, wenn die abzuwehrende Gefahr *vom Inhalt* eines **Druckwerkes** i. S. d. LMedienG ausgeht, vgl. § 4 LMedienG (s. dazu Rn G 74).

31 Ähnlich wie bei § 9 Abs. 1 S. 1 POG erfordert der Tatbestand des § 13 Abs. 1 S. 1 POG eine **Gefahr für die öffentliche Sicherheit oder Ordnung**; insoweit wird auf die Kapitel C und D verwiesen. Satz 2 dieser Vorschrift (Behinderung von Rettungskräften) enthält lediglich einen praktisch bedeutsamen Unterfall von Satz 1.

Beispiel: Aus einer chemischen Anlage sind giftige Gase ausgetreten, der Bevölkerung wird untersagt, die Umgebung in den nächsten Stunden zu betreten; konkrete mutmaßliche Beteiligte der Drogenszene werden aufgefordert, den „Umschlagplatz" am Bahnhof zu verlassen[68]; nach einer Bombendrohung werden die Besucher der Diskothek aufgefordert, diese zunächst zu verlassen, damit nach dem Sprengsatz gesucht werden kann.

Das Vorliegen einer Gefahr kann insbesondere bei Platzverweisungen gegen **Nichtsesshafte** aus dem Innenstadtbereich zweifelhaft sein[69], denn z. B. die schlichte Belästigung, atmosphärische Beeinträchtigung oder Nachteile für den Tourismus der Kommune stellen für sich noch keine Gefahr i.S.d. POG dar. Zu beachten ist aber dabei, dass in den Fällen des § 183a StGB und der §§ 118 und 119 OWiG **Belästigungen** bereits einen Ordnungswidrigkeitstatbestand erfüllen, so dass ausnahmsweise Belästigungen als Verstoß gegen die objektive Rechtsordnung eine Gefahr für die öffentliche Sicherheit sein können.

Beispiel: Stadtstreicher, die in der Fußgängerzone nur herumsitzen und Alkohol trinken, mögen zwar eine Belästigung sein, sind aber noch keine ordnungsrechtliche Gefahr. Anders dagegen, wenn sie z. B. demonstrativ urinieren (§ 118 OWiG), sexuelle Handlungen aneinander vornehmen (§ 183a StGB) oder sich den Alkohol durch Diebstähle besorgen oder gegen Passanten tätlich werden.

Zusätzlich kann eine Gefahr für die objektive Rechtsordnung (öffentliche Sicherheit) dadurch gegeben sein, dass der Adressat vorangegangenen Platzverweisungen nicht gefolgt ist und somit den Tatbestand des § 113 OWiG oder des § 29 Abs. 1 Nr. 2 VersG erfüllt hat. **Nicht** allerdings kommt § 13 Abs. 1 POG zum Schutz **repressiver** Tätigkeit in Betracht, da dafür § 164 StPO spezieller ist.

Auf der Rechtsfolgenseite ist ausschließlich das Freihalten des Ortes von dieser Person Regelungsgegenstand der Maßnahme. § 13 Abs. 1 POG rechtfertigt darum auch nicht, der Person eine bestimmte Richtung vorzugeben, in der sie den Ort zu verlassen hat, es sei denn, die Entfernung in andere Richtungen begründet wiederum eine Gefahr. Noch weniger rechtfertigt § 13 Abs. 1 POG alleine eine Freiheitsentziehung. Zwar darf die Platzverweisung grundsätzlich mit den Mitteln des unmittelbaren Zwangs durchgesetzt werden, aber z. B. für das Wegfahren der Person im Streifenwagen be-

---

67 Vgl. hierzu Götz § 5 Rn 41; Gusy Rn 82.
68 So VG Sigmaringen NVwZ-RR 1995, 327 ff.
69 So auch Lisken/Denninger Rn F 269.

darf es zusätzlich der Voraussetzungen des § 14 Abs. 1 Nr. 3 POG (zum Verbringungs-gewahrsam s. Rn G 40).

Die Platzverweisung nach § 13 Abs. 1 POG gibt eine höchstpersönliche Handlungs-pflicht (Verlassen) bzw. ein Unterlassungsgebot (Nichthingehen) auf. Sie ist nur **zeitlich befristet** möglich. Die frühere Formulierung „vorübergehend" war allerdings besser, denn „befristet" suggeriert, dass die Maßnahme von vornherein für eine Frist (also einen festen Tag, eine feste Uhrzeit usw.) ausgesprochen werden müsse, was aber sehr unpraktisch wäre, wenn die Dauer z. B. von einem ungewissen Ereignis, z. B. der Räumung der Unfallstelle, (also von einer Bedingung) abhinge. Sie kommt daher, an-ders als das Hausrecht, nur für einen überschaubaren zeitlichen Rahmen in Betracht. Grundsätzlich ist die Dauer der Platzverweisung vom Bestehen der Gefahrenlage ab-hängig. Regelmäßig wird es sich um Minuten oder Stunden handeln, je nach Sachlage kann das Betretungsverbot aber auch durchaus mehrere Tage wirken.[70]

Beispiel: Zulässig nach § 13 POG wäre für den Zeitraum mehrtägiger Chaostage ein Betretungs-verbot der Innenstadt für bestimmte Mitglieder der Chaosszene.

Zum Ermessen im Einzelnen vergleiche Kapitel F.

Umstritten ist, ob § 13 Abs. 1 POG in das Freiheitsrecht nach Art. 2 Abs. 2 S. 2 GG **32** eingreift. Richtigerweise garantiert das durch einen qualifizierten Gesetzesvorbehalt gesicherte Freiheitsrecht aber nur den Anspruch, grundsätzlich jeden Ort verlassen zu dürfen. Die Platzverweisung beschränkt aber gerade umgekehrt das Recht, einen Ort zu betreten. Das Recht, jeden Ort zu betreten, hat aber historisch und in seiner Aus-wirkung nicht dieselbe Bedeutung wie das Entfernungsrecht und bedarf keines qua-lifizierten Schutzes. Es ist daher kein Eingriff in Art. 2 Abs. 2 S. 2[71], sondern nur Be-standteil des **allgemeinen Persönlichkeitsrechtes** nach Art. 2 Abs. 1 GG und steht unter dem einfachen Vorbehalt der verfassungsgemäßen Ordnung, kann also ungezielt und ohne Zitieren durch jegliches geschriebene oder ungeschriebene Recht begrenzt werden. Bei anderer Ansicht wären das öffentliche Hausrecht (keine Grundlage in ei-nem formalen Gesetz) oder Bewegungsbeschränkungen nach der StVO (kein Zitieren des Art. 2 Abs. 2 S. 2 GG nach Art. 19 Abs. 1 S. 2 GG im StVG) verfassungswidrig. Daher ist § 13 Abs. 1 POG verfassungsrechtlich nicht zwingend notwendig; wenn es ihn nicht gäbe, könnte seine Regelung auch auf die Generalklausel gestützt werden

2. Wohnungsverweisung, § 13 Abs. 2 POG, Art. 13 Abs. 7 GG

Eingriffe und Beschränkungen in den Wohnraum sind im Falle **einer gemeinen Ge- 33 fahr** (s. dazu Rn D 13) **oder einer Lebensgefahr** für einzelne Personen schon nach Art. 13 Abs. 7 GG unmittelbar zugelassen, ohne dass es dazu zusätzlich eines einfa-chen Gesetzes bedürfte (s. dazu Rn G 62).

Beispiel: Die Wohnung muss wegen einer Bombendrohung oder wegen Hochwasser geräumt werden.

Im Übrigen gilt für den physischen Eingriff in den Wohnraum neben §§ 20 f. POG ins-besondere § 13 Abs. 2 POG. Der Tatbestand des § 13 Abs. 2 POG setzt eine gegen-wärtige **Gefahr** für **Leib, Leben** (vgl. hierzu Rn D 12) **oder für bedeutende Sach- und**

---

70 Möller/Warg Rn 350; Schenke Rn 132: maximal 24 Stunden; Gusy Rn 277: regelmäßig wenige Stunden, ausnahmsweise 3–4 Tage.

71 H.M. BVerwG NJW 1958, 1249, VGH München NVwZ 2000, 454, 2001, 1291; VG Neustadt NVwZ-RR 2003, 277; VG Frankfurt NVwZ-RR 2002, 575; Gusy Rn B 254 mwN.; anders z. B. Lisken/Denninger F 268, wohl auch Roos / Lenz § 13 Rn 1.

Vermögenswerte voraus.[72] Sach- und Vermögenswerte sind dann bedeutend, wenn sie einen hohen materiellen Wert besitzen (z. B. Juwelen, Kunstgegenstände, Aktien, Fahrzeuge usw.), der ideelle Wert (z. B. persönlicher Erinnerungswert) bleibt außer Betracht, sofern er sich nicht wiederum im Wert auswirkt (z. B. zerschlissener Fußballschuh von Fritz Walter).

Beispiele: Der islamischen Wohnungsinhaberin droht dort ein Säureanschlag; ohne dass der Mieter die Wohnung verlässt, ist eine Sanierung der kurz vor dem Bersten stehenden Abwasserleitungen nicht möglich.

Unter diesen Voraussetzungen kann die **Polizei** oder die **allgemeine Ordnungsbehörde** regelmäßig eine Person im Rahmen des Ermessens (Kapitel F) zeitlich befristet sogar aus ihrer durch Art. 13 GG geschützten **Wohnung verweisen** bzw. ihr deren Betreten verbieten. Der Umfang der **Wohnung** ergibt sich hier aus einer entsprechenden Anwendung des § 20 Abs. 1 S. 2 POG (s. Rn G 61 f.), wobei im Rahmen des Ermessens die Verfügung auch auf Wohnungsbereiche beschränkt werden kann. Gleichzeitig greift die Maßnahme auch in das Recht auf Freizügigkeit nach Art. 11 Abs. 1 GG ein.[73] **Adressat** der Wohnungsverweisung kann jede Person sein, die die tatsächliche Gewalt über die Wohnung rechtmäßig ausübt (z. B. Eigentümer, (Unter-) Mieter, Pächter, Inhaber eines Wohnrechts usw.). Diese Person muss nicht zwingend für die Gefahr verantwortlich sein.[74]

Besondere Bedeutung hat diese Regelung vor allem auch bei **Gewalt in engen sozialen Beziehungen**, z. B. bei Partnerschaften, Familien oder engen Wohngemeinschaften. Hier gibt es zwar für das Opfer grundsätzlich die Möglichkeit, eine zivilgerichtliche Entscheidung über die weitere Nutzung der Wohnung herbeizuführen.[75] Bis diese Entscheidung aber ergehen kann, sind polizeiliche Maßnahmen zum Schutz des Opfers nach § 13 Abs. 2 und 4 POG möglich, vorausgesetzt das Opfer ist Mitbewohner der Wohnung.[76] Hierfür ist nach § 1 Abs. 6 POG ausschließlich die **Polizei** zuständig. Es geht dann darum, die Opfer häuslicher Gewalt einerseits vor weiterer Gewaltanwendung des Mitbewohners zu schützen, anderseits aber nicht die Opfer indirekt zum Verlassen der Wohnung zu zwingen. Es soll nicht der Gewaltanwender auch noch dadurch „belohnt" werden, dass ihm zum Schutz seines Opfers die Wohnung alleine überlassen wird. Die Maßnahme bedarf einer Gesamtwürdigung der widerstreitenden Sachdarstellungen[77] und ist gegebenenfalls sogar gegen den Willen des Opfers möglich.[78] **Zeitliche Grenze** dieser Verweisung ist dann wegen § 1 Abs. 3 POG der Zeitpunkt, an dem das Opfer über die vorläufige Zuweisung der Wohnung gerichtliche Hilfe effektiv beantragen kann. Denn der Richter kann nach dem **Gewaltschutzgesetz** Schutzanordnungen erlassen, deren Zuwiderhandlung nach § 4 Gewaltschutzgesetz unter Strafe steht.

Beispiel: M kommt häufig angetrunken nach Hause und schlägt dann seine Ehefrau F, so dass diese erhebliche Verletzungen davonträgt. Hier kann die herbeigerufene Polizei dem M aufgeben, die Wohnung bis zu einer vorläufigen zivilgerichtlichen Entscheidung über die Wohnungsnutzung zu verlassen.

---

72 Aber nicht zwingend ein strafrechtlich relevantes Verhalten Thiel Rn 427; a. A. Bösch Jura 2009, 654.

73 VGH Mannheim NJW 2005,88.

74 A. A. VGH Mannheim a. a. O.

75 §§ 1 ff. Gewaltschutzgesetz vom 11. Dezember 2001 (BGBl. I, S. 3513); hierzu auch Guckelberger JA 2011, 1; Krugmann NVwZ 2006, 152; Wuttke JuS 2005, 779.

76 Thiel Rn 429.

77 OVG Koblenz 31.10.2012 Az. 7 D 10903/12.OVG.

78 VG Aachen NJW 2004, 1889; Schenke Rn 134a; Thiel Rn 430.

3. Kontakt und Näherungsverbot, § 13 Abs. 4 POG

Über diese Wohnungsverweisung hinaus kann die **Polizei** nach § 13 Abs. 4 POG in **34** Fällen der Gewalt in engen sozialen Beziehungen (vgl. § 1 Abs. 6 POG) die bedrohte Person (im obigen Beispiel die F) davor schützen, dass sich ihr der Gewalttätige nähert oder versucht, mit ihr Kontakt aufzunehmen. In diesen Fällen ist auch diese Maßnahme nur eine Zwischenlösung bis das Zivilgericht eine Maßnahme getroffen hat.[79] Allerdings beschränkt sich diese Befugnis nicht nur auf die Fälle der engen sozialen Beziehungen. Es ist weder Voraussetzung, dass die beteiligten Personen zusammen in Wohngemeinschaft leben, noch dass eine Wohnungsverweisung vorausgegangen ist, noch muss überhaupt eine besondere Beziehung bestanden haben (z. B. bei sogenannten „Stalkern", also die nachhaltige Beeinträchtigung einer Person durch Verfolgen, Auflauern, Ausspionieren, Bedrohen oder andere Arten der Kontaktaufnahme)[80].

Beispiel: Ein streng islamgläubiger Vater lauert wiederholt seiner volljährigen Tochter in gewalttätiger Absicht auf, weil diese durch die Wohngemeinschaft mit ihrem Freund die Familienehre besudele.

Die Opfer von Gewalt leben regelmäßig in einer Dauergefahr, die vor allem durch ein Treffen oder Kontakt mit dem Gewalttäter in eine akute Gefährdung umschlagen kann. Durch das völlige Fernhalten des Gewalttätigen hat das Opfer die Möglichkeit, in Ruhe Entscheidungen über die künftige Lebensgestaltung zu treffen.

Voraussetzung ist, dass Aufenthalt, Kontakt oder **Annäherung** zu dringenden Gefahren durch den Adressaten gegenüber der zu schützenden Person führen kann[81]. Dann kann dem Adressaten befristet verboten werden,

1. sich in einem bestimmten Umkreis der Wohnung der betroffenen Person aufzuhalten,
2. Verbindung zur betroffenen Person, auch unter Verwendung von Fernkommunikationsmitteln (Telefon, Fax, Mail, SMS usw.), aufzunehmen oder
3. Zusammentreffen mit der betroffenen Person herbeizuführen,

soweit dies nicht zur Wahrnehmung berechtigter Interessen (z. B. Erledigung juristisch notwendiger Formalien, Herbeiführen von für die Kinder notwendigen Entscheidungen u. Ä.) erforderlich ist. Diese Anordnung ist zu befristen.

4. Aufenthaltsverbot, § 13 Abs. 3 POG

Aufenthaltsverbot ist das Gebot, einen bestimmten Bereich längerfristig zu verlassen, **35** bzw. das Verbot, ihn längerfristig nicht zu betreten. Nach herrschender Meinung greift das Aufenthaltsverbot zwar in **Art. 11 GG** (vgl. § 8 Nr. 5 POG) ein[82], dessen Regelung nach Art. 73 Nr. 3 GG grundsätzlich nicht in der Zuständigkeit des Landesgesetzgebers liegt. Da hier aber die Gefahrenabwehr im Vordergrund steht, kann das Aufenthaltsverbot im POG geregelt werden.[83] Das Aufenthaltsverbot greift nicht in Art. 2 Abs. 2 S. 2 GG ein, weil der Adressat nicht an einem Ort festgehalten wird.[84] Tatbe-

79 §§ 1 Abs. 1 Gewaltschutzgesetz vom 11. Dezember 2001 (BGBl. I, S. 3513).
80 Vgl. auch § 238 StGB.
81 Insofern seit 2011 weit geringere Voraussetzungen als bis dahin.
82 Dafür OVG Bremen NVwZ 1999, 314, Albertz NVwZ 1997, 45 Hetzer ThürVwBl 1997, 241, Waechter Nds-VwBl 1997, 197; dagegen VG Sigmaringen NVwZ-RR 1995, 328, Deger VBlBW 1996, 90, Latzel/Lustina Die Polizei 1995, 132: Art. 11 GG erfasse nicht interlokale Freizügigkeit.
83 Dafür BayVfG NVwZ 1991, 664, OVG Bremen NVwZ 1999, 314.
84 H.M. BVerwG NJW 1958, 1249, VGH München NVwZ 2000, 454.

standsvoraussetzung des Aufenthaltsverbots nach § 13 Abs. 3 POG ist, dass Tatsachen die **Annahme** rechtfertigen (Gefahrenverdacht), dass diese Person an diesem Ort **Straftaten begehen**[85] (nicht nur vorbereiten) wird. Die Verwirklichung von Bußgeldtatbeständen oder die Verursachung sonstiger Gefahren genügt nicht. Das dient z. B. der Bekämpfung von Drogenszenen, der Unterbindung aggressiver Bettelei, dem Schutz von Veranstaltungen oder Transporten, der Verhinderung von Randalen oder Gewalttaten.[86]

Als Rechtsfolge kann die **Polizei** den **Aufenthalt** an einem bestimmten Ort, in einem bestimmten Gebiet innerhalb einer Gemeinde oder bei Auswärtigen[87]auch im gesamten Gebiet einer Gemeinde **verbieten**.

Die **zeitliche Beschränkung** kann hier erheblich großzügiger ausgedehnt werden als bei der Platzverweisung nach § 13 Abs. 1 POG (*„bestimmte Zeit"*). Sie kann mehrere Monate erfassen.[88] **Adressat** der Verfügung ist derjenige, für den Tatsachen sprechen, dass er an dem betreffenden Ort Straftaten begehen könnte. Das gilt vor allem für den harten Kern einer Drogenszene[89] und alle Personen, die in besonderer Weise zur Verfestigung der Drogenszene beitragen[90], aber auch für ehemalige Angehörige der rechten Szene, wenn die Begehung von Straftaten hinreichend wahrscheinlich ist.[91]

Beispiel: D ist wiederholt wegen Handels mit Heroin strafrechtlich verurteilt worden. Die meisten Taten beging er in der Innenstadt von S. Die zuständige Stadtverwaltung erhält Hinweise, dass D erneut „in das Geschäft einsteigen" will. Zum Schutz der eigenen Jugend verfügt die Stadtverwaltung gegenüber D, dass er die Innenstadt für die nächsten 6 Monate nur noch für einzeln aufgeführte Zwecke (z. B. Arzt-, Anwaltsbesuche usw.) betreten darf.

Bei der **Geeignetheit** der Maßnahme ist besonders zu beachten, ob durch das Aufenthaltsverbot nicht nur lediglich ein Verdrängungseffekt entsteht.[92] Auch ansonsten muss das Verbot **verhältnismäßig** i. w. S. sein. Das Verbot darf z. B. den Adressaten nicht aus dem normalen Leben ausschließen. Der Zugang zur eigenen Wohnung muss schon nach § 13 Abs. 3 S. 2 POG gewährleistet sein. Im Rahmen des Erforderlichen müssen aber auch Ausnahmen für Wohnen, Arbeiten, Besuche bei Arzt, Rechtsanwalt, Sozialarbeiter, Behörden, auch für bestimmte persönliche und kulturelle Kontakte zugelassen werden[93]; diese Ausnahmen müssen aber nicht zwingend von vornherein vorbehalten sein.[94]

---

85   So unabhängig von einer gesetzlichen Regelung schon OVG Münster NVwZ 2001, 459, VGH München NVwZ 2001, 1291.
86   Die „Chaos-Tage" in Hannover waren 1996 der Anlass für das Land Niedersachsen, als erstes Bundesland das Aufenthaltsverbot als Standardmaßnahme zu normieren.
87   OVG Lüneburg NVwZ 2000, 454.
88   VGH München NVwZ 2000, 454: 12 Monate; OVG Münster NVwZ 2001, 231, OVG Bremen NVwZ 1999, 314, VG Göttingen NVwZ 1999, 169: 6 Monate.
89   OVG Bremen 1999, 314.
90   Also nicht nur Drogenhändler und -konsumenten OVG Münster NVwZ 2001, 459; zu den Konsumenten VGH München NVwZ 2001, 1291; aber auch nicht pauschal gegen sämtliche Angehörigen der offenen Drogenszene OVG Münster NVwZ 2001, 231, ähnlich VG Stuttgart NVwZ-RR 1998, 103.
91   OVG Koblenz 13.10.2009 Az. 7 A 10740/09.OVG; VG Leipzig NVwZ 2001, 1317.
92   VGH Mannheim NVwZ-RR 1997, 225, OVG Bremen NVwZ 1999, 314, VGH München NVwZ 2000, 454, VG Stuttgart NVwZ-RR 1998, 105.
93   VGH Mannheim NVwZ-RR 1997, 225, 1998, 428, OVG Bremen NVwZ 1999, 314, NVwZ 2000, 454, VG Stuttgart NVwZ-RR 1996, 390.
94   OVG Münster NVwZ 2001, 231.

V. Eingriffe in die Bewegungsfreiheit, §§ 14 ff. POG

Gewahrsam ist ein mit hoheitlicher Gewalt hergestelltes Rechtsverhältnis, kraft des- **36** sen die **Polizei** eine Person in einer dem polizeilichen Zweck entsprechenden Weise verwahrt und sie daran hindert, sich fortzubewegen.[95] Sie ist eine Form der Freiheitsentziehung, die auch in anderen Gesetzen geregelt ist, z. B. im Unterbringungsrecht (PsychKG), Ausländerrecht oder in der StPO. Allgemeinen Ordnungsbehörden stehen freiheitsentziehende Maßnahmen nach dem POG nicht zu.

1. Eingriff in das Freiheitsrecht

Der **Gewahrsam** ist immer auch **Freiheitsentziehung** i.S.d. Art. 2 Abs. 2 S. 2 GG. Unerheblich ist, ob sich die Person dabei in einem Haftraum, in anderen Diensträumen, im Krankenhaus, in einem Fahrzeug, in abgelegener Gegend ohne notwendiges Fahrzeug, in einem sog. Polizeikessel (vgl. Rn G 46) oder in etwas anderem befindet. Auch alle Formen des **Festhaltens** nach dem POG (s. § 15 Abs. 1 S. 1 POG) greifen in das Freiheitsrecht nach Art. 2 Abs. 2 S. 2 GG ein, und es gilt Art. 104 GG. Art. 104 GG unterscheidet sprachlich zwischen **Freiheitsbeschränkung** (Abs. 1) und **-entziehung** (Abs. 2). Beides unterscheidet sich durch die Intensität des Eingriffs. Die Abgrenzung ist im Einzelnen streitig[96]. Die einzige – aber für präventivpolizeiliche Aufgaben zu enge – gesetzliche Begriffsbestimmung findet sich in § 415 Abs. 2 FamFG. Danach liegt eine Freiheitsentziehung vor, wenn einer Person gegen ihren Willen oder im Zustand der Willenlosigkeit insbesondere in einer abgeschlossenen Einrichtung, wie einem Gewahrsamsraum oder einem abgeschlossenen Teil eines Krankenhauses, die Freiheit entzogen wird. Nach der herrschenden Rechtsprechung liegt eine **Freiheitsentziehung** dann vor, wenn

- entweder die Einschränkung der Bewegungsfreiheit **nicht nur kurz andauert**, insbesondere in Einsperren und Einschließen besteht[97], und sie der **vorrangige Zweck** der Maßnahme, nicht nur das Mittel für einen anderen polizeilichen Zweck ist, oder

- sie zwar einem anderen polizeilichen Zweck dient, aber die Maßnahme länger andauert, als für die einzelne Person selbst erforderlich[98] ist.[99]

Gewahrsam ist Freiheitsentziehung; sie ist verfassungsgemäß und verstößt nicht gegen Art. 5 EMRK.[100]

Beispiel: Die Polizei führt eine Person, die gemäß § 32 Abs. 2 BSeuchG eine Untersuchung zu dulden hat, zwangsweise dem Gesundheitsamt vor. – Grundsätzlich nur Freiheitsbeschränkung, da die Einschränkung der Freiheit nur das Mittel zum Zweck, nicht aber der eigentliche Beweggrund der Maßnahme (hier: Untersuchung) ist. Anders allerdings, wenn eine Vielzahl von Personen gleichzeitig dem Gesundheitsamt vorgeführt werden und deshalb die Person dort drei Stunden zusätzlich warten muss. –
Ein Tobsüchtiger wird in eine Arrestzelle gesperrt und fünf Minuten später freigelassen, nachdem er sich beruhigt hat. – Hier ist zwar die Freiheitseinschränkung der eigentliche Zweck der Maßnahme, aber wegen der Kurzfristigkeit handelt es sich nur um Freiheitsbeschränkung.

---

95 Ähnlich Lisken/Denninger Rn F 271.
96 S. dazu im Einzelnen z. B. BGH NJW 1982, 754 f. oder Gusy NJW 1992, 457 ff.
97 BVerwG NJW 1982, 537.
98 Bei der Abschiebung eines Ausländers z. B. werden 7 Stunden noch nicht als Freiheitsentziehung angesehen.
99 BGH NJW 1982, 753; BVerwG NJW 1982, 537.
100 BVerfG (K) NVwZ 2006; 582 f.; VGH Mannheim DÖV 2005, 1666; BayVerfGH NVwZ 1991, 664; SachsVerfGH LKV 1996, 275 f.; VG Schleswig NJW 2000, 970.

2. Der Schutzgewahrsam (§ 14 Abs. 1 Nr. 1 POG)

37 Durch Gewahrsamnahme i. S. d. § 14 Abs. 1 Nr. 1 POG wird der **Adressat selbst geschützt**, obwohl ein entsprechender Wille *nicht* in rechtlich erheblicher Weise geäußert worden ist. Denn wäre er geäußert, begibt sich also eine Person freiwillig in (den sog. **unechten) Gewahrsam**, bedarf es keiner Ermächtigungsgrundlage (z. B. beim Obdachlosen, der von Rechtsextremen, oder ein Schiedsrichter, der von Zuschauern bedroht wird). Im Übrigen ist diese Vorschrift dort anzuwenden, wo man den Adressaten **ohne** (z. B. bei Bewusstlosen) **oder gegen seinen Willen** schützen muss.[101] Da ein solcher aufgedrängter Schutz im Hinblick auf das Persönlichkeitsrecht nach Art. 2 Abs. 1 GG nicht unproblematisch ist, beschränkt ihn schon der Gesetzgeber auf die Gefahr für Leib und Leben (vgl. Rn D 12). Aber auch das kann nicht uneingeschränkt gelten, denn aus dem Persönlichkeitsrecht ergibt sich grundsätzlich auch das Recht zur Selbstgefährdung (s. Rn C 4). Diese Vorschrift wird man deshalb hierfür nur mit großer Zurückhaltung anwenden dürfen, und zwar allein dann, wenn in hohem Maße die Wahrscheinlichkeit dafür besteht, dass dem Betreffenden ohne die Gewahrsamnahme erhebliche Körperverletzungen oder gar der Tod drohen. Drohen diese Gefahren durch Dritte, gehen mögliche Maßnahmen gegen die Störer vor. Im Übrigen muss im Rahmen der Verhältnismäßigkeit immer geprüft werden, ob nicht geringere Eingriffe (z. B. Verbringen nach Hause oder zu Angehörigen, eine Platzverweisung o. a.) genügen.

Beispiel: Ein „Raser" hat gerade ein Kind tödlich verletzt; die aufgebrachte Menge macht Anstalten, sich gewaltsam auf ihn zu stürzen; der Fahrer will aber der Menge nicht weichen und „seinen Mann stehen"; er ist ohne Gewahrsamnahme durch die zweiköpfige Streifenbesatzung nicht zu schützen. – Eine Person hat soeben eine Selbsttötung versucht; es besteht die Befürchtung, dass sie das wiederholt.

3. Der Vorbeugegewahrsam (§ 14 Abs. 1 Nr. 2 POG)

38 Anders als der vorangegangene Fall dient dieser Gewahrsam (auch als **Sicherheits-** oder als **Unterbindungsgewahrsam** bezeichnet) dem Schutz *vor dem* Adressaten. Man darf ihn nicht verwechseln mit der Sicherungsverwahrung nach § 66 StGB, die eine strafrechtliche Maßregel ist. Zunächst einmal müssen – und zwar *vor* der Gewahrsamsnahme – konkrete Anhaltspunkte dafür bestehen, dass der Adressat **Straftaten** oder **Ordnungswidrigkeiten von erheblicher Bedeutung** begehen oder fortsetzen wird, wobei es auf dessen Schuldfähigkeit allerdings nicht ankommt. Ordnungswidrigkeiten von erheblicher Bedeutung sind solche, die in nicht unerhebliche Rechtsgüter eingreifen oder durch ihre Dauer nicht mehr unerheblich sind.[102] Obwohl hier die Freiheitsentziehung nur auf vermutete künftige Gründe gestützt wird, gilt der Vorbeugegewahrsam als verfassungsgemäß[103] und mit Art. 5 Abs. 1 EMRK vereinbar.[104] Umstritten ist, ob die Einbeziehung der Ordnungswidrigkeiten mit Art. 5 Abs. 1c) MRK vereinbar ist, der diese Erweiterung nicht enthält[105]. „**Erhebliche Gefahr**" ist hier ähnlich wie in § 7 Abs. 1 Nr. 1 POG zu verstehen (s. Rn D 10), nämlich als die Gefährdung nicht unbedeutender Schutzgüter. Es kommt also darauf an, ob die

---

101 Daher kein Schutzgewahrsam eines nur leicht Betrunkenen, VGH Mannheim NVwZ-RR 2005, 248.
102 Ähnlich Roos / Lenz § 14 Rn 16.
103 BVerfG 26.6.1997 Az. BvR 126/91; BVerwG NJW 1974, 807.
104 EGMR NVwZ 2012, 1089; BayVerfGH BayVBl. 1990, 654; SächsVerfGH 14.5.1996 Az. Verfahren.44-II-94; VGH Mannheim NVwZ-RR 2005, 540; OVG Bremen NVwZ 2001, 221; VG Hannover NVwZ-RR 2012, 925; LG Lüneburg 19.6.2012 Az. 10 T 12/11; VG Schleswig NJW 2000, 970.
105 Vgl. Lisken/Denninger Rn F 288.

Vorschrift dem Schutz von Rechtsgütern von nicht unerheblicher Bedeutung dient (z. B. Trunkenheitsfahrt nach § 24a StVG; verbotene Prostitution nach § 120 OWiG), wobei die angedrohte Bußgeldhöhe nur Indizwirkung hat. Die Begehung muss deshalb für die allernächste Zeit wahrscheinlich sein oder schon begonnen haben (was ja bei deren Fortsetzung immer vorliegt[106]) und kann nicht nur auf Vermutungen gestützt werden.[107] Grundsätzlich darf der polizeiliche Gewahrsam nicht dazu dienen, erst noch festzustellen, ob eine Gefahr überhaupt vorliegt. [108]Schließlich muss der Gewahrsam zur Verhinderung der Tat **unerlässlich** sein. Im Grunde ergibt sich das schon aus dem Grundsatz der Verhältnismäßigkeit (§ 2 POG) und der Tatsache, dass die Bewegungsfreiheit eines der höchsten Schutzgüter ist.

Beispiel: H wird öfters an verschiedenen Stellen der Bahnhofsgegend beim Veranstalten des sog. Hütchenspiels angetroffen. Er ist wegen dieses verbotenen Glücksspiels vorbestraft. Um diese Tätigkeit zu verhindern, wird er in Gewahrsam genommen, und es wird versucht, eine richterliche Entscheidung herbeizuführen[100].

4. Der Durchsetzungsgewahrsam (§ 14 Abs. 1 Nr. 3 POG)

Diese Vorschrift dient der Durchsetzung einer **Platzverweisung** oder eines **Aufent- 39 haltsverbotes** (vgl. Rn G 30 ff., 35 f.), setzt also voraus, dass eine solche Maßnahme wirksam und nicht offensichtlich rechtswidrig gegenüber dem Adressaten bekannt gegeben worden ist, dieser dem aber nicht folgen will. Auch wenn ein Adressat der Platzverweisung bzw. des Aufenthaltsverbots Nichtverantwortlicher i.S.d. § 7 POG sein kann, ist er im Rahmen des Durchsetzungsgewahrsams Verantwortlicher, da er einer ordnungsrechtlichen Verfügung nicht gefolgt ist. Wie sich aber aus § 62 Abs. 1 LVwVG ergibt, handelt es sich beim Durchsetzungsgewahrsam nicht um ein Zwangsmittel, auch wenn diese Art des Gewahrsams der Zwangsanwendung sehr ähnlich ist.

Zur Durchsetzung der Platzverweisung oder des Aufenthaltsverbots muss der Gewahrsam **unerlässlich** sein. Wie schon in der vorangehenden Nummer handelt es sich dabei um eine besondere Betonung der ohnehin notwendigen Verhältnismäßigkeit i.S.d. § 2 POG. Das setzt zunächst voraus, dass in erheblicher Weise damit zu rechnen ist, dass der Adressat auch nach seiner Entfernung vom betreffenden Ort zu diesem zurückkehrt, noch ehe die der Platzverweisung bzw. dem Aufenthaltsverbot zugrundeliegende Gefahrenlage behoben ist. Umgekehrt heißt das aber auch, dass der Gewahrsam nur **zeitlich befristet** sein darf, da diese zeitliche Einschränkung ja auch für die Platzverweisung bzw. das Aufenthaltsverbot selbst gilt, die er durchsetzen soll (vgl. Rn G 31 bzw. 35). Ferner darf keine mildere Form der Durchsetzung möglich sein, wozu insbesondere gehören würde, den Betroffenen durch unmittelbaren Zwang vom verbotenen Ort abzuhalten bzw. ihn von dort wegzuführen.

Genügt das nicht oder ist das den Ordnungskräften nicht mehr zumutbar, kann er 40 durch Freiheitsentzug am Betreten des Ortes gehindert werden. Zweifelhafter ist allerdings, inwieweit auch die Entfernung vom verbotenen Ort mit Gewahrsam durchgesetzt werden darf. Umstritten ist nämlich die Rechtmäßigkeit des sog. **Verbringungsgewahrsams**. Darunter versteht man den zwangsweisen Transport einer Per-

---

106 Falsch ist es, bei der Fortsetzung von „Repressivgewahrsam" zu sprechen (z. B. Lisken/Denninger Rn F 282), da die Gefahrenabwehr unzweifelhaft auch die Verhinderung von Schadensvertiefungen bei bereits eingetretener Störung erfasst.
107 OLG Hamm NVwZ-RR 2008, 321.
108 OLG München NVwZ-RR 2008, 247.
109 VG Frankfurt NVwZ 1994, 720 ff.

son von ihrem Aufenthaltsort an einen anderen, weiter entfernten Ort, um sie mittels der so geschaffenen räumlichen Distanz an störenden Handlungen zu hindern. Gegen seine Zulässigkeit spricht zum einen, dass er ausdrücklich im POG nicht genannt ist. Zum anderen enthält er Belastungen, die sich aus § 14 POG nicht ergeben können: Mit ihm wird ja nicht lediglich eine Verlassenspflicht durchgesetzt (wie beim Durchsetzungsgewahrsam nach § 14 Abs. 1 Nr. 3 POG), sondern weitergehend eine Bewegungsrichtung und sogar ein Bestimmungsort vorgegeben, der regelmäßig erheblich jenseits der Grenzen liegt, die eine eventuelle Platzverweisung bzw. ein Aufenthaltsverbot abgesteckt haben. Insoweit geht der Verbringungsgewahrsam also weiter als die Fälle des § 14 POG und ist diesem gegenüber nicht nur ein reines Minus.[110]

Dennoch dürfte der Verbringungsgewahrsam (soweit es kein Fall von § 14 Abs. POG ist, dazu Rn G 42) **unter engen Voraussetzungen rechtmäßig** sein[111]. Denn man muss sich vergegenwärtigen, dass die Alternative oft nur eine länger andauernde Gewahrsamnahme in direkter Anwendung des § 14 Abs. 1 Nr. 2 oder 3 POG ist. Diese Vorschrift setzt aber wie alle Maßnahmen der Gefahrenabwehr voraus, dass es kein **milderes Mittel** gibt. Ein solches kann aber der Verbringungsgewahrsam sein, weil er die Freiheitseinschränkung auf den bloßen Transport reduziert, sie dann aber beendet, während die Gewahrsamnahme nach § 14 Abs. 1 Nr. 2 oder 3 POG regelmäßig zu einer längeren Freiheitsentziehung führt. Der Verbringungsgewahrsam ist darum in dem Umfang zulässig, als er gegenüber den Fällen des § 14 Abs. 1 Nr. 2 oder 3 POG die **mildere Maßnahme** ist.

Beispiel: Bestimmte gewalttätige Demonstranten werden von einer Großdemonstration nach § 18 Abs. 3 VersG ausgeschlossen. Da aus gleichartigen Vorgängen bei dieser Demonstration geschlossen werden muss, dass diese Personen, falls sie sich überhaupt entfernen, gleich wieder zurückkehren werden, verbringt man sie in die nächste Ortschaft, wodurch sie eine Zeit lang daran gehindert sind, wieder an der Versammlung teilzunehmen[112]. – Hier ist der Verbringungsgewahrsam milder, als wenn die Betreffenden für mehre Stunden in eine Arrestzelle gesperrt worden wären.

Milder ist der Verbringungsgewahrsam aber dann nicht, wenn er in höherwertige Schutzgüter oder in sonstiger Weise intensiver als der in § 14 Abs. 1 POG geregelte Gewahrsam eingreift. Deshalb ist ein Verbringungsgewahrsam rechtswidrig, wenn er Leben und Gesundheit des Adressaten gefährdet oder dieser an abgelegenen Stellen abgesetzt wird, von wo er ohne Verkehrsmittel nur schwer wieder weggelangen kann. Denn der Verbringungsgewahrsam darf kein Mittel dazu sein, dass sich die Polizei der Schutz- und Betreuungspflicht entzieht, die sie denen gegenüber hat, die sie in Gewahrsam genommen hat.

Beispiel: Die Polizei hat gegen einen älteren, nicht mehr vollständig gesunden Stadtstreicher einen Platzverweis dahin gehend ausgesprochen, dass dieser den Innenstadtbereich von Mainz zu verlassen habe. Er wird aus der Stadt hinausgefahren und – nachts und mitten im Winter – in einem völlig entlegenen Weinberg ausgesetzt. Der Stadtstreicher erfriert[113]. – Hier dürfte die Anwesenheit des Stadtstreichers in der Innenstadt schon gar keine Gefahr i.S.d. § 13 Abs. 1 POG sein. Selbst aber, wenn das so wäre, ist die Maßnahme völlig unverhältnismäßig i. S. d. § 2 POG.

---

110   OLG Celle NVwZ-RR 2005, 252; LG Hamburg NVwZ-RR 1997, 537; Schenke Rn 142; Lisken/Denninger Rn F 281; Kappeler DÖV 2000, 227; Maß NVwZ 1985, 151; a. A. Leggereit NVwZ 1999, 263; BayOBLG BayVBl. 1990, 350; Götz § 8 Rn 39 und Thiel Rn 464 sehen den Verbringungsgewahrsam offenbar als Vollstreckungsmaßnahme, obwohl die Vollstreckungsvorschriften Art. 2 Abs. 2 S. 2 GG nicht einmal erwähnen, das LVwVG ihn nicht einmal zitiert!

111   So z. B. OVG Bremen NVwZ 1987, 235; VG Frankfurt NVwZ 1994, 720 ff.; BayObLG NVwZ 1990, 194 ff.; Lisken/Denninger (Kniesel) Rn F 464; a. A. z. B. OVG Hamburg NVwZ-RR 1997, 537; Habermehl Rn 577; Maaß NVwZ 1985, 151 ff.; Lisken/Denninger Rn F 281; Roos / Lenz § 14 Rn 7 f..

112   BayObLG NVwZ 1990, 194 ff.

113   LG Mainz MDR 1983, 1044.

Das Verbringen einer Person an einen Ort außerhalb der Grenzen einer Großstadt, an dem er unzumutbar schlechte Konditionen hat, von dort wegzukommen, ist nicht mehr das mildeste Mittel und daher nicht erforderlich. Und den Betroffenen einer Leibes- und Lebensgefahr auszusetzen, ist i. S. d. § 2 Abs. 2 POG völlig unangemessen, schon weil hiermit die Tatbestände der §§ 221 (Aussetzung) und 222 StGB (fahrlässige Tötung) erfüllt sind.

Wie beim Gewahrsam nach § 14 POG, muss man sich natürlich auch beim Verbringungsgewahrsam immer fragen, ob es nicht ein ihm gegenüber milderes Mittel gibt (z. B. Entfernen durch unmittelbaren Zwang, Strafandrohung u. Ä.) und ob die Einschränkung der Freiheit noch in einem angemessenen Verhältnis zur Gefahrenbeseitigung steht, § 2 POG. Aus diesen Gründen wird ein Verbringungsgewahrsam gegen Personen, denen gegenüber die zugrundeliegende Platzverweisung bzw. das Aufenthaltsverbot als Nichtverantwortliche i.S.d. § 7 POG ausgesprochen worden ist, nur in seltenen Ausnahmefällen zulässig sein.

5. Der Gewahrsam zum Schutz privater Rechte (§ 14 Abs. 1 Nr. 4 POG)

Voraussetzung ist hier eine beharrlich fortgesetzte **Rechtsverletzung** des Adressaten **41** **gegenüber den Rechten einer Privatperson**. Kann zivilrechtliche Hilfe nicht rechtzeitig erreicht werden (§ 1 Abs. 3 POG; vgl. dazu im Einzelnen Rn B 19), hätte diese Person grundsätzlich ein **Selbsthilferecht** nach den §§ 229 f., 859 BGB. Dieses räumt dem Rechtsinhaber die dort aufgezählten Abwehrrechte ein, die bis zu einer Festnahme gehen können. Um eine grundsätzlich nicht gewünschte Festnahme durch Privatpersonen zu vermeiden, wird der Polizei hier das Recht eingeräumt, an Stelle der Privatperson den Störer in Gewahrsam nehmen zu können.

6. Der Sorgerechtsgewahrsam (§ 14 Abs. 2 POG)

Diese Gewahrsamsart soll es der Polizei ermöglichen, zum Schutz des Sorgerechts **42** effektiv einzuschreiten. Nach § 8 JuSchG i. V. m. § 24 AGKJHG bestünde nur die Möglichkeit, den Jugendlichen von jugendgefährdenden Orten zu verweisen. Aber weder die Nichtbefolgung des Verweises noch der Entzug aus der Obhut des Sorgeberechtigten sind straf- oder bußgeldbewehrt, so dass ein Gewahrsam nach § 14 Abs. 1 POG ausscheidet. Ziel des Sorgerechtsgewahrsams ist, den Minderjährigen dem Sorgeberechtigten oder dem Jugendamt zuzuführen. Es handelt sich somit um einen gesetzlich geregelten Fall des **Verbringungsgewahrsams**.

Das Besondere ist hier, dass das Sorgerecht zum **Privatrecht** gehört. Demnach gilt für alle Fälle des § 14 Abs. 2 POG, in denen es um das private Sorgerecht geht, die Aufgabeneinschränkung nach **§ 1 Abs. 3 POG** (s. Rn B 20). Eine Aufgabe der Polizei liegt in diesem Rahmen also nur vor, wenn gerichtliche Hilfe einschließlich ihres einstweiligen Rechtsschutzes zur effektiven Gefahrenabwehr nicht rechtzeitig käme.

Beispiel: Der 10-jährige Sohn geschiedener Eltern hat die Wohnung der Mutter, die das alleinige Sorgerecht hat, verlassen und hält sich bei seinem Vater mit dessen Zustimmung auf. Die Mutter verlangt die Rückführung des Sohnes. – Hier ist das Kind grundsätzlich nicht akut gefährdet. Gefährdet ist das zivilrechtliche Sorgerecht der Mutter. Diese kann sich diesbezüglich an das Vormundschaftsgericht wenden, eine einstweilige Verfügung erwirken und diese durch einen Gerichtsvollzieher, ggf. mit Vollzugshilfe der Polizei, durchsetzen (diese ist dann aber nur für das Wie, nicht wie bei § 14 Abs. 2 POG auch für das Ob verantwortlich, vgl. Rn B 23). Mangels Aufgabenzuweisung ist die Polizei unter diesen Umständen nicht nach § 14 Abs. 2 POG zuständig und eingriffsbefugt.

Die **Subsidiarität** besteht aber auch **gegenüber dem Jugendamt**. In erster Linie dieses hat z. B. durch die Inobhutnahme nach § 42 oder § 43 SGB VIII Gefahren von dem Minderjährigen abzuwehren. § 14 Abs. 2 POG dient lediglich dazu, derartige Maßnahmen des Jugendamtes zu ermöglichen, wenn eine Zuführung an einen privaten Sorgeberechtigten ausscheidet, z. B. weil die Zuordnung des Sorgerechts unklar ist, oder wenn das Jugendamt selbst das Recht der Aufenthaltsbestimmung innehat. Solange also das Jugendamt ausreichende Maßnahmen zur Gefahrenabwehr treffen kann, scheidet eine Gewahrsamnahme nach § 14 Abs. 2 POG aus.

43 **Minderjährig** ist, wer das achtzehnte Lebensjahr noch nicht vollendet hat (§ 2 BGB), wobei man zwischen Kindern (unter 14 Jahren) und Jugendlichen (14 bis 17 Jahre) unterscheidet, vgl. § 1 Abs. 1 JuSchG, § 7 Abs. 1 Nr. 1 und 2 SGB VIII.

Das **Sorgerecht** im Ganzen besteht aus der Personensorge und der Vermögenssorge (§ 1626 Abs. 1 S. 2 BGB), wobei zur Personensorge nach § 1631 Abs. 1 BGB u. a. auch das **Recht zur Aufenthaltsbestimmung** gehört. Die Differenzierung ist deshalb wichtig, weil die einzelnen Bestandteile des Sorgerechts im konkreten Fall durchaus auf verschiedene Personen und das Jugendamt verteilt sein können und für § 14 Abs. 2 POG nur interessiert, wer das Recht zur Aufenthaltsbestimmung hat. Dieses Recht hat auch der Betreuer nach § 1901 BGB nicht. Das Sorgerecht haben grundsätzlich die **Eltern** (§ 1626a Abs. 1 BGB), auch dann, wenn die Eltern nicht oder nicht mehr verheiratet sind oder getrennt leben. Bei nicht miteinander verheirateten Eltern kann aber auch die **Mutter** alleine sorgeberechtigt sein (§ 1626a Abs. 2 BGB)[114]; weiterhin kommt das Sorgerecht nur eines Elternteils in Betracht, wenn der andere ausfällt (§ 1678 Abs. 1; § 1680 Abs. 1, § 1681; § 181 Abs. 1 BGB) oder durch Übertragung durch das Familiengericht (§ 1672 Abs. 1 S. 1; § 16S. 1 BGB). Ebenfalls durch gerichtliche Anordnung kann personensorgeberechtigt der Vormund oder der Pfleger sein, §§ 1773, 1793, 1909 Abs. 3 BGB.

Ungeachtet aller vorgenannten Regeln übt das Jugendamt – allerdings nur vorläufig – auch dann das Recht zur Aufenthaltsbestimmung aus, wenn es den Minderjährigen **in Obhut nimmt**, weil dieser darum bittet oder wenn eine dringende Gefahr für diesen das erfordert (§ 42 SGB VIII) oder wenn es bei Gefahr im Verzug den Minderjährigen bei einer Person oder einer Einrichtung herausnimmt (§ 43 SGB VIII).

Beispiel: Die Polizei greift gegen 3.00 Uhr nachts einen 15-Jährigen auf, der sich im Bahnhofsviertel im „Rotlichtmilieu" herumtreibt. Hier ist davon auszugehen, dass ein pflichtbewusster Sorgeberechtigter damit niemals einverstanden ist. Damit kann auch von der Entziehung aus der Obhut des Sorgeberechtigten ausgegangen werden. Ein Platzverweis nach § 8 JuSchG wäre hier offensichtlich keine ausreichende Maßnahme der Gefahrenabwehr. Der Jugendliche kann daher nach § 14 Abs. 2 POG in Gewahrsam genommen werden, um ihn umgehend oder, wenn das nicht möglich ist, später dem Sorgeberechtigten oder, wenn nicht feststellbar ist, dem Jugendamt zuzuführen.

44 Ein Sonderfall der Verbringung von Jugendlichen ist die **Schulzuführung**. Sie ist kein Fall des § 14 POG, sondern des § 66 SchulG. Kinder, Jugendliche und Heranwachsende unterliegen der Schulpflicht **ab dem 6. Lebensjahr** (Stichtag 31.8.) bis zu einem **erfolgreichen Schulabschluss**, längstens bis zum 21. Lebensjahr, §§ 56 f., 60 SchulG, § 1 Abs. 2 JGG, § 1 Abs. 1 JuSchG. In dieser Zeit sind Schüler verpflichtet, vom schulischen Angebot Gebrauch zu machen, § 3 Abs. 3 SchulG. Insbesondere sind sie verpflichtet, am Unterricht und an sonstigen verbindlichen Schulveranstaltungen teilzunehmen und sich notwendigen Untersuchungen zu unterziehen, § 64 SchulG. Die

---

114 Es sei denn, die Mutter ist selbst minderjährig (vgl. § 1791c BGB), dann ist aber auch kein praktischer Fall des § 14 Abs. 2 POG denkbar.

Eltern oder sonstige mit der Erziehung und Pflege des Schulpflichtigen Beauftragten trifft die hierzu notwendige Mitwirkungspflicht, § 65 Abs. 1 SchulG. Es ist Sache der **Schule**, das Problem durch schulische Maßnahmen und durch Gespräche mit dem Schüler und seinen Erziehungsberechtigten zu lösen. Reichen Schüler- und Elterngespräche nicht aus, soll das **Jugendamt** eingeschaltet werden, um mit pädagogischen Mitteln auf die Familie einzuwirken. Nutzt auch das nichts, ist das **Ordnungsamt** einzuschalten, § 66 SchulG. Dieses kann zunächst dem Erziehungsberechtigten Zwangsgeld oder die gewaltsame Schulzuführung androhen, §§ 64 f., 66 LVwVG. Führt das zu keinem Erfolg (z. B. in ständigen Wiederholungsfällen), bleibt als letztes Mittel, den Schüler der Schule zuzuführen. Nach dem Wortlaut des § 66 Abs. 1 S. 2 a. E. SchulG ist die **örtliche Kommunalverwaltung** als Sonderordnungsbehörde zuständig. Erforderlich ist ein dezidiert begründeter **Antrag** des Schulleiters (bei Verhinderung des Vertreters) oder der Schulbehörde, § 66 Abs. 1 S. 2 SchulG. Der Antrag irgendeines anderen Lehrers genügt nicht. In diesem Antrag hat der Antragsteller der Behörde glaubhaft zu machen, dass **andere Mittel** der Einwirkung nicht Erfolg versprechend oder nicht zweckmäßig sind, § 66 Abs. 2 SchulG. Außerdem müssen so viele Angaben über den betreffenden Schüler gemacht werden, dass die Ordnungsbehörde diesen finden und identifizieren kann. Die Zuführung nach § 66 SchulG ist für sich genommen noch kein Zwang i. S. d. LVwVG. Es ist die Anordnung, den Beamten zur Schule zu begleiten (Verwaltungsakt), sowie die Begleitung zur Schule (Realakt). Folgt der Schüler dem, liegt keine Gewaltanwendung i. S. d. § 65 LVwVG vor. Die Ordnungsbeamten sind nicht befugt, ohne Zustimmung des Wohnungsinhabers (z. B. Eltern) die **Wohnung** zu betreten, um den Schüler zu holen. Im Hinblick auf Art. 13 GG ist die Wohnung besonders geschützt. Das Betreten oder gar Durchsuchen der Wohnung würde ein z. B. dem § 44 Abs. 4 S. 1 Wehrpflichtgesetz entsprechendes Spezialgesetz voraussetzen, woran es hier fehlt. Die Voraussetzungen des Art. 13 Abs. 7 GG liegen hier nie vor. Die Mitnahme zur Schule ist regelmäßig mit einer **Freiheitsbeschränkung** verbunden, die durch § 66 SchulG abgedeckt ist. Eine darüber hinaus gehende Freiheitsentziehung (z. B. der Schüler wird länger als nur einige Minuten in einem Raum der Ordnungsbehörde festgehalten) ist mangels Ermächtigungsgrundlage rechtswidrig. Wehrt sich der Jugendliche, darf **einfacher unmittelbarer Zwang** i. S. d. § 65 LVwVG angewendet werden. Der Einsatz von Hilfsmitteln i. S. d. § 5 Landesverordnung für Vollzugsbeamte[115] gegen Schüler dürfte aber regelmäßig unverhältnismäßig sein. Gegebenenfalls ist **Vollzugshilfe** der Polizei (§ 96 POG) anzufordern. Eine Grundlage für eine Kostenerstattung für die Zuführung gibt es nicht.

7. Rückführungsgewahrsam (§ 14 Abs. 3 POG),

Diese Regelung dient der Anwendung von Gewahrsam bei Personen, die ohnehin schon in ihrem Freiheitsrecht eingeschränkt sind, weil für sie **Untersuchungshaft, Freiheitsstrafen oder freiheitsentziehende Maßregeln der Besserung und Sicherung** (vgl. §§ 63 ff. StGB) gelten. Sind sie dem Vollzug **entwichen** oder halten sie sich ansonsten ohne Erlaubnis außerhalb einer Justizvollzugsanstalt auf, können sie in Gewahrsam gebracht und zurückgeführt werden. Ohne diese Regelung ist eine Festnahme nur nach § 127 Abs. 2 StPO möglich, wenn der Betreffende aus der Untersuchungshaft geflohen ist, ferner auf Veranlassung der Vollstreckungsbehörde nach § 87 Strafvollzugsgesetz oder bei Vorliegen eines Haftbefehls nach § 457 StPO.

45

---

115 Landesverordnung über die kommunalen Vollzugsbeamtinnen und kommunalen Vollzugsbeamten sowie die Hilfspolizeibeamtinnen und Hilfspolizeibeamten, s. Rn B 20 mit Fußnote.

8. Andere Formen des Gewahrsams

46 Andere Formen des Gewahrsams sind unzulässig. Rechtswidrig ist insbesondere der sog.**Polizeikessel**, bei dem Demonstranten oft stundenlang von Polizei vollständig eingekreist an einem Ort verharren müssen[116]. Das ist in vielen Einzelfällen schon deswegen rechtswidrig, weil bei Maßnahmen im Zusammenhang mit Versammlungen unter freiem Himmel grundsätzlich das Versammlungsgesetz abschließend anwendbar ist (vgl. Art. 8 Abs. 2 GG und Rn G 2) und dieses selbst keine Grundlage für ein Festhalten bietet. Ein Festhalten nach POG setzt voraus, dass die betreffende Person entweder nach § 18 Abs. 3 VersG von der Versammlung ausgeschlossen oder dass die ganze Versammlung nach § 15 VersG verboten oder aufgelöst worden ist.

Jedoch selbst wenn diese Voraussetzungen vorliegen, ist die Maßnahme nicht durch § 14 POG gedeckt. Erhebliche Zweifel bestehen schon daran, ob die Freiheitsentziehung durch bloße Umstellung in der Örtlichkeit ihrer Natur nach überhaupt ordnungsgemäßer Gewahrsam sein kann. Ungeachtet dessen kommt der Durchsetzungsgewahrsam (Abs. 1 Nr. 3) schon deshalb nicht in Betracht, weil nicht eine Platzverweisung durchgesetzt wird; die Personen werden ja gerade an dem Ort festgehalten. Als Vorbeugegewahrsam (Abs. 1 Nr. 2) ist die Maßnahme schon deswegen rechtswidrig, weil es an jeder Fürsorgepflicht (Verpflegung, Gelegenheit zur Notdurft, zur Versorgung von Kleinkindern, Schutz vor Witterung usw.) fehlt. Darüber hinaus dürfte kaum einmal die unmittelbar bevorstehende Begehung oder Fortsetzung einer Straftat oder einer Ordnungswidrigkeit von erheblicher Gefahr durch *alle* eingekesselten Teilnehmer hinreichend wahrscheinlich sein. Insbesondere dürfte es sich bei dem Verstoß gegen § 29 Abs. 1 Nr. 2 VersG (kein Entfernen nach Auflösung der Versammlung) nicht um eine Ordnungswidrigkeit von erheblicher (!) Gefahr handeln.

9. Besondere Regeln für die Freiheitsentziehung, §§ 15 ff. POG

a) Die richterliche Entscheidung

47 Über die Zulässigkeit und Fortdauer der Freiheitsentziehung hat nur der Richter zu entscheiden, Art. 104 Abs. 2 S. 1 GG. Damit ist grundsätzlich die **vorherige** richterliche Entscheidung gemeint. Das gilt auch für § 15 Abs. 1 S. 1 POG, auch wenn dieser eine Festnahme für die richterliche Entscheidung voraussetzt und damit ausdrücklich nur die *nachträgliche* richterliche Entscheidung beschreibt. Ein Festhalten, für das die richterliche Entscheidung vorher hätte eingeholt werden können, ist ohne sie also rechtswidrig. Das ist hinsichtlich § 12 Abs. 3 POG bemerkenswert, sehen doch z. B. weder § 81b noch § 136 StPO einen entsprechenden Richtervorbehalt vor. Allerdings verlangt auch § 15 POG nur dann eine *vorhergehende* richterliche Entscheidung, wenn die festzuhaltende Person vorher überhaupt konkret benannt werden kann.

Beispiel: F ist ein Fan des 1. FC Kaiserslautern, der bei nahezu jedem Spiel durch gewalttätige Aktionen aufgefallen ist. Auch vor dem nächsten Heimspiel verdichten sich Informationen, dass er Gewalt gegen die Fans der Gastmannschaft plant. Hier müsste vor einem Vorbeugegewahrsam die richterliche Entscheidung eingeholt werden. –
Gegenbeispiel: Die Polizei führt nach Heimspielen des 1. FC Kaiserslautern zunächst die Fans der Gastmannschaft zum Hauptbahnhof. Die Kaiserslauterer Fans werden während dessen für 15 bis 30 Minuten nicht aus ihrer Fankurve herausgelassen, um eine Konfrontation mit den Gastfans zu vermeiden. Sie befinden sich damit in Vorbeugegewahrsam. Eine vorherige richterliche Entscheidung ist nicht möglich, weil man die betroffenen Personen vorher nicht benennen kann.

---

116 OVG Münster DVBl. 2001, 839; VG Mainz NVwZ-RR 1991, 242; VG Berlin NVwZ-RR 1990, 188; LG Hamburg NVwZ 1987, 834; einschränkend KG Berlin NVwZ 2000, 468.

Im präventiven Polizeirecht ist naturgemäß die Möglichkeit, den Richter vorher zu beteiligen, die Ausnahme. Fehlt sie, haben die Ordnungskräfte grundsätzlich die (nachträgliche) richterliche Entscheidung unverzüglich und von Amts wegen herbeizuführen, § 15 Abs. 1 S. 1 POG, Art. 104 Abs. 2 S. 2 GG. Diese Entscheidung geht über die bloße Kontrolle der Verwaltungsentscheidung hinaus, der Richter trifft selbst die Entscheidung über die Freiheitsentziehung.[117] **Unverzüglich** heißt entsprechend § 121 BGB: ohne schuldhaftes Zögern; also so schnell es geht.[118] Für diese richterliche Entscheidung ist es nicht erforderlich, dass der Betroffene vernehmungsfähig ist.[119] Keinesfalls darf damit alleine deswegen bis zum Ende des nächsten Tages gewartet werden, weil § 17 Abs. 1 Nr. 3 POG eine solche Frist vorsieht, denn bei dieser handelt es sich um ein absolutes Limit, nicht um eine Antragsfrist. Nur sachliche oder rechtliche Gründe rechtfertigen eine Verzögerung[120]. Unverzüglich heißt dagegen nicht in jedem Falle „sofort". Wird der Betroffene z. B. erst am frühen Abend festgehalten und besteht um diese Zeit kein gerichtlicher Bereitschaftsdienst mehr, ist auch die richterliche Entscheidung am nächsten Morgen noch unverzüglich; eine Pflicht zu einem Bereitschaftsdienst rund um die Uhr gibt es nicht[121]. Der Betroffene ist auch nur dann vorzuführen, wenn er in einem Zustand ist, in dem man ihn vorführen kann, er also insbesondere nicht unter dem Einfluss von Alkohol, Drogen o. Ä. steht.

Zuständig ist der **Amtsrichter** am Ort des Festhaltens (§ 15 Abs. 2 POG, wohingegen **48** bei der Ersatzzwangshaft nach § 67 LVwVG das Verwaltungsgericht zuständig ist, vgl. Rn J 10, eine überflüssige Differenzierung). Da die Freiheitsentziehung durch die Polizei und die durch den Richter auch bei derselben Person rechtlich verschiedene Vorgänge sind, entscheidet der Amtsrichter (entgegen dem etwas missverständlichen Gesetzeswortlaut) je nach Situation entweder über die **Zulässigkeit** der bisherigen polizeilichen Freiheitsentziehung *oder* (nicht: „*und*") über die nunmehr richterlich begründete **Fortsetzung** der Freiheitsentziehung.[122] Das Verfahren richtet sich nach dem FamFG, § 15 Abs. 2 S. 2 POG. Der Richter muss selbst die Tatsachen feststellen, die die Freiheitsentziehung rechtfertigen[123]. Dazu hat er nach § 420 Abs. 1 FamFG die Person grundsätzlich (Ausnahmen in § 420 Abs. 2 FamFG) vor der Entscheidung persönlich mündlich **anzuhören**, was physische Anwesenheit erfordert (z. B. telefonisch reicht nicht), so dass diese die Gelegenheit hat, auf die Entscheidung Einfluss zu nehmen.[124] Das wird regelmäßig eine persönliche Vorführung erfordern[125]. Eine nachträgliche Anhörung lässt sich in engen Grenzen nur rechtfertigen, wenn ansonsten die Gefahrenabwehr vereitelt würde oder eine Entscheidung nach vorheriger Anhörung zu spät käme. Die Entscheidung des Richters ist schriftlich festzuhalten.[126] Die Entscheidung über die **Zulässigkeit** der bisherigen polizeilichen Freiheitsentziehung ist die Feststellung über die Rechtmäßigkeit der vergangenen Maßnahme. Demgegenüber ist die Entscheidung, die Freiheitsentziehung fortzusetzen, als rein zukunftsbezogene Regelung konstitutiv, also nicht etwa nur eine Genehmigung der vergangenen polizei-

---

117 VGH Mannheim NVwZ-RR 2012, 346.
118 BVerfG NVwZ 2007, 1004; NVwZ 2002, 1370 (Leitsatz); BVerwGE 45, 63; OLG Rostock NVwZ-RR 2008, 176 f.: zur Tagzeit binnen 2–3 Stunden; VGH Mannheim NVwZ-RR 2005, 540.
119 VGH Mannheim NVwZ-RR 2012, 346 f.
120 BVerwGE 45, 51, 63.
121 BVerwG NJW 1974, 808.
122 BVerwGE 62, 319 f. Bay VerfGH NVwZ 1991, 670; BayObLG DÖV 1989, 168; KG NJW 1983, 691 f.
123 BVerfG DVBl 1991, 260.
124 BVerfG NJW 1991, 1283; VGH Kassel NJW 1984, 822.
125 So auch Roos / Lenz § 15 Rn 14.
126 VGH Kassel aaO.

lichen Maßnahme.[127] Der Richter entscheidet durch Beschluss (§ 420 FamFG), gegen den sowohl der Betroffene als auch die Polizeibehörde (genauer: das Land Rheinland-Pfalz) nach § 429 FamFG sofortige Beschwerde an das Landgericht erheben können.

Allerdings ist die Entscheidung des Richters dann **entbehrlich**, wenn anzunehmen ist, das sie erst nach Wegfall des Grundes der Maßnahme ergehen würde, § 15 Abs. 1 S. 2 POG. Denn würde man den Betreffenden nunmehr alleine deswegen noch festhalten, damit ein Richter über die bisherige Maßnahme entscheiden kann, würde sich der in Art. 104 Abs. 2 GG beabsichtigte Schutz in sein Gegenteil verkehren, da er zu einer weiteren Freiheitsentziehung führen würde, die es ohne diese Regelung nicht gäbe.

Beispiel: A wird in Vorbeugegewahrsam genommen, um ihn an einer illegalen nächtlichen Autorallye („Joyriding") zu hindern. Nachts um 3.00 Uhr ist die Veranstaltung vorbei. Hier wäre es nicht vertretbar, A noch weitere 5 bis 6 Stunden in Gewahrsam zu halten, nur um ihn dann dem Richter vorzuführen.

Die Freiheitsentziehung ist entgegen früherer Ansichten mit der Entlassung des Betroffenen **nicht erledigt**.[128] Die richterliche Entscheidung soll die Freiheitsentziehung nicht hinauszögern, andererseits aber auch nicht verhindern, dass das polizeiliche Verhalten noch überprüft werden kann (Näheres dazu unten Rn G 53). Auch nach der Maßnahme besteht regelmäßig ein Rechtsschutzinteresse an der Feststellung der Rechtmäßigkeit, da eine Freiheitsentziehung ein erheblicher Grundrechtseingriff ist. Nicht erledigt ist die Freiheitsentziehung insbesondere auch dann, wenn gegenüber dem Betroffenen dafür Kosten verlangt werden.[129]

b) Die Behandlung der festgehaltenen Person, §§ 16 ff. POG

49 Verwahrt wird eine Person regelmäßig in einem speziellen polizeilichen Gewahrsamsarrest- oder Haftraum, in besonderen – vor allem eher kurzfristigen[130] – Fällen auch in anderen **Räumen** (vgl. § 415 Abs. 2 FamFG), wie z. B. Dienstfahrzeuge, Diensträume einer Polizeibehörde, Krankenzimmer oder sogar auch Räume des Betroffenen selber (Hausarrest). Nach § 16a POG kann der Gewahrsam nach § 14 POG auch in vom Innenministerium anerkannten nichtpolizeilichen Einrichtungen i. S. d. § 16a POG (z. B. die Gewahrsamseinrichtung für Ausreisepflichtige [GfA] in Ingelheim) nach den Regeln der Gewahrsamsordnung vollzogen werden.[131] Wie die festgehaltene Person zu behandeln ist, ergibt sich aus Art. 104 GG und aus § 16 POG. Verstöße gegen § 16 POG machen zwar (anders als solche nach § 15 und § 17 POG) nicht das Festhalten als solches rechtswidrig, sie sind aber Amtspflichtverletzungen. Nach § 16 Abs. 1 POG ist der Person unverzüglich der **Grund** des Festhaltens **bekannt zu geben**. Dazu muss ihr formlos, aber allgemeinverständlich wenigstens in groben Zügen erläutert werden, aus welchem Sachverhalt heraus und gemäß welcher Rechtsgrundlage sie festgehalten gestützt wird. Zwar ist nach § 23 VwVfG / § 1 Abs. 1 LVwVfG die Amtssprache deutsch, doch kann man daraus nicht folgern, dass gegenüber der deutschen **Sprache** nicht mächtigen Ausländern eine deutsche Belehrung über das Festhalten genügt. Hier geht die als einfaches Gesetz gültige MRK vor, deren Art. 5 Abs. 2 die Belehrung in einer dem Festgenommenen verständlichen Sprache vorschreibt. Das aber ist bei

---

127 BVerfG aaO.
128 BVerfG NJW 1997, 27; Lisken/Denninger Rn F 318; Roos / Lenz § 15 Rn 29.
129 OVG Bremen NVwZ-RR 2012, 272.
130 Mehrstündiges Festhalten in einem Polizeigewahrsamsbus ist rechtswidrig, BayVGH DÖV 2012, 444 und 816.
131 Gewahrsamsordnung für die Polizei des Landes Rheinland-Pfalz vom 8. März 2003 (MinBl. S. 292; 2008 S. 326); bei nichtpolizeilichen Landeseinrichtungen kann auch eine andere Ordnung gelten.

der denkbaren Sprachenvielfalt vielfach nicht kurzfristig einzuhalten. Da aber unverzüglich ohne schuldhaftes Zögern heißt (analog § 121 BGB), ist das Festhalten ohne Belehrung in einer dem Festgenommenen verständlichen Sprache rechtmäßig, solange die Polizei sich ernsthaft, aber mit zumutbarem Einsatz erfolglos um eine solche Belehrung bemüht hat.

Aus der vorgeschriebenen Unverzüglichkeit folgt ferner, dass schon die Polizei, nicht erst wie im Falle des Art. 104 Abs. 3 GG der Richter zu belehren hat. Zu dieser Belehrung gehört nach überwiegender Auffassung nicht die Rechtsmittelbelehrung, weil sie im Gesetz nicht ausdrücklich vorgesehen ist; zumindest aber folgt aus der in Art. 19 Abs. 4 GG normierten Rechtsschutzgarantie, dass der Festgehaltene auf Nachfrage über seine Rechtsbehelfe zu belehren ist.

Ebenfalls unverzüglich ist der Person Gelegenheit zu geben, einen Angehörigen (§ 1 Abs. 1 Nr. 1 StGB analog) oder eine sonstige **Person ihres Vertrauens zu benachrichtigen**, § 16 Abs. 2 POG (in Anlehnung an Art. 104 Abs. 4 GG). Auf Wunsch der Person hat die Polizei das selbst auszuführen, bei Minderjährigen oder Betreuten hat sie selbst den Sorgeberechtigten oder den Betreuer unverzüglich zu benachrichtigen. In diesem Fall hat die Polizei darauf zu achten, dass das hinsichtlich der Art und Weise oder hinsichtlich des Benachrichtigungsempfängers nicht in bloßstellender Form geschieht, insbesondere kommt eine Nachricht an Angehörige nur in Betracht, wenn diese zumindest dem Anschein nach auch Vertrauenspersonen des Festgenommenen sind.

Beispiel: Kein Anruf bei der Ehefrau, wenn beide in streitiger Trennung leben, oder bei Geschwistern, wenn Erbstreitigkeiten bestehen; kein Vorfahren bei der Familie mit einem Streifenwagen, wenn dadurch das Aufsehen der Nachbarn provoziert würde.

Der Sinn des § 16 Abs. 2 POG liegt darin, dass nicht (wie seinerzeit z. B. in der „DDR" **50** üblich) eine Person hinter Gittern verschwindet, ohne dass die Außenwelt weiß, dass, wo und warum die Person festgehalten worden ist. In welcher Form Gelegenheit der Benachrichtigung gegeben wird, steht der Polizei grundsätzlich frei. Doch wird man aus der vorgegebenen Unverzüglichkeit schließen müssen, dass ein **schnelles Medium**, vornehmlich Telefon, aber auch Telefax, SMS oder E-Mail, gewählt wird. Die Pflicht, Gelegenheit zur Benachrichtigung einer Vertrauensperson zu geben, bezieht sich nach dem klaren Gesetzeswortlaut nur auf *eine* Vertrauensperson. Es steht daher im Ermessen der Polizei, ob sie z. B., wenn der Betroffene seinen Rechtsanwalt angerufen hat, noch die Benachrichtigung der Ehefrau zulässt, was ja auch der Rechtsanwalt erledigen könnte. Gelegenheit geben heißt auch nicht, das kostenlos zu tun[132]. Allerdings darf das Benachrichtigungsrecht nicht von der Kostenzahlung abhängig gemacht werden, da sonst der Sinn der Vorschrift unterlaufen werden könnte.

Festgehaltene Personen dürfen weder seelisch noch körperlich **misshandelt** werden, Art. 104 Abs. 1 S. 2 GG. Nach § 16 Abs. 3 POG sollen die präventiv festgehaltenen Personen gesondert und nur mit ihrer ausdrücklichen Einwilligung in demselben Raum mit Straf- oder Untersuchungsgefangenen **untergebracht** werden. Regelmäßig („*soll*") sind Männer und Frauen räumlich getrennt unterzubringen. Da eine Regelvorgabe aber auch Ausnahmen zulässt, steht der gemeinsamen Unterbringung von Lebenspartnern, Geschwistern u. Ä. dann nichts im Wege, wenn alle gemeinsam Untergebrachten damit einverstanden sind und die Raumaufteilung in der Dienststelle das zulässt.

---

132 A. A. Lisken/Denninger Rn F 330, die als Rechtsgrundlage den öffentlich-rechtlichen Erstattungsanspruch übersehen.

Gerade bei **Minderjährigen** ist der Art und Weise des Gewahrsams besondere Beachtung zu schenken. Jede Form, die für deren Entwicklung schädlich sein kann, ist daher grundsätzlich unzulässig. Deswegen wird man insbesondere die Unterbringung eines Kindes in einer Arrestzelle regelmäßig als unverhältnismäßig ansehen müssen, während man bei Jugendlichen unter Berücksichtigung ihres Alters und Entwicklungsstandes zwischen der Notwendigkeit, die Flucht zu verhindern, und dem möglichen Einfluss auf die Entwicklung jeweils abwägen muss[133].

Im Übrigen dürfen der festgehaltenen Person nur solche Beschränkungen auferlegt werden, die für den Zweck der Freiheitsentziehung oder die Ordnung des Gewahrsams erforderlich sind.

51 Während des Gewahrsamsaufenthalts kann es immer wieder zu Unfällen, Eigenverletzungen, Suizidversuchen oder zur Begehung von Straftaten kommen. § 16b Abs. 1 S. 1 POG ermächtigt darum die Polizei, Gewahrsamseinrichtungen **offen** durch **Bildübertragung** zu überwachen. Eine Bild*aufzeichnung* gemäß § 27 Abs. 1 S. 2 POG ist hiernach allerdings nicht zulässig. Diese Videoüberwachung nach § 16b POG setzt keine konkrete Gefahrenlage voraus, sondern es reichen tatsächliche Anhaltspunkte, die die Annahme rechtfertigen, dass die Maßnahme zum Schutz von Personen erforderlich ist (z. B. Randalieren bei Einlieferung, Ankündigung von Straftaten oder Suizid, früheres gewalttätiges Verhalten). Andererseits reichen bloße Vermutungen nicht, um eine Bildübertragung zu rechtfertigen. Soweit das im Rahmen der Gefahrenabwehr möglich ist, ist der Schutz der Intimsphäre der festgehaltenen Person zu wahren. Daher ist insbesondere auf die Videoüberwachung hinzuweisen und ihr die Möglichkeit zu eröffnen, auf Wunsch eine Toilette außerhalb des Gewahrsamsraums aufzusuchen. Die Datenerhebung ist durch ein optisches oder akustisches Signal anzuzeigen. Die zur Anordnung führenden tatsächlichen Anhaltspunkte der optisch-elektronischen Beobachtung in Gewahrsamsräumen sowie Beginn und Ende der Bildübertragung sind zu dokumentieren.

c) Dauer der Freiheitsentziehung, § 17 POG

52 Dass die festgehaltene Person entlassen werden muss, und zwar unverzüglich, wenn der Grund der Maßnahme weggefallen (§ 17 Abs. 1 Nr. 1 POG) oder wenn die Fortdauer der Freiheitsentziehung durch richterliche Entscheidung für unzulässig erklärt worden ist (§ 17 Abs. 1 Nr. 2 POG), ist eine Selbstverständlichkeit. Aber aus § 17 Abs. 1 Nr. 3 POG ergibt sich darüber hinaus, dass eine Person **ohne Richter niemals länger bis zum Ende des nächsten Tages** (24.00 Uhr), gerechnet ab ihrer Festnahme, festgehalten werden darf (also je nach Uhrzeit der Festnahme zwischen gut 24 und fast 48 Stunden). Alles andere ist Freiheitsberaubung i.S.d. § 239 StGB. Selbstverständlich darf § 17 Abs. 1 Nr. 3 POG auch nicht dadurch umgangen werden, dass der Betroffene kurz freigelassen wird, um dann mittels eines neuen Gewahrsams die Frist neu in Gang zu setzen. Eine Verlängerung der Freiheitsentziehung kommt nur durch richterliche Anordnung nach dem POG oder einem anderen Gesetz (z. B. StPO, AufenthG, PsychKG, ZPO i. V. m. §§ 229 f. BGB) in Betracht.

Beispiel: Der in Schutzgewahrsam genommene Betrunkene äußert nach seiner Ausnüchterung sehr ernst zu nehmende Selbstmordabsichten.[134] Hier läuft die Frist des § 17 Nr. 3 POG nicht etwa nur, so dass mit dem neuen Gewahrsamsgrund kein Festhalten begründet werden kann, das über das Ende des Tages nach der ersten Festnahme hinausgeht. Eine Verlängerung der Freiheitsentziehung ohne Richter wäre hier nur auf Basis der §§ 15, 11 PsychKG rechtmäßig.

---

133 Lisken/Denninger Rn F 330 betrachten für alle Minderjährigen die Unterbringung in Arrestzellen als unzulässig.
134 Beispiel nach Roos, 3. Auflage, § 17 Rn 2.

Durch richterlichen Beschluss kann die Dauer der Freiheitsentziehung aber zur Durchsetzung des Vorbeugegewahrsams (§ 14 Abs. 1 Nr. 2 POG) zur Verhinderung einer unmittelbar bevorstehenden Begehung oder Fortsetzung einer Straftat oder des Duldungsgewahrsams (§ 14 Abs. 1 Nr. 3 POG) auf **bis zu 7 Tagen** ausgedehnt werden, § 17 Abs. 2 POG. [135] Erstaunlich ist dabei der Unterschied zu § 67 LVwVG für die Ersatzzwangshaft (vgl. Rn J 10), der sogar eine Freiheitsentziehung von zwei Wochen zulässt!

Beispiel: Gewalttätige halten 8 Tage lang sog. „Chaostage" ab. Der als besonders gewalttätig bekannte G soll für die Dauer dieser Aktion durch Vorbeugegewahrsam an schweren Straftaten gehindert werden. Nach Ablauf spätestens der 7 Tage ist G wieder freizulassen, selbst wenn er erklärt, jetzt Autos anzünden zu wollen. Erst wenn er in das Versuchsstadium einer Straftat kommt, ist eine weitere Freiheitsentziehung, nun nach der StPO, möglich.

d) Rechtsschutz

Über die Zulässigkeit bzw. Fortdauer der Freiheitsentziehung muss möglichst **vor der** **53** **Festnahme**, zumindest aber unverzüglich danach der **Richter** entscheiden, Art. 104 Abs. 2 S. 1 GG, § 15 Abs. 1 S. 1 POG, § 428 Abs. 1 S. 2 FamFG. Geschieht das nicht, so hat der noch Festgehaltene die Möglichkeit, den Verwaltungsakt der Polizei nach § 428 Abs. 2 FamFG beim **Amtsgericht** anzufechten. Gegen die richterliche Entscheidung stehen *dem noch Festgehaltenen* die sofortige Beschwerde zu, § 429 FamFG, § 15 Abs. 2 S. 2 POG.

Wird die festgehaltene Person entlassen**,** ohne dass ein Richter über die Zulässigkeit und Fortdauer der Freiheitsentziehung entschieden hat, kann sie auch **nachträglich** noch die Rechtmäßigkeit des Festhaltens beim Amtsgericht[136] überprüfen lassen.

Fraglich ist aber, wie und inwieweit eine solche Überprüfung auch dann noch möglich ist, wenn ein **Richter** vor der Entlassung über die Zulässigkeit oder Fortdauer der Freiheitsentziehung **schon entschieden** hatte. Die früher herrschende Rechtsprechung[137] verneinte einen nachträglichen Rechtsschutz gegen die richterliche Entscheidung, weil das damals gültige FreihEntzG eine dem § 113 Abs. 1 S. 4 VwGO entsprechende Regelung nicht kannte; der verfassungsrechtlichen Forderung nach einer gerichtlichen Nachprüfung sei grundsätzlich Genüge getan, wenn einmal der Richter entschieden habe. Es ist aber wenig einleuchtend, warum eine rechtswidrige Freiheitsentziehung nur deswegen nicht überprüfbar sein soll, weil der Betroffene „rechtzeitig" vorher entlassen worden ist. Inzwischen ist die bisher herrschende Meinung durch die Änderung der Rechtsprechung des Bundesverfassungsgerichts überholt.[138] Danach darf die sofortige Beschwerde nicht allein deswegen als unzulässig verworfen werden, weil die Freiheitsentziehung beendet worden war, bevor die Beschwerde eingelegt oder beschieden wurde. Deshalb ist auch nach der Entlassung der Rechtsschutz gegen die richterliche Entscheidung über die Freiheitsentziehung einschließlich aller ihrer Begleitmaßnahmen (wie z. B. Durchsuchungen) nach den allgemeinen Regeln vor den **ordentlichen Gerichten** zulässig (nicht etwa vor den Verwaltungsgerichten, denn es geht ja nicht um ihre Entscheidung); es sei denn die Polizei hat keinen Bestätigungsantrag gestellt.[139]

---

135 Art. 20 Nr. 3 bay. PAG; § 11 Abs. 7 Nr. 3 sächs. PolG: 2 Wochen; § 22 Nr. 3 thür. PolG: 10 Tage.
136 BVerwG DVBl 1981, 1105.
137 BGHZ 109, 108 ff.; OVG Münster NWVBl. 1990, 388; NJW 1980, 138; VGH München Bay VGH DÖV 1987, 252 f.; 1971, 182, 186; VGH Kassel NJW 1984, 821 f.; KG NJW 1983, 690 f.
138 BVerfG NJW 1997, 2165.
139 So BGH NJW 1998, 3653 (für § 127 Abs. 2 StPO); OVG Bremen NVwZ-RR 2012, 272; OLG München NVwZ-RR 2008, 247; OVG Lüneburg NVwZ 2004, 760.

Wie bei § 113 Abs. 1 S. 4 VwGO bedarf es auch beim nachträglichen Feststellungs-
antrag nach § 428 Abs. 2 FamFG eines besonderen Feststellungsinteresses, also der
Darlegung, warum der Betroffene noch beschwert ist, obwohl sich die zu überprüfende
Freiheitsentziehung durch die Entlassung erledigt hat. Dieses **Fortsetzungsfeststel-
lungsinteresse** wird regelmäßig darin liegen, dass wegen der diskriminierenden Wirkung einer Festnahme ein **Rehabilitationsinteresse** (= Interesse an der Wiederherstellung des guten Rufs) besteht, den Umständen nach eine **Wiederholung** zu befürchten ist oder es sich um die Feststellung eines intensiven Eingriffs in ein spezifi-
sches Grundrecht handelt.[140]

VI. Durchsuchungen und Betreten, §§ 18 ff. POG

1. Die Durchsuchungen von Personen, § 18 POG

a) Tatbestände

54 **Personendurchsuchung** ist das gezielte Nachschauen am äußerlichen menschlichen
Körper, einschließlich seiner äußeren Öffnungen sowie in Kleidung und anderen Sachen, die am Körper getragen werden. Die schlichte körperliche Durchsuchung ist, da
der Betroffene dazu am Ort verweilen muss, eine Freiheitsbeschränkung i.S.d. Art. 2
Abs. 2 S. 2, 104 Abs. 1 GG.

Die Personendurchsuchung ist – neben der zur **Identitätsfeststellung**, § 10 Abs. 2
S. 4 POG (z. B. zum Auffinden eines Ausweispapiers; eine weitergehende Durchsuchung muss auf § 18 Abs. 1 Nr. 4 bzw. 5 POG gestützt werden) – nach § 18 Abs. 1 POG
alternativ möglich,

1. wenn die Voraussetzungen des **Festhaltens** (s. dazu oben Rn G 36) vorliegen,
   § 18 Abs. 1 Nr. 1 POG (z. B. nach gefährlichen Gegenständen bei der Ingewahr-
   samnahme), und zwar ohne dass noch irgendwelche weiteren Gefahren vorliegen
   müssten. Diese Maßnahme dient dem Eigenschutz, dem Schutz Dritter sowie der
   Verhinderung einer Flucht oder Selbsttötung.
2. wenn Tatsachen (z. B. Beobachtungen, Zeugenaussagen, Erfahrungsgrundsätze,
   bloße Vermutungen reichen dagegen nicht) die Annahme rechtfertigen, dass die
   Person Sachen mit sich führt, die nach § 22 POG oder einer anderen präventiven
   Vorschrift (z. B. § 13 PassG) **sichergestellt** werden dürfen, § 18 Abs. 1 Nr. 2 POG
   (z. B. i. V. m. § 22 Nr. 2 POG beim Taschendieb, aber auch beim Ahnungslosen,
   dem der Taschendieb das Diebesgut in die Tasche gesteckt hat).
3. wenn die durchsuchte Person **hilflos** ist, § 18 Abs. 1 Nr. 3 (z. B. bei Tablettenmiss-
   brauch, um für den Arzt festzustellen, welche Mittel die Person eingenommen hat;
   zum Auffinden eines Notausweises; um sie nach Hause zu bringen oder Angehörige zu informieren).
4. wenn sich die Person an einem **gefährlichen Ort** i.S.d. § 10 Abs. 1 S. 2 Nr. 1 POG
   aufhält, § 18 Abs. 1 Nr. 4 (z. B. bei einer Razzia an einem Umschlagplatz für illegale
   Drogen, vgl. Rn G 18) und die Durchsuchung der Person auch in entsprechender
   Beziehung zu den Tatsachen steht, die die Gefährlichkeit des Ortes begründen[141]
5. wenn sich die Person an einem **gefährdeten Objekt** i.S.d. § 10 Abs. 1 S. 2 Nr. 2
   POG aufhält und Tatsachen die Annahme rechtfertigen, dass an Objekten dieser
   Art (also keine Anhaltspunkte für das konkrete Objekt notwendig) Straftaten be-

---

140 Für das Verwaltungsrecht BVerwG NJW 1991, 581; NVwZ 1989, 648.
141 VerfGH Bay 8.3.2012 Az. 10 C 12.141.

gangen werden sollen, § 18 Abs. 1 Nr. 5 (z. B. rechtsradikale Skinheads, die nachts an einem Asylantenheim umherschleichen, wenn rechtsradikale Organisationen zu Anschlägen aufgerufen haben, vgl. Rn G 18)

6. wenn sich die Person an einer **Kontrollstelle** nach § 10 Abs. 1 S. 2 Nr. 3 POG aufhält, sofern nur so die dort genannten Straftaten ohne wesentliche Erschwernis verhindert werden können (insbesondere im Vorfeld von Großdemonstrationen, wenn mit Gewalt gerechnet wird, vgl. Rn G 18).

Nach § 18 Abs. 2 POG ist unter den dort genannten Voraussetzungen auch ein Durchsuchen nach Waffen (Schuss-, Hieb- und Stichwaffen, vgl. § 1 Abs. 2 Nr. 1 uns 2a) WaffG), anderen gefährlichen Werkzeugen (zwar als Waffe nicht geschaffene, aber objektiv dazu geeignete Gegenstände, vgl. § 1 Abs. 2b) WaffG) und Explosivmitteln (Stoffe, die durch eine nicht außergewöhnliche Beanspruchung eine plötzliche Druckwirkung erzeugen, vgl. § 1 Sprengstoffgesetz[142]) zur **Eigen- oder Fremdsicherung** zulässig. Es spielt dabei keine Rolle, nach welchen Vorschriften der Adressat in der Bewegung beschränkt, kontrolliert oder verbracht wird, so dass eine Kontrolle auch zulässig ist, wenn z. B. der Kraftfahrer zur Blutentnahme verbracht oder die Identität des Ausländers festgestellt werden soll.

b) Rechtsfolge

Ermächtigt wird im vollen Umfang der Norm die **Polizei**, die **allgemeinen Ordnungs-** 55 **behörden** im Rahmen des § 18 Abs. 5 Abs. 2 Nr. 1–3, Abs. 2 Nr. 6 POG. Diese dürfen insoweit ziel- und zweckgerichtet am äußerlichen menschlichen Körper einschließlich seiner äußeren Öffnungen sowie in Kleidung und anderen Sachen, die am Körper getragen werden, suchen; hierzu kann die Person auch **angehalten** (s. Rn G 19) werden. Durchsuchung setzt voraus, dass der Fundort zum Zeitpunkt der Maßnahme noch nicht genau bekannt ist. Wenn also der Polizeibeamte sieht, dass der betreffende Gegenstand in die Hosentasche gesteckt wird, ist dessen Wiederherausnehmen keine Durchsuchung, sondern Sicherstellung. Im Rahmen des § 18 POG wird nach beweglichen Sachen oder Tieren (vgl. § 5 Abs. 1 S. 2 POG) gesucht, und zwar in der Kleidung, in am Körper getragenen Taschen (z. B. Brust-, Gürteltasche) sowie durch Abtasten des bekleideten Körpers. Darum deckt § 18 Abs. 1 und 2 POG jedenfalls das Betrachten von Körperteilen ab, die alleine durch bloßes Entkleiden, aber ohne jede weiteren Hilfsmittel (z. B. Hände, Instrumente) eingesehen werden können, einschließlich der Haare und ohne Weiteres zugänglicher Körperhöhlen (z. B. Achselhöhlen, Nase, Ohr, geöffneter Mund), nicht aber mehr das Nachschauen in muskelumschlossene Körperhöhlen wie in den geschlossenen Mund[143], das tiefere Eindringen in After oder Scheide oder das äußere Abtasten von Darm oder Magen.[144] Derartige Maßnahmen bringen nämlich eine höhere Gefahr der körperlichen Verletzung des Betroffenen mir sich und sind darum körperliche Untersuchungen, die grundsätzlich nur von Ärzten unter den Voraussetzungen des § 18 Abs. 3 POG durchgeführt werden dürfen (s. dazu unten). Nicht unbedenklich ist daher die überwiegende Auffassung, zur Durchsuchung

---

142 BGBl. I 2002, S. 3518.
143 A. A. OLG Celle NJW 1997, 2463, wonach das Suchen in der Mundhöhle nach versteckten Kokainkugeln nur Durchsuchung sein soll.
144 Nach VGH München NVwZ-RR 1999, 310 ist schon die auf den Genitalbereich erstreckende Betrachtung des Körpers eine *Unter*suchung.

gehöre auch das Öffnen des absichtlich geschlossenen Mundes[145] sowie das Aufklaffen von After oder Scheide[146].

Objekt der körperlichen Durchsuchung können nur lebende Menschen sein; die Durchsuchung **Toter** richtet sich nach § 19 POG.Eine *Unter*suchung ist nach dem POG nur im Rahmen des § 11a zulässig. Alles sind Maßnahmen eigener Art, keine unmittelbare Ausführung vertretbarer Handlungen i. S. d. § 6 POG (vgl. Rn G 13).

56 Bei der Durchsuchung ist besonders das Persönlichkeitsrecht zu beachten. Das kann es erfordern, den Betroffenen nicht vor Ort zu durchsuchen, sondern hierzu zur Dienststelle zu bringen.[147] Die Durchsuchung darf nur von Personen gleichen Geschlechts, bei Ärzten auch des anderen Geschlechts, vorgenommen werden, § 18 Abs. 4 POG, es sei denn es gibt kein milderes Mittel zur Abwehr einer Gefahr für Leib und Leben.

Beispiel: Zwei männliche Polizeibeamte wollen im Streifenwagen eine gewalttätige Frau zur Polizeiinspektion bringen. Um sicher zu gehen, dass sie nicht während der Fahrt ein Messer herauszieht und die Polizeibeamten angreift, wird ihr Körper nach Waffen durchsucht. – Hier ist es zweifelhaft, ob die Ausnahmevoraussetzungen des § 18 Abs. 4 POG vorliegen, denn als milderes Mittel käme hier eine Fesselung nach § 62 POG in Betracht.

Fehler der Durchsuchung machen diese zwar rechtswidrig, anders als aber in der StPO entsteht dadurch aber **kein Verwertungsverbot** hinsichtlich der gefundenen Gegenstände.[148]

2. Die Untersuchung von Personen

57 Die Polizei darf eine Person nach § 18 Abs. 3 POG nur zur Abwehr von Gefahren für Leib und Leben **körperlich untersuchen**, soweit die Untersuchung nicht aufgrund von Spezialgesetzen (z. B. § 11a POG, § 26 Infektionsschutzgesetz, §§ 81a, c StPO) vorgenommen wird. Die körperliche Untersuchung ist darauf gerichtet, den Zustand und die Beschaffenheit des Körpers sowie seiner Bestandteile für die Zwecke der Gefahrenabwehr durch einen **körperlichen Eingriff** festzustellen. Unter einem körperlichen Eingriff ist alles zu verstehen, was zu einer auch noch so geringfügigen Verletzung des Körpers führt oder führen kann. Untersuchungen ohne körperliche Eingriffe wie Augenscheinnahmen der Körperoberfläche zum Auffinden bestimmter Körpermerkmale (z. B. Leberflecken oder Tätowierungen) oder Verletzungen (Kratz- und Injektionsspuren, Blutspritzer auf der Haut) fallen unter die Regeln der Durchsuchung von Personen, sofern es sich um Auffälligkeiten handelt, die sich offen bieten (s. o.). § 18 POG befugt hingegen nicht zu medizinischen Behandlungsmaßnahmen. Wichtig ist die körperliche Untersuchung zur Abwehr von Infektionsgefahren. Kommen Opfer oder im Rahmen ihres Einschreitens Polizeibeamte mit möglicherweise infektiösen Körperflüssigkeiten des Verursachers in Kontakt (z. B. durch Stichverletzungen, eine Spritze oder eine Bisswunde), kann die Entnahme einer Blutprobe und ihre Untersuchung Sicherheit über das Infektionsrisiko und mögliche Abwehmaßnahmen geben. Körperliche Untersuchungen sind aber auch in anderen Fällen denkbar, z. B. bei einer konkreten Vergiftungsgefahr oder dem Verdacht bei einer in Gewahrsam genommenen Person, sie könne Rasierklingen in After oder Scheide für Angriffe oder Suizid versteckt haben.

---

145 Z. B. OLG Celle NJW 1997, 2463 hält sogar das gewaltsame Verhindern des Schluckens für Durchsuchung.
146 VGH München NVwZ-RR 1999, 310.
147 VGH München DÖV 2012, 816.
148 Habermehl Rn 606.

§ 18 Abs. 3 S. 2, der § 81 a Abs. 1 S. 2 StPO entspricht, regelt, dass Entnahmen von Blutproben und andere körperliche Eingriffe nur von einem **Arzt** nach den Regeln der ärztlichen Kunst vorgenommen werden dürfen. Für alle anderen bei der Untersuchung anwesenden Personen gilt § 18 Abs. 4 POG (s. o.). Vor einem körperlichen Eingriff hat ein Arzt mit entsprechenden Fachkenntnissen festzustellen, dass kein Nachteil für die Gesundheit der Betroffenen zu befürchten ist. Außerdem bedarf es einer Entscheidung des Amtsrichters; bei Gefahr im Verzug kann die Anordnung durch die Behördenleitung oder einen von ihr besonders beauftragten Beamten des höheren Dienstes erfolgen.

Die Verwertung der durch die Untersuchung gewonnenen personenbezogenen Daten ist nur zu dem Zweck zulässig, für den sie erhoben worden sind, sowie zur Abwehr schwerwiegender Gesundheitsgefährdungen oder zur Verfolgung von Straftaten von erheblicher Bedeutung gemäß § 28 Abs. 3 POG. Damit soll ein vergleichbarer Maßstab wie bei der Erhebung dieser Daten angelegt werden. Damit können die Daten für Beweiszwecke in einem Strafverfahren wegen einer Straftat von erheblicher Bedeutung verwertet werden.

3. Die Durchsuchung von Sachen, § 19 POG

Sachdurchsuchung ist das gezielte Nachschauen in Sachen und Tieren (vgl. § 5 **58** Abs. 1 S. 2 POG) an nicht ohne Weiteres einsehbaren Stellen, insbesondere in Behältnissen.

a) Tatbestände

Außer zur **Identitätsfeststellung**, § 10 Abs. 2 S. 4 POG (z. B. um einen Ausweis in der Handtasche zu finden) ist die Sachdurchsuchung alternativ in folgenden 6 Fällen zulässig:

1. In Gegenständen oder Tieren, die von einer Person mitgeführt werden, gegen die im konkreten Augenblick eine **Personendurchsuchung** nach § 18 zulässig ist, ungeachtet der Tatsache, ob diese auch durchgeführt wird, § 19 Abs. 1 Nr. 1 POG
2. Wenn Tatsachen (z. B. Beobachtungen, Zeugenaussagen) die Annahme rechtfertigen, dass sich **in der Sache eine Person** befindet (§ 19 Abs. 1 Nr. 2), die
   a) in Gewahrsam genommen werden darf (z. B. ein entlaufener 12-jähriger versteckt sich in einem Müllcontainer)
   b) widerrechtlich festgehalten wird (z. B. eine im Autokofferraum versteckte Geisel)
   c) sonst wie hilflos ist (z. B. Durchsuchen eines leer stehenden Hauses nach verschwundenen Kindern)
3. Wenn Tatsachen die Annahme rechtfertigen, dass sich in der Sache (oder dem Tier) eine andere Sache (oder ein Tier) befindet, die nach § 22 POG oder einer anderen präventiven Vorschrift (z. B. § 13 PassG) **sichergestellt** werden darf, § 19 Abs. 1 Nr. 3 (z. B. i. V. m. § 22 Nr. 1 POG ein Fleischmesser in einer Einkaufstasche bei einer suizidgefährdeten Person; Durchsuchen eines Waldgeländes nach einem Depot für Wurfgeschosse)
4. Wenn sich die zu durchsuchende Sache an einem **gefährlichen Ort** i.S.d. § 10 Abs. 1 Nr. 1 POG befindet, § 19 Abs. 1 Nr. 4 (z. B. ein Koffer in einer Unterkunft für illegal eingereiste Bauarbeiter, vgl. Rn G 18; das Betreten der Unterkunft selbst richtet sich jedoch nach § 20 POG!)

5. Wenn sich die zu durchsuchende Sache an einem **gefährdeten Ort** i.S.d. § 10 Abs. 1 Nr. 2 POG befindet und Tatsachen (z. B. bereits erfolgte Anschläge) die Annahme rechtfertigen, dass an Objekten dieser Art (also keine Anhaltspunkte für das konkrete Objekt notwendig) Straftaten begangen werden sollen, § 19 Abs. 1 Nr. 5 (z. B. Durchsuchen der Tasche einer Person, die sich in ungewöhnlicher Weise nachts um die Wohnung eines Politikers bewegt, vgl. Rn G 18)

6. Bei Durchsuchen von **Fahrzeugen** jeder Art und der in ihnen enthaltenen Sachen **an Kontrollstellen** i.S.d. § 10 Abs. 1 S. 2 Nr. 3 POG (z. B. Durchsuchen von Kraftfahrzeugen auf dem Weg zu einer Großdemonstration nach Waffen, vgl. Rn G 18), und zwar nach anderen Dingen als nach Identifikationsmerkmalen, denn nach diesen darf schon nach § 10 Abs. 2 S. 4 POG in (an der Kontrollstelle mitgeführten) Fahrzeugen gesucht werden; allerdings muss der Zweck des Durchsuchens mit dem der Kontrollstelle übereinstimmen.[149]

b) Rechtsfolge

59 Die **Polizei** und im Umfang des § 19 Abs. 3 POG die **allgemeinen Ordnungsbehörden** dürfen **Sachen** durchsuchen, die (in Abgrenzung zu § 18 POG) nicht am Körper getragen werden; hierzu kann die Person auch **angehalten** (s. Rn G 19) werden. Sachen sind alle körperlichen Gegenstände (§ 90 BGB), und zwar bewegliche wie grundsätzlich auch unbewegliche (Grundstücke und ihre wesentlichen Bestandteile i.S.d. §§ 94 ff. BGB). Ausgenommen sind nur die Grundstücke, die Wohnzwecken dienen und darum von § 20 POG erfasst sind. Demnach richtet sich z. B. das Durchsuchen unbefriedeter Grundstücke oder eingezäunter Weiden nach § 19 POG. Auch **Tiere** (vgl. § 5 Abs. 1 S. 2 POG) können nach § 19 POG durchsucht werden (z. B. nach Gegenständen im Fell). Gleichgültig ist, wonach gesucht wird, ob nach beweglichen Sachen, Tieren, lebenden Personen oder Toten. Auch das Durchsuchen der Kleidung einer Leiche (nicht aber das Untersuchen der Leiche selbst, vgl. § 11a Abs. 1 S. 1 Nr. 1 POG) fällt unter § 19 POG. Zum Ermessen im Einzelnen vergleiche Kapitel F.

Die schlichte Sachdurchsuchung greift in das allgemeine Persönlichkeitsrecht nach Art. 2 Abs. 1 GG ein, im Durchsuchen eines während der Fahrt angehaltenen Fahrzeugs kann auch eine Freiheitsbeschränkung (Art. 2 Abs. 2 S. 2, 104 Abs. 2 GG) liegen. Insbesondere aber fällt der Eingriff zum Schutz des Eigentums, der in störendes Eigentum und der in Eigentum, das Medium der Störung ist, nicht unter den geschützten Kernbereich des Eigentumsschutzes und ist darum als Inhalts- und Schrankenbestimmung des Eigentums i.S.d. Art. 14 Abs. 1 S. 2 GG[150], nach a. A. im Rahmen der Sozialpflichtigkeit des Eigentums hinzunehmen (Art. 14 Abs. 2 GG)[151]. Soweit Eigentum des Nichtverantwortlichen eingeschränkt wird, ist das POG unter Berücksichtigung seiner §§ 68 ff. eine bloße Inhaltsbestimmung des Eigentums nach Art. 14 Abs. 1 S. 2 GG (z. B. wenn das Auffinden einer Sache oder einer Person die Durchsuchung seines Autos erforderlich macht, sie dort aber nicht gefunden wird). Aus diesem Grunde brauchte Art. 14 Abs. 3 GG auch nicht in § 8 POG zitiert zu werden.

60 Beim Verfahren (§ 19 Abs. 2 POG) ist zu beachten, dass der Inhaber der tatsächlichen Gewalt grundsätzlich das Recht hat, bei der Durchsuchung **anwesend** zu sein. Ist er abwesend (das muss auch gelten, wenn er aus anderen Gründen zum Überprüfen nicht in der Lage ist, z. B. bei Kindern, Betrunkenen usw.), muss grundsätzlich („soll") sein

---

149 Habermehl Rn 614.
150 BVerfGE 20, 351; BVerwG NJW 1999, 231; BVerwGE 38, 218; BGH 54, 296.
151 Drews/Wacke/Vogel/Martens § 33, 3. a), S. 668; vgl. zur fehlenden Eigentumsgarantie polizeiwidriger Sachen.

Vertreter (z. B. die Eltern, der Rechtsanwalt) oder ein anderer (dazu freiwillig bereiter!) Zeuge herangezogen werden. Werden diese Regeln nicht beachtet, obwohl deren Einhaltung möglich gewesen wäre, ist das Durchsuchen formell rechtswidrig. Die Durchsuchung in Abwesenheit von Gewaltinhabern ist eine Maßnahme eigener Art, mangels Umsetzung einer vertretbaren Handlung keine unmittelbare Ausführung i. S. d. § 6 POG (vgl. Rn G 13).

Wenn der Inhaber der tatsächlichen Gewalt das verlangt, ist ihm eine **Bescheinigung** darüber zu erteilen, dass und aus welchem Grund die Sache durchsucht worden ist[152]. Auf sein Anwesenheitsrecht und sein Recht auf eine Bescheinigung ist er richtigerweise hinzuweisen (§ 25 VwVfG / § 1 Abs. 1 LVwVfG)[153], was aber die Rechtmäßigkeit des Durchsuchens selbst nicht mehr beeinflusst. Aber auch andere Fehler führen nicht zu einem Verwertungsverbot hinsichtlich der gefundenen Sachen (s. o. Durchsuchen von Personen).

4. Betreten und Durchsuchung von Wohnungen, § 20 f. POG

a) Schutz aus Art. 13 GG

Wohnung i. S. d. Art. 13 GG ist jeder nicht allgemein zugängliche Raum, der zur Stätte **61** des Aufenthalts oder des Wirkens von Menschen gemacht wird.[154] Der Begriff wird in § 20 Abs. 1 S. 2 POG klarstellend präzisiert. Wohnung sind demnach zunächst einmal die **Wohnräume** im engeren Sinne (z. B. auch Hotelzimmer, Campingwagen, Wohnschiff; auch Obdachlosenheime, soweit ein abgrenzbarer privater Bereich verfügbar ist; sogar ein Krankenzimmer soll hierunter fallen können[155]) einschließlich der **Nebenräume** (z. B. Keller, Garagen). Bereiche, die entweder nicht dazu bestimmt oder nicht dazu geeignet sind, dort das Privatleben ungestört zu entfalten, gehören nicht dazu (Fahrzeuge, die nicht zu Wohnzwecken benutzt werden[156], Unterkünfte mit Gemeinschaftsschlafräumen, z. B. für Obdachlose, Soldaten, Polizeibeamte, Haftträume in Justizvollzugsanstalten). Gleiches gilt, wenn die Eigenschaft als Wohnung endet.

Beispiel: Eine allein lebende betagte Frau ist gestorben. Ordnungsbeamte gehen in die Räume der Verstorbenen und stellen nach § 22 Nr. 2 POG Wertsachen zum Schutz des Erbes sicher. – Hier bedarf es zum Betreten der Räume nicht des § 20 POG. Diese waren zwar privater Lebensmittelpunkt der Verstorbenen. Nunmehr lebt dort keiner mehr. Damit haben die Räume ihr Schutzbedürfnis und damit den Charakter als „Wohnung" i. S. d. Art. 13 GG verloren. Es handelt sich nur noch um eine Sachdurchsuchung i. S. d. § 19 POG.

Zur Wohnung gehören weiterhin die nicht allgemein zugänglichen **Arbeits-, Betriebs- und Geschäftsräume** (z. B. Büros, Werkstätten,). Allerdings schützt Art. 13 GG die Wohnung nur in dem Umfang, in dem der Inhaber sie zu seiner Privatsphäre macht. Das ist bei Arbeits-, Geschäfts- und Betriebsräumen insoweit nicht der Fall, als der Inhaber die Räume einem nicht mehr individualisierbaren Publikum öffnet (z. B. Ausstellungs- oder Verkaufsräume). Folgerichtig dürfen nach § 20 Abs. 4 POG zur Gefahrenabwehr diese Räume betreten (nicht durchsucht) werden, solange sie der Öffentlichkeit zugänglich sind (also während der individuellen Öffnungszeiten) und solange sie im Anschluss daran den Anwesenden zum weiteren Aufenthalt zur Verfügung ste-

---

152 Hierzu ließe sich § 21 Abs. 4 S. 2 POG analog heranziehen, nur ein Ergebnis braucht nicht benannt zu werden.
153 So auch Roos / Lenz § 19 Rn 17.
154 BVerfG NJW 1971, 2299.
155 BGH NJW 2005, 3295 zu § 100c StPO; wird man aber allenfalls auf Einzelzimmer anwenden können.
156 LG Stendal NStZ 1994, 556.

hen (z. B. zur Verkaufsabwicklung nach Ladenschluss, zum Austrinken nach Beginn der Sperrzeit). Insoweit liegt nur ein Eingriff in **Art. 2 Abs. 1 GG** vor. Da § 20 Abs. 4 POG lediglich den Wohnungsbegriff in § 20 Abs. 1 S. 2 POG einschränkt, gilt das Betretungsrecht insoweit auch für die allgemeinen Ordnungsbehörden, auch wenn § 20 Abs. 5 POG darauf nicht ausdrücklich verweist. Jedoch werden an die Schranken des Art. 2 Abs. 1 GG besondere Anforderungen gestellt. Im Einzelnen ist das Betreten öffentlich zugänglicher Betriebs- und Geschäftsräume aufgrund des § 20 POG dann mit dem Grundgesetz vereinbar, wenn es einem erlaubten Zweck dient und für dessen Erreichen erforderlich ist.[157] Zu eng ist dagegen die Auffassung, für das Betreten öffentlich zugänglicher Räume eine dringende Gefahr (vgl. Rn D 11) für die öffentliche Sicherheit oder Ordnung zu verlangen.[158]

Der Wohnungsbegriff erstreckt sich auch auf das mit den Wohn- oder Berufsräumen zusammenhängende **befriedete Besitztum** (z. B. Vorgärten, Höfe). Befriedet ist ein Besitztum, wenn es rundherum in äußerlich erkennbarer Weise durch zusammenhängende Schutzwehren (z. B. Mauer, Zaun, Hecke) gegen das beliebige Betreten durch Unbefugte geschützt ist; die Schutzwehren müssen zwar deutlich erkennbar, nicht aber ununterbrochen oder unüberwindlich sein. Wenn allerdings die Befriedung nicht im räumlichen Zusammenhang mit Wohnzwecken steht (z. B. Weidezäune), richtet sich der Eingriff nicht nach den §§ 20 f., sondern nach § 19 POG.

62 Art. 13 Abs. 1 GG garantiert die Unverletzlichkeit der Wohnung. Jedermann hat grundsätzlich einen Anspruch darauf, in seiner räumlichen Privatsphäre von staatlichen Eingriffen in Ruhe gelassen zu werden.[159] Umstritten ist die Frage, ob ein Eingriff auch dann vorliegt, wenn zwar der Wohnungsinhaber einem Betreten zugestimmt hat, diese Einwilligung aber auf einer Täuschung durch die Ordnungskräfte beruht.[160] Eingriffe und Beschränkungen sind im Falle **einer gemeinen Gefahr** (s. dazu Rn D 13) **oder einer Lebensgefahr** für einzelne Personen schon nach Art. 13 Abs. 7 GG unmittelbar zugelassen, ohne dass es dazu zusätzlich eines einfachen Gesetzes, z. B. der §§ 20 f. POG, bedürfte. Im übrigen setzen derartige Eingriffe und Beschränkungen materiell voraus, dass eine **dringende Gefahr** (gleichbedeutend mit gegenwärtiger Gefahr, vgl. Rn D 11) für die öffentliche Sicherheit und (klarer: oder) Ordnung verhütet werden soll, und formell, dass es eine entsprechende Ermächtigungsgrundlage in einem formellen (parlamentarischen) Gesetz gibt. Nach Art. 13 Abs. 2 GG darf die Durchsuchung der Wohnung grundsätzlich nur ein Richter anordnen; ein formelles Gesetz darf aber bestimmen, dass bei Gefahr im Verzug andere hoheitliche Organe diese Anordnung treffen können, wobei dieses Gesetz die Form der Durchsuchung vorschreiben muss. Ein solches Gesetz i.S.d. Art. 13 Abs. 2 und 7 GG sind die §§ 20 und 21 sowie § 29 POG.

Beispiel: Ein psychisch Gestörter hat eine Frau in seine Wohnung verschleppt, um sie dort langsam durch Folter zu töten. Polizeibeamte dringen in die Wohnung ein, um die Frau zu retten. – Hier ergibt sich die Ermächtigung zum Betreten der Wohnung bereits aus Art. 13 Abs. 7 GG; § 20 Abs. 1 Nr. 3 S. 1 POG ist nur noch deklaratorisch. – Anders: Der Täter missbraucht ein Kind, ohne dass für dieses Lebensgefahr besteht. Ermächtigungsgrundlage für das Betreten der Wohnung wäre dann § 20 Abs. 1 Nr. 1 und Nr. 3 S. 1 POG.

157 BVerfGE 32, 54, 77; OVG Bremen NordÖR 2003, 457.
158 So Götz Rn 304; a. A. OVG Bremen NordÖR 2003, 457.
159 BVerfG NJW 1969, 1707; 1971, 2299; 1979, 1539.
160 S. dazu Weil ZRP 1992, 244.

b) Betreten der Wohnung, § 20 POG

Betreten ist das körperliche Hineingelangen in die Wohnung und das Verweilen darin. **63** Dabei ist es wegen des Schutzes der räumlichen Intimsphäre gleichgültig, ob ein Fuß hineingesetzt, hineingefahren, nur mit dem Arm hineingegriffen oder der Kopf hineingesteckt wird. Lässt der Inhaber den Polizeibeamten freiwillig hinein (kein Eingriff), fordert ihn später aber zum Verlassen auf, ist das weitere Verweilen Betreten. Dagegen ist das Hineinsehen oder -horchen mit oder ohne Hilfsmittel alleine noch kein Betreten, sondern richtet sich nach § 29 POG (s. Rn G 92). § 29 POG gilt auch dann, wenn die Wohnung betreten wird, um dort technische Geräte zum Abhören, Beobachten usw. einzubauen (sog. „Lauschangriff").

Durchsuchen ist das ziel- und zweckgerichtete Suchen nach Sachen, Tieren (vgl. § 5 Abs. 1 S. 2 POG) oder Personen an Stellen, die nicht durch einfache Augenscheinnahme beim Umhergehen einsehbar sind (sonst bloße Um- oder Nachschau), insbesondere in Behältnissen (z. B. Schränke, Kisten, Schubladen), oder zur Ermittlung eines Sachverhalts. Es soll etwas aufgespürt werden, was der Inhaber der Wohnung von sich aus nicht herausgeben oder offen legen will[161]. Das Durchsuchen ist gegenüber dem bloßen Betreten deshalb schwerwiegender, weil die Tatsache, dass man bei der Suche an vielen Stellen nachschauen muss, regelmäßig zu einem zeitlich und qualitativ viel intensiveren und intimeren Eingriff führt. Geht also der Polizeibeamte in die Wohnung und weiß, in welcher Schublade sich die Sache befindet, ist das Eintreten in die Wohnung und das Auffinden der Sache Betreten der Wohnung, weiß er es nicht, ist es deren Durchsuchen, selbst dann, wenn er die Sache zufällig auf Anhieb findet.

Voraussetzung des eigenmächtigen Betretens einer Wohnung kann im Hinblick auf **64** Art. 13 Abs. 7 GG immer nur eine dringende (gegenwärtige) Gefahr sein. § 20 Abs. 1 POG lässt alternativ das Betreten zu, wenn

1. Tatsachen die Annahme rechtfertigen, dass sich in ihr eine **Person** befindet, die nach § 12 Abs. 3 POG vorgeführt oder nach § 14 POG in Gewahrsam genommen werden darf, § 20 Abs. 1 Nr. 1 POG (z. B. eine Person schließt sich in ihre Wohnung ein, um eine Vorführung zur Anfertigung erkennungsdienstlicher Unterlagen zu verhindern) oder

2. Tatsachen die Annahme rechtfertigen, dass sich in ihr eine Sache befindet, die nach § 22 Nr. 1 POG **sichergestellt** werden darf, § 20 Abs. 1 Nr. 2 POG (z. B. Kampfhunde im Zwinger bei verbotener Haltung) oder

3. das zur Abwehr einer gegenwärtigen Gefahr (vgl. hierzu Rn D 11) für **Leib, Leben** (vgl. hierzu Rn D 12) **oder Freiheit** einer Person oder **bedeutende Sach- und Vermögenswerte** (vgl. hierzu Rn G 33) erforderlich ist, § 20 Abs. 1 Nr. 3 S. 1 POG (z. B. ein Suizidgefährdeter macht Anstalten, aus dem Fenster im 4. Stock zu springen). Dabei muss die Gefahr nicht von der zu betretenden Wohnung ausgehen (z. B. Betreten eines Nachbarhauses, um von dort aus eine Person aus seinem brennenden Haus zu retten; Eindringen in eine leere Nachbarwohnung, um dort einen Zweitschlüssel zu holen, der zur Wohnung einer hilflosen Person passt). Soweit damit eine gemeine Gefahr (vgl. hierzu Rn D 13) oder eine individuelle Lebensgefahr abgewehrt wird, lässt sich das auch unmittelbar auf Art. 13 Abs. 7 GG stützen (z. B. durch eine unverschlossene Gasöffnung entströmt Gas, so dass das Haus zu explodieren droht).

Ein Eingriff liegt nur vor, wenn die Maßnahme **ohne Einwilligung** des Inhabers der **65** Wohnung erfolgt. Einwilligung ist die freiwillige vorherige Zustimmung. Ein entgegen-

---

161 BVerfG 51, 107; BVerwGE 47, 37; OVG Bremen NordÖR 2003, 457.

stehender Wille des Inhabers braucht nicht vorzuliegen, es reicht, dass dieser nicht ausdrücklich oder stillschweigend eingewilligt hat (z. B. beim abwesenden Inhaber). Gibt es mehrere Inhaber (z. B. Eheleute, Wohngemeinschaft hinsichtlich der Gemeinschaftsräume), müssen alle einwilligen, wobei anwesende Inhaber möglicherweise gleichzeitig in Vertretung abwesender einwilligen, wenn nichts auf einen anderen Willen hindeutet. **Inhaber** der Wohnung ist grundsätzlich jede natürliche oder juristische Person, die die Wohnung tatsächlich als Lebens- oder Arbeitsbereich nutzt. Das gilt nur dann nicht, wenn die Person sie unter Verstoß gegen öffentlich-rechtliche (!) Vorschriften gegen den Willen des Eigentümers nutzt. Deshalb ist der Hausbesetzer (Verstoß gegen § 123 StGB) nicht Inhaber[162], wohl aber der Mieter, der trotz Kündigung in der Wohnung verbleibt („nur" Verstoß gegen § 556 BGB).

66 Während der **Nachtzeit** dürfen Wohnungen, soweit sie nicht unter § 20 Abs. 4 fallen, nach § 20 Abs. 2 POG grundsätzlich nur in den Fällen des § 20 Abs. 1 Nr. 3 POG (**Abwehr einer gegenwärtigen Gefahr für Leib, Leben oder Freiheit einer Person oder für bedeutende Sach- und Vermögenswerte**[163]) betreten und durchsucht werden. Maßgebend ist nur der Beginn[164]; es ist also unschädlich, wenn die Maßnahme vor der Nachtzeit beginnt, aber in sie hineinreicht. In den beiden anderen Fällen (§ 20 Abs. 1 Nr. 1 und 2) darf sie nach § 20 Abs. 3 POG nur betreten (nicht schon durchsucht) werden, wenn die Abwehr einer dringenden (s. dazu Rn D 11) Gefahr nur dadurch ermöglicht wird. Als Nachtzeit übernimmt das POG die überkommene Regelung des § 104 Abs. 3 StPO, wonach diese um 21.00 Uhr beginnt und im Winter (1. Oktober bis 31. März) um 6.00 Uhr, im Sommer (1. April bis 30. September) um 4.00 Uhr endet; sinnvoller wäre die Anpassung an § 4 LImSchG (22.00 bis 6.00 Uhr). Hinsichtlich der Uhrzeiten ist in besonderem Maße der Grundsatz der Verhältnismäßigkeit zu beachten.

Leider hat sich der Gesetzgeber nicht dazu entschließen können, eine Regelung zu treffen, nach der bei Wohnungsemissionen, die zu erheblichen Belästigungen der Nachbarschaft führen, nach der Geräuschquelle gesucht werden darf.[165]

Beispiel: N beschallt weit nach 22.00 Uhr die Nachbarschaft mit einer Party in seinem umzäunten Garten. Die Nachbarn beschweren sich, sie könnten nicht schlafen. N zeigt sich auch gegenüber den Ermahnungen der herbeigerufenen Ordnungsbeamten uneinsichtig.– Der umzäunte Garten ist als befriedetes Besitztum bereits „**Wohnung**" i. S. d. § 20 Abs. 1 S. 2 POG (vgl. oben Rn G 61). Ihn zu betreten oder gar nach Geräuschquellen zu durchsuchen wäre zwar grundsätzlich nach § 20 Abs. 1 Nr. 2 i. V. m. § 22 Nr. 1 POG möglich, allerdings nachts nur unter den Voraussetzungen des § 20 Abs. 2 POG. Hierzu fehlt es jedoch an einer *„gegenwärtigen Gefahr für Leib und Leben"* (vgl. hierzu Rn D 12). Auch dürfte die einmalige Ruhestörung selbst nachts noch **kein** so **wichtiges Rechtsgut** sein, dem ein in großem Ausmaß zu befürchtenden Schaden droht, um eine „dringende Gefahr" i. S. d. § 20 Abs. 3 POG zu begründen (vgl. Rn D 11), was als ultima ratio ein Betreten rechtfertigte. Ausgerechnet nachts kann der Ruhestörer also unbehelligt weiter dröhnen - und die Ordnungskräfte lächerlich machen.

67 Befugt ist grundsätzlich die **Polizei**, im Rahmen des § 20 Abs. 5 POG auch die **allgemeinen Ordnungsbehörden**. Adressat der Maßnahme ist der Inhaber der Wohnung. § 20 POG deckt auch den Fall ab, dass dieser beim Betreten der Wohnung abwesend ist. Wird dabei Gewalt angewendet, handelt es sich um unmittelbaren Zwang nach §§ 65 LVwVG, 57 ff. POG. Dagegen ist § 6 POG schon deswegen nicht anwendbar, weil es sich es sich nicht um die Ausführung einer vertretbaren Maßnahme handelt (vgl. Rn G 13, J 38). Zum Ermessen im Einzelnen vergleiche Kapitel F.

---

162 Anders Thiele Rn 493; näher zur Hausbesetzung Benighaus LKV 2009, 202.
163 Vgl. hierzu Rn G 33.
164 Habermehl Rn 626.
165 Wie z. B. § 41 Abs. 1 Nr. 3, Abs. 2 PolG Nordrhein-Westfalen.

c) Besondere Verfahrensregeln für die Durchsuchung, § 21 POG

§ 21 POG präzisiert im Wesentlichen die Vorgabe des Art. 13 Abs. 2 GG. Wegen der **68** besonderen Intensität der Durchsuchung gelten für diese nach § 21 POG besondere Verfahrensvorschriften, die vorher (§ 21 Abs. 1), währenddessen (§ 21 Abs. 2 und 3) bzw. nachher (§ 21 Abs. 4 und 5) zu beachten sind. § 21 Abs. 1 POG wiederholt die Regelung des Art. 13 Abs. 2 GG, grundsätzlich **vorher** dazu eine Anordnung des **Amtsrichters** am Ort der Wohnung einzuholen.[166] Bei Gefahr im Verzug (vgl. dazu Rn D 9) darf darauf verzichtet werden, anders als z. B. bei § 15, § 29 Abs. 6 S. 4 oder § 31 Abs. 5 S. 6 POG ist die richterliche Entscheidung dann nicht einmal nachzuholen.

Umstritten war, ob auch noch **nach abgeschlossener Durchsuchung** gerichtlicher Rechtsschutz dagegen möglich ist. Das wurde früher ganz überwiegend verneint.[167] Davon ist das Bundesverfassungsgericht zu Recht abgerückt.[168] Eine Beschwerde dürfe nicht alleine deswegen als prozessual überholt und darum unzulässig verworfen werden, weil die richterliche Anordnung vollzogen worden sei und sich die Maßnahme deshalb erledigt habe. Auch wenn dies anders als bei der Gewahrsamnahme (vgl. Rn G 53) für die noch nicht abgeschlossene Durchsuchung nicht geregelt ist, muss die richterliche Entscheidung gerichtlich angreifbar sein. Eine solche **Überprüfbarkeit** erfordert die Rechtsschutzgarantie des Art. 19 Abs. 4 GG. Die richterliche Entscheidung ergeht regelmäßig ohne Wissen und Mitwirken des Wohnungsinhabers. Die Wohnungsdurchsuchung kommt für den Adressaten überraschend und er hat darum keine Möglichkeit, sich vor oder auch nur während der Durchsuchung dagegen bei einem Richter zu wehren. Ohne eine Möglichkeit der nachträglichen Überprüfung stünde er rechtsschutzlos, daher erfüllt der Richtervorbehalt hier nicht die Anforderungen eines vollwertigen Rechtsschutzes. Ihm fehlen unverzichtbare Elemente eines vollwertigen Rechtsschutzstandards wie rechtliches Gehör, Dialog, Waffengleichheit, Öffentlichkeit, Dispositionsmaxime und materielle Rechtskraft[169]. Darum richtet sich das Rechtsmittel nach den allgemeinen Regeln, wobei die Frage keine Rolle spielt, ob die Maßnahme schon tatsächlich abgeschlossen ist. Also ist auch nach Abschluss der Durchsuchung noch die Beschwerde zulässig.

Während des Durchsuchens hat der Wohnungsinhaber das Recht, **anwesend** zu sein **69** (§ 21 Abs. 2). Die Durchsuchung darf dann nicht so dezentral angelegt sein, dass der Inhaber (z. B. bei vielen, weit auseinanderliegenden Räumen) eine Kontrolle praktisch nicht mehr durchführen kann. Ist er abwesend, ist, wenn möglich, sein Vertreter (z. B. Rechtsanwalt, bestellter Pfleger) oder ein Angehöriger, Hausgenosse oder Nachbar heranzuziehen, sofern diese Person erwachsen und dazu bereit ist. Diese Regelung dient auch dem Schutz der Polizei vor späteren Anschuldigungen. Nirgends im Gesetz ist definiert, wer als „erwachsen" gilt. Unzweifelhaft gehören dazu Volljährige i.S.d. § 2 BGB, nicht aber Kinder (unter 14 Jahren); bei Jugendlichen (14 bis 17 Jahre) wird man wohl auf die Einsichtsfähigkeit abzustellen haben. Im Rahmen der Verhältnismäßigkeit wird man immer besonders darauf zu achten haben, dass das Heranziehen der jeweiligen Zeugen auch dem mutmaßlichen Willen des Wohnungsinhabers entspricht. Daran wird man zumindest bei Nachbarn nicht selten Zweifel haben müssen. **Unverzüglich** (§ 121 BGB: ohne schuldhaftes Zögern; also sobald es geht) ist dem Woh-

166 Zur Bedeutung des Richtervorbehalts s. BVerfG NJW 2007, 1345 und 1444.
167 BVerfG NJW 1979, 154; BGHZ 109, 108 ff.; OVG Münster NJW 1992, 2172.
168 BVerfG NJW 1997, 2163, ferner nicht veröffentlichte Beschlüsse vom 30.4.1997 (Az 2 BvR 728/95; und 2 BvR1065/95) sowie NStZ-RR 1997, 330; für die Durchsuchung nach § 98 Abs. 2 S. 2 StPO BGH NJW 1998, 3653; OVG Koblenz NVwZ-RR 2007, 318 und Urteil vom 7.7.2006 Az.3B10745/06.
169 Wolter DÖV 1997, 943.

nungsinhaber oder seinem Vertreter (nicht aber den sonstigen Zeugen) der **Grund** der Durchsuchung **bekannt zu geben**, soweit dadurch der Durchsuchungszweck nicht gefährdet wird (§ 21 Abs. 3 POG; z. B. weil der Inhaber Gesuchtes heimlich beiseite schaffen kann).

Anschließend ist grundsätzlich eine **Niederschrift** mit dem in § 21 Abs. 4 genannten Inhalt zu fertigen und dem Wohnungsinhaber oder seinem Vertreter (nicht anderen Zeugen) auszuhändigen, falls er das verlangt. Es genügt dagegen eine bloße schriftliche **Bestätigung** der Durchsuchung mit den in § 21 Abs. 5 genannten Angaben, wenn eine Niederschrift nach den besonderen Umständen des Falles nicht möglich ist (z. B. die Polizeibeamten müssen dringend zu einem anderen Einsatz) oder eine Niederschrift den Zweck der Durchsuchung gefährden würde (z. B. die Mitteilung über das negative Ergebnis in einer Niederschrift würde den Betroffenen in die Lage versetzen, die gesuchte Sache zu verstecken).

Beispiel: Die Polizei durchsucht die Wohnung des W, um Erkenntnisse über die Vorbereitung einer verbotenen Versammlung zu finden. Anschließend wird die Wohnung versiegelt. Da in der Niederschrift auch das Ergebnis der Durchsuchung angegeben werden muss, könnte daraus der W erkennen, was die Polizei gefunden hat und inwieweit sie informiert ist. Danach könnten die Organisatoren der Versammlung ihr weiteres taktisches Vorgehen ausrichten.

VII. Sicherstellung, §§ 22 ff. POG

1. Begriff

70 **Sicherstellung** ist die Begründung hoheitlichen Gewahrsams an einer beweglichen[170] oder unbeweglichen Sache oder einem Tier (vgl. § 5 Abs. 1 S. 2 POG) bei gleichzeitigem Ausschluss des Gewahrsams von anderen Personen.[171] Zuständig hierfür sind grundsätzlich die Ordnungsbehörden, in den Fällen des § 1 Abs. 7 POG (Beschlagnahme zum Zweck des Verfalls oder der Einziehung in einem Strafverfahren) die Polizei. Als **Sache** sichergestellt werden kann grundsätzlich jeder körperliche Gegenstand i.S.d. § 90 BGB. Erfasst werden die beweglichen und unbeweglichen[172] Sachen des § 19 POG, die Wohnungen i.S.d. § 20 Abs. 1 S. 2 POG sowie **Tiere** (§ 5 Abs. 1 S. 2 POG). Soweit allerdings vertreten wird, dass Vorschriften des POG neben denen der LBauO anwendbar sind[173], kann sich das nur auf nicht bauspezifische Gefahren beziehen, denn die Baubehörden sind Sonderordnungsbehörden i. S. d. § 88 Abs. 2 POG (s. dazu Rn B 17), andernfalls würde auch der Verweis auf das POG in § 59 Abs. 2 oder § 80 Abs. 2 S. 2 LBauO keinen Sinn machen.

Beispiel: Trotz einer vollziehbaren Baueinstellungsverfügung baut der Bauherr weiter. Es handelt sich um eine bauspezifische Gefahr. Hier kommen Versiegelung der Baustelle und Sicherstellung der Gerätschaften nach § 80 Abs. 2 LBauO in Betracht. – In eine Wohnung wurde eingebrochen. Der Bewohner ist weit entfernt in Urlaub. Die Gefahr ist nicht in der Baulichkeit begründet, sondern allgemein. Hier könnte die Polizei nach § 22 Nr. 2 POG die gesamte Wohnung oder einzelne Gegenstände in ihr sicherstellen.

---

170   Bargeld nur, wenn feststeht, dass der Betroffene weder Eigentümer noch rechtmäßiger Besitzer davon ist, VGH München NVwZ-RR 2012, 686; Söllner NJW 2009, 3339.

171   OVG Münster DVBl 1991, 1373; VGH Kassel DVBl 1995, 370; NVwZ 1988, 655; NVwZ 1987, 909; OVG Hamburg DAR 1994, 290; Knemeyer Rn 174; a. A. VGH München BayVBl 1989, 437; BayVBl 1984, 630.

172   OVG Koblenz DÖV 2013, 36; Lisken/Denninger, Handbuch des Polizeirechts, 5. Aufl. 2012, E Rn. 671; Drews/Wacke/Vogel/Martens S. 209; Roos/Lenz § 22 Rn. 3.

173   OVG Koblenz DÖV 2013, 36.

Die Sicherstellung ohne Gewaltanwendung ist **keine Vollstreckung**. Sie ist ein Verwaltungsakt, wenn ein anwesender wahrnehmungsfähiger Berechtigter ausdrücklich oder konkludent zur Duldung der Sicherstellung verpflichtet wird.[174] Ansonsten ist sie Realakt, insbesondere bei der Sicherstellung in Abwesenheit aller Berechtigten, z. B. wenn die Sache verloren wurde oder das Tier frei herumläuft.[175] Aber auch dann ist sie keine unmittelbare Ausführung i. S. d. § 6 POG, sondern eine Maßnahme eigener Art, weil eine Duldung und keine vertretbare Handlung ersetzt wird (vgl. Rn G 13).

Die Sicherstellung ist zum einen möglich nach **§ 22 Nr. 1 POG** zur Abwehr einer **gegenwärtigen Gefahr** für die öffentliche Sicherheit oder Ordnung (letzteres ergibt sich aus § 1 Abs. 1 S. 1 POG; zu den Begriffen s. Kap. C bzw. Rn D 8). Dabei ist es gleich, ob die Gefahr von der Sache selbst (z. B. gefüllter Benzinkanister in der Sonne) oder erst durch ihren Gebrauch ausgeht (z. B. Sicherstellung des Fahrzeugs zum Verhindern einer Trunkenheitsfahrt, des Schlagwerkzeugs eines Fußballfans vor dem Spiel). Soweit der Besitz der Sache nicht nur gefährlich, sondern auch verboten ist (z. B. Waffen bei öffentlichen Veranstaltungen oder Versammlungen, § 2 Abs. 3 VersG bzw. § 42 WaffG; Betäubungsmittel nach dem BTMG), richtet sich die Sicherstellung regelmäßig (auch) nach den §§ 98 ff. oder §§ 111b ff. StPO, es sei denn, der Täter ist schuldunfähig (§§ 19 f. StGB). § 22 Nr. 1 hat auch dort große Bedeutung, wo Strafbarkeit noch nicht vorliegt, aber droht (z. B. beim Streit zweier Personen holt sich einer ein Fleischmesser), oder ohne Verstoß gegen repressive Vorschriften Gefahren drohen (z. B. durch ein entlaufenes Pferd). Inzwischen wird auch die polizeiliche Sicherstellung zur **präventiven Gewinnabschöpfung** zugelassen, damit nicht mit illegal erworbenen Sachen oder Geld neue Straftaten begangen werden (s. a. Rn B 14). Voraussetzung ist, dass aufgrund hinreichender Anhaltspunkte die Werte illegal erworben worden sind und diese ohne die Sicherstellung mit hoher Wahrscheinlichkeit in neue Straftaten investiert würden.[176]

Sichergestellt werden darf im Rahmen des § 1 Abs. 3 POG auch **zum Schutze der Eigentümer** oder sonst berechtigten Inhaber der tatsächlichen Gewalt (vgl. dazu Rn E 20) vor Verlust oder Beschädigung der Sache, respektive des Tieres (**§ 22 Nr. 2 POG**; z. B. die ehemalige Wohnung eines Verstorbenen [vgl. hierzu Rn G 61] wird durchsucht und Wertgegenstände gesichert, um Schaden oder Verlust für Erbschaftsgegenstände zu verhindern). Die konkrete Gefahr liegt hier meistens bereits in der Möglichkeit der Beschädigung oder des Verlustes, braucht aber nicht unbedingt vorzuliegen.[177] Voraussetzung ist aber, dass die Kosten und der Aufwand der Sicherstellung und ihrer Folgemaßnahmen noch in einem angemessenen Verhältnis zum Wert der Sache stehen.

Schließlich können auch Sachen bei **festgehaltenen Personen** (s. dazu Rn G 36) sichergestellt werden, wenn die Sache objektiv dazu verwendet werden kann, sich oder andere zu töten oder zu verletzen, Sachen zu beschädigen oder die Flucht des Festgehaltenen zu fördern (**§ 22 Nr. 3 POG**; z. B. der in Gewahrsam Genommene führt Rasierklingen bei sich).

Da sich in den Fällen des § 22 Nr. 2 und 3 POG die Sicherstellung immer gegen einen Verantwortlichen richtet, greifen insoweit diese Maßnahmen bei Rechtmäßigkeit nicht in das nach Art. 14 Abs. 3 GG geschützte Eigentum ein, sondern müssen im Rahmen

---

174 VGH Kassel NVwZ 2008, 784; OVG Münster NWVBl. 1991, 338.
175 OVG Münster NVwZ-RR 2000, 429; Möller/Warg Rn 398; Drews/Wacke/Vogel/Martens S. 216 f.
176 OVG Münster DÖV 2011, 205.
177 OVG Koblenz DVBl 1989, 1012.

der Inhalts- und Schrankenbestimmung (Art. 14 Abs. 1 S. 2 GG)[178], nach a. A. im Rahmen der Sozialpflichtigkeit (Art. 14 Abs. 2 GG) hingenommen werden[179]. Gleiches gilt im Ergebnis auch für § 22 Nr. 1 POG, soweit die Maßnahme gegen einen Verantwortlichen gerichtet ist. Wird ausnahmsweise die Sache eines Nichtverantwortlichen sichergestellt (z. B. die Polizei holt aus dem Schlüsselschrank des abwesenden Hausmeisters einen Zweitschlüssel, um in die Wohnung einer hilflosen Person einzudringen, und bewahrt den Schlüssel anschließend zur Rückgabe auf), ist § 22 POG eine Inhaltsbestimmung des Eigentums nach Art. 14 Abs. 1 S. 2 GG.[180]

Wie mit der sichergestellten Sache oder dem sichergestellten Tier weiter zu verfahren ist, regeln die § 23 ff. POG. Insbesondere bietet § 25 Abs. 3 S. 1 POG eine Grundlage für die Erstattung der Kosten für das Sicherstellen, Verwahren, Unbrauchbarmachen oder Vernichten der Sache oder des Tieres. Es handelt sich hierbei um allgemeine Regelungen, die nicht nur für das POG spezifisch sind. Darum können diese Vorschriften grundsätzlich auch für nach anderen Gesetzen sichergestellte Sachen angewendet werden (z. B. § 80 Abs. 2 S. 2 LBauO, § 16a Nr. 2 TierschG), sofern nicht etwas spezieller geregelt ist und soweit die Vorschriften vom Sinn her passen; so ist z. B. § 24 POG nicht auf unbewegliche Sachen zugeschnitten.[181]

2. Sicherstellung von Personenaufnahmen

71 Ein besonderes Problem ist die Sicherstellung mit individuellen Personenaufnahmen belichteter **Filme** oder sonstiger Speichermedien (keine Druckwerke i.S.d. § 3 Abs. 2 Nr. 1 LMedienG und daher sicherstellungsfähig![182]). Hierbei darf es sich aber nicht nur um reine Übersichtsaufnahmen handeln.

Beispiel: Während einer Demonstration kommt es zu Handgreiflichkeiten zwischen den Teilnehmern und der Polizei. Dabei werden die Polizeibeamten aus nächster Nähe fotografiert, was diese nicht hinnehmen wollen.

Für das *Anfertigen* von Bildern gibt es abgesehen von den §§ 184 ff., 201a StGB keine Beschränkungen, wohl aber nach §§ 22 f. KunstUrhG für deren *Veröffentlichung*. Insbesondere gegenüber Pressefotografen besteht die Befürchtung, dass die Fotos unter Missachtung des KunstUrhG veröffentlicht werden. Allerdings kann ohne besondere Anhaltspunkte (z. B. uneinsichtiges Verhalten des Fotografen, vorangehende diffamierende Kampagne) nicht unterstellt werden, dass die Pressefotografen sich rechtswidrig und sogar strafbar (§ 33 KunstUrhG) verhalten werden.[183] Daher muss immer erst versucht werden, mit dem Pressefotografen zu kooperieren.[184] Zumindest aber besteht in solchen Fällen ein Gefahrenverdacht, der den Polizeibeamten zur Nachfrage beim Fotografen und auch zum Überprüfen seiner Personalien berechtigt[185]. Personen der Zeitgeschichte (vgl. § 23 Abs. 1 Nr. 1 KunstUrhG; = Personen, die wegen ihres Bekanntheitsgrades oder wegen eines aktuellen Geschehens im Interesse der Öffentlichkeit stehen) müssen zwar grundsätzlich hinnehmen, dass sie fotografiert und die

---

178   Vgl. zur fehlenden Eigentumsgarantie polizeiwidriger Sachen BVerfGE 20, 351; BVerwG NJW 1999, 231; BVerwGE 38, 218; BGH 54, 296.
179   Drews/Wacke/Vogel/Martens § 33, 3. a), S. 668.
180   Vgl. zur fehlenden Eigentumsgarantie polizeiwidriger Sachen BVerfGE 20, 351; BVerwG NJW 1999, 231; BVerwGE 38, 218; BGH 54, 296.
181   OVG Koblenz DÖV 2013, 36.
182   OVG Koblenz DVBl. 1998, 101; VGH Mannheim VBlBW 2001, 102.
183   OVG Koblenz NVwZ-RR 1998, 237; VG Köln NJW 1988, 367.
184   BVerwG NJW 2012, 2676.
185   VG Frankfurt NJW 1981, 2372 f.

Fotos auch veröffentlicht werden; allerdings auch für sie gilt in der engsten Privatsphäre der Schutz des Art. 2 Abs. 1 GG. Zweifelhaft ist, ob der individuelle Polizeibeamte alleine dadurch eine derartige Person der Zeitgeschichte wird, weil er bei einer spektakulären Aktion Einsatz leistet.[186] Doch selbst soweit man das bejaht, ist immer noch das Publikationsinteresse gegen das **Recht am eigenen Bild** abzuwägen; bei Portraitaufnahmen ist ein solches überwiegendes Publikationsinteresse regelmäßig zu verneinen.[187] Auch ohne Verdacht der Veröffentlichung kann das Fotografieren einer Person deren aus dem Art. 2 Abs. 1 GG abgeleitetes Recht am eigenen Bild verletzen.[188]

Formell ist bei der Sicherstellung von Filmen zweierlei zu beachten: Geht es um den Schutz des Rechts am eigenen Bild Dritter, sind grundsätzlich die allgemeinen Ordnungsbehörden (vgl. Rn B 18), die Polizei eventuell sekundär nach § 1 Abs. 8 POG zuständig, aber beide nur unter den Einschränkungen des § 1 Abs. 3 POG[109]. Werden die Ordnungs- oder Polizeibeamten sogar selbst fotografiert, haben die betroffenen Ordnungshüter als gestörter Hoheitsträger darüber hinaus für Abwehrmaßnahmen eine **Annexkompetenz** (vgl. dazu Rn B 14), sind also schon deswegen zuständig, weil ihre hoheitliche Aufgabenerfüllung beeinträchtigt ist. Über den Schutz dieser Aufgabenerfüllung hinaus gilt aber auch hier § 1 Abs. 3 POG; erlaubt sind nur vorläufige Maßnahmen, die es dem Fotografierten (auch wenn es ein Ordnungs- oder Polizeibeamter ist) ermöglichen, seine Rechte vor den Zivilgerichten klären zu lassen. Zum anderen ist der betroffene Ordnungshüter, der selbst fotografiert worden ist, für die Sicherstellung des Films i.S.d. § 20 Abs. 1 S. 2 VwVfG / § 1 Abs. 1 LVwVfG persönlich grundsätzlich **ausgeschlossen**. Nur wenn ein Kollege nicht rechtzeitig eingreifen kann, darf der Betroffene selbst sicherstellen, § 20 Abs. 3 VwVfG / § 1 Abs. 1 LVwVfG.

3. Abschleppen von Fahrzeugen

Die Grundlagen für das Beseitigen von Fahrzeugen sind nicht ganz übersichtlich.[190] **72** Für alle Fälle gilt, dass die Verhältnismäßigkeit besonders beachtet werden muss. Grundsätzlich wird den Ordnungskräften nur wenig zugemutet, um mildere Wege als das Abschleppen zu finden.[191] Nur wenn man im Einzelfall aufgrund der konkreten Umstände sicher sein kann, dass der Fahrer die Störung in Kürze selbst beseitigen wird, kann ein Abschleppen unverhältnismäßig sein.[192] Keine notwendige Voraussetzung für eine Abschleppentscheidung ist es, ob im Einzelfall eine Behinderung anderer vorliegt, insbesondere ob noch freier Parkraum vorhanden ist.[193]

Die Fortbewegung eines Fahrzeugs von seinem Standort ist (nur) dann eine Sicherstellung, wenn gerade die **Inobhutnahme** das Ziel ist.[194] Das ist nach § 22 Nr. 1 der Fall, wenn das Fahrzeug zu dem Zweck sichergestellt wird, dass **damit keine Gefahr verursacht** wird (z. B. um ein nächtliches Rennen von Jugendlichen zu unterbinden).

---

186 Ablehnend OLG Karlsruhe NJW 1980, 1701; VG Karlsruhe NJW 1980, 1708; a. A. VG Köln NJW 1988, 367; Franke NJW 1981, 2033 ff.; Jarass JZ 1983, 280 ff.
187 OVG Koblenz NVwZ-RR 1998, 237.
188 VGH Mannheim NVwZ-RR 1995, 528.
189 VGH Mannheim VBlBW 1995, 282.
190 Vgl. a. Vahle DVP 2006, 373 ff.
191 OVG Hamburg NJW 2005, 2246; das Hinterlassen einer Handynummer hinter der Windschutzscheibe kann z. B. unbeachtet gelassen werden, OVG Hamburg NJW 2001, 3647 ff.
192 OVG Hamburg JA 2012, 79 f.
193 BVerwG DVBl. 1983, 1066; NJW 1969, 1684; OVG Hamburg NVwZ-RR 995.
194 Möller/Warg Rn 400; Thiel Rn 230.

Häufiger ist die Sicherstellung nach § 22 Nr. 2 POG, wenn die Sicherstellung dem wirklichen oder mutmaßlichen Willen, also dem objektiven Interesse des Berechtigten entspricht. Dazu genügt, dass für die Sache eine **Gefahr der** (weiteren) **Beschädigung oder des Verlustes** hinreichend wahrscheinlich ist. So werden z. B. Fahrzeuge sichergestellt, weil sie in einem akut lawinengefährdeten Bereich stehen oder nicht abgeschlossen oder mit heruntergefahrenem Fenster geparkt wurden (letzteres gilt kurioserweise sogar für offene Kabrios). Dabei kommt es auf die für den handelnden Amtswalter erkennbare Sachlage im Zeitpunkt der Anordnung der Sicherstellung an. Ob der abwesende Betroffene tatsächlich ein Schutzinteresse hat, kann regelmäßig nicht rechtzeitig festgestellt werden und ist darum unbeachtlich.

73 Geht es aber eigentlich nicht um eine Inobhutnahme, sondern nur darum, dass das Fahrzeug **nicht (mehr) an diesem** derzeitigen **Ort** steht, wird es sich eher um eine Ersatzvornahme i. S. d. §§ 63, 61 Abs. 1 LVwVG oder eine unmittelbare Ausführung nach §§ 9, 6 POG handeln. Das gilt insbesondere im **Straßenverkehr** i. S. d. StVO (vgl. hierzu Rn J 23, 26). Dabei unterscheiden sich Ersatzvornahme und unmittelbare Ausführung darin, ob ein konkreter Verwaltungsakt oder „nur" eine gesetzliche Pflicht vollzogen wurde. Parkt das Fahrzeug entgegen eines Ge- oder Verbotszeichens der StVO (Verkehrsschild, Bodenmarkierung),[195] wird ein Verwaltungsakt im Wege der **Ersatzvornahme** durchgesetzt (vgl. Rn J 4 ff.). Bei Verkehrszeichen nach der StVO besteht die Besonderheit, dass der Zugang (hier die visuelle Wahrnehmung) kein notwendiger Bestandteil der Bekanntgabe ist. Es genügt, dass nach § 44 StVO ein Verkehrszeichen eingerichtet und damit für den allgemeinen Straßenverkehr verbindlich wurde (sogenannte äußere Wirksamkeit) und dieses ein durchschnittlicher Verkehrsteilnehmer bei Einhalten der nach § 1 StVO erforderlichen Sorgfalt erfassen kann[196] (sogenannte innere Wirksamkeit; beim ruhenden Verkehr also praktisch immer). Unbeachtlich ist also, ob der Verkehrsteilnehmer das Verkehrszeichen wirklich wahrgenommen hat, solange er es hätte wahrnehmen können.[197] Dabei ist sogar ein von einem privaten Unternehmer aufgestelltes Zeichen gültig, selbst wenn es fehlerhaft aufgestellt wurde[198] oder sogar rechtswidrig ist[199], vorausgesetzt es beruht zumindest dem Grunde nach auf einer verkehrsbehördlichen Anordnung oder Absprache.[200] Da auch derjenige, der im öffentlichen Verkehrsraum parkt, Verkehrsteilnehmer ist[201], gilt ein Verkehrszeichen möglicherweise selbst dann, wenn es erst *nach* dem Abstellen des Fahrzeugs errichtet worden ist; denn zur Sorgfaltspflicht von Verkehrsteilnehmern gehört auch, sich alle drei Tage davon zu überzeugen, ob man an dieser Stelle noch parken darf.[202]

Verstößt der Verkehrsteilnehmer zwar nicht gegen ein Verkehrszeichen, wohl aber gegen normative Regelungen, insbesondere bei Verstößen gegen die §§ 12, 2 Abs. 1 StVO, ist das Beseitigen des Fahrzeuges **unmittelbare Ausführung**, z. B. bei Parken vor Ausfahrten, zu nah an Kreuzungen oder auf Bürgersteigen (vgl. Rn J 38 ff.). Das folgt nicht schon daraus, dass es an einem Grundverwaltungsakt fehlt, denn dann

---

195 BVerwG NJW 1997,1021; OVG Koblenz NVwZ-RR 2005, 577; 1989, 23; OVG Münster NJW 1998, 2465; VRS 94 (1998) Nr. 58, S. 159; VGH Kassel NVwZ-RR 1999, 23 und 299.
196 H.M. BVerwG NJW 1997, 1021, VGH Kassel NJW 1999, 1651; a. A. VGH Hamburg DÖV 1995, 783.
197 BVerwGE 102, 318 f.; VGH Kassel NJW 1999, 2057; OVG Münster NJW 1990, 2835; OVG Hamburg DÖV 1995, 783; VGH Mannheim NJW 1991, 1698.
198 OVG Münster NJW 2001,1961.
199 OVG Hamburg NordÖR 2002, 469.
200 VGH Mannheim DÖV 2010, 410.
201 BVerwG NJW 1997, 1021.
202 BVerwG NJW 1997,1021; OVG Hamburg DÖV 1995, 783; VGH Kassel NJW 1997, 1023; OVG Münster NVwZ-RR 1996, 59: 48 Std.

könnte es ja immer noch eine Ersatzvornahme im verkürzten Verfahren i. S. d. § 61 Abs. 2 LVwVG sein. Vielmehr ergibt sich das daraus, dass es an jemandem fehlt, gegen den man Zwang anwenden könnte. Wenn niemand vor Ort ist, den man sinnvoll und rechtmäßig zur Gefahrenabwehr heranziehen könnte, kann man auch keinen entgegenstehenden Willen überwinden. Aber genau das erfordert der Zwang (vgl. Rn J 1), zu dem ja auch die Ersatzvornahme zählt.[203] Es handelt sich hier also schon mangels eines geeigneten Adressaten um eine schlichte Maßnahme, einen Realakt.

Das Abschleppen kann aber auch eine **rechtswidrige Sondernutzung beenden**, z. B. wenn über den Winter ein abgemeldetes Fahrzeug auf öffentlichen Verkehrsflächen abgestellt wird, § 41 Abs. 8 LStrG. Der Beseitigungsgrund liegt im Wesentlichen darin, dass die Straße ohne die erforderliche Erlaubnis über den Gemeingebrauch hinaus (also als Sondernutzung) genutzt wird.

Schließlich kommt eine Beseitigung eines Fahrzeugs als **Abfall** nach §§ 62, 3 Abs. 1 KrWG oder als gesetzlich fingierter Abfall nach § 62, § 20 Abs. 4 KrWG in Betracht. Voraussetzung für letzteres ist, dass das Fahrzeug

1. kein gültiges amtliches Kennzeichen hat und
2. es auf öffentlichen Verkehrsflächen oder im Außenbereich abgestellt ist und
3. es nicht erkennbar entwendet oder noch bestimmungsgemäß genutzt ist und
4. es nicht innerhalb eines Monats nach Anbringen einer deutlich sichtbaren Aufforderung am Fahrzeug entfernt worden ist.

Der herangezogene Abschleppunternehmer ist in all diesen Fällen Verwaltungshelfer der anordnenden Behörde.[204]

4. Sicherstellung von Druckwerken

Grundsätzlich unterliegen alle Sachen der möglichen Sicherstellung unter den oben **74** genannten Voraussetzungen. **Ausgeschlossen** ist aber grundsätzlich die **präventive** Sicherstellung von **Druckwerken** i.S.d. § 3 Abs. 2 Nr. 1 LMedienG, soweit **ihr Inhalt** der Grund ist.[205] Das gilt übrigens auch für alle anderen Eingriffsmaßnahmen, die das Ziel haben, die Verbreitung des Inhalts eines solchen Druckwerkes zu verhindern, z. B. durch Platzverweis der Verteiler oder Maßnahmen nach § 41 Abs. 8 LStrG wegen angeblich unerlaubter Sondernutzung. Diese Einschränkung respektiert die besondere Bedeutung der Presse als eine für unser demokratisches und freiheitliches Gemeinwesen unverzichtbare „Vierte Gewalt". Als historisch gewachsenes Informations- und Kontrollwesen sollen die Aussagen in Presseorganen keinem staatlichen Zugriff unterliegen (sog. Medienfreiheit, § 4 LMedienG). Das korrespondiert auch mit der in Art. 5 Abs. 1 S. 2 und 3 GG normierten Pressefreiheit, insbesondere dem Verbot präventiver Zensur. Druckwerke nach § 3 Abs. 2 Nr. 1 LMedienG sind

a) alle mittels eines zur **Massenherstellung** geeigneten Vervielfältigungsverfahrens hergestellten und zur Verbreitung bestimmten Texte, auch Texte in verfilmter oder elektronisch aufgezeichneter Form, besprochene Tonträger, Notendrucke und andere grafische Musikaufzeichnungen, Landkarten, Ortspläne und Atlanten sowie bildliche Darstellungen, wenn sie mit einem erläuternden Text verbunden sind,

---

203 OVG Koblenz NJW 1999,3573 (Parken vor Grundstückszufahrten); OVG Münster NJW 2001, 172 (im 5m-Bereich); OVG Münster DÖV 1997, 886 (im verkehrsberuhigten Bereich); VG Leipzig LKV 1995, 165 (auf Gehweg mit Behinderung).
204 BGH NJW 2006, 1804.
205 OVG Koblenz DÖV 1981, 801; OVG Frankfurt/O. NJW 1997, 1387.

b) vervielfältigte Mitteilungen, mit denen Nachrichtenagenturen, Pressekorrespondenzen, Materndienste und ähnliche Unternehmungen die Presse mit Beiträgen in Wort, Bild oder ähnlicher Weise versorgen,

c) von presseredaktionellen Hilfsunternehmen gelieferte Mitteilungen ohne Rücksicht auf die technische Form, in der sie geliefert sind, mittels eines zur Massenherstellung geeigneten Vervielfältigungsverfahrens hergestellten und zur Verbreitung bestimmten Schriften, besprochenen Tonträger, bildlichen Darstellungen mit und ohne Schrift und Musikalien mit Text oder Erläuterungen.

Ausgenommen sind Druckwerke, die nicht zur Presse rechnen, insbesondere rein amtliche Bekanntmachungen, gewerbliche Duckwerke oder Familienanzeigen, § 1 Abs. 4 LMedienG. Für die übrigen Druckwerke gibt es in Rheinland-Pfalz keine spezielle präventive Ermächtigungsgrundlage. Einzige Ausnahme davon ist § 15 LMedienG, wonach während der Dauer einer Beschlagnahme aufgrund der StPO die Verbreitung des von ihr betroffenen Druckwerks und der Wiederabdruck des die Beschlagnahme veranlassenden Teils dieses Druckwerks verboten ist. Polizeibeamte können zwar **repressiv** ein bis zwei Belegexemplare nach den §§ 94 ff., 111 b f. StPO sicherstellen, soweit diese als Beweismittel in einem Strafverfahren in Betracht kommen. Das gilt aber nicht für den ganzen Stapel. Schriften i. S. d. § 74d StGB, deren vorsätzliche Verbreitung in Kenntnis ihres Inhalts also den Tatbestand eines Strafgesetzes verwirklichen würde, können grundsätzlich nur mit einer (nicht formgebundenen) strafrichterlichen Anordnung beschlagnahmt werden, §§ 111 m f. StPO; bei nicht periodischen Druckwerken (vgl. § 3 Abs. 1 Nr. 2 LMedienG) reicht im Eilfall auch die des Staatsanwalts aus.[206]

Im Gegensatz zu anderen Bundesländern kennt Rheinland-Pfalz auch keine vorläufige Sicherstellung von Druckwerken. Nicht einmal ein Verteilungsverbot eines Druckwerks wegen seines Inhalts soll danach zulässig sein. Allerdings wird dieser herrschenden Meinung nur mit der Einschränkung zuzustimmen sein, dass eine Sicherstellung als ultima ratio in Ausnahmefällen doch zulässig ist, wenn im konkreten Fall höherwertige Schutzgüter der Verfassung (insbesondere der Bestand des Staates, Leib und Leben) ansonsten erheblich gefährdet wären.

Beispiele: Sollen Druckwerke wirklich unantastbar sein, z. B. beim Aufruf zu Judenpogromen, bei Anleitungen zum Bau allgemeingefährlicher Waffen oder Sprengstoffe, beim Verbreiten von erzwungenen Nacktbildern, bei der Verbreitung wichtiger militärischer Geheimnisse?

Der Schutz der Presse endet an den verfassungsimmanenten Schranken des Art. 5 Abs. 1 S. 2 und S. 3 GG. Auch § 4 Abs. 3 LMedienG geht davon aus, dass die Beschränkungen des Grundgesetzes gelten.

Beispiel: Vor einer Grundschule verteilt ein Pädophiler Kinderpornos (Straftat nach den §§ 184 ff. StGB). – Verteilt er sie kostenlos, entfiele der Schutz dieser Druckwerke nicht nach § 1 Abs. 4 Nr. 2 LMedienG (Ausschluss des LMedienG für rein gewerbliche Druckwerke). Hier hätte nach dem Gesetzeswortlaut die Polizeibeamte im Eilfall nur die Möglichkeit, nach den §§ 94, 111 b f. StPO ein oder zwei Beweisexemplare mitzunehmen. Für den gesamten Posten benötigt er nach § 111n StPO den Richter, mindestens aber den Staatsanwalt (da es kein periodisch erscheinendes Druckwerk ist). Auch wenn deren Anordnung per Telefon erfolgen kann, kann das zur Gefahrenabwehr zu spät sein. Andererseits endet der Grundrechtsschutz der Freiheit der Presse an höherwertigen Schutzgütern, hier der massiven Gefährdung des Jugendwohls. Daher sind hier die verfassungsimmanenten Schranken der Pressefreiheit erreicht. In solchen Fällen muss eine vorläufige Sicherstellung, mindestens aber ein Verteilungsverbot doch möglich sein.

---

206 Prümm/Sigrist Rn 300.

Das OVG Koblenz hat ein Verteilungsverbot politischer Flugblätter bei einer Versammlung für zulässig gehalten, um ein Versammlungsverbot zu vermeiden.[207] Das ist deshalb zweifelhaft, weil das voraussetzen würde, dass die Versammlungsfreiheit wichtiger als die Pressefreiheit wäre. Der Eingriff in die Pressefreiheit ist aber gegenüber einem Eingriff in die Versammlungsfreiheit wohl kein milderes Mittel.

Unstreitig zulässig ist dagegen eine Sicherstellung von Presseerzeugnissen, wenn es nicht um deren Inhalt geht.

Beispiel: Nach einem Verkehrsunfall des Auslieferungsfahrzeuges liegen die Zeitungspakete verstreut herum, die Polizei sichert sie vor Beschädigung und Verlust. – Kinder sammeln Zeitungen und wollen damit ein Feuer entzünden. – Das Auslieferungsfahrzeug ist völlig überladen und ist damit eine Gefahr für den Straßenverkehr).

VIII. Umgang mit personenbezogenen Daten, §§ 26 ff. POG

1. Allgemeines

Nach **Art. 4a Landesverfassung** Rheinland-Pfalz hat jeder Mensch das Recht über **75** die Erhebung und weitere Verarbeitung seiner personenbezogenen Daten selbst zu bestimmten. **Art. 50** der 2004 unterzeichneten **EU-Verfassung** besagt: *Jeder hat das Recht auf Schutz der ihn betreffenden personenbezogenen Daten*. Das bedeutet das Recht auf Auskunft über ihn betreffende Daten und auf Einsicht in amtliche Unterlagen, soweit sie solche Daten enthalten. Diese Rechte dürfen nur durch oder aufgrund eines Gesetzes eingeschränkt werden soweit überwiegende Interessen der Allgemeinheit es erfordern. Derartige Einschränkungen finden sich im Landesdatenschutzgesetz (LDatSchG), in § 2a ff. PersAuswG, § 22 PassG, § 86 AufenthG, §§ 67 ff. SGB X, § 36 Abs. 8 StVG usw. Im POG stehen diese Regelungen in den §§ 9a bis 12 und 26 ff. POG. Die §§ 26 ff. POG gelten ausschließlich für **personenbezogene Daten**. Das sind Einzelangaben über persönliche und sachliche Verhältnisse bestimmter oder bestimmbarer Personen, § 3 Abs. 1 LDatSchG (insbesondere Namen, Familienstand, Geburtstag und -ort, Beruf, körperliche Merkmale, Religion, Staatsangehörigkeit, Verdienst, Vorstrafen, Krankheiten, Schulden, bisherige Vorfälle usw.). Es genügt, dass sie geeignet sind, Hinweise auf diese Verhältnisse zu geben. Daten, die rein sachbezogen und in ohne weitere Zusätze keinen Zusammenhang mit bestimmten oder bestimmbaren Personen zu bringen sind, können auch keine Rechte von Personen berühren und fallen darum nicht unter diese Regelungen.

Beispiel: Die bloße Abfrage einer Polizeistreife, ob ein bestimmtes aufgefundenes Fahrzeug als gestohlen gemeldet ist, hat noch keinen Bezug zu bestimmten oder bestimmbaren Personen, ist also eine rein sachbezogene Datenerhebung. Personenbezogen ist jedoch die Halterabfrage.

Nach Art. 2 Abs. 1 i. V. m. Art. 1 GG bestimmt jeder Mensch grundsätzlich selbst, ob und was er welchen Personen über sich mitteilen oder verheimlichen will. Dieses Grundrecht auf **informationelle Selbstbestimmung** ist Teil des Persönlichkeitsrechts und steht wie andere Grundrechte grundsätzlich nur natürlichen Personen zu, gilt aber auch für juristische Personen, soweit es vom Wesen her auf diese anwendbar ist.[208] Mit diesem Recht korrespondiert die Pflicht derer, die für öffentlich-rechtliche Stellen (§ 2 LDatSchG) personenbezogene Daten für diese selbst verarbeiten oder das durch andere im Auftrag vornehmen lassen (§ 3 Abs. 2 LDatSchG), diese Daten nicht zu einem anderen als dem zur jeweiligen Aufgabenerfüllung gehörenden Zweck zu verar-

---

207 OVG Koblenz, Beschluss vom 22.11.96, Az. 7 B 13171/96.
208 BVerfGE 21, 362, 372, 100 f.

beiten oder unbefugt zu offenbaren (**Datengeheimnis**, § 8 LDatSchG). Wer hiergegen verstößt setzt sich nicht nur Unterlassungs- und Schadensersatzansprüchen nach §§ 20 f. LDatSchG aus, sondern macht sich eventuell noch nach § 37 LDatSchG oder den §§ 201 bis 206, 353b StGB **strafbar**.

Das Recht auf informationelle Selbstbestimmung findet seine **verfassungsimmanenten Grenzen** u. a. in Belangen von überwiegendem Allgemeininteresse, insbesondere in der Verpflichtung des Staates zum Schutz seiner Bürger. Darum ist es fraglich, ob man in den Regelungen, die über den Willen des Berechtigten hinaus personenbezogene Datenerhebung und -verarbeitung zulassen, überhaupt einen „**Eingriff**" sehen kann oder ob es sich dabei lediglich um eine Schrankenbestimmung handelt. Im Ergebnis kommt es darauf jedoch nicht an, da seit dem sog. Volkszählungsurteil vom 15.12.1983[209] anerkannt ist, dass zur Wahrung des Grundrechts auf informationelle Selbstbestimmung sowie zur damit zusammenhängenden Gewähr der Genauigkeit und des Wahrheitsgehaltes der Erhebung die Ermächtigungsgrundlage nicht nur der materiellen **Voraussetzungen** des Eingriffs, sondern auch das **Verfahren** und die **Organisation** der Datenerhebung und -verarbeitung **klar geregelt** sein müssen.[210] Eine besondere Problematik der Datenerhebung ist die, dass sie ohne gleichzeitige Datenerhebung bei völlig Unbeteiligten manchmal nicht möglich ist; hier muss dann besonders abgewägt werden. Ein Eingriff liegt allerdings nicht schon bei der Beobachtung frei zugänglicher personenbezogener Daten vor, sondern erst bei einer gezielten und systematischen Informationsgewinnung und –verarbeitung, bei planmäßiger Beobachtung oder dem Zusammenstellen der Erkenntnisse zu einem Gesamtbild.[211]

76 Die §§ 26 ff. POG betreffen nur die Daten, die zur Gefahrenabwehr erhoben werden. Eine besondere Regelung für die Datenverarbeitung zum Zwecke künftiger Strafverfolgung findet sich in § 484 StPO. Für das allgemeine Polizeirecht haben grundsätzlich die Länder die **Regelungszuständigkeit**. Für spezielle Aufgaben regelt das GG aber in Art. 73 Nr. 5 (Bundespolizei) und Nr. 10 (Bundeskriminalamt) GG ausschließliche Zuständigkeiten des Bundes bzw. in Art. 74 Abs. 1 Nr. 1 (Strafrecht und Strafverfahren) GG konkurrierende Kompetenzen von Bund und Ländern. Nach § 1 Abs. 3 BKAG bleiben die Zuständigkeiten der Länder in polizeirechtlichen Aufgaben nur soweit unberührt, als das BKAG keine abweichenden Regeln zugunsten des Bundes enthält. Vor allem im Bereich des zentral vom BKA geführten polizeilichen Informationssystems nach § 2 Abs. 3 und §§ 11–13 BKAG sind bei Verbunddateien auch die Landespolizeibehörden nach Maßgabe des BKAG eingabe- und abrufberechtigt. Nach § 12 Abs. 2 und § 13 Abs. 5 und 6 BKAG sind die Daten verarbeitenden Landesstellen für die Einhaltung des Datenrechts verantwortlich.[212] Dabei ergeben sich Überschneidungen zwischen landesrechtlichen und bundesrechtlichen Erfordernissen bei der Erhebung und Verarbeitung von Daten. Die Zusammenarbeit von landeseigener Polizei mit ausländischen Staatsstellen zur Verhütung von Straftaten erfolgt grundsätzlich durch das BKA. Nur hinsichtlich regional erheblicher Kriminalität ist das jeweilige Landespolizeigesetz maßgebend, § 3 Abs. 3 BKAG.

Eine ausführliche Regelung für die Datenerhebung und -verarbeitung für ordnungsbehördliche und polizeiliche Tätigkeiten fand sich erstmals 1986 in den §§ 25a-g des damaligen PVG und seit 1993 im POG. Diese Regelungen wurden aber zunehmend

---

209   BVerfGE 65, 1 ff.
210   BVerfGE 65, 1 ff. (Volkszählung); ähnlich für Eingriffe in Art. 10 GG, BVerfG NJW 2000, 55 (57 ff).
211   Guttenberg NJW 1993, 574.
212   BVerwG DVBl 1999, 332.

als nicht mehr ausreichend angesehen, da sie eher generalklauselartig gehalten waren und vielfach spezielle Ermächtigungsnormen fehlten.[213] Mit der Novellierung des POG 2004 wurden, nach harten Auseinandersetzungen zwischen den Verfechtern einer effektiveren Polizeiarbeit einerseits und denen eines umfassenden Persönlichkeitsschutzes andererseits (vgl. hierzu auch das Vorwort zur 3. Auflage) die entsprechenden Vorschriften vollständig neu konzipiert und ihre Begriffe mit denen des Landesdatenschutzgesetzes vereinheitlicht. Die §§ 26 ff. POG gehen dem Landesdatenschutzgesetz (LDSG) vor, § 42 POG.[214] Das POG regelt in seinen §§ 9a bis 11a und 26 bis 31 die Berechtigung von allgemeinen Ordnungsbehörden und Polizei, Daten überhaupt zu erheben, in seinen §§ 33 bis 39, was mit erhobenen Daten zu geschehen hat, und in seinem § 40 das Informationsrecht des Betroffenen.

2. Besonderer Schutz vor Datenerhebung, §§ 39a und b POG

a) Der Schutz des Kernbereichs privater Lebensgestaltung, § 39a POG

Das Bundesverfassungsgericht hat mehrfach einen Kernbereich privater Lebensgestaltung anerkannt, der dem staatlichen Zugriff schlechthin entzogen ist und in den der Staat unter keinen Umständen eindringen darf.[215] Es leitet aus der **Menschenwürde** (Art. 1 Abs. 1 GG) ab, dass es einen Bereich gibt, der der Einwirkung der gesamten öffentlichen Hand entzogen ist.[216] Dabei entwickelte das BVerfG[217] ein zweistufiges Schutzkonzept zum Schutze des Kernbereichs privater Lebensgestaltung. Grundsätzlich müssen die gesetzlichen Regelungen sicherstellen, dass keine Daten aus dem Kernbereich privater Lebensgestaltung erhoben werden; das ist dadurch umzusetzen, dass informations- und ermittlungstechnische Sicherungen eingesetzt werden (1. Stufe). Soweit trotzdem kernbereichsrelevante Daten erhoben werden, hat der Gesetzgeber sicherzustellen, dass das sich auf die Persönlichkeit und die Entfaltung des Betroffenen so gering wie möglich auswirkt (2. Stufe). Ob ein Sachverhalt dem **Kernbereich** der privaten Lebensgestaltung zuzuordnen ist, hängt unter anderem davon ab, ob er nach seinem Inhalt höchstpersönlichen Charakter hat und in welcher Art und Intensität er aus sich heraus die Sphäre anderer oder die Belange der Gemeinschaft berührt.[218] Zudem ist von Bedeutung, ob die betroffene Person den Sachverhalt geheim halten will oder nicht.

Verdeckte Maßnahmen **in den Kernbereich privater Lebensgestaltung** sind nach § 39a Abs. 1 POG **schlechthin unzulässig**. Sie gelten also kraft Gesetzes als unwiderlegbar unverhältnismäßig. Maßnahmen dürfen daher nur angeordnet werden, soweit keine Anhaltspunkte dafür vorliegen, dass allein Erkenntnisse aus dem Kernbereich privater Lebensgestaltung erlangt werden.[219] Hierzu im Widerspruch stehend

77

---

213 Darauf hatte schon der Landesbeauftragte für den Datenschutz in seinen Berichten von 1993 und 1995 hingewiesen, vgl. 15. Tätigkeitsbericht des Landesdatenschutzbeauftragten, Landtagsdrucksache 12/7589 vom 16.11.1995 S. 20 unter 5.4 mwN zum 14. Bericht.

214 Eine detaillierte Darlegung, insbesondere in den Auswirkungen für die Polizei, findet sich in Rühle/Suhr §§ 26 ff.

215 NJW 2004, 999 für akustische Wohnraumüberwachungen nach der Strafprozessordnung; NJW 2005, 2603 zu Maßnahmen der Telekommunikationsüberwachung; NJW 2008, 822 zur Online-Durchsuchung; auch rheinland-pfälzischer Verfassungsgerichtshof NVwZ-RR 2007, 721 zur Wohnraumüberwachung gemäß § 29 POG.

216 BVerfG 6, 41; 34, 245.

217 BVerfG NJW 2004, 999; 2008, 822; s. a. Möller/Warg Rn 278a; Schenke Rn 196 f.

218 BVerfG NJW 1990, 563.

219 Diese Regelung war notwendig nach dem Urteil des BVerfG NJW 2005, 2603.

erhobene Daten dürfen natürlich nicht verwertet werden und sind unverzüglich so zu löschen, dass keine Rückschlüsse auf den Inhalt der erhobenen Daten gezogen werden können; andernfalls würde die rechtswidrige Maßnahme noch weiter vertieft. Die unzulässige Datenerhebung muss aber dennoch nachvollziehbar dokumentiert werden, damit der Betroffene den Vorgang nachvollziehen und gegebenenfalls Rechtsschutz suchen kann. Außerdem kann die Dokumentation für Zwecke der Datenschutzkontrolle oder im Rahmen der gerichtlichen Überprüfung der Maßnahme verwendet werden.

Die Absätze 2 bis 5 des § 39a POG enthalten weitere spezielle Regeln zum Schutz des Kernbereichs privater Lebensgestaltung bei der Anwendung von Maßnahmen nach den §§ 29, 31, 31b und 31c POG (siehe im Einzelnen dort; Rn G 92 ff., 100 ff., 106 f., 108).

b) Schutz von Berufsgeheimnisträgern, § 39b POG

78 Der Schutz der Vertraulichkeit des Wortes ist bei manchen **Berufen** nicht nur ein hohes Gut, sondern auch die Voraussetzung, dass der Beruf überhaupt wirksam ausgeübt werden kann. § 53 StPO zählt verschiedene Berufe auf, deren Funktion ganz maßgeblich davon abhängt, dass die im beruflichen Zusammenhang geführten **Gespräche vertraulich** bleiben. Es handelt sich um Geistliche, Verteidiger, die vereidigten Berufe, anerkannte Berater, Parlamentarier, Presse. Erfasst sind zur Vermeidung einer Umgehung außerdem noch ihre Helfer, § 53a StPO (Anwaltsgehilfin, Arzthelferin). Diese Personen sind nach der StPO zur Verweigerung der Zeugenaussage berechtigt; strafrechtliche Ermittlungsmaßnahmen gegen diese Personen sind nach § 160a StPO unzulässig. § 39b POG erstreckt nun den Schutz dieses Berufsgeheimnisses auch auf präventivpolizeiliche Maßnahmen. Die Vorschrift ist nur sinnvoll und praktikabel, wenn **jeder Gedankenaustausch** mit einem solchen Berufsträger als Bestandteil des Vertrauensverhältnisses angesehen wird, ohne dass nach Vertraulichem und Nichtvertraulichem differenziert wird.[220] Erkenntnisse unter Verletzung dieser Berufsgeheimnisse dürfen nicht gewonnen werden. Dieses Verbot gilt absolut. Nicht einmal zur Abwehr von Gefahren für hochrangige Rechtsgüter darf davon abgewichen werden. Bei allem Respekt vor der Bedeutung des Berufsgeheimnisses erscheint dieser Schutz im Verhältnis zu anderen Grundrechten überzogen.

Beispiel: Bei einer Telekommunikationsüberwachung, die versehentlich ein Gespräch eines Rechtsanwaltes erfasst, ergibt sich der Erkenntnis, dass ein Terrorist beabsichtigt, in einer belebten Einkaufstraße einen Sprengsatz zu zünden. – Sollen diese Daten ernsthaft außer acht bleiben und somit auf die Verhinderung eines Schadens für Leib und Leben einer Vielzahl von Personen verzichtet werden?

Dieser Schutz gilt aber **nicht** für die Berufsangehörigen, die in die Gefahrenabwehrmaßnahme **persönlich verstrickt** sind, § 39b Abs. 4 POG. Hier wird ja nicht nur das Berufsgeheimnis missbraucht, sondern die Person agiert gar nicht mehr primär in ihrer Berufseigenschaft, sondern als Störer.

Beispiel: Ein Rechtsanwalt schmuggelt Kassiber aus einem Gefängnis, mit denen Gefangene terroristische Aktionen außen steuern. – Pressemitarbeiter fahren mit Geiselnehmern und Geiseln in einem Auto mit, um sie mittels ihrer besseren Ortskenntnis der polizeilichen Verfolgung zu entziehen (Fall Gladbeck August 1988). – Ein Steuerberater unterstützt ein betrügerisches Unternehmen bei Betrugsgeschäften, an dessen Gewinn er selbst beteiligt ist.

---

220   So auch Roos / Lenz § 39b RN 1.

Ebenfalls **nicht** geschützt sind diejenigen, die nach **§ 52 StPO** aus persönlichen Gründen zur Zeugnisverweigerung berechtigt sind (Verlobte, Ehegatte, Lebenspartner, nahe Verwandte und nahe Verschwägerte).

Werden Daten entgegen § 39b Abs. 1 S. 1 POG erhoben, ist das in geeigneter Form zu dokumentieren, damit man das später nachvollziehen kann, § 39b Abs. 2 S. 2 und 3 POG. Die Dokumentation darf aber keinen Rückschluss auf den Inhalt der Daten geben. Anschließend sind diese Daten zu löschen (vgl. auch die Rn G 98, 105, 107, 110, 112, 113). Verwertet werden dürfen sie natürlich nicht.

3. Datengewinnung, §§ 26 bis 32 POG

a) Allgemein, § 26 POG

Datenerhebung als Beschaffen von Daten setzt ein gezieltes **Nachsuchen um Da-** 79
ten voraus. Zufällig erlangte Kenntnis der Behörde über eine Person ohne vorausgegangenen, irgendwie gearteten Informationsversuch ist keine Erhebung, kann bei entsprechender Verwertung aber Datenverarbeitung sein.

Beispiel: Anlässlich einer Geschwindigkeitskontrolle wird der Kleinbus eines Fußballvereins auf der Rückfahrt von einem Turnierspiel mit den Insassen fotografiert. Auf dem Bild sind Fahrer und Beifahrer zu erkennen. Ansonsten ist nur schemenhaft feststellbar, dass der Bus mit weiteren sechs Insassen voll besetzt war.
Hinsichtlich des Fahrers ist mit dem Foto eine gezielte Datenerhebung erfolgt, um die Täter der Geschwindigkeitsübertretung ausfindig machen zu können. Der Beifahrer ist bei einem solchen Foto typischerweise miterfasst. Die Daten des Beifahrers dürfen für den Fall eines notwendigen Zeugenbeweises verwertet werden, ansonsten dürfen sie nicht weiterverarbeitet werden. Zu den restlichen Insassen sind gar keine personenbezogenen Daten erhoben worden, Sie sind unvollständiger Teil einer Mannschaft, sie können deshalb auch nicht mittelbar aufgrund des Fotos identifiziert werden.

§ 26 Abs. 1 stellt eigentlich nur klar, dass die allgemeinen Ordnungsbehörden und die 80
Polizei personenbezogene Daten erheben dürfen, wenn

1. die betroffene Person eingewilligt hat. Maßnahmen in Übereinstimmung mit einer **tatsächlichen oder mutmaßlichen Einwilligung** sind schon gar kein Eingriff. Eine Einwilligung oder ihre Vermutung muss *vor* der Maßnahme vorgelegen haben; sie setzt Einwilligungsfähigkeit, Freiwilligkeit und die Kenntnis der wesentlichen Umstände voraus, in die eingewilligt werden soll. Die Einwilligung darf vermutet werden, wenn kein offensichtlicher Grund zu der Annahme besteht, dass der Betroffene in Kenntnis der Sachlage die Einwilligung verweigern würde.
2. Tatsachen vorliegen, aus denen gemutmaßt werden kann, dass die Erhebung im Interesse der Person liegt und diese in Kenntnis des Zwecks einwilligen würde. Auch hier handelt es sich aus den gerade genannten Gründen nicht um einen Eingriff.
3. die Daten aus allgemein zugänglichen Quellen entnommen sind. Bei Daten **aus allgemein zugänglichen Quellen** handelt es sich grundsätzlich nicht mehr um geschützte Daten.[221] Allgemein zugänglich sind Daten, die jedermann, sei es ohne oder nach vorheriger Anmeldung, Zulassung oder Entrichtung eines Entgelts, nutzen kann, § 3 Abs. 10 LDatSchG. Sie stammen aus Quellen, die geeignet und bestimmt sind, der Allgemeinheit Informationen zu verschaffen (z. B. Berichterstattung in den Medien, Internet, Bekanntmachungen, Bibliotheken, Adress- und Telefonbücher). Nicht mehr allgemein zugänglich sind Quellen, auf die man nur beim

---

221 Anders offenbar Roos / Lenz § 26 Rn 6.

Nachweis eines berechtigten Interesses zugreifen kann, wie z. B. bei Grundbüchern (vgl. § 12 GBO), Fahrzeugregistern (vgl. § 39 StVG), der erweiterten Melderegisterauskunft (vgl. § 34 Abs. 2 MeldeG) usw.[222] Demgegenüber ist die einfache Auskunft aus dem Melderegister (vgl. § 34 Abs. 1 MeldeG) oder aus den Wasserbüchern (vgl. § 12 LWG) allgemein zugänglich. Entscheidend ist, dass die Voraussetzungen für die Einsichtnahme für jedermann gleichermaßen gelten.

Beispiel: Die Polizei entnimmt dem Titelfoto der Tageszeitung, dass A gewalttätig an einer Demonstration teilgenommen hat. Die Polizei erhebt bei der Zeitung als Drittem über A nicht geschützte Daten, da die Zeitung dieses Foto über A veröffentlicht hat.

4. oder eine Rechtsvorschrift das erlaubt (z. B. §§ 12a, 19a VersG, § 113 TKG, § 52 Abs. 2 BImSchG, § 47 KrWG).

I. Ü. bedarf es einer **Ermächtigungsgrundlage**. In § 26 Abs. 2 POG findet sich die allgemeine **Generalklausel**. Diese ist gegenüber allen spezielleren Regelungen subsidiär, insbesondere ist sie nicht anwendbar zur vorbeugenden Bekämpfung von Straftaten i. S. d. § 1 Abs. 1 S. 3 POG und zur Vorbereitung auf die Gefahrenabwehr i. S. d. § 1 Abs. 1 S. 2 POG (vgl. jeweils Rn B 14), da hierfür die Absätze 3 und 4 des § 26 POG spezieller sind, sowie beim Einsatz technischer Mittel und bei verdeckter Erhebung in den Fällen der §§ 27 bis 32 POG. Nach § 26 Abs. 2 S. 1 und 2 POG, können die allgemeinen Ordnungsbehörden und die Polizei personenbezogene Daten erheben

1. zur Gefahrenabwehr (vgl. Rn B 2), was keine konkrete Gefahr voraussetzt
2. zum Schutz privater Rechte (vgl. Rn B 20), wenn der behauptete Rechtsanspruch hinreichend glaubhaft gemacht worden ist

    Beispiel: Ein Unfallbeteiligter will von der Polizei anhand des Kfz-Zeichens des gegnerischen Unfallfahrzeugs den unfallflüchtigen Fahrer wegen Schadenersatzforderungen aus dem Unfall in Erfahrung bringen. Die Polizei muss die entsprechende Auskunft erteilen, wenn der Sachverhalt glaubhaft gemacht worden ist. Soweit sie in solchen Fällen in der Praxis die Auskunft verweigert und der Anfragende an einen Anwalt verwiesen wird, der einfacher entsprechende Angaben über ZEVIS in Erfahrung bringen kann, wird übersehen, dass bei einem Streitwert bis einschließlich 5.000 Euro das Amtsgericht zuständig ist (§ 23 Nr. 1 GVG) und gar kein Anwaltszwang besteht.

3. zur Abwehr von Gefahren durch den Straßenverkehr (vgl. Rn B 14)

    Beispiel: Ein Körperbehinderter beantragt bei der Straßenverkehrsbehörde gemäß § 46 Abs. 2 S. 2 StVO eine Parkerleichterung als Schwerbehinderter. Diese erkundigt sich beim Versorgungsamt Mainz, ob der Antragsteller an bestimmten Krankheiten leidet und wie weit er selbstständig gehen kann.

4. zur Erfüllung von durch andere Rechtsvorschriften übertragenen Aufgaben (vgl. Rn B 14 und 18) und
5. zur Vollzugshilfe der Polizei (Absatz 2 S. 2; vgl. dazu Rn B 24)

    Beispiel: Ein zunächst in eine Wohnung eingewiesener Obdachloser, der nach Ablauf der Einweisungszeit trotz Aufforderung der zuständig Ordnungsbehörde nicht auszieht[223], soll mit Polizeihilfe aus der Wohnung verbracht werden. Hier muss die Polizei nähere Angaben über die Person erfragen.

Es können **gegenüber jedermann** personenbezogene Daten erhoben werden. Die Formulierung *„auch über andere als die in §§ 4, 5 und 7 genannten Personen"* ist sprachlich verunglückt, da nach § 7 Abs. 1 POG derjenige, der nicht i. S. d. §§ 4 oder 5 verantwortlich ist, uneingeschränkt zum Nichtverantwortlichen (§ 7 POG) definiert

---

222   BGH zur Frage der Einsichtnahme in ein Fahrzeugregister NJW 2003,226.
223   Wozu er verpflichtet ist, vgl. VGH Kassel NVwZ-RR 2012, 474.

wird, es also gar keine anderen Personen als die Verantwortlichen und die Nichtverantwortlichen gibt; gemeint ist, dass die Datenerhebung nicht voraussetzt, dass die Voraussetzungen der §§ 4, 5 oder 7 POG vorliegen, also gegen jedermann zulässig ist.

Beachtlich ist, dass die Datenerhebung **keine konkrete Gefahr** (auch keine abstrakte) voraussetzt, wie sich aus der Erwähnung der Gefahrenabwehr i. S. d. § 1 Abs. 1 S. 1 POG ergibt (vgl. Rn B 2 und D 1).

In § 26 Abs. 3 POG wird die Datenerhebung zur **vorbeugenden Bekämpfung von** **81** **Straftaten** (§ 1 Abs. 1 S. 3 POG; s. dazu Rn B 14), also solche zu deren Vorbeugung oder Verhinderung geregelt. Diese Datenerhebung schafft einerseits einen erheblichen präventiven Druck, weil dem potenziellen Täter ja bewusst ist, dass er aufgrund der erhobenen Daten leichter überführt werden kann. Zum anderen kann die Straftat selbst so effektiver unterbunden oder eingeschränkt werden. Befugt ist hierzu aber nur die Polizei, was in ihre Doppelfunktionalität (Gefahrenabwehr/Strafverfolgung) begründet ist. Datenerhebung zur vorbeugenden Bekämpfung von Straftaten ist in folgenden Fällen zulässig:

1. Über **potenziellen Straftäter**. Hier reichen aber nicht bloße Vermutungen, sondern es bedarf Tatsachen, aus denen man folgern kann, dass die jeweilige Person zukünftig Straftaten begehen wird. Dabei können Umstände wie Vorbereitungshandlungen oder Tatversuche ebenso eine Rolle spielen wie bisheriges strafbares Verhalten. Je höher der zu erwartende Schaden, desto niedriger sind die Anforderungen an die jeweiligen Tatsachen[224]
2. Über mögliche **Opfer** von Straftaten. Auch hier bedarf es hinweisender Tatsachen, wie z. B. Drohungen, Tatversuche, Erkenntnisse aus verdeckten Ermittlungen usw.
3. Über Personen aus dem **Umfeld einer besonders gefährdeten Person**, die auf diese eine unmittelbare Einwirkungsmöglichkeit besitzen, z. B. Freunde, Partner, Nachbarn usw.
4. Über **Zeugen, Hinweisgeber und sonstige Auskunftspersonen**.
5. Über **Kontakt- und Begleitpersonen**[225] künftiger Straftäter; als solche kommen Personen in Betracht, bei denen tatsächliche Anhaltspunkte (Erfahrungswerte oder Vermutungen genügen nicht) die Annahme rechtfertigen, dass sie zu einem künftigen Straftäter in einer Weise in Verbindung stehen, die erwarten lässt, über sie Hinweise zur vorbeugenden Bekämpfung der angenommenen Straftat zu erhalten (§ 26 Abs. 3 S. 2 POG, z. B. Auftraggeber, Mitwisser, Verbindungspersonen). Das setzt persönliche oder geschäftliche **Beziehungen zur Zielperson** oder Verbindungen zu dieser voraus, die **über einen längeren Zeitraum** unterhalten oder unter konspirativen Umständen hergestellt oder gepflegt werden.[226] Die Kontakt- und Begleitperson muss irgendwie in den weiteren Handlungskomplex der Straftatenbegehung einbezogen sein. Dabei genügt es, wenn das nur nach dem Willen der eigentlichen Zielperson oder aufgrund unvermeidbarer Abläufe so ist, insbesondere wenn die Person selbst getäuscht und missbraucht wird. Nicht erforderlich ist, dass auch die Kontakt- oder Begleitperson selbst Kenntnis von der bevorstehenden Strafbegehung hat. Ob diese Person von ihrer Einbeziehung weiß, ist also nicht erheblich, so dass hier die Grenze zwischen Verantwortlichkeit und Nichtverantwortlichkeit verschwimmt. Nicht hierunter fallen aber Personen, die zu den Zielpersonen keinen längeren Kontakt haben. Flüchtige oder persönliche Kontakte reichen folglich nicht aus. Personen, die nur kurzfristig, insbesondere zufällig mit

224 BVerwG NJW 1970, 1890.
225 Hierzu VerfGH Rheinland-Pfalz NVwZ-RR 2007, 721.
226 Sächs. VerfGH LKV 1996, 273 Leitsatz 7.

der Zielperson zusammentreffen (z. B. Verkäufer oder Bedienungspersonal) fallen demnach nicht darunter.

Beispiel: Der potenzielle Täter plant einen Einbruch in eine Bank. Dazu bandelt er ein Liebesverhältnis mit einer Bankangestellten an, der er vorgibt, sie zu lieben. In Wahrheit will er so nur Detailkenntnisse aus der Bank erfahren. Das Erheben von Daten über die Bankangestellte ist zulässig.

82   Soweit nicht diese Personen aus eigennützigen, insbesondere wirtschaftlichen Motiven heraus die Informationen freiwillig geben können nach Abs. 4 zur **Vorbereitung auf die Gefahrenabwehr** (§ 1 Abs. 1 S. 2 POG) von Experten, Sachverständigen u. Ä. vorsorglich Grunddaten erhoben werden, die für deren Erreichbarkeit und Verwendbarkeit im Falle eines Unfalls, Anschlags oder sonstigen Notfalles bedeutsam sein könnten und sich dann z. B. in Alarmplänen, Checklisten oder PC-gestützte Programmen wiederfinden:

1. Über Personen, die für besonders **gefährliche Anlagen** verantwortlich sind (z. B. Betriebsbeauftragte i. S. d. §§ 53 ff. BImSchG, §§ 59 f. KrWG, vgl. a. Rn G 18)
2. Über Personen, die für besonders **gefährdete Anlagen** verantwortlich sind (z. B. Hausmeister, Betriebsbeauftragte, Kasernenkommandant, vgl. Rn G a. 18)
3. Über Personen, die für die Sicherheit von **Veranstaltungen in der Öffentlichkeit** verantwortlich sind (z. B. Veranstalter von Sportveranstaltungen oder Open-Air-Konzerten, Ordnern)
4. Über Personen, die über besondere, zur Gefahrenabwehr **benötigte Kenntnisse** verfügen (z. B. Ärzte, Ingenieure, Sachverständige, Ortskundige, Abschleppunternehmen, Dolmetscher, Schlüsseldienste)

Beispiel: Um nach Unfällen in einem Chemiewerk möglichst effektiv reagieren zu können, werden die Personalangaben der Sicherheitsingenieure und des zuständigen Vorstands der AG von der Polizei erhoben und gespeichert. Das Gefahrenpotential der Firma rechtfertigt die entsprechende Datenverarbeitung bei der Polizei.

83   Daten sind grundsätzlich **offen zu erheben** (§ 26 Abs. 5 S. 1 POG). Das ist der Fall, wenn die Maßnahme am Ort ihrer Durchführung als ordnungsbehördliche oder polizeiliche Maßnahme erkennbar (nicht aber zwingend erkannt worden) ist.[227] Demgegenüber ist die Datenerhebung verdeckt, wenn die hoheitlichen Maßnahmen für den Betroffenen gar nicht erkennbar sind (z. B. bei Abfrage bei einer anderen Behörde) oder auf Heimlichkeit ausgerichtet sind (z. B. die Zugehörigkeit zu Polizei bewusst verschleiert oder der wahre Grund des Gespräches verschwiegen wird). Der Grundsatz der offenen Datenerhebung ist ein Fundament des Datenschutzrechtes.[228] Der Betroffene muss wissen, wer welche Daten über ihn besitzt. Wer nicht mit hinreichender Sicherheit überschauen kann, welche ihn betreffenden Informationen in bestimmten Bereichen seiner sozialen Umwelt vorhanden sind, ist in seinen Planungen und in seinen Rechtschutzmöglichkeiten gehemmt. Nur bei einem sonst unverhältnismäßigem Aufwand der Datenerhebung oder mindestens einer Erschwerung der Aufgabenerfüllung kann davon abgewichen werden, indem ohne Kenntnis des Betroffenen verdeckt bei anderen öffentlich (z. B. Behörden, Beliehene) oder nicht öffentlichen Stellen (z. B. natürliche oder juristische Privatpersonen) nach- oder abgefragt wird, wobei es in § 26 POG um die Erhebung ohne den Einsatz technischer Mittel geht (S. 2).

Beispiel: F macht bei einer Verkehrskontrolle gegenüber der Polizei Angaben dazu, ob und wie viel Alkohol er vor Antritt der Fahrt getrunken hat. Es liegt offene Informationserhebung vor. Die

---

227   VGH Mannheim VBIBW 2004, 20.
228   BVerfGE 65, 1, 43.

Polizei erkundigt sich darüber auch bei seiner Beifahrerin, die keine Angaben macht und sich auf ihr Aussageverweigerungsrecht als Ehefrau beruft. Auch insoweit liegt offene Informationserhebung vor. Ruft die Polizei dagegen in dem Lokal an, aus dem F gerade kam, und erkundigt sich dort über den Alkoholkonsum des F, ohne sich als Polizei zu erkennen zu geben, liegt verdeckte Ermittlung vor.

Außerdem müssen die Daten grundsätzlich beim Betroffenen, also **direkt**, erhoben werden, um Fehlerquellen zu minimieren. Von diesen beiden Grundsätzen sind nach § 26 Abs. 5 S. 2 POG nur Ausnahmen möglich, wenn die Erhebung beim Betroffenen nicht oder nur mit erheblichem Aufwand möglich ist oder die Wahrnehmung ordnungsbehördlicher oder polizeilicher Aufgaben erschwert oder gefährdet würde[229]. Gleiches muss auch gelten, wenn die Verdeckung der Datenerhebung im Interesse des Betroffenen selbst liegt (z. B. bei Auskünften beim Arbeitgeber über persönliche Verhältnisse des Arbeitnehmers). Für den Fall der verdeckten Datenerhebung ist keine grundsätzliche nachträgliche Unterrichtungspflicht vorgesehen.

Die **offene Datenerhebung beim Betroffenen** ist gegenüber diesem zumindest dann **Verwaltungsakt**, wenn der Adressat zur Auskunft verpflichtet ist oder wird. Die Regelung i. S. d. § 35 S. VwVfG / § 1 LVwVfG liegt darin, dass die Datenerhebung unter dem Vorbehalt ihrer Erforderlichkeit steht, also immer abzuwägen ist. Darum kann die Aufforderung, Daten preiszugeben gemäß § 42 Abs. 1 1. Fall VwGO angefochten werden. Die **verdeckte** Datenerhebung oder die bei Dritten, von denen der Betroffene nichts weiß, ist mangels Bekanntgabe i. S. d. § 43 Abs. 1 VwVfG / § 1 LVwVfG bloßer **Realakt**.[230] Das gilt auch für das **automatisierte Übermittlungsverfahren**; darunter versteht man das Einrichten eines automatisierten Verfahrens, das die Übermittlung personenbezogener Daten durch Abruf ohne vorherige Prüfung des Einzelfalls durch die übermittelnde Stelle ermöglicht (vgl. § 7 LDSchG). Gegen erwartete sonstige Erhebung ist, wenn andere Möglichkeiten ausscheiden die vorbeugende Feststellungsklage statthaft; erfährt der Betroffene erst nachträglich von der Maßnahme, kommt bei de Gefahr der Wiederholung oder bei eingetretener Rufschädigung (Rehabilitationsinteresse) die Fortsetzungsfeststellungsklage in Betracht[231]. Die Einstellung der Überwachung, Beobachtung usw. beruht demgegenüber auf einer Abwägungsentscheidung und kann daher nur über eine Verpflichtungsklage durchgesetzt werden.

b) Übertragung und Aufzeichnung an öffentlichen Orten, § 27 POG

Zweck der Vorschrift ist die Unterstützung der Gefahrenabwehr **im öffentlichen** **84** **Raum** durch den grundsätzlich **offenen** Einsatz technischer Mittel.[232] Damit sollen in sog. „Angsträumen" potenzielle Täter abgeschreckt, die Aufklärungsmöglichkeiten verbessert, Kriminalitätsbrennpunkte eingedämmt und das allgemeine Sicherheitsgefühl gestärkt werden. Bedeutung haben solche Maßnahmen insbesondere bei öffentlichen Orten, die besonders bedroht sind für Taschendiebstahl, Drogenkonsum, Graffiti oder Vandalismus.[233] **Technische Mittel** i. S. d. § 27 POG sind solche zur Bild- und Tonübertragung und -aufzeichnung, insbesondere der Videografie. Bei der Maßnahme unterscheidet das Gesetz zwischen der bloßen **Übertragung** von Bildern (§ 27 Abs. 1 S. 1 POG) und deren **Aufzeichnung** (S. 2), wobei die **Bild**aufzeichnung eher möglich ist als die **Ton**aufzeichnung. Eine bloße Übertragung von Bild und/oder Ton ist nicht mehr als eine Monitorkontrolle, nicht mehr als grundsätzlich auch mit dem bloßen Auge

229 Z. B. ist die Schufa der Polizei zur Auskunft verpflichtet, OVG Koblenz NVwZ 2002,1529.
230 Vgl. Schenke Rn 178.
231 Anders Schenke Rn 192: Feststellungsklage.
232 Zur Zulässigkeit BVerwG NVwZ 2012, 757; s. a. Vahle DVP 2012, 489 ff.
233 Rühle/Suhr § 27 S. 339.

möglich wäre, und darum wegen seiner Flüchtigkeit ein Eingriff von nur begrenzter Bedeutung.[234] Bei der Aufzeichnung hingegen werden Bild und/oder Ton auf ein Medium gespeichert und sind daher später reproduzierbar, weshalb hierin der stärkere Eingriff liegt. Hier besteht also eine Stufenfolge. Bedenklich ist bei § 27 POG, dass Bild- und Tonaufzeichnungen nicht einmal vom Behördenleiter angeordnet werden müssen. Die Gefahr dieser hier besprochenen Maßnahmen ist die, dass kein Überwachungsstaat entstehen darf.

Der Anwendung des § 27 POG gehen als **speziellere Regelungen** vor

- verdecktes Abhören und verdeckte Aufzeichnungen außerhalb von Versammlungen, Ansammlungen und Veranstaltungen (§ 28 Abs. 2 Nr. 2 POG),
- Standortfeststellungen mittels Peilsender (§ 28 Abs. 2 Nr. 5 POG),
- bei Übertragungen aus Wohnungen (§ 29 POG) und
- auf die Telekommunikation zielende Maßnahmen (§§ 30 f. POG).

Nach § 27 **Abs. 1** S. 1 POG können zur Gefahrenabwehr öffentlich zugängliche **Räume** (gemeint sind eigentlich eher *Bereiche*, z. B. Parks, Haltestellen, Plätze;[235] der Begriff setzt anders als im VersG keine Umschlossenheit voraus) in **offener** Weise[236] durch Videotechnik (also auf Monitore) **beobachtet** werden, ohne dass aber Aufzeichnungen zulässig sind. **Öffentlich zugänglich** sind Räume, wenn sie entweder ausdrücklich oder mit stillschweigender Duldung des Verfügungsberechtigten für jedermann oder aber für eine allgemein bestimmte größere Personengruppe überlassen sind und auch so benutzt werden.[237] Inzwischen sieht die herrschende Meinung kein verfassungsrechtliches Problem bei der Videoüberwachung mehr.[238] Eine Bild**aufzeichnung** (also Speicherung) ist darüber hinausgehend bei konkreten Anlässen in öffentlich zugänglichen Räumen zulässig (Abs. 1 S. 2)

1. zur Abwehr einer im einzelnen Falle bestehenden **Gefahr** (vgl. Rn D 3 ff.),
2. beim Gefahrenverdacht (vgl. Rn D 18) für Schäden an **öffentlichen Einrichtungen und Anlagen** (z. B. zum Verhindern von Vandalismus); öffentlich ist eine Einrichtung oder Anlage unabhängig von ihrer privat- oder öffentlich-rechtlichen Zuordnung dann, wenn sie dazu dient, die hoheitlichen Aufgaben eines Hoheitsträgers zu erfüllen (z. B. Amtsgebäude, öffentliche Versorgungs-, Entsorgungs- oder Verkehrseinrichtungen, Kirchen)
3. zur Abwehr (nicht zwingend konkreter) Gefahren durch den **Straßenverkehr** (z. B. im Zusammenhang mit Geschwindigkeits- oder Abstandsmessungen) sowie
4. in speziell geregelten Fällen (z. B. §§ 12a, 19a VersG),

wenn die reine Bildübertragung nicht ausreicht, z. B. weil man die Bilder zur Beweissicherung benötigt. § 27 Abs. 1 S. 1 und S. 2 POG lässt die Bildaufzeichnung aber nur zu, soweit das **für den Einzelfall erforderlich** ist. Das wird regelmäßig ausschließen, dass eine Videoanlage großräumig oder dauerhaft eingesetzt wird. Die Überwachung muss sich regelmäßig auf einen **begrenzten örtlichen Bereich** beschränken und auf einen konkreten **Anlass bezogen** sein.[239]

---

234   BVerfGE 120, 342; VG Halle LKV 2000, 165; a. A. Thiele Rn 378.
235   Vgl. Roos / Lenz § 9a Rn 13.
236   Dazu muss die Überwachung an deren Ort erkennbar sein, Angabe der Standorte im Internet genügen nicht, VG Hannover DVP 2012, 128.
237   BGH NStZ 2004, 625.
238   VGH Mannheim BWVBl 2004,20; Schenke 186Robrecht NJ 2000,348; Röger/Stephan VBINW 2001,205; Maske NVwZ 2001,1248; a. A. Roggan NVwZ 2001,134; Vahle NVwZ 2001,165.
239   Roos / Lenz § 27 RN 3.

Wenn sonst die polizeiliche Aufgabenwahrnehmung erschwert oder gefährdet würde, dürfen zur Gefahrenabwehr und zum Anlagenschutz auch **Tonaufzeichnungen** gefertigt werden (§ 27 Abs. 1 S. 3), was z. B. für auf Einsatzzentralen aufgeschaltete Überfall- und Einbruchmeldeanlagen wichtig ist, bei denen immer aufgezeichnet wird. Grundsätzlich dürfen auch diese Maßnahmen nicht dauerhaft, sondern nur anlassbezogen durchgeführt werden, wobei die Maßnahmen nach § 27 Abs. 1 S. 2 Nr. 1 und 2 so lange durchgeführt werden dürfen, als das zur Abwehr der konkreten Gefahr erforderlich ist oder die Gefährdungslage weiter fortbesteht. Für Maßnahmen nach § 27 Abs. 1 POG besteht eine **Anzeigepflicht** (§ 27 Abs. 7).

Nach § 27 **Abs. 2** POG darf die **Polizei** bei oder im Zusammenhang (z. B. vorher, **85** nachher oder im Hinblick auf die Organisation an anderer Stelle) mit öffentlichen Veranstaltungen und Ansammlungen Bild- oder Ton aufzeichnen (also nicht nur abhören oder beobachten). **Veranstaltungen** sind organisiert (z. B. Rockkonzert, Sportveranstaltung, Volksfeste, Messen, Märkte), **Ansammlungen** bilden sich eher spontan und zufällig (z. B. „Gaffer" bei einem Unfall, spontane Siegesfeier nach einem sportlichen Sieg), die Abgrenzung ist fließend und hier nicht erheblich. Öffentlich heißt, dass sie grundsätzlich jedermann zugänglich sind, wenn auch eventuell gegen Entgelt. **Versammlungen** (s. hierzu Rn G 2), zumindest öffentliche, sind von § 27 Abs. 2 POG **nicht** erfasst, weil hierfür die §§ 12a, 19a VersG gelten. § 27 Abs. 2 POG erlaubt der Polizei die Aufnahme von Bild und Ton, wenn aufgrund **tatsächlicher Anhaltspunkte** (Erfahrungswerte oder Vermutungen genügen nicht) erfahrungsgemäß davon ausgegangen werden kann, dass Gefahren für die öffentliche Sicherheit oder Ordnung entstehen, insbesondere Straftaten oder Ordnungswidrigkeiten von erheblicher Bedeutung begangen werden. **Ordnungswidrigkeiten von erheblicher Bedeutung** sind solche, die in nicht unerhebliche Rechtsgüter eingreifen oder durch ihre Dauer nicht mehr unerheblich sind.[240] Diese Maßnahmen sollen einerseits die potenziellen Täter von Straftaten abhalten (Verhinderungsvorsorge), hilfsweise aber auch die Aufklärung der Taten erleichtern (Verfolgungsvorsorge). Schon wegen des Abschreckungseffektes sind diese Maßnahmen **grundsätzlich offen** (s. dazu oben) durchzuführen, es sei denn, es ist zu befürchten, dass gewaltbereite Personen sich dadurch veranlasst sehen, abzutauchen und Straftaten woanders zu begehen (§ 27 Abs. 2 S. 2). Offen ist die Maßnahme, wenn die Aufzeichnung für den Betroffenen mindestens leicht erkennbar ist (z. B. Aufstellen von Kameras aus dem Innenraum eines Fußballstadiums auf die Fankurve gerichtet), erst recht natürlich, wenn ausdrücklich darauf in Wort oder Schrift hingewiesen wird.

Problematisch sind in diesem Zusammenhang bloße **Übersichtsaufnahmen**. Bei ihnen liegt in Eingriff nur vor, soweit eine spätere Identifizierung von einzelnen Personen technisch möglich ist und sich eine solche Verwendungsmöglichkeit ergibt.[241] Ein Eingriff liegt demnach auch dann vor, wenn z. B. durch Heranzoomen einzelne Personen erkennbar gemacht werden können. Bei der heutigen Digitaltechnik stellt sich dabei allerdings die Frage, ob es überhaupt noch Übersichtsaufnahmen geben kann, die keine Identifizierbarkeit ermöglichen und daher Eingriff sind.[242]

§ 27 Abs. 3 POG ermöglicht der Polizei (nach entsprechender Anzeige gemäß § 27 **86** Abs. 7 POG) **gefährliche und gefährdete Objekte** i. S. d. § 10 Abs. 1 S. 2 Nr. 1 und 2 POG zu überwachen (vgl. Rn G 18), insbesondere von Kriminalitätsbrennpunkten auf öffentlichen Straßen und Plätzen durch offenen Einsatz von Bild- und Tonaufzeich-

---

240 Ähnlich Roos / Lenz § 14 Rn 16.
241 OVG Bremen NVwZ 1989, 895.
242 Vgl. Kloepfer/Breitkreuz DVBl. 1998, 1152; Roos Kriminalstatistik 1994, 675.

nungen /nicht nur Beobachtung). Voraussetzung dafür sind aus Tatsachen abgeleitete Annahmen (Erfahrungswerte oder Vermutungen genügen nicht), dass Straftaten oder Ordnungswidrigkeiten von erheblicher Bedeutung begangen werden (vgl. Rn G 38). Gleiches gilt für alle öffentlichen Orte auch bei Aufzeichnungen zur **Eigen-** (vgl. Rn G 54) **oder Fremdsicherung**, die ihrer Natur nach nie langfristig sein kann. Sie sind zulässig, in den Fällen des § 18 Abs. 2 POG, also im Rahmen der Schleierfahndung (vgl. Rn G 17), bei Identitätsfeststellungen und bei allen Formen der Freiheitsbeschränkung und -entziehung. Damit soll potenziellen Straftätern und sonstigen Störern verdeutlicht werden, dass eine verbesserte Aufklärungs- und Beweissituation besteht, wodurch man sie abschrecken will. Alle modernen Streifenwagen in Rheinland-Pfalz sind daher mit Videokameras ausgerüstet, die die Sicherheit der Polizeibeamten vor Angriffen erhöhen soll. Warum allerdings diese Aufzeichnungsmöglichkeit auf die Fälle des § 18 Abs. 2 POG beschränkt bleibt und nicht auch für die für Polizeibeamte ebenfalls typischen Gefahrensituationen des § 18 Abs. 1 POG gilt, ist insbesondere für die gefährlichen und die gefährdeten Orte (vgl. Rn G 18) nicht nachvollziehbar. Gleiches gilt für die Beschränkung auf öffentlich zugängliche Räume. Soll ernsthaft die Aufzeichnung abgebrochen und damit der Eigen- oder Fremdschutz verringert werden müssen, wenn der Täter sich auf ein Privatgrundstück flüchtet oder er dort durchsucht wird?[243] Ein anderer Mangel dieser Regelung ist inzwischen behoben; die meisten Angriffe auf Polizeibeamte im öffentlichen Verkehrsraum geschehen bei Kontrollen im Straßenverkehr nach § 36 Abs. 5 StVO, bei denen nunmehr nach § 27 Abs. 4 derartige Aufzeichnungen zur Eigensicherung zugelassen sind.

87 Aufgehoben ist inzwischen wieder die sogenannte **Mustererkennung** nach § 27 Abs. 5 POG a. F. Danach durfte die Polizei technische Geräte einsetzen, um die Kennzeichen von Kraftfahrzeugen elektronisch zu erkennen und dann diese Daten mit dem Fahndungsbestand abzugleichen (vgl. § 37 Abs. 2 S. 1 POG, z. B. zum Herausfiltern gestohlener Fahrzeuge oder gestohlener Kennzeichen, Auffinden bestimmter Fahrzeuge). Die vergleichbaren Vorschriften in Hessen und Schleswig-Holstein hat das Bundesverwaltungsgericht für nichtig erkannt.[244] Um der rheinland-pfälzischen Vorschrift dieses sichere Schicksal zu ersparen, hat man sie wieder herausgenommen, bevor es in der Praxis während sieben Jahren Gültigkeit überhaupt einen einzigen Anwendungsfall gegeben hatte.

88 Grundsätzlich ist es zu vermeiden, dass von Personen Bilder übertragen oder Bild oder Ton aufgezeichnet werden, die mit der konkret abzuwehrenden Gefahr nichts zu tun haben, insbesondere weder verantwortlich noch i. S. d. § 7 POG notstandspflichtig sind. Werden aber dennoch Daten solcher **Dritter** nach den Absätzen 1 bis 4 mit aufgenommen werden (ein zufällig ins Bild geratener Passant, ein Gesprächspartner), ist die Maßnahme dennoch rechtmäßig, soweit das zur Gefahrenabwehr unvermeidbar war, § 27 Abs. 5 S. 1). Andernfalls wäre die Befugnis sonst praktisch ohne großen Wert. Diese Aufnahmen sind allerdings bei Wegfall ihres Zwecks (§ 2 Abs. 3 POG) unverzüglich zu **löschen** bzw. zu vernichten (vgl. Rn G 123)[245], spätestens unter den Voraussetzungen des § 39 Abs. 2 POG. Stellt sich also heraus, dass man diese Aufnahmen zufällig aufgenommen hat, aber eigentlich nicht braucht, sind diese sofort zu löschen. Die Löschung entfällt dagegen zunächst, wenn man die Daten bei Straftaten oder Ordnungswidrigkeiten von erheblicher Bedeutung, zur Gefahrenabwehr, insbesondere zur vorbeugenden Bekämpfung von Straftaten, oder zur Behebung einer bestehenden Beweisnot braucht. Werden diese Daten zu einem anderen **Zweck** ver-

---

243 Ähnliche Zweifel auch bei Roos / Lenz § 27 Rn 13.
244 BVerfG NJW 2008, 1505.
245 Wobei sich die Frist nach § 31 Abs. 1 VwVfG / § 1 LVwVfG i. V. m. den §§ 187 ff. BGB berechnet, wohl nicht nach § 43 StPO analog, was aber im Ergebnis keinen Unterschied macht.

wendet, als sie erhoben wurden, ist das förmlich festzustellen und zu **dokumentieren** (Aktenvermerk), was insbesondere auch der nachträglichen Überprüfung durch
Betroffene dient. Das ist deswegen erforderlich, weil die Verwendung persönlicher
Daten zu einem anderen als dem ursprünglichen Zweck wie ein neues Erheben wirkt,
also ein neuer Eingriff ist.

Soll die offene Datenerhebung **länger als 48 Stunden** durchgeführt werden, soll
grundsätzlich darauf hingewiesen werden (§ 27 Abs. 6, z. B. durch Hinweisschilder,
sichtbares Aufstellen der Kameras, Mitteilungen). „*Soll*" heißt, dass es für die Polizei
verbindlich ist, wenn keine atypischen Umstände Abweichungen rechtfertigen.[246] Für
die 48-Stunden-Dauer kommt es nicht darauf an, wie lange die Erhebung tatsächlich
gedauert hat, sondern auf welchen Zeitraum sie angelegt war, ein ursprünglich nicht
beabsichtigter früherer Abbruch ist darum unbeachtlich. Auch eine kurze Unterbrechung berührt die Berechnung nicht, wenn danach die Datenerhebung mit selber Zielrichtung weitergeht. Weitergehende Dokumentations- oder Benachrichtigungspflich-
ten bestehen nicht.

Neben § 27 POG bietet **§ 34 LDatSchG** die Möglichkeit der offenen (!) Videobeobach-
tung, soweit das zur Aufgabenerfüllung oder zur Wahrung des Hausrechts erforderlich
und angemessen ist (z. B. bei Bahnsteigen, Schließfächern, gefährdeten Teilen von
Gebäuden). Der grundsätzliche Unterschied zu § 27 POG besteht darin, dass hier nicht
die öffentliche Gefahrenabwehr, sondern der private Sicherungsschutz im Vordergrund steht (z. B. um evtl. Schadensersatz geltend machen zu können). Eine Aufzeichnung erlaubt § 27 POG nur zur Abwehr einer konkreten Gefahr für die öffentliche
Sicherheit und zum Schutz der gefährdeten öffentlichen Anlage oder Einrichtung.

c) Besondere Mittel der verdeckten Datenerhebung, § 28 POG

Während die Maßnahmen im Rahmen des § 27 POG (Ausnahme § 27 Abs. 2 S. 2 POG) **89**
offen durchgeführt werden, ermächtigen §§ 28 und 29 POG (nur) die **Polizei** zu verdeckten Maßnahmen. Bei einer **verdeckten Erhebung** ist die Maßnahme als ordnungsbehördliche oder polizeiliche Maßnahme nicht erkennbar, es wird die Arglosig-
keit der Informationsperson ausgenutzt. Verdeckt eingesetzt werden können Personen
(§ 28 Abs. 2 Nr. 1, 3 und 4) oder technische Mittel (§ 28 Abs. 2 Nr. 2 und 5, Rn G 84).
Ob bei jemandem über ihn selbst oder über andere Personen Informationen erhoben
werden, ist dabei zweitrangig.[247] Dass gleichzeitig auch Daten von Personen erhoben
werden, für die an sich die Voraussetzungen der Datenerhebung nicht vorliegen (Dritte), ist unerheblich, solange sich das bei der Maßnahme nicht vermeiden lässt.

Beispiel: Das Aushorchen einer Gefangenen durch eine Mitgefangene, die als Wahrsagerin Aussagen erschleicht, ist noch einfach verdeckt erhobene Information für die Polizei und kein Fall
des § 28 POG.[248]

Besondere Mittel der verdeckten Datenerhebung sind nach § 28 Abs. 2 POG prak- **90**
tisch vorverlagerte Maßnahmen gegenüber solchen der StPO:

1. Die **längerfristige Observation**. Das ist eine verdeckt und planmäßig durchgeführte Beobachtung einer Person zur gezielten Informationsgewinnung durch die
   Polizei, die entweder durchgehend mehr als 24 Stunden oder zwar nicht durchgehend, aber für die Dauer von mehr als einer Woche (dagegen § 163 f. StPO: mehr
   als 2 Tage) durchgeführt wird. Die Maßnahme wird regelmäßig heimlich durchge-

---

246 A. A. Roos / Lenz § 27 Rn 18, der eine Ordnungsvorschrift annimmt, deren Verstoß jedenfalls unbeachtlich
     sei.
247 S. a. Roos / Lenz, § 28 RN 1.
248 BGH NJW 1998, 3506.

führt, kann aber auch offen (vgl. dazu Rn G 83 bzw. 89) durchgeführt werden, z. B. um jemanden von bestimmten Taten abzuhalten. Die längerfristige Observation ist ein erheblicher Eingriff in das Recht auf informelle Selbstbestimmung, da mit ihr zwangsläufig auch eine Vielzahl von nicht für die Gefahrenabwehr bedeutsamen Informationen erhoben wird.

2. Der **verdeckte Einsatz technischer Mittel** (z. B. Kameras, Richtmikrofon, „Wanzen"), um Bilder aufzuzeichnen oder das nichtöffentlich gesprochenen Wort abzuhören oder aufzuzeichnen (vgl. auch §§ 100c ff. StPO). Nichtöffentlich gesprochene Worte sind solche, die sich an einen begrenzten Personenkreis richten. Dieser sogenannte „**Kleine Späh- oder Lauschangriff**" (zum „Großen" s. Rn G 92) bezieht sich auf Gespräche an **öffentlichen Örtlichkeiten** sowie auch in allgemein zugänglichen Büro- und Geschäftsräumen. Innerhalb von Wohnungen ist diese Maßnahme nur zulässig, wenn sie sich ausschließlich gegen Personen richtet, die weder Hausrechtsinhaber sind noch von diesem geduldet werden (z. B. Einbrecher, Hausbesetzer, Geiselnehmer, s. a. Rn G 94e. E.). Auf die Dauer der Aufnahmen kommt es nicht an, allerdings können sich Überschneidungen mit Nr. 1 ergeben. Eine Aufnahme ohne die Voraussetzung des § 28 POG kann den Tatbestand des § 201 StGB erfüllen.

3. Der Einsatz von **verdeckten Ermittlern** (s. a. §§ 110a ff. StPO). Das sind **Polizeibeamte**, die bei Geheimhaltung ihrer wahren Identität unter einer ihnen verliehenen, auf Dauer angelegten, veränderten Identität (**Legende**) ermitteln.[249] Maßgeblich ist, ob der Ermittlungsauftrag über einzelne, wenige, konkret bestimmte Ermittlungshandlungen (z. B. Scheinkauf von Rauschgift) hinausgeht. Verdeckte Ermittlung liegt nicht vor, wenn ein Polizeibeamter zwar als solcher nicht zu erkennen ist, aber für ihn keine auf Dauer angelegte Legende angelegt ist (z. B. der Polizeibeamte stellt sich bei einer Befragung nur unter falschem Namen vor). Verdeckte Ermittler dürfen unter der Legende am Rechtsverkehr teilnehmen (wie § 110a Abs. 2 StPO). Dazu dürfen (falsche) Urkunden hergestellt und unter falscher Identität rechtlich gehandelt werden (§ 27 Abs. 6 POG). Gefahren darf der verdeckte Ermittler im Rahmen der Verhältnismäßigkeit verursachen, aber keine Straftaten oder andere gravierende Gesetzesverstöße begehen. Begeht er dennoch Straftatbestände, bleibt er unter den Voraussetzungen des § 34 (rechtfertigender Notstand) oder § 35 (entschuldigender Notstand) straffrei; der Einsatz als solcher wird dadurch aber nicht gerechtfertigt. Die Wohnung (vgl. dazu Rn G 61 f.) eines anderen darf der verdeckte Ermittler nur mit dessen Einverständnis betreten, wobei unerheblich ist, ob dieses Einverständnis bei Kenntnis der wahren Identität nicht gegeben worden wäre (entspricht § 100c StPO), nur darf der Ermittler kein nicht existierendes Betretungsrecht vorspiegeln, z. B. als Ableser der Energieversorgung oder aus § 52 Abs. 2 BImSchG, § 47 Abs. 1, Abs. 2 S. 2 + 3 KrWG usw. Über die verdeckte Ermittlung ist gegebenenfalls nachträglich zu unterrichten, es sei denn der Ermittler würde dadurch persönlich gefährdet, § 40 Abs. 5 POG. Ist nicht der Ermittler selbst, sondern seine weitere Verwendbarkeit gefährdet, braucht nur eingeschränkt unterrichtet zu werden (§ 40 Abs. 5 letzter S. POG).[250]

4. Der Einsatz von **Vertrauenspersonen**. Das sind Personen, die **keine Polizeibeamte** sind, aber für **eine gewisse Zeit** lang – für Dritte nicht erkennbar – mit der

249 Eingriff in das Recht auf inform. Selbstbestimmung BVerfG NJW 2008, 836; nach Rosengarten/Römer NJW 2012, 1764 soll trotz fehlender Legende verdeckte Ermittlung sogar im Internet (z. B. soziale Netzwerke, Internetboards) möglich sein.
250 Der Sächsische VerfGH hat mit Urteil vom 10.7.2003, Az. Vf 43-II-00, entschieden, dass nicht alleine wegen der weiteren Verwendbarkeit des verdeckten Ermittlers die Unterrichtung unterbleiben darf.

Polizei zusammenarbeiten und deren Identität grundsätzlich geheim gehalten wird.[251]

Beispiel: Die Polizei hält festen und ständigen Kontakt mit Mitgliedern in einer politisch rechtsorientierten und gewaltbereiten Gruppierung, um herauszufinden, ob und wann gewaltsame Aktionen geplant sind.

Sie sind also mehr als bloße Informanten und Auskunftspersonen, die eher in Einzelfällen und anlassbezogen informieren. Vertrauenspersonen haben keine hoheitlichen Befugnisse und sind daran auch keine Beliehene. Ihr Einsatz wird aber dem Träger der Behörde zugerechnet, der diese den im Einsatz liegenden Informationseingriff maßgeblich steuert und darum dafür verantwortlich ist. Nach § 28 Abs. 6 S. 3 POG darf die Vertrauensperson zwar zur Aufrechterhaltung ihrer Legende mit Tarnpapieren schützen, diese aber anders als der verdeckte Ermittler nicht im Rechtsverkehr benutzen.

5. Der Einsatz technischer Mittel zur **Standortfeststellung** einer Person oder eines Fahrzeugs (z. B. mittels eines satellitengestützten Navigationssystems, „GPS-Wanze"[252], Peilsender, Bewegungsmelder; entspricht § 100c Abs. 1 Nr. 1b). Derartige Sender werden typischerweise in oder an Fahrzeugen angebracht, z. B. um Personen zu observieren oder Fluchtfahrzeuge verfolgen zu können, sie können aber auch in Koffern, Kleidung usw. versteckt sein. Körperverletzungen, wie z. B. das Einspritzen eines GPS-Chips in trunkenem Zustand, sind hierdurch aber nicht abgedeckt.

Beispiel: Geiselnehmer verlassen mit ihren Geiseln den Ort der Geiselnahme mit einem Fluchtauto. Dieses ist vorher mit einem unauffälligen GPS-Sender bestückt worden, wodurch die Polizei verfolgen kann, wo sich das Fahrzeug gerade befindet.

Diese Regelung gilt nicht, soweit es um Standortüberwachungen im Bereich von Wohnungen (z. B. Einsatzmelder auf einem großen, unübersichtlichen Betriebsgelände, hier gilt § 29 POG; § 28 fehlt der im Hinblick auf Art. 13 GG notwendige Richtervorbehalt)[253] oder um Maßnahmen zur Überwachung der Telekommunikation geht (z. B. Standortfeststellung über Mobiltelefon oder IMSI-Catcher, hier gilt § 31 POG).

Gibt es zur Gefahrenabwehr oder zur vorbeugenden Bekämpfung von Straftaten kein **91** milderes Mittel, können die Mittel des § 28 Abs. 2 POG gegenüber folgenden Personen eingesetzt werden:

1. **Verantwortliche** nach §§ 4 oder 5 POG. Ferner auch Nichtverantwortliche, wenn einerseits ein Notstand i. S. d. **§ 7 POG** vorliegt und außerdem eine konkrete **Gefahr für Leib und Leben** (vgl. Rn D 12) abzuwehren ist.

2. Potenzielle Täter von **Straftaten von erheblicher Bedeutung**. Welche Straftaten das sind, listet § 28 Abs. 3 POG auf (vgl. auch § 110a Abs. 1 StPO). Es handelt sich um Straftaten, die sich gegen hochrangige Rechtsgüter richten, zu bestimmten Deliktsbereichen gehören oder durch die Art und Weise der Tatausführung eine besondere Sozialschädlichkeit aufweisen. Eine konkrete Gefahr ist noch nicht erforderlich, wohl aber müssen Tatsachen für die potenzielle Täterschaft sprechen (z. B. eigene Ankündigungen, konkrete Zeugenaussagen). Die Datenerhebung muss zur **vorbeugenden Bekämpfung** dieser **Straftaten** erforderlich sein, was nicht der Fall ist, wenn es zu ihrer Verhinderung potenziell ein milderes Mittel gibt.

3. **Kontakt- und Begleitpersonen** i. S. d. § 26 Abs. 3 S. 2 POG (vgl. zum Begriff Rn G 81), soweit die Datenerhebung zur **vorbeugenden Bekämpfung von Straftaten** von erheblicher Bedeutung i. S. d. § 28 Abs. 3 POG erforderlich sind.

251 Vgl. Richtlinien des LKA Rheinland-Pfalz für verdeckte Ermittlungen im Rahmen der Strafverfolgung Nr. 2.2.
252 Observation über das satellitengestützte „Global Positioning System" (GPS) mittels eines Peilsenders.
253 Cassardt ZRP 1997, 372.

4. Personen aus dem Umfeld einer besonders gefährdeten Person, die auf diese eine unmittelbare Einwirkungsmöglichkeit besitzen, z. B. Freunde, Partner, Nachbarn usw., soweit die Datenerhebung zur Abwehr einer **Gefahr** erforderlich ist; diese **Umfeldpersonen** unterscheiden sich von den Kontakt- und Begleitpersonen durch die fehlende Beziehung zur Tat. Da sie Nichtverantwortliche sind, ist der Einsatz gegen diese Personen möglichst zu vermeiden und kommt nur in Betracht, wenn Maßnahmen gegen die oben unter 1. – 3. genannten Personengruppen zur Gefahrenabwehr nicht genügen.

Beispiel: Gastwirt G soll Schutzgeld an eine gewerbsmäßig agierende Bande zahlen. Auf Rat der Polizei lässt G sich auf ein Treffen ein, damit die Polizei aus einem Versteck Bandenmitglieder bei der Übergabe des Geldes fotografieren und danach durch Vergleich mit Einträgen in polizeilichen Dateien identifizieren kann. – Das heimliche Fotografieren ist verdeckte Erhebung personenbezogener Daten nach § 28 Abs. 1 S. Nr. 1, Abs. 2 Nr. 2 POG. Der Abgleich der Fotos mit der Fahndungsdatei der Polizei ist Datenabgleich i. S. d. § 37 POG.

Eine zeitgleiche Kombination dieser Mittel, die zu einer Rundumüberwachung führt, so dass ein umfassendes Persönlichkeitsprofil erstellt werden kann, kann das allgemeine Persönlichkeitsrecht verletzen.[254] Wie in § 100c Abs. 3 StPO können auch Dritte betroffen werden, soweit das unvermeidbar ist, z. B. Handwerker, Bekannte, Lieferanten.

Während repressiv § 100b (verdeckter Ermittler) und § 100d Abs. 1 StPO (Richtmikrofon) einen Richtervorbehalt enthalten, können präventiv die vergleichbaren Maßnahmen alleine durch den **Behördenleiter** oder eines seiner Beauftragten angeordnet werden (vgl. § 28 Abs. 4 S. 1 POG)[255]. Die Anordnung muss aber *vor* der Maßnahme vorgelegen haben; fehlte sie, ist das grundsätzlich nicht nachträglich heilbar. Nur bei Gefahr im Verzug können heimliche Aufzeichnungen und Peilsender vorläufig von jedem Polizeibeamten eingesetzt werden und die Entscheidung des Behördenleiters ist nachzuholen. Wenn die Maßnahme **länger als sieben Tage** durchgeführt wird oder werden soll, bedarf sie der **Entscheidung des Amtsrichters** (ausgenommen die Observation und die technische Ortung); die unterschiedlichen Zuweisungen nicht nur zum konkreten Gericht, sondern sogar zu unterschiedlichen Rechtswegen in § 28 Abs. 4 und 29 Abs. 6 POG sind allerdings unglücklich. Die Daten sind grundsätzlich **zweckgebunden**, eine Zweckänderung ist aber im Rahmen und unter den Formalien des § 27 Abs. 5 möglich.

d) Heimliches Belauschen oder Ausspähen einer Person in ihrer Wohnung, § 29 POG, Art. 13 Abs. 4 und 5 GG

92 Das heimliche, zeitgleiche oder zeitversetzte (auch) gegen den Wohnungsinhaber gerichtete **Abhören bzw. Beobachten mit technischen Mitteln in Wohnungen** hinein, ohne körperliche Anwesenheit eines Ermittlers vor Ort, nennt man „**Großer Späh-**" bzw. „**Lauschangriff**" (im Gegensatz zum „Kleinen Späh- oder Lauschangriff", vgl. Rn G 90).[256] Dieses heimliche Belauschen oder Ausspähen einer Person in ihrer Wohnung ist der intensivste Eingriff in das Persönlichkeitsrecht überhaupt. Nur in einer nach außen abgeschirmten Wohnung können intimste Gedanken, Verhaltensweisen usw. ausgelebt werden. Wäre dieser Bereich nicht besonders geschützt, stünde jeder Bürger vor der Wahl, auf diesen Rückzugsraum zu verzichten oder dessen Offenlegung zu riskieren. Diese Vorschrift greift deshalb sowohl in das Recht auf Schutz der per-

---

254 BVerfG NJW 2005, 1338 zu § 100c Abs. 1 Nr. 1b StPO.
255 Nach BVerfG a. a. O. bedarf die längerfristige Observation durch technische Mittel keiner richterlichen Anordnung.
256 Gusy Rn 203, Schenke Rn 153; Staechlin ZRP 1996, 430.

sönlichen Daten (Art. 2 Abs. 1 GG) als auch in den Schutz der Wohnung (Art. 13 GG) ein. Das unbefugte Aufzeichnen ist nach § 201 bzw. § 101a StPO strafbar. Die **StPO** kennt mit ihrem **§ 100c** eine ähnliche Vorschrift. Diese ermöglicht aber nur das Abhören und Aufzeichnen des gesprochenen Wortes, § 29 POG darüber hinaus auch die Bild- aufzeichnung. Denn hier geht es anders als in der StPO nicht nur um die Überführung einzelner, sondern um die Verhinderung erheblicher Gefahren.

.

Der Einsatz technischer Mittel in Wohnungen zu präventiven Zwecken ist schon nach **Art. 13 Abs. 4 und 5 GG** zulässig, wenn damit dringende Gefahren, insbesondere bei einer gemeinen Gefahr oder einer Lebensgefahr (z. B. bei Geiselnahme), oder solche gegenüber heimlichen Ermittlern abgewehrt werden sollen. Grundsätzlich bedarf es dazu einer richterlichen Anordnung, ausgenommen bei Gefahr im Verzug und zum Schutz der Ermittler (weil man das nicht als einen Eingriff in den Schutz der Wohnung i. S. d. Art. 13 Abs. 1 GG versteht).

Technische Mittel sind hier solche i. S. d. § 28 Abs. 2 Nr. 2 POG (vgl. Rn G 84), also der verdeckte Einsatz technischer Mittel zur Anfertigung von Bildaufzeichnungen so- wie zum Abhören und Aufzeichnen des gesprochenen Wortes. Je nach Standort des technischen Mittels, wird dieses *innerhalb* (z. B. bei „Wanzen") oder *außerhalb* (z. B. Infrarotkameras, Richtmikrophone) einer Wohnung eingesetzt. **Wohnung** ist hier auch der in §§ 20 Abs. 1 S. 2 POG beschriebene Bereich (vgl. genauer Rn G 61 f.). Während allerdings der vom Wohnungsinhaber als abgeschlossen privat gedachte Teil der Wohnung uneingeschränkt geschützt ist, gilt das für den nach seiner Bestimmung einsehbaren Teil (offener Garten, Vorhof u. Ä.) nur insoweit, als über die bloße allgemein mögliche Wahrnehmung hinaus, planmäßig Informationen erhoben werden. Ebenso wenig handelt es sich um einen Eingriff nach § 29 POG, wenn es sich um Arbeits-, Betriebs- oder Geschäftsräume im Sinne des § 20 Abs. 4 POG handelt, soweit und solange diese also jedermann zugänglich sind.

Beispiel: Die „Verwanzung" in einer Gaststätte ist insoweit nur ein Fall von § 27 POG, als während der öffentlichen Betriebszeiten Aufnahmen aus dem für alle Gäste zugänglichen Bereichen ge- macht werden. Außerhalb der Öffnungszeiten oder aus nicht allgemein zugänglichen Hinterzim- mern handelt es sich um einen Eingriff nach § 29 POG.

Nach § 29 Abs. 1 kann die **Polizei** personenbezogene Daten durch den verdeckten **93** Einsatz technischer Mittel zur Datenerhebung nach § 28 Abs. 2 Nr. 2 in oder aus Woh- nungen des Betroffenen gewinnen, wenn damit eine **dringende** (Rn D 11) **Gefahr für die öffentliche Sicherheit**, insbesondere einer **gemeinen Gefahr** oder einer **Lebens- gefahr** abgewehrt werden soll. Das entspricht dem Wortlaut des Art. 13 Abs. 4 GG.

Die ursprüngliche Fassung dieser Vorschrift (§ 25b POG a. F.) war einen Tag nach ihrer Verkün- dung durch eine Entscheidung des Bundesverfassungsgerichts zur Rechtmäßigkeit der Parallel- vorschriften §§ 101c ff. StPO teilweise schon wieder obsolet.[257] Beanstandet hatte das Gericht neben verfahrensrechtlichen Fragen (Richtervorbehalt, Begründungs- und Benachrichtigungs- pflicht, Vernichtung) vor allem, dass selbst engste Familienangehörige überwacht werden könn- ten, selbst wenn es keine Anhaltspunkte für deren Tatbeteiligung gebe, und dass keine Vorkeh- rungen für den Abbruch der Überwachung getroffen worden seien, wenn unerwartet der unan- tastbare Kernbereich privater Lebensgestaltung betroffen würde. Auch dürfe die Überwachung nur erfolgen, wenn die Tat mit Freiheitsstrafen von mehr als 5 Jahren bewehrt sei. Aus diesem Grund wurde § 29 POG zunächst so umformuliert, dass man das heimliche Abhören in Wohnun- gen auf Straftaten beschränkte, die mit mindestens 5 Jahren Strafe bewehrt waren. Damit wurde aber übersehen, dass die das Strafrecht betreffende Entscheidung des Bundesverfassungsge- richtes nicht einfach 1:1 unmittelbar auf das Gefahrenabwehrrecht übertragbar war. Beim re-

---

257 BVerfG NJW 2004, 999.

pressiven Überwachen geht es alleine um die Ahndung einer Tat, beim Gefahrenabwehrrecht um den Schutz von z. T. noch höheren Schutzgütern. Das führte damals zu dem kuriosen Ergebnis, dass z. B. ein solches Abhören generell nicht möglich war bei der Fortführung oder Bildung verbotener Vereinigungen (§ 85, § 129 Abs. 4 StGB), dem schweren sexuellen Missbrauch von Kindern (§ 176a StGB) oder gemeingefährlichen Straftaten wie die der §§ 306b Abs. 1, 307 Abs. 2, 308, 313, 314 und 315 StGB.[258]

94 Gemeint sind hier Maßnahmen, die zumindest auch ohne oder gar **gegen den Willen des Wohnungsinhabers** (s. dazu Rn G 65) gerichtet sind; Aufnahmen mit seinem Willen (z. B. um eine gegen ihn gerichtete Erpressung abzuwehren) bedürfen keiner Ermächtigung nach § 29 POG. Die Maßnahmen müssen **verdeckt**, also so angelegt sein, dass der Wohnungsinhaber sie nicht wahrnehmen soll. Daraus ergibt sich umgekehrt, dass eine offene Datenerhebung aus Wohnungen (da sie auch nicht vom Wortlaut der §§ 27 oder 28 POG erfasst ist) nicht rechtmäßig ist (z. B. zur reinen Abschreckung von Straftaten). Die Daten dürfen mittels technischer Einrichtungen nach § 28 Abs. 2 Nr. 2 POG (z. B. Richtmikrofone, „Wanzen", Kameras) erhoben werden, wozu auch das Installieren und Entfernen der technischen Mittel und das dadurch erforderliche **Betreten** der Wohnung gehört. Es ist gleich, wessen Wohnung betroffen ist, solange keine Einwilligung des Wohnungsinhabers vorliegt. Wohnungsinhaber ist derjenige, der das Hausrecht hat. Das ist der Eigentümer nur, wenn er die Räume zu seinem privaten Lebensmittelpunkt gemacht hat. In anderen Fällen ist es derjenige, der die Wohnung aus sonstigen Gründen berechtigt bewohnt, z. B. der Mieter. Das gilt sogar noch dann, wenn der Mieter dazu keine Berechtigung mehr besitzt, z. B. nach einer Kündigung, solange die Vollstreckung noch nicht betrieben ist, denn aus Gründen der Rechtssicherheit besteht bis dahin das Hausrecht. Nicht Wohnungsberechtigter ist allerdings, wer sich die Position von vornherein anmaßt (z. B. der Hausbesetzer); anders kann das allerdings dann aussehen, wenn diese angemaßte Position langfristig geduldet wird.

95 Von der Frage der Wohnungsinhaberschaft zu trennen ist die Frage, **über wen** Daten erhoben werden dürfen. Objekt der hier beschriebenen Überwachung oder Aufzeichnungen dürfen alle Personen sein, die für die abzuwehrende dringende Gefahr **verantwortlich** i. S. d. § 4 oder 5 POG sind, außerdem alle sonstigen Personen (Nichtverantwortliche), wenn die **Voraussetzungen des Notstandes nach § 7 POG** (vgl. Rn E 27 ff.) vorliegen (§ 29 Abs. 1 S. 1 Nr. 1 POG). Geht es um die Verhinderung besonders schwerer Straftaten i. S. d. § 29 Abs. 2 POG, kann sich die Maßnahme auch auf **Begleit- und Kontaktpersonen** im Sinne von § 26 Abs. 2 S. 3 POG (vgl. zum Begriff Rn G 81) erstrecken, § 29 Abs. 1 S. 1 Nr. 2 POG. Grundsätzlich nicht zulässig ist die Beobachtung oder Bild- / Tonaufzeichnung von anderen Personen („**Dritten**", z. B. bei Besuchern, Handwerkern, Putzfrau). Soweit sich das aber bei einer effektiven Gefahrenabwehr nicht vermeiden lässt, ist ausnahmsweise aber sogar das rechtmäßig, § 29 Abs. 1 S. 3 POG. Allerdings sind dann diese Daten insoweit nicht verwertbar, § 39 Abs. 1 S. 2 und 3 POG.

Beispiel: Ein Rauschgifthändler wohnt bei seiner nichts ahnenden Freundin. Von dort organisiert er den Handel. Hier kommt unter den Voraussetzungen des § 7 POG auch eine Überwachung der Wohnung der Freundin in Betracht. Dass dabei Gespräche zwischen der Zielperson und Bekannten der Freundin mit aufgenommen werden, ist unvermeidbar und darum zulässig. Wenn allerdings nur die Freundin mit ihren unbeteiligten Bekannten in der Wohnung ist, wäre die Überwachung rechtswidrig.

---

258 Die Beschränkung auf Straftaten mit einer Strafandrohung von mindestens 5 Jahren wurde abgeschafft in GVBl. 2005, 320 f.

§ 29 POG ist eine spezielle Schutzvorschrift, die dem Art. 13 GG (Schutz der Wohnung) gerecht werden soll. Daher genießen Personen, die sich zu Unrecht in der Wohnung aufhalten, also weder das Hausrecht besitzen noch vom Hausrechtsinhaber geduldet werden, diesen Schutz nicht (z. B. Einbrecher, Hausbesetzer, Geiselnehmer, Rn G 65). Maßnahmen dieser Art gegen sie orientieren sich darum nicht an den Voraussetzungen des § 29 POG, sondern an denen des § 28 POG. Zu beachten ist dabei aber, dass z. B. auch der Mieter oder Pächter selbst nach Ablauf der Kündigungsfrist bis zur freiwilligen oder gerichtlichen Räumung noch Hausrechtsinhaber sind.

Auch am heutigen Katalog der „**schweren Straftaten**" in § 29 Abs. 2 POG, der für die **96** Begleit- und Kontaktpersonen maßgeblich ist, erkennt man, dass man inzwischen nicht mehr die vom Bundesverfassungsgericht für die Repression vorgegebene Mindeststrafandrohung von 5 Jahren zugrunde legt. Dennoch verwundert einen, dass man dort manche Straftaten nicht findet, z. B. gemeingefährliche Straftaten wie die der §§ 306b Abs. 1, 307 Abs. 2, 308, 313, 314 und 315 StGB.

Die neben dem Straftatenkatalog wichtigste Anpassung an die vom Bundesverfassungsgericht aufgestellten Anforderungen ist der **Schutz des Kernbereichs privater Lebensgestaltung** in § 39a POG (vgl. hierzu auch Rn G 77). Was genau darunter zu verstehen ist, muss die Rechtsprechung im Laufe der Zeit wohl erst noch herausarbeiten. Gemeint ist zumindest die reine Privatsphäre, also der Kontakt zu Lebens- oder Liebespartnern, zur Familie, zu Freunden und Bekannten, soweit diese mit dem Überwachungszweck nichts zu tun haben. Nach § 39a Abs. 2 POG darf die präventive Wohnraumüberwachung nur angeordnet werden, soweit nicht aufgrund tatsächlicher Anhaltspunkte (Erfahrungswerte oder Vermutungen genügen nicht) anzunehmen ist, dass durch die Überwachung Daten erfasst werden, die dem Kernbereich privater Lebensgestaltung zuzurechnen sind. Das ist erheblich enger als bei den Maßnahmen nach den §§ 31, 31b und 31c POG, die nach § 39a Abs. 3 POG nur dann nicht durchgeführt werden können, wenn anzunehmen ist, dass *ausschließlich* kernbereichsrelevante Daten erhoben werden. Bei der Wohnraumüberwachung hingegen reicht es zur Rechtswidrigkeit schon aus, dass irgendwie private Informationen erlangt werden könnten. Andernfalls ist nach § 39a Abs. 5 die Maßnahme sofort zu unterbrechen. Das ist einerseits wegen der hohen Bedeutung des Wohnungsrechts nach Art. 13 GG nachvollziehbar. Andererseits ist es nicht wirklich vorstellbar, wie das effektiv umgesetzt werden kann, ohne den Erfolg der Gefahrenabwehr erheblich in Frage zu stellen. Denn gerade bei der organisierten Kriminalität wird häufig ein Sprachdialekt gesprochen, für den es hier kaum Übersetzer gibt. Wie soll man da wissen, ob das Aufgenommene Kernbereich ist oder nicht. Auch gibt dieses Verbot, auch nur irgendetwas aus dem privaten Kernbereich abzuhören oder aufzunehmen, den Profis weitgehende Möglichkeiten, sich einer effektiven Überwachung zu entziehen.

Beispiel: Wenn sich der Mafiaboss mit seiner Freundin ins Bett legt, scheint das zunächst für einen Vorgang im Kernbereich der privaten Lebensgestaltung zu sprechen. Nun wird das aber von manchen Kriminellen alleine deswegen gemacht, weil bekannt ist, dass die Überwachungstechnik dann abgeschaltet werden muss. Da es aber nach § 39a Abs. 2 genügt, dass überhaupt kernbereichsrelevante Erkenntnisse gewonnen werden, müsste selbst dann abgeschaltet werden, wenn wichtige Informationen ausgetauscht werden, gleichzeitig aber auch sexuelle Zärtlichkeiten. Dass der BGH[259] es abgelehnt hat, ein mittels akustischer Überwachung aufgenommenes Selbstgespräch für ein Strafverfahren zu verwerten, mutet schon merkwürdig an. Für die Gefahrenabwehr wird man aber zumindest dann kein Verwertungsverbot annehmen können, wenn die Verwertung geeignet ist, nicht unerhebliche Gefahren abwehren zu können.

---

259 NJW 2012, 945.

Hierzu im Widerspruch stehende Aufzeichnungen sind zu löschen und dürfen nicht verwertet werden (§ 39a Abs. 1 POG), was konsequenterweise auch die Repression betrifft. Bei automatischer Aufzeichnung entscheidet das Oberverwaltungsgericht über die Verwertung und Vernichtung, § 39a Abs. 5 S. 2 POG.

97 Ein als Amts- oder **Berufsgeheimnis** geschütztes Vertrauensverhältnis für Berufsgeheimnisträger im Sinne des § 53 (Geistliche, Rechtsanwälte, Ärzte, Journalisten usw.) und für Berufshelfer (deren Angestellte) im Sinne des § 53a StPO bleibt allerdings geschützt, soweit diese nicht selbst verantwortlich i. S. d. §§ 4 f. POG sind, § 39b POG. Es fragt sich, ob dieser weite Schutz wirklich angemessen ist. Nach der Entscheidung des Bundesverfassungsgerichts gibt es nämlich keine Vermutung dafür, dass Gespräche mit diesen Personen zum Kernbereich des Berufsgeheimnisses zählen.[260] Davon sei lediglich beim Gespräch mit dem Seelsorger, dem Strafverteidiger und beim Arzt auszugehen, weswegen eine Reduzierung auf diesen Berufskreis wohl genügt hätte. Werden derartig unzulässige Daten unbeabsichtigt miterhoben, sind sie umgehend zu vernichten. Das kann allerdings unter Beachtung der verfassungsmäßigen Werte richtigerweise nicht gelten, wenn die Daten zum unmittelbaren Schutz von Leib und Leben unverzichtbar notwendig sind,

Beispiel: Bei der Überwachung der Wohnung erzählt die Zielperson einem anderen, wo er ein entführtes Kind versteckt hat. Danach stellen die Polizeibeamten erst fest, dass diese andere Person der Rechtsanwalt der Zielperson ist. Hier kann angesichts der Bedeutung des durch Art. 2 Abs. 2 S. 1 GG geschützten Rechts auf Leben nicht ernsthaft gefordert werden, die Erkenntnisse dürften nicht zum Auffinden des Kindes verwertet werden.

98 Die Maßnahme muss vom **Oberverwaltungsgericht** angeordnet werden.[261] Beim ausschließlichen Schutz des polizeilichen Einsatzes (§ 29 Abs. 7 POG) sowie im Eilfall (§ 29 Abs. 6 S. 3 POG) entscheidet vorerst die Behördenleitung oder ein von ihr besonders beauftragter Beamter des höheren Dienstes. Die Entscheidung ist unverzüglich nachzuholen; anders als bei § 15 Abs. 1 S. 2 POG (vgl. Rn G 47) wird das auch nicht dadurch entbehrlich, dass die Maßnahme nicht mehr andauert. Es ist erstaunlich, dass ein Eingriff in den Datenschutz höher gewertet wird als der in die körperliche Freiheit. Für die verdeckten Maßnahmen nach den §§ 29, 31, 31 b bis 31 e POG ist seit 2011 nicht mehr das Amtsgericht zuständig. Diese Veränderung des Rechtsweges rechtfertigt sich in der größeren verfassungsrechtlichen und verwaltungsrechtlichen Kompetenz der Verwaltungsgerichte[262], die Verlagerung auf das Obergericht durch die Bedeutung des Eingriffs. Allerdings ist die unterschiedliche Zuständigkeit der Gerichte bei ähnlichen Vorschriften (hier die eines Verwaltungsgerichts, dagegen aber z. B. die des Amtsgerichts in § 28 Abs. 4 S. 4 POG) unnötig und verwirrend. Die richterliche Anordnung ist zunächst für maximal drei Monate zulässig. Die **Frist** beginnt mit der richterlichen Anordnung, nicht mit dem Beginn der polizeilichen Maßnahme; ordnet also z. B. das OVG das Abhören einer Wohnung für einen Monat an, wartet dann aber die Polizei nach der richterlichen Anordnung z. B. noch 14 Tage, bleibt ihr für die Maßnahme zunächst nur wenig mehr als ein halber Monat übrig. Die Frist kann aber um jeweils bis zu einem Monat verlängert werden, theoretisch unbegrenzt. Allerdings muss bei jeder Verlängerung auf Grundlage der aktuellen Erkenntnisse und Prognosen neu entschieden werden, ob die Voraussetzungen dieses Eingriffs noch vorliegen, ob man für die Maßnahme noch Erfolgschancen prognostizieren kann und ob es nicht inzwischen andere, ebenso geeignete, aber mildere Mittel gibt.

---

260 BVerfG a. A.O. Rn 147.
261 Bis 2011 vom Amtsgericht.
262 Rühle/Suhr § 29, 3.

Das OVG hat nach § 39a Abs. 4 POG auch die Sachleitung bei der **Auswertung** der so erlangten Daten, wobei insbesondere geprüft wird, inwieweit die Vorgaben zum Schutz des Kernbereichs privater Lebensgestaltung eingehalten sind. Unter dieser Sachleitung haben zwei Bedienstete der Polizeibehörde (darunter zwingend ein Volljurist) und der behördliche Datenschutzbeauftragte die Daten daraufhin durchzusehen, inwieweit der Kernbereich betroffen ist.

Die so erlangten Daten sind als solche zu **kennzeichnen**, damit sie immer gesondert behandelt werden können. Außer in den Fällen des § 20 Abs. 5 S. 2 POG darf der **Verwendungszweck nicht geändert** werden; soweit im Rahmen dieser Ausnahmen der Zweck verändert wird, ist das im Einzelfall festzustellen und zu **dokumentieren**. Die **Löschung** dieser Daten richtet sich nach § 39 Abs. 2 POG.

Für die gerichtlichen Verfahren gilt nunmehr in Konsequenz der Zuständigkeit des Oberverwaltungsgerichts die Verwaltungsgerichtsordnung, § 29 Abs. 6 S. 1 POG; dadurch hat man nunmehr Verfahrensrecht und materielles Recht einheitlich auf dem Gebiet des öffentlichen Rechts. Die Frage ist, ob auch gegen richterlich angeordnete verdeckte Datenerhebungen **nachträglich Klage** möglich ist. Das soll ausgeschlossen sein, weil das POG es nicht vorsehe und Art. 19 Abs. 4 GG Schutz durch, aber keinen vor dem Richter gewährleiste[263]. Der Richtervorbehalt bei heimlichen Maßnahmen erfüllt aber kaum die Anforderungen eines vollwertigen Rechtsschutzes. Ihm fehlen unverzichtbare Elemente eines vollwertigen Rechtsschutzstandards wie rechtliches Gehör, Dialog, Waffengleichheit, Öffentlichkeit, Dispositionsmaxime und materielle Rechtskraft[264]. Inzwischen bejaht das BVerfG für den Fall einer bereits erledigten Wohnungsdurchsuchung (vgl. hierzu Rn G 47) das Rechtsschutzinteresse für eine Klage, wenn einfachgesetzlich eine Klagemöglichkeit geregelt ist, diese aber wegen der schnellen Durchführung der Durchsuchung oder ihrer Heimlichkeit vorab gar nicht genutzt werden konnte.[265] Die Begründung dieser Entscheidung rechtfertigt ihre Übertragung auf eine heimliche Datenerhebung. Aus ähnlichen Überlegungen gesteht das BVerwG dem von Eingriffen verdeckter Ermittler Betroffenen die **unverzügliche Feststellungsklage** nach § 43 VwGO zu, weil ein Auskunftsersuchen mit anschließender Verpflichtungsklage zur Vermeidung weiterer Rechtsverletzungen zumindest zu spät käme und nicht effektiv wäre.[266]

e) Anrufaufzeichnung bei der Behörde, § 30 POG

§ 30 Abs. 1 S. 1 POG erlaubt ohne weitergehende Voraussetzungen **Anrufe aufzu-** 99 **zeichnen**, die über **Notrufeinrichtungen** bei den allgemeinen Ordnungsbehörden oder der Polizei eingehen. Diese Aufzeichnungen dienen sowohl der Dokumentation des behördlichen Handelns als auch der Abwehr des Missbrauchs dieser Einrichtungen. Außerdem gibt die Aufzeichnung die Möglichkeit, unverständliche Notrufe des häufig unter Stress stehenden Anrufers zu analysieren und so zu verhindern, dass wichtige Informationen der Gefahrenabwehr verloren gehen. Falls man darin überhaupt einen Grundrechtseingriff sehen will,[267] ist dieser zumindest nicht schwerwiegend, da der Notanruf ja für die Behörde als solche gedacht ist und auch nur so verwendet wird und der Anrufer ja weiß oder wissen muss, dass sein Anruf Grundlage weiterer Maßnahmen sein kann.

---

263   BVerfG 49,329,340 m.w.N.
264   Wolter DÖV 1997,943.
265   BVerfG NJW 1997, 2163.
266   BVerwG NJW 1997, 2534.
267   So offenbar Roos / Lenz .

Demgegenüber dürfen gemäß § 30 Abs. 1 S. 2 POG Anrufe, die über **sonstige Behördenanschlüsse** eingehen, nicht ohne Weiteres aufgezeichnet werden. Diese Aufzeichnung greift in Art. 10 GG (Fernmeldegeheimnis) ein. Hier rechnet der Anrufer nicht mit einer Aufzeichnung. Diese ist darum nur zulässig, wenn zur Aufzeichnung ein Anlass besteht und das zur Aufgabenwahrnehmung erforderlich ist, also kein milderes Mittel bereitsteht. Außerdem *„soll"* der Anrufer grundsätzlich auf die Aufzeichnung hingewiesen werden, was heißt, dass davon nur in begründeten Ausnahmefällen abgewichen werden kann, insbesondere wenn sonst die effektive Gefahrenabwehr gefährdet ist.

Bei Anrufen, die **an Dritte** gerichtet sind, darf die Polizei unter den Voraussetzungen des § 30 Abs. 2 POG Anrufe aufzeichnen, wenn zum einen eine erhebliche Gefahr (also ein Schaden für wichtige Rechtsgüter, vgl. Rn D 10) abzuwehren ist und zum anderen der Anschlussinhaber einwilligt (z. B. bei Erpressungen, Bedrohungen u. Ä.).

Eingriffe nach § 30 POG sind aber nur auf den **Inhalt der Mitteilung** bzw. des Gespräches bezogen. Bestandsdaten (s. Rn G 100), wie z. B. die Anschrift des Anrufers, können bereits nach den Regeln des Telekommunikationsgesetzes erhoben werden (s. u.). Verkehrsdaten (s. Rn G 101 und 103) werden nach § 31 (z. B. die Mobilfunknummer) oder § 31a POG (z. B. Standort des Anrufers) erhoben.

Beispiel: Eine offenbar verzweifelte Person ruft bei der Notrufnummer 110 an und kündigt an, sich zu töten, weil alles keinen Sinn mehr habe. Sie bittet an bestimmte Familienmitglieder Grüße auszurichten. Die Aufzeichnung des Notrufs ist rechtlich unproblematisch (wohl auch ohne § 30 POG). Der Inhalt darf ausgewertet werden, um nähere Angaben über den Vorgang zu gewinnen. Soweit man vielleicht aus den Hintergrundgeräuschen Rückschlüsse auf den möglichen Standort des Anrufers ziehen kann (z. B. Ansagen in einem Bahnhof oder Flugplatz), kann die Aufzeichnung zu Grunde gelegt werden. Will man aber den Standort peilen, so richtet sich die Maßnahme nach § 31a POG.

Im Gegensatz zu § 30 Abs. 1 POG geht es in dessen Absatz 2 nicht um Anrufe, die bei der Behörde eingehen, sondern um **Anschlüsse von Privatpersonen**, die dieser Maßnahme zustimmen. Daran können diese Personen ein erhebliches Interesse haben, insbesondere wenn sie selbst Opfer sind, z. B. bei Telefonterror, Erpressungen, „Stalkern". Soweit es um die Anschlussinhaber geht, bedürfte es keiner Ermächtigungsgrundlage, da er ja eingewilligt haben muss (vgl. auch § 26 Abs. 2 Nr. 1 POG). Jedoch gegenüber dem Gesprächspartner ist die Aufzeichnung ein Eingriff in das Fernmeldegeheimnis nach Art. 10 GG, denn dieser wird regelmäßig von der Aufzeichnung nichts wissen und noch weniger ihr zugestimmt haben. Zumindest aber zur Abwehr einer **erheblichen Gefahr** (zum Begriff s. Rn D 10) ist der Schutz des Fernmeldegeheimnisses nachrangig.

Die Aufzeichnungen sind spätestens nach zwei Monaten zu **löschen**, es sei denn, sie sind noch zu einem in § 33 genannten Zweck (Erfüllung polizeilicher Aufgaben, zeitlich befristete Dokumentation, Vorgangsverwaltung, Strafverfolgung) erforderlich.

f) Überwachung der Telekommunikation, § 31 POG

100 Die Überwachung der Telekommunikation ist ein massiver Eingriff in das **Fernmeldegeheimnis** nach Art. 10 GG. Dieses schützt nicht nur den Inhalt der Telekommunikation (das Gesprochene oder sonst wie Übermittelte), sondern auch den Kommunikationsvorgang und dessen Umstände, insbesondere von welcher Nummer an welche Nummer wann Kontakt bestand oder dieser Kontakt versucht worden ist und wie oft und wie lange das alles dauerte. Dabei ist es unerheblich, ob die Übertragung am Endgerät selbst mitgehört oder mitgelesen oder ob bereits im Vorfeld das für die Kommunikation erforderliche Gerät (PC, Router) überwacht wird. Nicht zum Schutz des Fernmeldegeheimnisses gehört dagegen insbesondere, wo sich die Person beim Telefonat gerade aufhielt,[268] die persönlichen Daten der Teilnehmer oder deren der Kommunikation zugrunde liegendes Vertragsverhältnis.

Telekommunikation ist der technische Vorgang des Aussendens, Übermittelns und Empfanges von Nachrichten jeglicher Art in Form von Zeichen, Sprache, Bildern oder Tönen mittels Telekommunikationsanlagen, z. B. Telefonieren, Schreiben im Chat, per Fax (insoweit nur im Sendevorgang, nicht ausgedruckt), Mail oder SMS (§ 3 Nr. 22 Telekommunikationsgesetz – TKG -[269]). **Telekommunikationsanlagen** sind technische Einrichtungen oder Systeme, die als Nachrichten identifizierbare elektromagnetische oder optische Signale senden, übertragen, vermitteln, empfangen, steuern oder kontrollieren können, z. B. Telefon, Smartphon, Computer (§ 3 Nr. 23 TKG). Unerheblich ist, ob sie analog, digital, drahtgebunden oder mobil sind. Praktisch wird damit jede nicht körperliche Nachrichtenübermittlung erfasst (nicht also z. B. Briefe), unabhängig davon, welche Geräte oder Verfahren eingesetzt werden. Nicht erfasst werden auch Daten, die nicht zum aktuellen Kommunikationsvorgang gehören, sondern im System irgendwo gespeichert sind. Die Daten befinden sich beim **Telekommunikationsdienstleister** (§ 3 Nr. 6 TKG), das ist jeder, der ganz oder teilweise geschäftsmäßig Telekommunikationsdienste erbringt oder daran mitwirkt. Der Schutz von Daten aus dem Bereich der Telekommunikation ist für bestimmte Bereiche schon in den §§ 88 ff. und 108 ff. TKG geregelt. Durch das Begleitgesetz zum TKG werden die Regeln des TKG auf nichtöffentliche und nichtgewerbliche Datenübermittlung ausgedehnt; damit ist auch die Überwachung möglich von Providern für Internet und Corporate Networks (= Vernetzung räumlich verteilter Einzelnetze eines Unternehmens miteinander).

Ein Eingriff in die **Bestandsdaten** (§ 3 Nr. 3 TKG) ist bereits ohne das POG möglich. Bestandsdaten sind solche über Begründung, inhaltliche Ausgestaltung, Änderung oder Beendigung eines Vertragsverhältnisses über Telekommunikationsdienste (Rufnummer, Namen und Anschrift des Rufnummerninhabers sowie dessen Geburtsdatum, § 111 TKG). Die Polizei darf Auskunftsersuchen für diese Daten nicht unmittelbar an die privaten Telekommunikationsdienstleister richten, sondern sie wendet sich an die **Regulierungsbehörde** für Telekommunikation und Post (§§ 116 ff. TKG), die dann die Auskünfte einholt. Die Regulierungsbehörde ist eine Bundesoberbehörde im Geschäftsbereich des Bundesministeriums für Wirtschaft und Arbeit mit Sitz in Bonn. Der Polizei und den anderen in § 112 Abs. 2 TKG genannten Stellen müssen Auskünfte aus diesen Dateien gegeben werden, soweit diese zur Erfüllung ihrer gesetzlichen Aufgaben erforderlich sind. Die Zulässigkeit dieser Übermittlung liegt in der Verantwortung der ersuchenden Stellen, die Regulierungsbehörde prüft sie nur aus besonderem Anlass.

Für Eingriffe in das Fernmeldegeheimnis aber, die über die Erhebung der bloßen Bestandsdaten hinausgehen (insbesondere der Inhalt der Kommunikation, die Verkehrsdaten, die Standortbestimmung oder Identifizierung des Gerätes), bedarf es der §§ 31 ff. POG (für das Strafverfahren §§ 100a, 100g ff. StPO). Da die in Art. 73 Nr. 7 GG geregelte ausschließliche Bundesgesetzgebungskompetenz für das Post- und Telekommunikationswesen nur die technische Seite des Übermittlungsvorganges betrifft, sind die Landesregelungen zur Gefahrenabwehr in den §§ 31 ff. POG verfassungsgemäß.[270]

---

268 BVerfG NJW 2007, 351.
269 Vom 22. Juni 2004, BGBl. I, S. 1190.
270 BVerfGE 12, 205.

101 Die **Polizei** wird nach § 31 Abs. 1 POG zur **Überwachung und Aufzeichnung von Inhalten der Telekommunikation** und zur **Erhebung von Verkehrsdaten** (diese auch für Zeiträume vor deren Anordnung) ermächtigt. Die dafür notwendigen technischen Mittel müssen nicht unbedingt von der Polizei, sondern können auch vom Telefondienstleister eingesetzt werden. **Verkehrsdaten** sind nach § 3 Nr. 30 TKG Daten, die durch den Telekommunikationsdienst erhoben, verarbeitet oder genutzt werden. Nach § 96 Abs. 1 TKG zählen zu den Verkehrsdaten u. a. die Teilnehmerkennung sowie Beginn und Ende der Verbindung einschließlich Datum und Uhrzeit. Zwar fallen darunter auch die Standortdaten eines Mobilfunkendgeräts und die Kartennummer von mobilen Telekommunikationsendgeräten, doch ist insoweit § 31a POG vorrangig. Welche Technik hier eingesetzt wird, bleibt offen und lässt Spielraum für künftige technische Entwicklungen. Dabei ist es gleich, wer diese Technik einsetzt, der Telekommunikationsdienstleister selbst oder unmittelbar die Polizei. Der Dienstleister muss jedenfalls die Überwachung und Aufzeichnung ermöglichen und Auskünfte erteilen, wofür er gegebenenfalls zu entschädigen ist, §§ 31 Abs. 7, 12 Abs. 5 POG.

Voraussetzung dieser Überwachung, Aufzeichnung oder Auskunftserhebung ist, dass eine **gegenwärtige Gefahr für Leib oder Leben** einer Person (vgl. Rn D 8 und 12) oder für solche Güter der Allgemeinheit abzuwehren ist, deren Bedrohung die **Grundlagen oder den Bestand des Staates** oder die **Grundlagen der Existenz der Menschen** berührt. Zu deren Abwehr muss die Datenerhebung **zwingend erforderlich** sein, ohne sie muss also die Gefahrenabwehr ausgeschlossen erscheinen. Außerdem ist der Kernbereich privater Lebensgestaltung zu schützen, § 39a POG. Die Daten dürfen nur erhoben werden bei Personen, die für die abzuwehrende dringende Gefahr **verantwortlich** i. S. d. § 4 oder 5 POG sind, außerdem alle sonstigen Personen (Nichtverantwortliche), wenn die Voraussetzungen eines Notstandes im Sinne des § 7 POG (vgl. Rn E 26 ff.) vorliegen oder bei den sogenannten „**Nachrichtenmittlern**", also Personen, bei denen bestimmte Tatsachen die Annahme rechtfertigen, dass sie für die Verantwortlichen bestimmte oder von ihnen herrührende Mitteilungen entgegennehmen oder weitergeben. Maßnahmen gegen diese letztgenannten Personen haben insbesondere Bedeutung für die Abwehr von Gefahren der organisierten Kriminalität und des internationalen Terrorismus.

Überwacht werden dürfen nur Telekommunikationsanschlüsse, die mit hoher Wahrscheinlichkeit von diesen Personen benutzt werden oder von denen mit hoher Wahrscheinlichkeit mit diesen Personen Kontakt aufgenommen wird.

102 Die Vielfältigkeit der Telekommunikationsanschlüsse (z. B. analog, digital, Kabel, ISDN, DSL, Satellit; Funk, Bluetooth) und die Möglichkeit der Verschlüsslung von Kommunikation können es erfordern, Zugang zum eigentlichen System zu haben.

Beispiel: Der überwachte Drogenhändler verwendet für seine Telefonate oder seine E-Mails eine Verschlüsselung. – Hier kann es sinnvoll sein, die Kopie der Telekommunikation im Router schon vor der Verschlüsselung abzugreifen. Das setzt allerdings nach § 31 Abs. 3 S. 1 POG voraus, dass eine effektive Überwachung nicht dadurch hergestellt werden kann, dass mittels einer sog. Forensic-Software die Daten nicht oder nicht ausreichend schnell entschlüsselt werden können.

Unter den Voraussetzungen des § 31 Abs. 3 POG darf auch **in ein informationstechnisches System** (z. B. ein Netzwerk) zum Zweck der Telekommunikationsüberwachung eingegriffen werden[271]. Diese **Quellen-Telekommunikationsüberwachung** ist etwas anderes als eine Online-Durchsuchung, obwohl sich die technischen Vorgehensweisen ähneln. Aber bei der Quellen-Telekommunikationsüberwachung dürfen

---

271 Sogenannte Quellen-Telekommunikationsüberwachung, vgl. hierzu BVerfG NJW 2008, 822.

nur Daten eines bereits begonnenen und noch nicht abgeschlossenen Telekommuni-kationsvorgangs (Gespräch, Mail, Chat usw.) erhoben werden, nicht mehr. Insbeson-dere ist ein Suchen nach auf der Festplatte abgelegter Daten nach § 31 POG nicht zulässig, möglicherweise aber nach § 31c POG. Für die hier erlaubte Maßnahme muss eine Gefahr vorliegen, aber anders als im Absatz 1 keine gegenwärtige. Denn der Ein-griff in das informationstechnische System ist wegen seiner technischen Vorbereitung langwierig und für gegenwärtige Maßnahmen regelmäßig ungeeignet. Schutzgüter sind aber auch hier die in Absatz 1 genannten hochwertigen Güter. Die Überwachung und Aufzeichnung der Telekommunikation ist nur möglich bei den Verantwortlichen oder den Nachrichtenmittlern (s. o.). Allerdings muss dabei sichergestellt werden, dass **ausschließlich laufende Telekommunikation** überwacht und aufgezeichnet wird; außerdem muss der Eingriff in das informationstechnische System notwendig sein, um die Überwachung und Aufzeichnung der Telekommunikation zu ermöglichen, insbe-sondere um sie zu **entschlüsseln**.

Ist aufgrund von Anhaltspunkten anzunehmen, dass allein Erkenntnisse aus dem **Kernbereich der privaten Lebensgestaltung** erlangt werden, darf sie nicht ange-ordnet werden, § 39a Abs. 3 POG (vgl. hierzu auch Rn G 77). Stellt sich während der Aufnahme heraus, dass kernbereichsrelevante Erkenntnisse erlangt werden, ist die Maßnahme unverzüglich abzubrechen, § 39a Abs. 5 POG. Die erlangten Daten werden unter der Sachleitung des Oberverwaltungsgerichts ausgewertet, § 39a Abs. 4 POG.

Die Maßnahme darf sich nach § 39b POG nicht auf Telekommunikation erstrecken, die Geistliche, Rechtsanwälte, Ärzte, Journalisten usw. im Rahmen eines als Amts- oder **Berufsgeheimnis** geschützten Vertrauensverhältnisses im Sinne der §§ 53 und 53a StPO führen, es sei denn von dieser Person selbst geht die Gefahr aus. I. Ü. bedarf es der Anordnung einer schriftlichen Entscheidung des **Oberverwaltungsgerichts** Rheinland-Pfalz, sofern keine Gefahr in Verzug besteht (dann vorläufige Entscheidung der Behördenleitung mit nachträglicher richterlicher Entscheidung), § 31 Abs. 5 POG. Die richterliche Anordnung muss die Angaben des § 31 Abs. 4 enthalten, darf immer nur für maximal 3 Monate erlassen oder verlängert werden und erfolgt nach der VwGO. Die so erhobenen Daten sind als solche zu **kennzeichnen**.

g) Identifizierung und Lokalisierung von mobilen Telekommunikationsendgeräten, § 31a POG

Soweit **Telekommunikationsendgeräte** (z. B. Handy, Smartphone) identifiziert und **103** lokalisiert werden sollen, ist § 31a POG lex specialis. Hiernach darf die **Polizei ver-deckt technische Mittel** (vgl. Rn 69) zum einen zur Ermittlung spezifischer Kennungen und zum anderen zur Ermittlung des Standorts eines solchen Geräts einsetzen. Beide Maßnahmen dürfen keine Rückschlüsse auf etwaige Kommunikationsbeziehungen (wer kommuniziert wann und von wo mit wem?) bzw. -inhalte (was ist der Inhalt der Mitteilungen?) zulassen (das geht nur nach § 31 POG), sondern lediglich Auskunft über die Kennungen und die örtliche Position des maßgeblichen mobilen Telekommunika-tionsendgeräts geben. Anders als bei § 31 POG ist hier nicht Objekt der Überwachung eine irgendwie geartete Kommunikation zwischen Menschen, sondern hier kommuni-zieren zwei technische Geräte selbstständig miteinander, und zwar zu dem einzigen Zweck, das eine Gerät zu identifizieren und seinen Standort festzustellen. Daher greift die Maßnahme wohl auch nicht in das Grundrecht auf Telekommunikationsfreiheit i. S. d. Art. 10 GG ein, was aber umstritten ist.[272]

---

272 Kein Eingriff: Nichtannahmebeschluss des BVerfG NJW 2007, 351 zu § 100 i StPO; dagegen: BGH NJW 2003, 2034.

Die **Ermittlung der Kennung** bezieht sich insbesondere auf die Kartennummer einer SIM-Karte[273] und die Gerätenummer[274] von mobilen Telekommunikationsendgeräten (z. B. Mobiltelefonen, Smartphones). Die hier erlaubte **Standortfeststellung** entspricht grundsätzlich der in § 28 Abs. 2 Nr. 5 POG. Während man aber dort mit GPS und anderen Mitteln arbeitet, macht man sich hier das Funknetz des Mobilsystems zu Nutze. Diese Unterscheidung wird immer mehr zerfließen, sind doch heute viele Smartphones bereits so ausgerüstet, dass man bereits privat den Standort eines Smartphones technisch bestimmen kann, wenn die entsprechende Funktion nicht ausgeschaltet und der Suchende Zugang zu der sogenannten „Cloud"[275] hat. Es dürfen auch Bewegungsbilder (z. B. Fahrtweg während der Dauer eines eingeschalteten Geräts) erstellt werden. Den Standort kann man zum einen dadurch feststellen, dass man Auskünfte vom Provider einholt, welchen Funkmast das Mobilgerät gerade nutzt und welche Funkabstrahlung es hat. Allerdings haben die von den Funkmasten abgedeckten Funkzellen unterschiedliche Größen und sind in ländlichen Gebieten (anders als in städtischen) meistens recht groß. Weitere Möglichkeiten sind das Versenden einer „stillen SMS" oder der Einsatz eines sogenannten IMSI-Catchers. Bei der „stillen SMS" wird an das betreffende Mobiltelefon eine SMS (short message service) geschickt, die auf dem Empfängergerät aber nicht angezeigt wird; der Empfang wird dem Absender gemeldet, wodurch wieder der Standort ermittelt werden kann. Der **IMSI-Catcher** ist praktisch ein PC/Laptop mit einer Funkantenne, die stärker ist als alle anderen der Umgebung. Dadurch buchen sich alle Mobiltelefone in Reichweite bei ihm ein. Dabei machen sie standardmäßig alle dazu notwendigen Angaben, die dann ausgelesen und verwertet werden können, und zwar unabhängig davon, ob gerade kommuniziert wird oder nicht (die Kommunikation selbst wird ja mittels § 31a POG gerade nicht überwacht). Die Ermittlung des Standortes hat seit ihrer Einführung[276] in der polizeilichen Praxis eine hohe Bedeutung erlangt, insbesondere die Standortfeststellungen zur Rettung von Suizidgefährdeten oder hilflosen Personen wie herumirrenden Gebrechlichen, Demenzkranken oder Kindern, ist aber auch für die Verhinderung von (weiteren) Straften, z. B. bei Geiselnahmen, wichtig.

Beispiel: A hat nach einem Bankraub eine Geisel genommen, ist im Auto mir ihr geflohen. Dabei hat er, um Kontakt mit einem Komplizen zu halten, sein Mobiltelefon in Stand-By-Betrieb. Die Polizei kann vom Provider verlangen, dass er die Funkzellen angibt, durch die sich das Telefon (und damit das Fluchtfahrzeug) bewegt. – Oder: Eine verwirrte Person wird im Pflegeheim vermisst. Bekannt ist aber ihre Mobilfunknummer. Hier kann die Polizei vom Provider verlangen, dass er mitteilt, ob das Mobiltelefon derzeit eingeloggt ist und in welcher Funkzelle, so dass die Person lokalisiert werden kann.

104 Nach § 31a Abs. 4 POG haben die **Telekommunikations-Diensteanbieter** (Provider) unter den niedrigeren Anforderungen des Absatzes 1 die erforderlichen spezifischen Kennungen, insbesondere die Geräte- und Kartennummer von mobilen Telekommunikationsendgeräten oder den Standort des mobilen Telekommunikationsendgeräts der Polizei unverzüglich mitzuteilen. Bei einer solchen Standortermittlung erhält die Polizei nur die über die Funkzellenauswertung errechneten Positionsdaten. Die An-

---

273 IMSI: International Mobile Subscriber Identity; bei der IMSI handelt es sich um eine weltweit eindeutige Kennung, die den Vertragspartner eines Netzbetreibers eindeutig identifiziert und die auf der SIM-Karte gespeichert ist, die dem Mobilfunkteilnehmer bei Abschluss des Vertrages ausgehändigt wird.

274 IMEI: International Mobile Equipment Identifier; eine 15-stellige Gerätenummer.

275 „Cloud" (Wolke) ist eine Sicherung von Teilen der Smartphonedaten auf einem externen Server, die der Benutzer zugelassen hat; die dortige Erfassung des Standortes wird vielfach freiwillig zugelassen, weil ansonsten Navigationsgeräte, Umgebungsfinder, Suchprogramme bei Geräteverlust usw. nicht oder nur eingeschränkt funktionieren.

276 § 31 Abs. 2 Satz 1 Nr. 3 und 4 POG in der Fassung vom 2. März 2004 (GVBl. S. 202).

ordnung der Auskunft über spezifische Kennungen oder der Standortfeststellung ist ein Eingriff in den Schutzbereich der Berufsfreiheit und der Eigentumsfreiheit der Telekommunikations-Diensteanbieter gemäß Art. 12 Abs. 1 und Art. 14 Abs. 1 GG (ähnlich § 100 g Abs. 2 S. 1 in Verbindung mit § 100 b Abs. 3 StPO).

Richten kann sich die Maßnahme **bei Gefahren für Leib und Leben** gegen dafür **105** **Verantwortliche** nach den §§ 4 und 5 POG und gegen Nichtverantwortliche, wenn die Voraussetzungen des **§ 7 POG** vorliegen (§ 31a Abs. 1 Nr. 1 POG). Weiterhin ist sie möglich bei solchen Personen, bei denen ein auf Anhaltspunkte beruhender Gefahrenverdacht besteht, dass sie **zukünftig Straftaten von erheblicher Bedeutung** begehen werden (§ 28 Abs. 3 POG) und die Datenerhebung zur vorbeugenden Bekämpfung dieser Straftaten erforderlich ist (§ 31a Abs. 1 Nr. 2 POG). Auch gegen Kontakt- und Begleitpersonen (vgl. § 26 Abs. 3 S. 2) ist diese Erhebung zulässig, soweit die Datenerhebung zur vorbeugenden Bekämpfung von Straftaten von erheblicher Bedeutung i. S. d. § 28 Abs. 3 POG erforderlich ist (§ 31a Abs. 1 Nr. 3 POG). Die Daten aller anderen Personen dürfen nur auf diese Weise ermittelt werden, wenn das aus technischen Gründen unvermeidbar ist; diese Daten dürfen dann natürlich nicht mehr weitergehend verwendet werden.

Nach § 31a Abs. 3 S. 1 POG bedarf es für die Maßnahme grundsätzlich der Entscheidung des **Amtsrichters** (zur richterlichen Entscheidung grundsätzlich vgl. Rn G 91), bei Gefahr im Verzug darf die Maßnahme durch die Behördenleitung angeordnet werden, die richterliche Anordnung ist jedoch unverzüglich nachzuholen. Anders aber als früher bedarf es heute **keiner richterlichen Anordnung** mehr, wenn die Datenerhebung nach Absatz 1 Nr. 1 der **Lebensrettung** vermisster, suizidgefährdeter oder sonstiger hilfloser Personen dient, denn zum einen handelt es sich dann um eine Maßnahme von geringer Eingriffsintensität und zum anderen ist in solchen Fällen der Richter nur selten rechtzeitig zu erreichen. § 31a Abs. 3 S. 2, § 21 Abs. 1 S. 3, § 31 Abs. 4 S. 2 bis 4 POG regeln die schriftliche Anordnung, die Befristung und Verlängerung der Maßnahmen. Vergütung, Zweckänderung und Dokumentation regeln die §§ 31a Abs. 4 und 5, 31 Abs. 6 S. 2 bis 4 POG. Die Verpflichtung zur Löschung der erhobenen Geräte- und Kartennummern ist in § 39 Abs. 2 S. 1 Nr. 4 POG geregelt.

h) Auskunft über Nutzungsdaten beim Provider, § 31b POG

Hier geht es um die **Auskunft über Nutzungsdaten** bei Telemedien. Sie hat wach- **106** sende Bedeutung, z. B. bei Ankündigungen von Amokläufen oder volksverhetzender Propaganda im Internet. **Telemedien** sind alle elektronischen Informations- und Kommunikationsdienste, was weit zu verstehen ist. Von dem Begriff umfasst werden beispielsweise Online-Angebote von Waren oder Dienstleistungen mit unmittelbarer Bestellmöglichkeit wie Internetauktionshäuser (z. B. Ebay, Amazon), -tauschbörsen, elektronische Presse, Chatrooms, das Anbieten von Videos auf Abruf (z. B. Youtube) oder Suchmaschinen (z. B. Google) im Internet. Dazu gehören auch soziale Netzwerke (z. B. Facebook, Wer-kennt-Wen, StudiZV), E-Mail-Dienste (z. B. GMX, Web.de, Yahoo) oder Fernsehsender mit reinem Verkaufsprogramm ohne eigenen journalistisch aufbereiteten Inhalt (z. B. Qvc, Juvelo-TV, Astro-TV).[277] Ausgenommen sind hier die in § 31 POG geregelte Telekommunikation und der Rundfunk.

Zu unterscheiden sind hier die sog. Bestandsdaten von den Nutzungsdaten gemäß § 14 Abs. 1 TMG. **Bestandsdaten** sind Daten, die für die Begründung, inhaltliche Ausgestaltung oder Änderung eines Vertragsverhältnisses zwischen Anbieter und Nutzerin

---

277 Rühle/Suhr § 31b, 1.

oder Nutzer erforderlich sind (z. B. Vertragsinhalte und -dauer, Wohnort und Geburtsdatum des Vertragspartners, vgl. Rn G 100). Diese Daten unterfallen nicht dem Schutz
des Art. 10 GG. Die Bestandsdaten müssen darum die Diensteanbieter bereits auf der
Grundlage des § 14 Abs. 2 TMG in Verbindung mit § 9 Abs. 1 S. 1 POG erteilen. Darum
bedarf es nicht des § 31b POG, um sie zu erheben. Anders ist das bei den Nutzungsdaten, für die umstritten ist, ob sie dem Schutzbereich des Fernmeldegeheimnisses
gemäß Art. 10 Abs. GG unterfallen, obwohl die Daten nicht im Rahmen des eigentlichen Übertragungsvorgangs erhoben werden, der Kommunikationsvorgang also am
Endgerät endet[278]. Mittels § 31b POG werden (auch zukünftige) **Nutzungsdaten** im
Sinne des § 15 Abs. 1 Telemediengesetz (TMG)[279] erhoben, also personenbezogene
Daten, mit denen die Inanspruchnahme von Telemedien ermöglicht oder mithilfe derer
abgerechnet werden kann. Hierzu gehören insbesondere Merkmale zur Identifikation
des Nutzers, Angaben über Beginn und Ende sowie Umfang der jeweiligen Nutzung
und Angaben über vom Nutzer in Anspruch genommene Telemedien. Zu den Merkmalen zur Identifikation des Nutzers von Telemedien gehören beispielsweise IP-Adres-
sen[280], E-Mail-Adressen und Nutzerkennungen. Zwar ermöglicht für diese Nutzungsdaten schon das Telemediengesetz den Sicherheitsbehörden den Zugriff zum Zweck
der Gefahrenabwehr (§§ 14 Abs. 2, 15 Abs. 5 S. 4 TMG), allerdings begründet das Telemediengesetz insoweit keine Auskunftspflichten der Diensteanbieter.

Die Auskunftpflicht über Nutzungsdaten greift intensiv in das Grundrecht auf informationelle Selbstbestimmung gemäß Art. 2 Abs. 1 GG ein, da die erhobenen personenbezogenen Daten weit reichende Rückschlüsse auf die Persönlichkeit der verantwortlichen Person zulassen.

107 Nach § 31b Abs. 1 POG kann die **Polizei** Auskunft über diese Nutzungsdaten zur Abwehr einer **Gefahr für Leib oder Leben** einer Person oder für solche Güter der Allgemeinheit verlangen, deren Bedrohung die **Grundlagen oder den Bestand des Staates** oder die **Grundlagen der Existenz der Menschen** berührt und die Abwehr dieser
Gefahren auf andere Weise nicht möglich erscheint oder wesentlich erschwert wäre.
Außerdem darf sie voraussichtlich nicht nur Erkenntnisse aus dem Kernbereich privater Lebensgestaltung einbringen, § 39a Abs. 3. Die Anforderungen entsprechen den
Voraussetzungen der §§ 31c und 31d POG. Die Auskunft muss sich beziehen auf die
Daten von **Verantwortlichen** nach §§ 4 und 5 POG, unter den Voraussetzungen des
§ 7 POG auf die von Nichtverantwortlichen oder über Personen, bei denen bestimmte
Tatsachen die Annahme rechtfertigen, dass sie für die nach den §§ 4 und 5 POG Verantwortlichen bestimmte oder von ihnen herrührende Mitteilungen entgegennehmen
oder weitergeben. Zur Auskunft über Nutzungsdaten **verpflichtet** sind die Diensteanbieter, die geschäftsmäßig eigene oder fremde Telemedien zur Nutzung bereithalten
oder den Zugang zur Nutzung vermitteln.

Beispiel: Auf seinem Facebook-Account kündigt eine Person glaubhaft an, eine Schule zu stür-
men und alle Lehrer und am Ende sich selbst umzubringen. Der Account läuft unter einem bloßen
Vornamen, das Gesicht ist nicht erkennbar. Die Polizei verlangt von Facebook Auskunft darüber,
auf welche Person der Account angemeldet ist und über welche IP-Adresse, um diese Person
rechtzeitig vorher abzugreifen. – Oder: Eine Person schreibt unter der Mailadresse „ra-
che@web.de" ständig einer Frau und droht ihr Gewalt an, wenn er sie alleine erwische. Die Polizei
verlangt von Web.de Auskunft darüber, wer unter dort diese Adresse angemeldet hat und wie die
IP-Adresse ist.

---

278 So BT-Drucks. 16/3078, S. 18; einen Eingriff nehmen dagegen an Dix/Schaar, in Roßnagel (Hrsg.), Recht
      der Multimediadienste,§ 6 TDDSG Rn 200.
279 Telemediengesetz vom 26. Februar 2007, BGBl. I, S. 179.
280 Eine durch Zahlen gebildete IP-Adresse wird Geräten in Computernetzen zugewiesen, die – wie das
      Internet – auf dem Internetprotokoll (IP) basiert. Sie macht die Geräte so adressierbar und erreichbar.

Es dürfen nicht alleine Daten aus dem **Bereich privater Lebensgestaltung** (s. dazu Rn G 77) erfragt werden, § 39a Abs. 3 POG. Merkt man, dass das doch geschieht, ist die Maßnahme sofort abzubrechen, § 39a Abs. 5 POG. Das OVG hat nach § 39a Abs. 4 POG die Sachleitung über die Auswertung.

Durch den Verweis auf § 31 Abs. 4 und 5 POG gelten die Bestimmungen zum Richtervorbehalt, zur Eilkompetenz und zur Zuständigkeit des Oberverwaltungsgerichts Rheinland-Pfalz entsprechend (Rn G 102 a. E.). [281] § 31 Abs. 3 und 4 regeln, wie diese Daten an die Polizei zu übermitteln sind, die Vergütung (Verweis auf § 12 Abs. 5 POG), die Kennzeichnungspflicht für die übermittelten Daten sowie die Regelung zur Zweckänderung. Der **Schutz der Berufsgeheimnisträger** gemäß § 53 Abs. 1 und § 53a Abs. 1 StPO und Regelungen zur Löschung erlangter Unterlagen finden sich in § 39 Abs. 2 S. 1Nr. 4 und S. 2 und 3 sowie § 39b POG.

i) Onlinedurchsuchung, § 31c POG

Nach § 31c POG ist es zulässig, **verdeckt** in **informationstechnische Systeme** ein- **108** zugreifen. Dieser Begriff erfasst alle schutzbedürftigen Informationssysteme, z. B. Festplatten von Computern, Laptops, Notebooks, Netbooks, Handys, Smartphones, PDAs. In diesen wird entweder etwas verändert oder es werden Daten gesichtet oder kopiert. Anders aber als bei der Quellen-Telekommunikationsüberwachung nach § 31 Abs. 3 POG wird aber nicht ein laufender und noch nicht abgeschlossener Kommunikationsvorgang überwacht, sondern **Daten**, die **auf der Festplatte** oder **im Router abgelegt** sind. Die modernen Kommunikations- und Informationstechnologien verfügen heute über einen nahezu grenzenlosen Speicherumfang, eine hohe Schnelligkeit der Informationsverarbeitung und eine Vielfalt von Nutzungsmöglichkeiten. Damit bieten sie potenziellen Straftätern, insbesondere terroristischen Vereinigungen, eine Vielzahl von Möglichkeiten, um sie für ihre Zwecke zu missbrauchen. Extremisten verbreiten ihre Propaganda, drohen mit Terroranschlägen, andere stellen detaillierte Anleitungen zur Herstellung von Sprengsätzen ein, Pädophile betreiben einschlägige Foren und Tauschbörsen oder bereiten den sexuellen Missbrauch von Kindern vor. Hier nur die Computer sicherzustellen und auszuwerten, reicht hiergegen zur Gefahrenabwehr nicht mehr aus. Insbesondere entziehen sich so viele Täter dem Zugriff, indem beispielsweise Daten verschlüsselt oder auf fremde Speicher ausgelagert werden. Darum muss der Zugriff auf diese Daten **direkt online** möglich sein. Das allerdings ist ein nicht ungefährliches Instrument. Da heute die Mehrheit der Bevölkerung über einen Online-Zugang verfügt, besteht hier die Gefahr, dass diese Daten insgesamt „polizeiöffentlich" werden, was der Weg zu einem Überwachungsstaat wäre. Das Bundesverfassungsgericht[282] erkennt daher die Zulässigkeit einer solchen Befugnis zwar an, verlangt hierzu aber strenge Vorgaben. Die Sicherheit des Staates als verfasster Friedens- und Ordnungsmacht und die von ihm zu gewährleistende Sicherheit der Bevölkerung vor Gefahren für Leib, Leben und Freiheit seien Verfassungswerte, die mit anderen hochwertigen Rechtsgütern im gleichen Rang stehen. Letzteres sind vor allem das Grundrecht auf Gewährleistung der Vertraulichkeit und Integrität informationstechnischer Systeme gemäß Art. 2 Abs. 1 in Verbindung mit Art. 1 Abs. 1 GG, aber auch das Fernmeldegeheimnis, das Grundrecht auf Unverletzlichkeit der Wohnung oder auf

---

281 Richtervorbehalt gefordert vom Bundesverfassungsgericht (BVerfG NJW 2008, 822) zur sogenannten Quellen-Telekommunikationsüberwachung.
282 BVerfG a. a. O.

informationelle Selbstbestimmung. Das Bundeskriminalamt verfügt schon seit 2009 über eine solche Befugnis zur Online-Durchsuchung[283].

109 Die materiellen Voraussetzungen der Maßnahme ähneln denen der Befugnis zur Wohnraumüberwachung (§ 29 POG) sowie der Befugnis zur Telekommunikationsüberwachung (§ 31 POG). Der Eingriff ist nur zulässig zum Schutz von **Leib, Leben oder Freiheit einer Person** oder solchen Gütern der Allgemeinheit, deren Bedrohung die Grundlagen oder den Bestand des Staates oder die Grundlagen der Existenz der Menschen berührt. Beim letzteren geht es um **existenzielle Bedrohungslagen** für ein überragend wichtiges Rechtsgut, z. B. für die Funktionsfähigkeit existenzsichernder öffentlicher Versorgungseinrichtungen. Bloße Gefahren für Vermögenswerte genügen nicht. Die **Gefahr muss auch im einzelnen Falle** bestehen, Maßnahmen im Gefahrenvorfeld genügen nicht. Eine besondere zeitliche Nähe zum Gefahreneintritt fordert die Vorschrift allerdings nicht, was auch angesichts der hierzu regelmäßig notwendigen technischen Vorbereitungsmaßnahmen wenig Sinn machen würde.

Beispiel: A gehört zu einer Gruppe von Salafisten, die im Verdacht stehen, einen konkreten Anschlag auf eine Einrichtung zu planen. Um herauszufinden, welche Kontaktpersonen A hat und wie genau die Planungen aussehen, installiert die Polizei einen sog. „Trojaner" auf der Festplatte des Laptops von A. Dieser bewirkt, dass Kopien von Mails, die A verschickt, verdeckt automatisch an die Polizei gesendet werden. – Unzulässig wäre es allerdings, die Festplatte des A zu manipulieren, nur um zu sehen, ob A einer solchen Gruppe zugehört, denn dann läge keine *konkrete* Gefahr vor, sondern allenfalls ein Gefahrenverdacht.

Wie bei § 31 Abs. 1 POG kann sich die Maßnahme sowohl gegen die richten, die für die abzuwehrende dringende Gefahr **verantwortlich** i. S. d. § 4 oder 5 POG sind, als auch gegen alle sonstigen Personen (Nichtverantwortliche), wenn die Voraussetzungen eines **Notstandes** im Sinne des § 7 POG (vgl. Rn E 26 ff.) vorliegen. Außerdem ist sie möglich bei den sogenannten **„Nachrichtenmittlern"**, also Personen, bei denen bestimmte Tatsachen die Annahme rechtfertigen, dass sie für die Verantwortlichen bestimmte oder von ihnen herrührende Mitteilungen entgegennehmen oder weitergeben (vgl. Rn G 101). Ohne deren Wissen werden die Daten aus **informationstechnischen Systemen** heraus erhoben. Dazu zählen z. B. mobile oder fest installierte Personalcomputer oder Mobiltelefone mit einem großen Funktionsumfang, mit dem sie personenbezogene Daten erfassen und speichern können.[284] Egal ist es, ob sich die Daten schon dauerhaft gespeichert auf den Medien oder erst im Arbeitsspeicher befinden. **Erhoben** werden hier die Daten grundsätzlich entweder durch bloße Sichtung oder durch das Kopieren der Datenbestände. Aber auch andere Methoden sind denkbar, z. B. der Einsatz sogenannter Key-Logger, bei denen die Tastatureingaben erfasst werden, ohne dass notwendigerweise eine Zwischenspeicherung auf der Festplatte erfolgt. Hoch sind auch hier die Anforderungen an die Verhältnismäßigkeit. Die Maßnahme setzt voraus, dass der Schutz für die o. g. Güter **nicht auf andere Weise möglich** erscheint oder wesentlich erschwert wäre. Reicht beispielsweise bereits eine offene Sicherstellung zur Gefahrenabwehr aus, geht diese vor, weil ein offener Eingriff immer milder ist als ein verdeckter.

Auch hier ist der **Schutz des Kernbereichsprivater Lebensgestaltung** zu beachten(s. dazu Rn G 77). Es dürfen nicht alleine Daten aus dem **Bereich privater Lebensgestaltung** erfragt werden, § 39a Abs. 3 POG. Merkt man, dass das doch ge-

---

283 Gesetz zur Abwehr von Gefahren des internationalen Terrorismus durch das Bundeskriminalamt vom 25. Dezember 2008, BGBl. I, S. 3083.

284 Zum Begriff des informationstechnischen Systems vgl. § 2 Abs. 2 Nr. 1 des Gesetzes über das Bundesamt für Sicherheit in der Informationstechnik (BSIG) vom 14. August 2009, BGBl. I, S. 2821.

schieht, ist die Maßnahme sofort abzubrechen, § 39a Abs. 5 POG. Das OVG hat nach § 39a Abs. 4 POG die Sachleitung über die Auswertung (s. hierzu Rn G 96).

Die Polizei hat bei der Durchführung der Maßnahme bestimmte technische Schutzvorkehrungen zu treffen, um den Eingriff in das informationstechnische System auf das unbedingt erforderliche Mindestmaß zu begrenzen und die **Datensicherheit** zu gewährleisten. Es ist darum sicherzustellen, dass an dem informationstechnischen System nur solche Veränderungen vorgenommen werden, die für die Datenerhebung unbedingt erforderlich sind. Dabei sind nicht nur die vom Nutzer des informationstechnischen Systems angelegten Anwenderdateien, sondern auch die für die Funktion des informationstechnischen Systems erforderlichen Systemdateien zu schützen. Die Systemleistung darf nur im unvermeidbaren Umfang begrenzt werden. Die technische Mittel sowie dessen Funktionsumfang sind durch elektronische Signatur zu identifizieren und zu protokollieren.

Nach Abschluss des Eingriffs sind alle an dem infiltrierten System vorgenommenen **110** Veränderungen **rückgängig** zu machen, soweit dies technisch möglich ist. Insbesondere ist die auf dem informationstechnischen System installierte Überwachungssoftware vollständig zu löschen und sind Veränderungen an den bei der Installation der Überwachungssoftware vorgefundenen Systemdateien rückgängig zu machen, im Interesse einer möglichst zuverlässigen und einfachen Abwicklung grundsätzlich automatisiert. Der Betroffene ist hinsichtlich des eingesetzten Mittels *„nach dem Stand der Technik"* gegen unbefugte Nutzung Dritter (z. B. Hacker) zu schützen, auch bezogen auf kopierte und bei der Polizei gespeicherte Daten. Um den Eingriff zu ermöglichen, ist es auch zulässig, mittels technischer Einrichtungen die notwendigen Daten zu ermitteln, um das Zielgerät zu lokalisieren oder zu identifizieren, insbesondere Kennungen wie IP- oder Mac-Adresse[285] herauszufinden. Umgesetzt werden diese Maßnahmen mit speziellen Geräten, z. B. mit dem sogenannten WLAN-Catchers zur Bestimmung von spezifischen Kennungen bzw. des Standortes eines informationstechnischen Systems. Soweit aus technischen Gründen unvermeidbar **Daten Dritter** erhoben werden, sind sie zu löschen. Ferner sind die Maßnahmen zu **protokollieren**, um einen effektiven Grundrechtsschutz der betroffenen Person zu gewährleisten. Die Daten dürfen nur **verwendet** werden, um einer dazu befugten Behörde (Rechtsaufsichtsbehörde, Landesbeauftragter für den Datenschutz), einem dazu befugten Gericht oder der betroffenen Person im Rahmen ihres Auskunftsanspruchs die Prüfung der rechtmäßigen Durchführung der Maßnahme zu ermöglichen. Die Protokolldaten dürfen nur für diese Zwecke **aufbewahrt** werden und sind unverzüglich zu löschen, wenn diese Zwecke nicht mehr erfüllt werden können. Die Maßnahme bedarf einer Entscheidung des **Oberverwaltungsgerichts Rheinland-Pfalz**, so dass alle Behörden und Einrichtungen des Landes von demselben Gericht kontrolliert werden. Die Maßnahme darf höchstens 3 Monate umfassen und kann um jeweils einen Monat verlängert werden. Durch den Verweis in § 31c Abs. 6 POG auf § 29 Abs. 5 und 8 POG gelten die **Kennzeichnungspflicht** für die erhobenen Daten und die Regelung zur Zweckänderung gemäß § 29 Abs. 5 POG entsprechend (vgl. Rn G 98).

j) Unterbrechung oder Verhinderung der Telekommunikation, § 31d POG

Diese Ermächtigung befugt die Polizei, Telekommunikationsverbindungen zu unter- **111** brechen oder zu verhindern, um dadurch Gefahren für hochrangige Rechtsgüter ab-

---

285 Die MAC-Adresse (Media-Access-Control-Adresse) ist die durch Zahlen und Buchstaben gebildete Hardware-Adresse jedes einzelnen Netzwerkadapters, die zur eindeutigen Identifizierung des Geräts in einem Rechnernetz dient, z. B. um nur bestimmten Geräten Zugang zum Netzwerk zu erlauben.

wehren zu können. Ob diese Maßnahmen in das Fernmeldegeheimnis gemäß Art. 10 GG oder nur in das Grundrecht der allgemeinen Handlungsfreiheit gemäß Art. 2 Abs. 1 GG eingreifen, ist umstritten. Nicht erfasst sind hingegen Anordnungen gegenüber den Telekommunikations-Diensteanbietern zur Unterbrechung des Telekommunikationsverkehrs. Grundsätzlich ist damit der Eingriff in Kommunikationen gemeint, bei denen die Polizei Rufnummer und Kennung weiß. Voraussetzung ist wie bei § 31c Abs. 1 POG eine **Gefahr für Leib, Leben oder Freiheit** einer Person oder für solche Güter der Allgemeinheit, deren Bedrohung die Grundlagen oder den **Bestand des Staates** oder die Grundlagen der **Existenz der Menschen** berührt.

Beispiel: Während gewalttätiger Auseinandersetzungen mit Mitgliedern des sog. „Schwarzen Blocks" (Linksradikale), erfährt die Polizei, dass sich die Gewalttäter per Handy absprechen und ihre Taktik vereinbaren, wie sie staatliche Kräfte effektiv angreifen und schwerwiegend verletzen kann. – Hier könnte nach § 31d POG der gesamte Handyverkehr zwischen den Tätern unterbrochen werden, so dass deren Logistik stark behindert ist.

Das kann ein wichtiges Mittel z. B. bei einer Geiselnahme sein, um die Kommunikation der Geiselnehmer mit Komplizen außerhalb des Tatorts über Mobiltelefone zu unterbinden. Die Maßnahme kann allerdings auch gänzlich unbeteiligte Personen betreffen, wenn diese mit den betroffenen Personen telefonieren oder auch nur versuchen, mit ihnen telefonisch Kontakt aufzunehmen.

Würde allerdings das vorherige Herausfinden von Rufnummer und Kennung zu erheblichen Hindernissen führen, die oben genannten Gefahren abzuwehren, kann die Kommunikation auch ohne das unterbunden werden. Hierdurch wird der Eingriff umfassender, denn es muss nun weiträumiger vorgegangen werden, also beispielsweise eine ganze Funkzelle totgelegt werden, was eine Vielzahl von Personen bereffen kann.

Beispiel: Die Polizei findet im Bahnhofsviertel eine Bombe, die ferngesteuert über ein Mobilfunkgerät gezündet werden soll. Hier kann der gesamte Mobilfunkverkehr in diesem Gebiet unerbrochen werden.

Technisch wird die Telekommunikation durch Störsender, sogenannte IMSI-Catcher o. ä. unterbrochen oder verhindert. Auch hier bedarf es wie bei § 31 Abs. 4 und 5 POG der – befristeten – Anordnung des Oberverwaltungsgerichts Rheinland-Pfalz. Ansonsten gelten die Regeln des § 29 Abs. 5 bis 8 POG entsprechend (vgl. Rn G 98).

k) Funkzellenabfrage, § 31f POG

112　Die **Funkzellenabfrage** ist das Verlangen der Sicherheitsbehörden gegenüber Telekommunikations-Diensteanbietern nach Auskunft über **Verkehrsdaten** (zum Begriff s. Rn G 101), die in einer bestimmten räumlich bezeichneten Funkzelle in einem bestimmten Zeitraum anfallen, insbesondere welche Mobiltelefone sich in der Funkzelle eingeloggt haben. Im Grunde handelt es sich um eine Maßnahme wie nach § 31 POG, nur dass hier eine deutlich weitere Streubreite besteht, da nicht hinsichtlich einzelner Teilnehmer, sondern pauschal eine ganze Funkzelle abgefragt wird. Eine **Funkzelle** ist der räumliche Bereich, in dem das von einer Sendeeinrichtung eines Mobilfunknetzes gesendete Signal empfangen und fehlerfrei decodiert werden kann. Die Maßnahme darf man aber nicht verwechseln mit dem Lokalisieren des Mobilfunkgeräts nach § 31a POG (vgl. Rn G 103 ff.); bei § 31a POG wird gezielt ein bestimmtes Endgerät gesucht, bei § 31f POG will man dagegen wissen, welche (meist bisher unbekannten) Mobilfunkgeräte überhaupt innerhalb der Funkzelle eingeloggt sind.

Die **Polizei** kann zur Abwehr einer **gegenwärtigen Gefahr für Leib oder Leben einer Person** oder für solche Güter der Allgemeinheit, deren Bedrohung die Grundlagen oder den Bestand des Staates oder die Grundlagen der **Existenz der Menschen** berührt, Auskunft über Verkehrsdaten ohne Kenntnis der Rufnummer oder einer anderen Kennung des zu überwachenden Anschlusses oder des Endgeräts verlangen, sofern andernfalls der Zweck der Maßnahme erheblich erschwert erreichbar wäre. Beim Erheben der Verkehrsdaten müssen nicht notwendig die Rufnummer oder eine andere Kennung des zu überwachenden Anschlusses oder des Endgeräts angegeben werden. Aber die Anordnung zur Verkehrsdatenerhebung darf sich nur gegen die **Verantwortlichen nach § 31 Abs. 1 POG** richten. Zwar hat die Polizei bei der Funkzellenabfrage die Möglichkeit, die Verkehrsdaten aller Personen zu erlangen, die in einer bestimmten Funkzelle zur angegebenen Zeit mittels eines Mobiltelefons kommuniziert haben. Doch beim Auswerten können nur die Daten über die Zielperson verwendet werden, während die **Daten von unbeteiligten Dritten** nach der allgemeinen Regelung gemäß § 39 Abs. 2 S. 1 Nr. 4 POG zu löschen sind, wenn sie nicht mehr erforderlich sind.

Beispiel: Bei einer Demonstration kommt es zu Gewalttaten von rechtsradikalen vermummten Teilnehmern. Um zur Gefahrenabwehr die Kommandostrukturen aufdecken zu können, verlangt die Polizei vom Mobilfunkanbieter Auskunft über alle ein- und ausgehenden Anrufe und SMS, die in Funkzelle zur Zeit der Demonstration registriert sind.

Durch den Verweis auf den § 31 Abs. 4 und 5 POG gelten die Vorschriften zum Richtervorbehalt durch das **OVG Rheinland-Pfalz** entsprechend. Allerdings wird berücksichtigt, dass in der schriftlichen Anordnung der Funkzellenabfrage die Rufnummer oder eine andere Kennung des zu überwachenden Anschlusses oder des Endgeräts nicht angegeben werden kann. Stattdessen ist in der schriftlichen Anordnung die Telekommunikation räumlich und zeitlich zu bestimmen, über die Verkehrsdaten erhoben werden soll. Durch die Verweisung auf § 31 Abs. 6 S. 2 bis 4 POG wird die Verpflichtung der Diensteanbieter zur Auskunft näher konkretisiert. Die Bestimmung gemäß § 29 Abs. 5 POG zur Zweckänderung der erhobenen Daten gilt entsprechend (vgl. Rn G 98).

l) Polizeiliche Beobachtung, § 32 POG

Die polizeiliche Beobachtung (s. a. § 163e StPO) unterscheidet sich von der Observation i. S. d. § 28 Abs. 2 Nr. 3 POG durch ihre Zufälligkeit. Bei der Observation wird eine **113** Person planmäßig und durchgehend, also lückenlos beobachtet. Wird dagegen eine Person zur polizeilichen Beobachtung ausgeschrieben, werden Personalien, Autokennzeichen oder andere persönliche Daten ausgeschrieben, damit jeder Polizeibeamte, der zufällig diese Person antrifft und anhand dieser Merkmale erkennt, das übermitteln kann. So kann man Erkenntnisse über den Aufenthalt oder Begleitpersonen der Zielperson erlangen. Die Polizei stellt die bekannten Daten in die polizeiliche Datei INPOL ein. Gerät jetzt diese Person in eine allgemeine Kontrolle (z. B. im Straßenverkehr oder an der Grenze) oder eine aus ganz anderen Gründen verursachte Identifikationsfeststellung (z. B. im Rahmen einer Razzia, eines Verkehrsunfalls), kann der dort kontrollierende Beamte, der von der Ausschreibung weiß, unauffällig Erkenntnisse über die Person sammeln, z. B. über Zeitpunkt, Begleiter, Reiseroute, mitgeführte Gegenstände usw., allerdings ohne dass für diese Anlass-Maßnahmen speziell eigene Ermächtigungsgrundlagen geschaffen werden. Das kann nun an die ausschreibende Dienststelle übermittelt werden.

Hierzu ist die Polizei bei Personen befugt, bei denen Tatsachen den Schluss rechtfertigen (Erfahrungswerte oder Vermutungen genügen nicht), dass sie **Straftaten von erheblicher Bedeutung** (vgl. § 28 Abs. 3 POG) begehen werden und die polizeiliche Beobachtung zu deren vorbeugender Bekämpfung erforderlich ist. Dazu bedarf es keines Verdachts, bereits Straftaten begangen zu haben, sondern es genügen Tatsachen, die auf eine künftige Tatbegehung der Personen hindeuten. Dann dürfen deren

Personalien oder das Kennzeichen des von ihnen genutzten Fahrzeuges feststellen und in einer **Fahndungsdatei** (INPOL) ausschreiben, damit diese Informationen vorliegen, wenn eine solche später in einer Kontrollstelle (z. B. Pass-, Verkehrskontrolle) angetroffen wird. Wird die Person oder das Fahrzeug irgendwo angetroffen, können Erkenntnisse über das Antreffen sowie über mitgeführte Sachen **übermittelt** werden, so dass ein Bewegungsbild erstellt werden kann. Die Ermächtigung erlaubt auch, Erkenntnisse über etwaige **Begleiter** zu übermitteln, um zu überprüfen, ob diese Personen Kontakt- und Begleitpersonen sind. Ist dies nicht der Fall, sind die erhobenen Erkenntnisse nach § 39 Abs. 2 S. 1 Nr. 4 POG zu löschen.

Die Maßnahme ist auf höchstens 12 Monate zu befristen, kann allerdings wiederholt angeordnet werden. Anders als in § 163e StPO ist erst für die Verlängerung ein Richtervorbehalt vorgesehen. Zur Verfolgung oder vorbeugenden Bekämpfung von Straftaten von erheblicher Bedeutung (§ 28 Abs. 3 POG) oder zur Abwehr einer dringenden Gefahr können die Daten auch zu einem veränderten Zweck erhoben werden, wenn es erforderlich ist und festgestellt sowie dokumentiert wurde, § 32 Abs. 4 i. V. m. § 28 Abs. 5 POG. Eine Benachrichtigung des Betroffenen von Verwendung oder Löschung der Daten ist nicht vorgesehen.

4. Der weitere Umgang mit erhobenen personenbezogenen Daten

a) Datenspeicherung und -nutzung, § 33 POG

114 Während sich die §§ 9a bis 11a und 26 bis 32 POG damit befassen, wie welche Daten erhoben werden dürfen, behandeln die §§ 33 ff. POG die Verwendung dieser erlangten Daten. Im Folgenden geht es ausschließlich um den Umgang mit **personenbezogenen Daten**, also um Angaben über eine bestimmte oder eine bestimmbare Person, nicht um rein sachbezogene. Dabei ist es gleich, ob die Ordnungsbehörde oder Polizei die Daten selbst erhoben hat oder sie ihr zulässigerweise übermittelt worden sind. Diese Daten können entweder in Dateien oder in Akten gespeichert und daraus genutzt werden. Eine **Datei** ist eine Sammlung personenbezogener Daten, die durch automatisierte Verfahren personenbezogen ausgewertet werden kann (automatisierte Datei) oder jede sonstige Sammlung personenbezogener Daten, die gleichartig aufgebaut ist und nach bestimmten Merkmalen personenbezogen geordnet und ausgewertet werden kann, § 3 Abs. 5 LDSG. **Akte** ist jede sonstige amtlichen oder dienstlichen Zwecken dienende Unterlage, § 3 Abs. 6 LDSG. **Speichern** ist das Erfassen, Aufnehmen oder Aufbewahren personenbezogener Daten auf einem Datenträger zum Zwecke ihrer weiteren Verwendung, § 3 Abs. 2 Nr. 2 LDSG. Datenträger kann dabei jedes Medium sein, auf dem Informationen in lesbarer oder sonst verwertbarer Form festgehalten werden können, egal ob konventionell wie z. B. Notizbuch, Akte, Kartei oder Mikrofilm, oder virtuell wie Festplatte, CD, DVD, Bluray oder Diskette.

Beispiel: Polizeiwache erfasst in einem Journal die Vorgänge der jeweiligen Schicht, u. a. um den Kollegen der nachfolgenden Schicht einen nahtlosen Informationsanschluss zu ermöglichen. Dazu gehört die Speicherung von personenbezogenen Daten, soweit daraus personenbezogene Daten zu einzelnen Vorfällen bestimmten Personen zugeordnet werden können. – Die Erfassung des Telefonverkehrs in einer Polizeidienststelle über eine ISDN – Anlage ist sowohl Erhebung als auch Speicherung von personenbezogenen Daten im automatisierten Verfahren (zum Begriff vgl. Rn 68).

Nutzen ist jede sonstige Verwendung personenbezogener Daten *innerhalb* der verarbeitenden Stelle, § 3 Abs. 2 Nr. 3 LDSG (außerhalb dieser Stelle ist Datenübermittlung).

Das Speichern und Nutzen der personenbezogenen Daten ist zulässig, soweit erfor- **115** derlich,

- ■ zur Erfüllung der Aufgaben der ordnungsbehördlichen oder polizeilichen Aufgaben, womit die konkrete **Gefahrenabwehr** einschließlich ihrer vorbereitenden Maßnahmen gemeint ist,
- ■ zu einer zeitlich befristeten **Dokumentation**, also einer Aktenführungspflicht; diese dient der Nachvollziehbarkeit, z. B. um Bürgerbegehren sachgerechter zu behandeln oder Polizeibeamte vor ungerechtfertigten Vorwürfen zu schützen, und gibt den Gerichten die Möglichkeit, die Datenerhebung auf ihre Rechtmäßigkeit hin zu überprüfen, oder
- ■ zur **Vorgangsverwaltung**, bei der die Akteninhalte durch automatische Datenverarbeitung recherchierbar gemacht werden, um mittels einer solchen Registratur das langwierige Suchen nach Vorgängen, Anzeigen, Beschwerden usw. zu vermeiden. Gerade die Vorgangsverwaltung hat bei der Polizei eine besondere Bedeutung, da heutzutage nahezu alles über POLADIS (**Pol**izeiliches **a**nwenderorientiertes **d**ezentrales **I**nformations**s**ystem) gespeichert und mithilfe von Suchsystemen abgewickelt wird. Das ist eine Software, die das Schreiben von Vernehmungen, Fernschreiben und das Fertigen von Anzeigen und sämtlichen anderen Vorgängen ermöglicht. Gleichzeitig kann man aber auch z. B. einen bestimmten Unfallbeteiligten oder einen bestimmten Ladendieb jederzeit wieder auffinden, auch wenn der Unfall oder Diebstahl Jahre her gewesen ist. Man muss dann nur die Vorgangsdaten aus dem jeweiligen Jahr abfragen. Auf diese Daten haben aber bislang auch nur die Dienststellen selbst bzw. die zu einer Polizeidirektion gehörenden Dienststellen Zugriff. Ein Straftäter (z. B. Ladendieb) wird zusätzlich gem. §§ 1 Abs. 1 S. 3, 33 Abs. 5 und 5 POG auch noch in POLIS[286] und INPOL[287] eingegeben. Seine Daten können also mit seinen polizeilich präventiv gespeicherten Daten – z. B. auch erkennungsdienstliche Fotos – jederzeit landes- bzw. bundesweit durch jede Polizeidienststelle abgefragt werden. Diese weit reichende Speicherung ist nicht unbedenklich bei solchen personenbezogenen Daten, die bei verdachtsunabhängigen Kontrollen ohne das Vorliegen einer von der Person oder dem Ort ausgehenden Gefahr erhoben worden sind (z. B. § 9a Abs. 4, § 10 Abs. 3 POG)[288].

Erforderlich heißt hier, dass diese Aufgabe ohne die Speicherung und Nutzung nicht mehr gewährleistet ist und es auch kein milderes Mittel dazu gibt. Damit ist aber eine Speicherung auf Vorrat ausgeschlossen.

---

286 = Polizeiliches Informations-System, ein Datenverbundsystem zur bundesweiten Abfrage von Fahndungsdaten.

287 In INPOL werden personenbezogene Daten verarbeitet, soweit es sich um Straftaten mit länderübergreifender, internationaler oder erheblicher Bedeutung handelt. Das polizeiliche Informationssystem INPOL, an dem neben dem Bundeskriminalamt als Zentralstelle die Landeskriminalämter, sonstige Polizeibehörden der Länder, der Bundesgrenzschutz, Dienststellen der Zollverwaltung – soweit sie grenzpolizeiliche Aufgaben wahrnehmen – und das Zollkriminalamt teilnehmen, genutzt. Jeder dieser INPOL-Teilnehmer ist für die Zulässigkeit der Erhebung und Speicherung der von ihm selbst eingestellten Daten verantwortlich. Bei den in INPOL gespeicherten Daten handelt es sich zum überwiegenden Teil um Informationen der Landespolizeidienststellen. Das polizeiliche Informationssystem INPOL besteht aus folgenden Dateien: Polizeiliches Informations-System, ein Datenverbundsystem zur Abfrage von Fahndungsdaten Personenfahndung, Sachfahndung, Kriminalaktennachweis, Haftdatei, Erkennungsdienstliche Datei, DNA-Analyse-Datei, Spurendokumentationssysteme (SPUDOK) und Arbeits- und Recherchedateien (PIOS).

288 Kaster VerwArch 2001, 256.

Gespeichert und genutzt werden darf eine personenbezogene Erkenntnis aber nur

■ zu dem Zweck, zu dem die Daten erhoben worden sind (**Zweckbindungsgebot**)
■ zu einem anderen Zweck, soweit die speichernde Ordnungsbehörde oder Polizei diese Daten auch hätte erheben dürfen (**Zweckumwidmung**)
■ zur **Strafverfolgung**, soweit die StPO die Datenerhebung gerechtfertigt hätte (vgl. §§ 100f Abs. 2, 161 Abs. 2 StPO).

> **Beispiel:** P legiert Metall. Die dadurch anfallenden Produktionsflüssigkeiten verbringt er illegal in ein abgelegenes Gewässer. Die Kreisverwaltung als zuständige Wasserbehörde macht P ausfindig und erlässt gegen P eine entsprechende Untersagungsverfügung. Die Verbandsgemeindeverwaltung als zuständige Gewerbebehörde möchte die bei der Kreisverwaltung gespeicherten Daten selbst nutzen, weil sie auch wegen anderer Vorfälle eine Gewerbeuntersagung nach § 35 GewO prüft (Zweckumwidmung der Daten). Die Polizei wiederum möchte die Daten Nutzen, weil sie wegen des Verdachts eines Verstoßes gegen § 324 StGB ermittelt (Strafverfolgung).

Etwas anderes gilt natürlich, wenn speziellere Vorschriften etwas anderes sagen.

> **Beispiel:** Aufnahmen von Versammlungen sind nach den §§ 12a Abs. 2, 19a VersG unverzüglich zu vernichten, soweit sie nicht für die Verfolgung von Straftaten von Teilnehmern oder im Einzelfall zum vorbeugenden Schutz künftiger Versammlungen benötigt werden.[289]

Die Polizei darf Daten, die ihr im Rahmen von Strafermittlungen bekannt geworden sind, auch zum Zwecke der Gefahrenabwehr speichern, wenn die Person einer Straftat verdächtig ist (§ 33 Abs. 4 POG) oder sie zum unter § 26 Abs. 3 POG genannten Personenkreis gehört (§ 33 Abs. 5 POG) und die Speicherung für präventive Aufgaben erforderlich ist, sofern dem nicht Regelungen der StPO entgegenstehen (§§ 481, 100f Abs. 1 StPO). Werden aber Daten von Strafverdächtigen gespeichert oder genutzt, sind diese Daten zu löschen, wenn der Verdacht entfällt. Der Verdacht entfällt z. B. bei Einstellungen nach § 172 Abs. 2 StPO, dagegen aber nach dem klaren Gesetzeswortlaut nicht bei Einstellungen nach § 153 oder § 153a StPO; hier gilt nicht die Unschuldsvermutung.[290]

Eine Speicherung zu anderen Zwecken ist nicht zulässig. Daher dürfen diese Daten auch nicht unanonymisiert zu Ausbildungszwecken verwendet werden, § 33 Abs. 7 POG.

116 Im Übrigen ist die Speicher**dauer** auf das erforderliche Maß, maximal aber auf die in den Absätzen 4 bis 6 genannten und zu berechnenden Fristen zu beschränken. Darum müssen für Akten und Dateien Prüfungstermine (z. B. KPS[291]-Richtlinien) und Aufbewahrungsfristen festgelegt werden. Personenbezogene Daten dürfen für die Aus- und Fortbildung verwendet werden (z. B. für Lehrvorführungen, wissenschaftliche Arbeiten usw.), aber grundsätzlich (bei den besonders persönlichkeitsintensiven Eingriffen nach § 29 oder § 31 POG immer) anonymisiert.

Das Gesetz macht die **Rechtmäßigkeit der Datenerhebung nicht** ausdrücklich zur Voraussetzung für das Speichern und Nutzen der Daten. Anders als im Strafrecht kann man im Ordnungsrecht aus der Rechtswidrigkeit der Datenerhebung nicht automatisch die Rechtswidrigkeit der Datenverwertung folgern, insbesondere nicht bei der Bedrohung hochwertiger Schutzgüter.

---

289   VGH Mannheim NVwZ 1998, 761: keine Aufbewahrung zu Dokumentations- oder Ausbildungszwecken.
290   BVerfG NJW 2002, 3231.
291   = Kriminalpolizeiliche Sammlungen.

Beispiel: Die Polizei erfährt durch ein rechtswidrig aufgezeichnetes Telefongespräch, dass ein terroristischer Anschlag auf einen Flughafen geplant ist. – Hier lässt sich sicher nicht vertreten, dass diese Information wegen der Erhebungsfehlers außer Acht zu bleiben hat.

Das gilt insbesondere auch für Erkenntnisse, die unter Verletzung des Schutzes von **Amts- oder Berufsgeheimnissen** (z. B. § 29 Abs. 3, § 39b POG) erlangt wurden, wenn Leib, Leben oder andere hochwertige Schutzgüter bedroht sind. Hier kommt noch hinzu, dass konspirative Absprachen in Ausführung solcher Ämter oder Berufe gar nicht erst zum geschützten Bereich gehören dürften. Andererseits dürfen die Umstände der Datenerhebung auch nicht völlig unbeachtlich bleiben, da ansonsten die Voraussetzungen der Datenerhebung praktisch sanktionslos missachtet werden könnten. Man wird darum im Einzelfall abzuwägen haben. Maßgeblich ist hierbei, welche Bedeutung das zu schützende Gut hat, ob es sich bei der Rechtswidrigkeit nur um einen formellen Fehler handelt oder ob die Maßnahme materiell nicht hätte durchgeführt werden dürfen, auch ob die bei der Erhebung verletzte Norm dem Schutz desjenigen galt, gegen den nun gehandelt werden soll usw.[292] In Zweifelsfällen wird man allerdings rechtswidrig erlangte Daten nicht speichern oder nutzen dürfen.

b) Datenübermittlung, §§ 34 bis 36 POG

Übermitteln von Daten ist das Bekanntgeben oder sonstige Offenbaren personenbe- **117** zogener Daten an Personen oder Stellen *außerhalb* der Daten verarbeitenden Stelle, vgl. § 3 Abs. 2 Nr. 4, Abs. 3 und 4 LDSG. Spezialgesetzliche Übermittlungsnormen finden sich auch z. B. in den §§ 50 Abs. 7, 86 ff. AufenthG, §§ 5, 6, 41 Waffe, § 2 Abs. 12 StVG, § 13 LVerfSchG. § 34 POG regelt, unter welchen Voraussetzungen Polizei- und Ordnungsbehörden von Rheinland-Pfalz denen anderer Bundesländer, des Bundes und der Länder der Europäischen Union Daten übermitteln oder empfangen dürfen. Es handelt sich hier um eine besondere Form der Amtshilfe, deren Regelungen den §§ 4 ff. VwVfG / § 1 LVwVfG vorgehen. Bei der Datenübermittlung wird unterschieden, wer an wen und aus welchem Anlass übermittelt. Die Übermittlung ist zulässig

- ▪ zwischen **allgemeinen Ordnungsbehörden und Polizeibehörden untereinander**, soweit das erforderlich ist, polizeiliche oder ordnungsbehördliche Aufgaben der Prävention oder Repression zu erfüllen (Abs. 1)
- ▪ von allgemeinen Ordnungsbehörden und der Polizei an andere **öffentliche Stellen**
  - a) **von sich aus** (Spontan- oder Initiativübermittlung), wenn das zur Aufgabenerfüllung einer der beteiligten Stellen erforderlich ist (Abs. 2)

    Beispiel: Die Verbandsgemeindeverwaltung als Gaststättenbehörde erfährt, dass in der Gaststätte in einigen Tagen eine geschlossene Versammlung einer verbotenen Vereinigung stattfinden soll. Das teilt sie der Kreisverwaltung als Versammlungsbehörde mit.

  - b) **auf Ersuchen** (Anlassübermittlung), soweit dies zu den dort genannten präventiven oder repressiven Zwecken erforderlich ist (Abs. 3[293]); **erhebliche Nachteile für das Gemeinwohl** (Nr. 4) sind dabei Schäden, die sich nicht nur auf Einzelne auswirken und nicht nur Bagatellen sind, aber durchaus auch unterhalb der Gefahrenschwelle liegen können (z. B. das Ansehen der Bundesrepublik Deutschland im Ausland)[294]; **überwiegende schutzwürdige Interessen Einzelner** (Nr. 5) müssen keine rechtlichen sein, auch ein bei vernünftiger Erwägung gerechtfertigtes tatsächliches, wirtschaftliches oder ideelles Inter-

---

292 Vgl. dazu Schenk Rn 215 ff.
293 Wobei § 34 Abs. 3 Nr. 1 und Nr. 3 in grauenvoller Grammatik gehalten ist.
294 Ansonsten gäbe die Nr. 4 gegenüber der Nr. 1 keinen selbständigen Sinn.

esse genügt (z. B. bei befürchteten Störungen einer Jubiläumsfeier oder das Behindern von Buchverkäufen mit ungenehmem Inhalt)

Inländische öffentliche Stellen sind ungeachtet ihrer Rechtsform alle öffentlich-rechtlich organisierten Einrichtungen des Bundes oder der Länder, der öffentlich-rechtlichen Anstalten und Stiftungen, Organe der Rechtspflege, Beliehene oder die Deutsche Post, soweit ihr ein ausschließliches Recht nach dem Postgesetz zusteht (§ 2 Abs. 2 BDatSchG), **ausländische** sind vergleichbare Stellen, die außerhalb Deutschlands geführt werden, wie Einrichtungen anderer Nationen (z. B. Botschaften, Konsulate) oder Staatenverbunde (z. B. Interpol, NATO-Einrichtungen, EU-Dienststellen).

Beispiel: Polizeibeamte treffen den F in seinem Fahrzeug in einem psychisch sehr labilen Zustand an. Sie übermitteln diese Erkenntnis wegen der Gefahren für andere Verkehrsteilnehmer an die Straßenverkehrsbehörde, damit diese prüfen kann, ob nicht N auf seine Fahrtüchtigkeit hin untersucht und der Führerschein eingezogen werden muss.

■ von allgemeinen Ordnungsbehörden und der Polizei an **nicht öffentliche Stellen** (das sind alle natürlichen und juristischen Personen, Gesellschaften und andere Vereinigungen des privaten Rechts, § 2 Abs. 4 BDSG)

a)   **von sich aus** (Spontan- oder Initiativübermittlung), wenn das zur Aufgabenerfüllung einer der beteiligten Stellen erforderlich ist (Abs. 4),

b)   **auf Ersuchen** (Anlassübermittlung), soweit dies zu den dort genannten Zwecken erforderlich ist (Abs. 5)

Beispiel: Der private Betreiber eines öffentlich zugänglichen privaten Parkplatzes kann von der Straßenverkehrsbehörde Halterdaten eines Schwarzparkers erhalten, um gegen diesen privatrechtlich vorgehen zu können.[295]Aber: Dem Sicherheitsdienst eines Chemieunternehmens werden von der Polizei anlassfrei zu allen dort Beschäftigten bei der Polizei vorhandene Datensätze weitergegeben. – Dazu fehlt eine konkrete Berechtigung und Ermächtigungsgrundlage, selbst wenn es sich um offen erhobene Daten handelt.

■ von anderen öffentlichen Stellen **an die allgemeinen Ordnungsbehörden und die Polizei** (Abs. 6), wenn das zur Erfüllung ihrer Aufgaben erforderlich ist; dabei haben sie bei der **Spontanermittlung** Ermessen, auf **Ersuchen** der allgemeinen Ordnungsbehörden oder der Polizei müssen sie dann diese Auskünfte geben.

118   Im Rahmen des § 34 Abs. 7 POG können Ordnungsbehörden und Polizei Daten oder Abbildungen von Personen für öffentliche **Warnhinweise** oder **Öffentlichkeitsfahndungen** übermittelt werden, um die Identität oder den Aufenthalt einer Person festzustellen, wenn sonst ohne wesentliche Erschwernis eine Gefahr für Leib, Leben oder Freiheit dieser Person nicht abgewehrt werden könnte. Die Polizei hat diese Befugnis auch, wenn diese Gefahren nicht für, sondern *von* dieser Person ausgehen. Die gefahrenrelevante Sachlage muss wirklich bestehen und darf nicht nur vermutet werden.[296] Ferner muss aufgrund der festgestellten Sachlage nach bewährten Erfahrungssätzen davon ausgegangen werden können, dass bei ungehindertem Ablauf mit hinreichender Wahrscheinlichkeit ein geschütztes Rechtsgut geschädigt wird. Keinesfalls abgedeckt ist mit § 34 Abs. 7 POG die öffentliche Bekanntgabe personenbezogener Daten, um die Bevölkerung vor Sexual- oder Gewaltverbrechern, die aus der Justizvollzugsanstalt entlassen worden sind, zu „warnen". Zweck der Maßnahme muss immer die Ermittlung der der Polizei nicht bekannten Identität oder des Aufenthaltsortes einer Person sein. Schließlich muss die Maßnahme angesichts der Öffentlichkeitswirkung auch verhältnismäßig i. S. d. § 2 POG sein.

---

295   VG Gießen NJW 1999, 2458.
296   Keine Gefahrenforschung OVG Hamburg NVwZ-RR 2009, 878.

Beispiel: Eine verwirrte Person ist unzureichend bekleidet im Winter aus dem Pflegeheim entwichen. Die Ordnungsbehörde veröffentlicht einen Steckbrief mit Bild dieser Person, damit sie rechtzeitig aufgefunden und zurückgebracht wird. – Nicht möglich ist aber die in den angelsächsischen Ländern verbreitete Praxis, Steckbriefe von entlassenen Sexualstraftätern in dessen neuer Nachbarschaft „zu deren Schutz" zu verteilen, sobald der Entlassene dahin zieht. Es liegen weder ohne Weiteres eine konkrete Gefahr einer Wiederholungstat noch Tatsachen vor, die die Annahme eines Rückfalls rechtfertigen.

Die übermittelnde Stelle ist grundsätzlich für die Zulässigkeit der Datenübermittlung **119** **verantwortlich**, es sei denn es handelt sich um ein automatisiertes Verfahren (zum Begriff vgl. Rn 68), in dem es ja keines Ersuchens bedarf, sondern einfach abgerufen wird, § 35 Abs. 1 POG. Die übermittelten Daten dürfen vorbehaltlich speziellerer Regelungen nur zu dem Zweck verwendet werden, zu dem sie übermittelt wurden § 35 Abs. 2 POG.

Beispiel: Die Polizei stellt bei einer Kontrolle fest, dass F offensichtlich nicht gut sehen kann, aber ohne Brille ein Fahrzeug führt. Das muss (!) sie gemäß § 2 Abs. 12 StVG der Fahrerlaubnisbehörde übermitteln. Hierin liegt noch keine Zweckänderung, da die Daten erhoben und übermittelt worden sind, um die Fahreignungsvoraussetzungen des F festzustellen. – Die Unterbringungsbehörde der Kreisverwaltung bringt eine psychisch kranke Person nach den §§ 11, 15 PsychKG sofort in einer geeigneten Einrichtung unter. Eine Miteilung an die Fahrerlaubnisbehörde wäre hier eine Zweckänderung der erhobenen Daten und ist rechtlich nicht zulässig. Die Daten hätten auch nicht von der Fahrerlaubnisbehörde im Rahmen ihrer Zuständigkeit erhoben werden können (vgl. § 33 Abs. 2 S. 2 POG). Das Übermittlungsverbot gilt selbst unter dem Aspekt, dass die Fahrerlaubnisbehörde zur selben Kreisverwaltung gehört, ja sogar, wenn die Informationen bei Landrat und Dezernent zusammenlaufen. Hier kann die Fahrerlaubnisbehörde nur vom sozialpsychiatrischen Dienst nach dem in § 33 PsychKG beschriebenen Verfahren informiert werden. Warum allerdings Gründe, die eine psychiatrische Einweisung notwendig machen, nicht ausreichen sollen, um vom Betroffenen gemäß § 2 Abs. 8 StVG ein medizinisch-psychologisches Gutachten zu fordern, ist angesichts der Tatsache, dass es um den Schutz von Leib und Leben geht, unerfindlich.

Sind Daten durch ein Vertrauensverhältnis i. S. d. §§ 53 und 53a StPO geschützt und im Rahmen dieses Vertrauensverhältnis den Ordnungsbehörde oder der Polizei mitgeteilt worden, dürfen sie auch nur zu diesem Zweck übermittelt werden.

c) Datenabgleich, §§ 37 f. POG

Datenabgleich ist die Feststellung, ob Daten bereits in den jeweils von den allgemei- **120** nen Ordnungsbehörden und der Polizei geführten Dateien gespeichert sind. Gemeint sind hier Abgleiche zu präventiven Zwecken.[297] Ein solcher Abgleich rechtmäßig geführter Daten ist nach § 37 Abs. 1 POG bei Verantwortlichen nach §§ 4 und 5 POG immer möglich, bei Nichtverantwortlichen nur, wenn durch Tatsachen Anhaltspunkte begründet werden können (Erfahrungswerte oder Vermutungen genügen nicht), dass das zur Erfüllung einer bestimmten ordnungsbehördlicher oder polizeilicher Aufgaben erforderlich ist, was gegenüber der Befugnis gegenüber Verantwortlichen effektiv keine wesentliche Verschärfung sein dürfte. Die Polizei kann darüber hinaus alle rechtmäßig erlangten Daten jeder Person unabhängig von ihrer Herkunft oder Zweckbestimmung mit ihrem Fahndungsbestand abgleichen (Abs. 2), neben einem Abgleich mit POLIS/INPOL auch mit eigenen Dateien, mit dem Ausländerzentralregister (AZR), den Registern des StVG oder dem EWOIS.

Beispiel: Beim Bundesligaspiel 1. FC Kaiserslautern gegen Eintracht Frankfurt verlassen die Eintracht-Anhänger den Zug. Einige als besonders gewaltsam auffallende Fans werden angehalten, ihre Personalien festgestellt und verglichen, ob die Namen bereits in der Störerdatei geführt werden.

---

297 Vgl. dazu BVerfG NJW 2008, 1505.

Für die Dauer des Abgleichs kann die Person **angehalten** werden (vgl. Rn G 36 a. E.). Um Personen elektronisch zu erkennen, darf die Polizei bestimmte Ton- oder Bild-, insbesondere Videoaufnahmen automatisiert (zum Begriff vgl. Rn 68) abgleichen, die nach § 27 oder § 28 POG von den in § 37 Abs. 3 POG beschriebenen Personen angefertigt wurden oder werden. Diese Technik erlaubt es, Personen elektronisch zu erkennen, von denen die Polizei bereits entsprechende Daten besitzt. Das ist vorteilhaft für gezielte Fahndungen und Identifizierungen. Diese Technik ist z. B. hilfreich bei der Überwachung von Flughäfen oder Bahnhöfen zum Schutz vor Anschlägen. Der Einsatz steht unter Behördenleitervorbehalt.

Beispiel: Ein Regierungsgebäude wird nach § 27 Abs. 1 POG videoüberwacht. Die Aufnahmen werden in Echtzeit automatisiert gescannt und mit Fahndungsbildern abgeglichen. Wird auf einem der Videos eine gesuchte Person erkannt wird, löst der Computer automatisch Alarm aus.

121   Weiterhin kann die Polizei nach § 38 POG von öffentlichen und nichtöffentlichen (z. B. Reiseunternehmen, Banken, Fluggesellschaften) Stellen die Übermittlung von personenbezogenen Daten bestimmter Personengruppen zum Zwecke des automatisierten (zum Begriff vgl. Rn 68) Abgleichs (**Rasterfahndung**) verlangen (entsprechend den §§ 98a-c StPO). Die Rasterfahndung ist eine Computergestützte Fahndungsmethode. Mit ihr filtert man aus einem großen Bestand an öffentlichen oder privaten Personendaten einzelne Personen an Hand bestimmter ausgesuchter Merkmale heraus. Sie spielte eine große Rolle als in den 1970er Jahren die Straftäter der RAF gesucht wurden; man gab die typischen Merkmale der Terroristen (jung, Zahlungen mit Bargeld, kein Bankkonto, kein langfristiger Wohnsitz, keine Anmeldung bei Energieunternehmen usw.) in die Fahndung ein und filterte sie so aus der großen Masse heraus. Der Nachteil an der Rasterfahndung ist, dass in umfangreichem Maße Daten von Nichtverantwortlichen erfasst werden. Da sich dieser Abgleich aber zunächst nur innerhalb der Datenverarbeitungsanlage abspielt, stellt er für den Einzelnen keinen besonderen Eingriff dar, weswegen die Maßnahme überwiegend als verhältnismäßig angesehen wird.[298]Das Bundesverfassungsgericht[299] hält die präventive polizeiliche Rasterfahndung mit dem Grundrecht auf informationelle Selbstbestimmung gemäß Art. 2 Abs. 1 in Verbindung mit Art. 1 Abs. 1 des Grundgesetzes nur dann vereinbar, wenn zumindest eine konkrete Gefahr für hochrangige Rechtsgüter wie den Bestand oder die Sicherheit des Bundes oder eines Landes oder für Leib, Leben oder Freiheit einer Person gegeben ist. Aufgrund der Intensität der Eingriffe darf die Rasterfahndung nicht bereits im Vorfeld einer konkreten Gefahr ermöglicht werden. Die Maßnahme muss zur Abwehr einer konkreten Gefahr für den Bestand oder die Sicherheit des Bundes oder eines Landes oder für Leib, Leben oder Freiheit einer Person erforderlich sein.

Beispiel: Die Polizei gleicht verschiedene Datenbestände ab, um mögliche sogenannte „Schläfer" für mögliche Terroranschläge früher ausmachen zu können. – Hier liegt noch keine konkrete Gefahr für hochrangige Güter vor. Die Maßnahme ist rechtswidrig.

Das allerdings erscheint etwas weltfremd: Wenn die allgemeine Bedrohungslage zu einer konkreten Gefahr geworden ist, dürfte in den seltensten Fällen eine Gefahrenabwehr mittels Rasterfahndung möglich sein.

122   Zu benennen sind einmal die relevanten, persönlichen Merkmale, die eine Anzahl von Personen zur Personengruppe verbinden. Zusätzlich muss eine so erfasste Personengruppe durch weitere, besondere Merkmale eingeschränkt werden (Rasterabfra-

---

298   OVG Koblenz NVwZ 2002,1528.
299   BVerfG NVwZ 2006, 1156; Götz § 17 Rn 61.

ge[300]). Die Übermittlung beschränkt sich grundsätzlich auf die in § 38 Abs. 2 POG genannten **Grunddaten** (Name, Anschrift, Tag und Ort der Geburt) und im Einzelfass nach dem Fahndungszweck **festzulegende Merkmale** (z. B. Nationalität, Religion, Barzahler bei Energierechnungen, Länge des Aufenthalts usw.). Mit diesen Einschränkungen soll verhindert werden, dass sich die Polizei durch die Zusammenführung von vollständigen Datenbeständen ein umfassendes Persönlichkeitsbild einzelner Bürger erstellt.

Beispiel: Erpresserbriefe eines Unbekannten an die Bahn und daraus erkennbare Details veranlassen die Polizei u. a. dazu, bei der Schufa alle Personen aus deren Dateien zu ermitteln, die mindest 200 000 EUR Schulden haben, die Schufa-Bedingungen mit linksgeneigter Unterschrift gegengezeichnet haben und für die in den beiden letzten Jahren ein Zwangsversteigerungsverfahren eingeleitet wurde. Mit diesem Raster wird versucht, den Kreis möglicher Täter enger zu ziehen.

Können die zulässigen Daten nicht oder nur mit unverhältnismäßig großem Aufwand von den unzulässigen getrennt werden, z. B. weil insbesondere die privaten Stellen (Universitäten, Firmen usw.) keine entsprechenden Dateiformate haben, dürfen diese mit übermittelt, aber nicht verwertet werden.

Beispiel: Anlässlich des Datenabgleich zwischen der Datei eines Fanclubs und den eigenen Daten der Polizei im Zusammenhang mit der Verhinderung eines Betruges ergeben sich aus Anmerkungen in der Fandatei Querbezüge zur faschistischen Szene. Diese Zufallsbefunde dürfen zur Verhinderung künftiger Straftaten nicht verwertet werden, weil vorab danach gar nicht gesucht worden war.

Die Rasterfahndung bedarf außer in Eilfällen der amtsrichterlichen Entscheidung (zu deren Angreifbarkeit vgl. Rn G 98). § 38 Abs. 5 POG enthält Regelungen über Löschen, Vernichten und Dokumentation.

d) Berichtigung, Löschung und Sperrung von Daten, § 39 POG

Berichtigen von Daten ist deren Änderung von einer fehlerhaften in eine korrekte **123** Form. Der Betroffene hat einen Anspruch auf Berichtigung ihn betreffender gespeicherter personenbezogener Daten, wenn die verantwortliche Stelle von deren Unrichtigkeit Kenntnis erhält. Dabei müssen die Daten nicht entfernt werden, es reicht aus, kenntlich zu machen, zu welchem Zeitpunkt und aus welchem Grund bestimmte Daten unrichtig geworden sind. Die Pflicht der Berichtigung schließt im Falle der Übermittlung der Daten ein, diese Berichtigung auch gegenüber dem Empfänger der unrichtigen Daten vorzunehmen.

Löschen ist das Unkenntlichmachen gespeicherter personenbezogener Daten, § 3 Abs. 2 Nr. 6 LDSG. Zu löschen sind personenbezogene Daten (über die speziell gesetzlich geregelten Fälle hinaus, z. B. §§ 27 Abs. 6 S. 2, 30 Abs. 3, 31 Abs. 3 und 8, 32 Abs. 4, 33 Abs. 4 oder 38 Abs. 4, wenn

1. der der Speicherung zugrunde liegende Verdacht entfällt
2. deren Speicherung unzulässig war (vgl. § 33 POG),
3. aufgrund einer verpflichtend vorzunehmenden Überprüfung oder aus Anlass einer Einzelfallbearbeitung festgestellt wird, dass die Daten für die weitere Aufgabenerfüllung nicht mehr benötigt werden.

Beispiel: D hatte wegen seiner abhanden gekommenen Brieftasche eine Diebstahlsanzeige gemacht. Darauf hatte die Polizei auch gegen ihn selbst ein Ermittlungsverfahren eingeleitet. D wird darum in einer polizeilichen Datei als Tatverdächtiger eines Diebstahls gespeichert. Nach Einstellung des Verfahrens ist ohne zusätzliche Hinweise auf eine Täterschaft des D

---

300 Rasterfahndung für repressive Verfahren ist in §§ 98a – 98c StPO geregelt.

auch seine Erfassung in KAN (KriminalAktenNachweis) als möglicher Straftäter unverzüglich zu sperren und ggf. zu löschen. – A ist wegen eines Ladendiebstahls als 15-Jähriger verurteilt worden. Mit 20 Jahren muss er feststellen, dass er in polizeilichen Dateien immer noch als Straftäter geführt wird. Entsprechende Angaben im Strafregister sind längst gelöscht. Ohne konkrete Anhaltspunkte für bevorstehende, neue Straftaten sind die Eintragungen in den polizeilichen Dateien ebenfalls zu löschen.

In den Fällen des § 39 Abs. 3 POG, in denen ausnahmsweise die Daten noch benötigt werden oder ihre Löschung unverhältnismäßig ist, tritt an die Stelle der Löschung die Sperrung. **Sperren** ist das Kennzeichnen personenbezogener Daten, um ihre Verarbeitung einzuschränken, § 3 Abs. 2 Nr. 5 LDSG. Gesperrte Daten dürfen nur zur unerlässlichen Behebung einer bestehenden Beweisnot oder zur wissenschaftlichen Zwecken verwendet werden. Über die dort genannten Fälle hinaus muss eine Sperrung auch zulässig sein, solange die Löschungsvoraussetzungen unklar sind. Für die Maßnahmen besteht weder eine Behördenleitervorbehalt noch eine Dokumentationspflicht. Der Anspruch auf Berichtigung, Löschung oder Sperrung eigener personenbezogener Daten kann (wegen der Abwägungspflicht) mit der Verpflichtungsklage durchgesetzt werden.

e) Weitere datenschutzrechtliche Pflichten, §§ 40 ff. POG

124Der Betroffene hat nach § 40 POG grundsätzlich einen **Anspruch** auf unentgeltliche **Auskunft** über die zu seiner Person gespeicherten personenbezogenen Daten. Der Auskunftsanspruch dient dazu, den Betroffenen in die Lage zu versetzen, seinen eventuellen Anspruch auf Berichtigung, Löschung oder Sperrung durchzusetzen. Darum erstreckt sich der Anspruch im Hinblick auf den Schutz der Informanten und der Dienstwege nicht auf die Herkunft der Daten. Auskünfte aus Akten heraus, die auch durch Akteneinsicht möglich sind, müssen nur dann erteilt werden, wenn

- der Betroffene nähere Angaben macht, wo die Daten aufzufinden sind und
- der erforderliche Aufwand nicht außer Verhältnis zum Auskunftsanspruch steht.

Bei einem **überwiegenden öffentlichen oder privaten Geheimhaltungsinteresse** i. S. d. § 40 Abs. 2 POG hat die Auskunft zu unterbleiben; diese muss dann aber auf sein Verlangen dem Landesbeauftragten für Datenschutz erteilt werden, worüber der Betroffene zu belehren ist (Abs. 3). § 40 Abs. 5 POG regelt die **Unterrichtungspflicht bei verdeckter Datenerhebung**.

Die §§ 41 bis 42 POG regeln Einzelheiten über die Einrichtung polizeilicher Dateien, technische und organisatorische Maßnahmen des Datenschutzes und die hilfsweise Geltung des Landesdatenschutzgesetzes. Insbesondere erfüllt § 41a POG eine Forderung des Bundesverfassungsgerichts zur Vorratsdatenspeicherung[301], wonach technisch-organisatorische Datenschutzregelungen in das Polizei- und Ordnungsbehördengesetz integriert werden müssen, so dass die geforderten hohen Anforderungen zur Datensicherheit bei der Verarbeitung von Verkehrsdaten (zum Begriff s. Rn G 100) durch die Telekommunikations-Diensteanbieter auch für die Polizei gelten. Danach müssen grundsätzlich eine getrennte Speicherung der Daten, eine anspruchsvolle Verschlüsselung, ein gesichertes Zugriffsregime sowie eine revisionssichere Protokollierung sichergestellt sein.

---

301 NJW 2010, 833.

H. Die Gefahrenabwehrverordnung (GVO)

I. Abgrenzung gegen andere Formen des Verwaltungshandelns

Die allgemeinen Ordnungsbehörden haben unterschiedliche Instrumentarien, um Ge- **1** fahren zu bekämpfen. Dies kann durch rein tatsächliche Handlungen ohne gezielten Regelungscharakter geschehen (Realakte, z. B. handgreifliches Einschreiten, Beseitigen von Hindernissen) oder durch Verwaltungsakte i.S.d. § 35 VwVfG (Verbote und Gebote). Letztere sind entweder an bestimmte oder bestimmbare Personen bzw. einen bestimmten, d.h. abgrenzbaren oder bestimmbaren Personenkreis gerichtet, oder sie regeln einen konkreten Sachverhalt, also einen, der sich nach Zeit, Ort und Gegenstand bestimmen lässt (vgl. Rn G 13). Demgegenüber ist eine Rechtsverordnung, wie alle Rechtsnormen, regelmäßig **generell** (an keine bestimmte oder bestimmbare Person gerichtet) und **abstrakt** (auf keinen konkret vorhandenen Fall bezogen).[1] Eine Gefahrenabwehrverordnung ermöglicht, Maßnahmen bereits im Vorfeld zu treffen, ohne erst die konkrete Gefahr abwarten zu müssen. Vor allem entbindet sie die Ordnungsbehörde von einer möglicherweise kaum zu führenden Beweislast.

Beispiel: Wenn das Füttern von Tauben verboten werden soll, um die Ausbreitung von Krankheiten zu verhindern: Wie soll die Ordnungsbehörde im Einzelfall nachweisen, dass die konkret gefütterte Taube krank ist? Davon entbindet sie eine Gefahrenabwehrverordnung, weil die Ordnungsbehörde bereits deswegen eingreifen kann, weil gegen die öffentliche Sicherheit unter dem Gesichtspunkt Rechtsordnung (Gefahrenabwehrverordnung) verstoßen wurde.[2]

Ein bestimmtes Verhalten oder ein bestimmter Zustand kann daher schon dann ordnungsrechtliche Maßnahmen begründen, wenn zwar im Sinne einer konkreten Gefahr keine Individualgüter erkannt oder bewiesen werden können, wohl aber gegen ein Ge- oder Verbot in einer Gefahrenabwehrverordnung verstoßen wird. Die Gefahrenvermutung in der Gefahrenabwehrverordnung ist unwiderlegbar. Weil der Verwaltung insoweit selbstständige Feststellungen zum Vorliegen einer Gefahr genommen sind, spricht man bei der darauf aufbauenden Verfügung auch von einer **unselbstständigen Verfügung**.

Rechtsverordnungen dienen der **Konkretisierung von förmlichen Gesetzen**. Da sie **2** anders als die förmlichen Gesetze nicht vom Parlament, sondern von der Verwaltung erlassen werden, können sie schneller den veränderten Bedürfnissen angepasst werden, außerdem braucht sich so das in der Regel nicht fachkundige Parlament nicht mit fachlichen Detailfragen zu befassen. Unzulässig ist jedoch eine Gefahrenabwehrverordnung, die nur den Zweck hat, die Aufgaben der allgemeinen Ordnungsbehörden zu erleichtern, § 45 Abs. 1 POG (z. B. eine Verpflichtung der Bürger, Kampfhunde in der Nachbarschaft anzuzeigen, um den Ordnungsbehörden die Arbeit zu vereinfachen). Rechtsverordnungen können sogar in engen Grenzen Ermächtigungsgrundlagen enthalten und dem Gesetzesvorbehalt gemäß Art. 20 Abs. 3, 19 Abs. 1 GG entsprechen (so z. B. §§ 36 Abs. 1, 44 Abs. 2 StVO), doch wesentliche, besonders grundrechtsintensive Eingriffsregelungen sind dem formellen Gesetz ersatzlos vorbehalten. Nach Art. 110 LVf ist aber Voraussetzung jeder Rechtsverordnung, dass sie für den konkreten Regelungsbereich in einem formellen Gesetz zugelassen ist und dass das Wesentliche nicht in der Verordnung, sondern im Gesetz enthalten ist, weil andernfalls das Parlament als Legislative ausgehebelt werden könnte.

---

1 Vgl. hierzu Rn D 17 bzw. L 2.
2 VGH Mannheim DÖV 1992, 79.

3 § 49 POG stellt klar, dass der Bestimmtheitsgrundsatz (§ 45 Abs. 2 POG) und die Formerfordernisse des § 46 Abs. 1 POG (ausgenommen die Bezeichnung als „*Gefahrenabwehrverordnung*") auch dann gelten, wenn allgemein verbindliche **Vorschriften aufgrund anderer Rechtsvorschriften** als der §§ 43 ff. erlassen werden. Da sich diese Norm auf „*Vorschriften*" und nicht nur auf „Rechtsnormen" bezieht, gilt das folglich auch für Allgemeinverfügungen.

II. Formelle Rechtmäßigkeit einer Gefahrenabwehrverordnung

1. Zuständigkeit

4 Nach § 43 POG können Ministerien innerhalb ihres sachlichen Geschäftsbereichs und allgemeine Ordnungsbehörden (vgl. Rn B 18) innerhalb ihres örtlichen Dienstbezirks Gefahrenabwehrverordnungen erlassen. Darüber hinaus kann auch die Landesregierung nach § 297 EGStGB Sperrbezirksverordnungen festsetzen.[3] Dagegen sind Gefahrenabwehrverordnungen durch Polizeibehörden nicht mehr möglich.

2. Formerfordernisse einer Gefahrenabwehrverordnung

§ 46 Abs. 1 POG stellt bestimmte Formerfordernisse für Gefahrenabwehrverordnungen auf, deren Verletzung die Verordnung unwirksam macht. Zum Teil ergibt sich ihre Notwendigkeit aus Art. 110 LVf, zum Teil dienen sie der Rechtsklarheit.

- ■ Nr. 1: Die Überschrift muss den Inhalt kennzeichnen. Es muss also schon aus der Überschrift das **Sach- und Regelungsgebiet** erkennbar sein (z. B. „*Bekämpfung kranker Tauben*" usw.)
- ■ Nr. 2: In der Überschrift muss das Wort „*Gefahrenabwehrverordnung*" stehen. „Rechtsverordnung" würde nicht genügen, selbst wenn es durch „zur Gefahrenabwehr" ergänzt würde. Dadurch soll die Verordnung bereits klar signalisieren, dass es hier um eine Gefahrenabwehrverordnung mit Ver- und Geboten geht.
- ■ Nr. 3: Das der Gefahrenabwehrverordnung zugrunde liegende formelle **Gesetz** muss eingangs **zitiert** werden, also die §§ 43 ff. POG, gegebenenfalls (weitere) Spezialgesetze (z. B. „*Aufgrund der §§ 43 bis 49 POG in der Fassung vom …*").
- ■ Nr. 4: Der **örtliche Geltungsbereich** (Gebiet der Gemeinde, der Verbandsgemeinde, der Stadt, des Landkreises, des Landes, oder Teile davon) muss festgelegt werden (z. B. „*für das Land Rheinland-Pfalz*" oder „*für das Gebiet der Verbandsgemeinde V*").
- ■ Nr. 5: Soweit Zustimmungen, Einvernehmen oder Genehmigungen anderer Stellen gesetzlich vorgeschrieben sind (s. dazu unten Rn H 5), ist anzugeben, dass diese **Mitwirkungen** stattgefunden haben (z. B. „*mit Zustimmung des Stadtrates*").
- ■ Nr. 6: Das **Erlassdatum** muss angegeben werden (wichtig nicht nur für den Zeitpunkt des Inkrafttretens, sondern auch für die Geltungsdauer, wenn von der Sollbestimmung des § 46 Abs. 2 POG, diese Zeitpunkte ausdrücklich festzulegen, nicht Gebrauch gemacht wird, s. u.).

---

3 Siehe die auf der Ermächtigungsgrundlage des Art. 297 Abs. 1 S. 1 Nr. 3 des Einführungsgesetzes zum Strafgesetzbuch – EGStGB – beruhende Rechtsverordnung zum Schutz der Jugend und des öffentlichen Anstandes für den (ehemaligen) Regierungsbezirk Rheinhessen-Pfalz vom 14. August 1986 i. d. F. vom 17. Februar 2004, die die Ausübung der Prostitution in Gemeinden bis zu 50.000 Einwohnern verbietet. Daran ändert auch das Prostitutionsgesetz vom 20.12.2001, BGBl. I S. 3983, nichts, OVG Lüneburg NOrdÖR 2003, 26. S. a. OVG Koblenz NVwZ-RR 2005, 713.

▪ Nr. 7: Die erlassende **Behörde** (Ministerium, Kreisverwaltung, Stadtverwaltung, Gemeinde- oder Verbandsgemeindeverwaltung) ist zu bezeichnen (z. B. *„Kreisverwaltung Mayen-Koblenz"*).

Schließlich soll das **Inkrafttreten** und die **Geltungsdauer** (maximal 20 Jahre, damit **5** die Verordnung an die möglicherweise geänderten Verhältnisse angepasst werden kann) bestimmt werden, § 46 Abs. 2 POG. Anders aber als bei den Anforderungen nach § 46 Abs. 1 POG führt ihr Fehlen nicht zur Rechtswidrigkeit der Norm. Vielmehr gilt ohne eine solche Bestimmung die Gefahrenabwehrverordnung als eine Woche nach ihrer Verkündung in Kraft getreten, und sie wird 20 Jahre später unwirksam. Die Ein-Wochen-Regelung bei der Bekantmachung weicht von § 5 Abs. 2 VerkündG ab, wonach Verordnungen ohne Zeitangaben zwei Wochen nach öffentlicher Bekanntmachung oder Verkündung in Kraft treten. Die 20-Jahre-Frist für das Außer-Kraft-Treten gilt aber nicht, wenn die Gefahrenabwehrverordnung nicht neu geschaffen, sondern nur geändert oder aufgehoben wird. Bei einer bloßen Änderung bleibt es bei der ursprünglichen Geltungsdauer der Verordnung (es sei denn, gerade die Geltungsdauer würde verkürzt oder verlängert, wobei eine Verlängerung nur insoweit möglich ist, als alte und neue Geltungsdauer zusammengerechnet nicht 20 Jahre überschreiten). Die Aufhebung der Gefahrenabwehrverordnung durch die Erlass- oder die Aufsichtsbehörde (§ 47 POG) ist aber immer endgültig und muss wie die Verkündung im jeweiligen Amtsblatt veröffentlicht werden (s. dazu unten Rn 6). Ist eine Gefahrenabwehrverordnung aufgehoben oder ihre Geltungsdauer abgelaufen, bleibt nur die Möglichkeit, sie erneut zu erlassen.

3. Verfahren

§ 43 Abs. 1 und 2 POG setzen, außer für das Ministerium des Innern und für Sport, **6** gewisse Mitwirkungserfordernisse voraus. Nach § 43 Abs. 2 POG ergehen Gefahrenabwehrverordnungen der übrigen Ministerien im Einvernehmen mit dem Ministerium des Innern und für Sport. **„Einvernehmen"** heißt, dass dieses Ministerium der Verordnung ausdrücklich zustimmen muss, damit diese rechtmäßig in Kraft treten kann. Die allgemeinen Ordnungsbehörden bedürfen der **Zustimmung** des Kreisausschusses (nicht Kreistages, das würde eventuell zu lange dauern), des Stadt-, Verbandsgemeinde- oder Gemeinderates. „Zustimmung" bedeutet inhaltlich das Gleiche wie „Einvernehmen". Aber anders als das Einvernehmen ist die Zustimmung dadurch ersetzbar, dass die Ordnungsbehörde den Entwurf der jeweiligen **Aufsichtsbehörde** (§ 118 GemO, § 61 LKO) zur Entscheidung vorlegt. In **Eilfällen** kann die Gefahrenabwehrverordnung ausnahmsweise auch ohne Zustimmung erlassen und zunächst einmal wirksam werden; diese ist dann aber unverzüglich (= ohne schuldhaftes Zögern) nachzuholen. Dem folgend gibt es vier Möglichkeiten: Die (wirksame) Gefahrenabwehrverordnung ist aufzuheben,

▪ wenn entweder die zu beteiligenden Gremien die Zustimmung verweigern und die Ordnungsbehörde es dabei belässt, oder

▪ wenn die Ordnungsbehörde die Gefahrenabwehrverordnung nach der Verweigerung durch die zu beteiligenden Gremien der Aufsichtsbehörde zur Entscheidung vorlegt, die Aufsichtsbehörde sich aber gegen den Erlass der Verordnung ausspricht.

Die Gefahrenabwehrverordnung bleibt gültig,

■ wenn entweder die zu beteiligenden Gremien zustimmen oder
■ sie zwar nicht zustimmen, das aber die Aufsichtbehörde tut, nachdem die Ordnungsbehörde ihr die Gefahrenabwehrverordnung vorgelegt hat.

7 Gefahrenabwehrverordnungen, deren Geltungsdauer sechs Wochen überschreitet (das ist die Regel), müssen noch vor ihrem Erlass **genehmigt** werden. Für diese Genehmigung ist bei Gefahrenabwehrverordnungen der Kreisverwaltungen die Aufsichts- und Dienstleistungsdirektion Trier als Landesordnungsbehörde (§ 89 Abs. 3 POG), für die Gefahrenabwehrverordnungen aller anderen allgemeinen Ordnungsbehörden die Kreisverwaltung zuständig, § 44 POG. Die Genehmigung kann ausdrücklich erteilt werden; sie wird fingiert, wenn sie nicht binnen eines Monats verweigert wird. Wird innerhalb eines Monats die Genehmigung verweigert, kann die Gefahrenabwehrverordnung nicht in Kraft treten. Die **Ausfertigung** einer Gefahrenabwehrverordnung erfolgt mangels einer spezielleren Regelung entsprechend Art. 28 Abs. 1, 82 Abs. 2 GG durch die erlassende Stelle.[4] Die ausgefertigte Verordnung ist nach Art. 113 Abs. 2 LVf i. V. m. §§ 1–3 VerkündG je nach Rang der Verordnung im maßgeblichen der dort vorgeschriebenen Organe **bekannt zu machen**. Dabei kann es sich um das GVBl, den Staatsanzeiger, Amtsblätter oder Tageszeitungen handeln. In Not- und Eilfällen kann nach § 10 VerkündG eine Verordnung auch anderweitig, z. B. über Radio und Fernsehen, bekannt gemacht werden.

III. Materielle Rechtmäßigkeit der Gefahrenabwehrverordnung

8 Nach § 43 Abs. 1 POG werden Gefahrenabwehrverordnungen zur Abwehr einer Gefahr für die **öffentliche Sicherheit oder Ordnung** erlassen. Selbst also auf die öffentliche Ordnung, die je nach regionalem und konfessionellem Hintergrund völlig unterschiedlich zu beurteilen ist, lässt sich nach der herrschenden Meinung eine Gefahrenabwehrverordnung stützen.[5] Hinsichtlich dieser Schutzgüter kann daher oben auf die Ausführungen in Kap. C verwiesen werden.

Anders aber als für Ordnungsverfügungen genügt für Gefahrenabwehrverordnung, dass eine **abstrakte Gefahr** (vgl. näher zu dem Begriff Rn D 17) für die öffentliche Sicherheit oder Ordnung vorliegt. Anders als die konkrete (= im einzelnen Falle bestehende) Gefahr, muss bei der abstrakten Gefahr nicht mit hinreichender Wahrscheinlichkeit ein Schaden in absehbarer Zeit drohen oder gar eingetreten sein. Vielmehr wird abstrakt ein Sachverhalt beschrieben, der typischerweise Gefahren begründet, wenn er tatsächlich einmal eintritt.[6] Aber auch die Feststellung einer abstrakten Gefahr verlangt mithin eine in tatsächlicher Hinsicht genügend abgesicherte Prognose: Es müssen – bei abstrakt-genereller Betrachtung – hinreichend Anhaltspunkte vorhanden sein, die den Schluss auf den drohenden Eintritt von Schäden rechtfertigen.[7] Je höher das zu schützende Rechtsgut bzw. je höher der erwartete Schaden wäre, desto geringer sind die Anforderungen an die Wahrscheinlichkeit.[8] Auch hier reichen keine bloßen Belästigungen.

---

4 BVerfGE 55, 226.
5 BVerfGE 11, 77 und 18, 407 stellen zusätzlich auf die öff. Sicherheit ab; BVerfGE 54, 143, VGH München NJW 1972, 2149 u. VGH Kassel NVwZ-RR 1992 619 ff.
6 BVerwG NVwZ 2003, 95; OLG Karlsruhe NJW 1984, 503 und OVG Bremen DÖV 1993, 576.
7 BVerwG NVwZ 2003, 95.
8 OVG Koblenz DÖV 2007, 82; VGH Mannheim VBlBW 2008, 135.

Beispiel: Das Verbot „*des Lagerns oder dauerhaften Verweilens von Personen außerhalb von Freischankflächen oder Einrichtungen auf öffentlichen Straßen oder Grünanlagen zum ausschließlichen oder überwiegenden Zweck des Alkoholgenusses*" ist zu verallgemeinernd und ist wegen seines Verzichts auf eine Einzelfallprüfung unverhältnismäßig[9]. Anders ist die Gefahrenabwehrverordnung zu beurteilen, wenn zusätzlich darauf abgestellt würde, dass dessen Auswirkungen dazu geeignet sein müssen, Dritte zu gefährden oder wenigstens erheblich zu belästigen. – Ebenso wenig erfüllt das „stille" Betteln, also ohne Nötigung i.S.d. § 240 StGB, ohne Körperkontakt, ohne Verstellen des Weges, ohne beleidigende Äußerungen und ohne Einsatz von Minderjährigen oder exotischen Tieren den Gefahrenbegriff.[10]

Eine rechtmäßige Gefahrenabwehrverordnung ist auch bei einer Anscheinsgefahr denkbar, wenn das auch selten vorkommen wird, niemals jedoch bei einem bloßen Gefahrenverdacht (vgl. zum Begriff Rn D 18).[11]

Auf der Rechtsfolgenseite ermächtigt das POG, in einer Gefahrenabwehrverordnung **9** **Gebote und Verbote** zu erlassen, § 43 Abs. 1 POG. Alle anderen Regelungen, die in einer Rechtsverordnung von einem Ministerium oder den allgemeinen Ordnungsbehörden festgelegt würden (z. B. Zuständigkeiten, Regelung eines Benutzungsverhältnisses[12], technische Anforderungen, Befugnisse usw.), sind demnach keine Gefahrenabwehrverordnungen.

Inhaltlich besteht nach § 3 POG **Ermessen**.[13] Dieses Ermessen unterliegt allerdings gewissen Schranken. So darf nach § 43 Abs. 4 von einer nachgeordneten Ordnungsbehörde eine Gefahrenabwehrverordnung einer vorgesetzten Behörde nur ergänzt werden, wenn die Gefahrenabwehrverordnung der vorgesetzten Behörde das ausdrücklich zulässt. Andernfalls wird davon ausgegangen, dass die Gefahrenabwehrverordnung der vorgesetzten Behörde abschließend den Sachbereich regelt und darum kein Raum für weitere Regelungen bleibt.

Die in der Verordnung enthaltenen Gebote und Verbote müssen in Geltungsbereich und Inhalt aus sich heraus verständlich und eindeutig sein, § 45 Abs. 2 POG.[14] „*Sich nach Art eines Landstreichers herumzutreiben*", genügt danach z. B. nicht den Anforderungen an eine hinreichende **Bestimmtheit** von Verboten.[15] Dagegen genügt es für den Bestimmtheitsgrundsatz des § 45 Abs. 2 POG, dass *außerhalb bebauter Ortslagen Hunde umgehend und ohne Aufforderung anzuleinen sind, wenn sich andere Personen nähern oder sichtbar werden*, wohingegen das Gebot einer Anleinpflicht für den Fall, dass *sich der Hund außerhalb bebauter Ortslagen „nicht einsehbaren Flächen nähert*", unwirksam ist.[16] Die Verwendung von unbestimmten Rechtsbegriffen dagegen bedeutet alleine noch keinen Verstoß gegen das Bestimmtheitsprinzip.[17] Zeitliche und örtliche Angaben müssen aus der Verordnung oder beigefügten Karten eindeutig zu entnehmen sein, besonders erläuternde Kartenwerke können nicht nachgeschoben werden[18]. Verordnungen müssen **tatsächlich und rechtlich Mögliches** in ihren Geboten und Verboten regeln. Hier gelten ähnliche Überlegungen wie bei der tatsächlichen und rechtlichen Möglichkeit von Verwaltungsakten (s. dazu Rn F 10).

---

9 VGH Mannheim NVwZ 2003, 115.
10 VGH Mannheim DÖV 1998, 1015.
11 BVerwG NVwZ 2003, 95.
12 VGH Mannheim DVBl. 2012, 1311.
13 Thiel Rn 593.
14 BVerfGE 37, 142.
15 BVerfG (K) NVwZ 2004, 976, VGH Mannheim VBlBW 1999, 102; OVG NJW 1984, 507; OVG Schleswig NVwZ 2001, 1300.
16 OVG Koblenz DÖV 2007, 82.
17 BVerfGE 21, 245 und VGH Kassel RdL 1995, 167 f.
18 OVG Koblenz AS 21, 138 zur hinreichenden Bestimmtheit des Geltungsgebiets einer Landschaftsschutzverordnung.

Beispiel: So ist eine Reinigungspflicht für eine stark befahrene Straße (neben der Unzumutbarkeit auch) tatsächlich unmöglich und eine das anordnende Verordnung deshalb nichtig.[19]

Weiterhin gelten praktisch die gleichen Ermessensregeln wie für die Ordnungsverfügungen (vgl. Kap. E und F).

10 Für Ministerverordnungen über überwachungsbedürftige Anlagen oder Gegenstände sind Bezugnahmen auf **Bekanntmachungen technischer Sachverständigen-Stellen** zulässig, § 45 Abs. 3 POG. Verordnungen mit Bezugnahmen auf Stellungnahmen des Normierungs-Ausschusses oder des *Verbandes Deutscher Ingenieure* u. ä. sind nur dann hinreichend bestimmbare Regelungen, wenn die in Bezug genommenen Stellungnahmen für die Adressaten einer Verordnung erreichbar sind.

11 Die erlassene GVO muss schließlich **verhältnismäßig** sein. Neben Geeignetheit und Erforderlichkeit einer Verordnung (vgl. dazu entsprechend Rn F 18 f.) mit den darin enthaltenen Geboten und Verboten muss die Verordnung angemessen sein (vgl. dazu entsprechend Rn F 20). Die zum Schutz der gefährdeten Schutzgüter der öffentlichen Sicherheit vorgesehenen Maßnahmen dürfen nicht außer Verhältnis zu den damit zu schützenden Rechtsgütern stehen.

Beispiel: Ein ganzjähriges Anleingebot für Hunde auf einer Ferieninsel verstößt gegen das Übermaßverbot,[20] ebenso ein generelles Anleingebot für Hunde im Wald.[21] – Eine Maulkorbregelung für Hunde darf nicht pauschal bestimmte Hunderassen wegen ihrer generellen Gefährlichkeit der Regelung unterwerfen; das verstößt gegen das aus Art. 3 Abs. 1 GG folgende Differenzierungsgebot nach sachlichen Kriterien.[22] – Ist in einer Allgemeinverfügung geregelt, dass während der Karnevalszeit Kioske Alkohol nicht in Glas-, sondern nur in Plastikbehältern verkaufen dürfen, bedarf es für entsprechende Eingriffsmaßnahmen nicht mehr des Einzelnachweises, dass von dem konkreten Glasgefäß eine konkrete Gefahr ausgeht.[23] – Umgekehrt ist ein Glasverbot unverhältnismäßig, um ganz allgemein die Möglichkeit von Glasbruch durch Trinkgefäße und anschließendem Herumliegen von Glasscherben auszuschließen, ohne dass das irgendwie auf ein bestimmtes Ereignis eingeschränkt ist.[24] Auch liegt keine abstrakte Gefahr vor, wenn jemand zwischen 22 und 6 Uhr an Wochenenden auf öffentlich zugänglichen Flächen Alkohol konsumiert oder gar nur mitführt[25] (s. auch **Beispiel** unter Rn H 1).

Durch eine GVO vorgeschriebene Mittel zu Gefahrenabwehr sind verbindlich anzuwenden. Ein **Austauschrecht** des Adressaten wie bei § 3 Abs. 2 S. 2 POG gibt es gegenüber einer GVO nicht.

IV. Bußgeldbestimmung

12 Wie formelle Gesetze auch, kann die Gefahrenabwehrverordnung Bußgeldtatbestände enthalten. Voraussetzung ist nach § 48 Abs. 1 POG jedoch, dass die Gefahrenabwehrverordnung für einen bestimmten Tatbestand auf diese Bußgeldbestimmung verweist.

Beispiel: *„Ordnungswidrig i.S.d. § 48 POG handelt, wer entgegen § 1 dieser Verordnung Tauben füttert."* – Nicht ausreichend wäre es, nur den Paragrafen zu nennen, z. B. *„..., wer gegen § 1 dieser Verordnung verstößt."*, ebenso wenig ausreichend der mangelnde Bezug auf § 48 POG.

---

19 Bay VGH NJW 1983, 2871.
20 OVG Lüneburg NVwZ 1991, 694.
21 OVG Münster DÖV 2012, 816.
22 OVG Bremen DÖV 1993, 576.
23 OVG Münster JuS 2010, 1132; Heckel NVwZ 2012, 88.
24 VGH Mannheim 26.7.2012 Az. 1 S 2603/11; dazu Hartmann ZJS 2012, 812.
25 VGH Mannheim NVwZ-RR 2010, 55; OVG Magdeburg DVP 2011, 211; zusammenfassend Heckel NVwZ 2010, 359 ff.

Gleiches gilt für die Einziehung von Gegenständen, § 48 Abs. 3 POG.

Das Erfordernis eines konkreten Bußgeldtatbestands[26] muss für den Bürger im Vorhinein hinreichend eindeutig erkennen lassen, ob ein bestimmtes Verhalten bußgeldbewehrt ist oder nicht.[27] Der Bußgeldtatbestand kann an den bloßen Verstoß gegen die Gefahrenabwehrverordnung oder an die Nichtbefolgung einer vollziehbaren Anordnung aufgrund der Gefahrenabwehrverordnung anknüpfen. Fahrlässigkeit genügt, wenn die Gefahrenabwehrverordnung nichts anderes sagt (§ 48 Abs. 1 POG verdrängt insoweit § 10 OWiG). Während es für die Durchsetzung präventiver Maßnahmen grundsätzlich ausreicht, dass sie vollziehbar und nicht nichtig (nicht aber zwingend rechtmäßig) sind,[28] verlangt das BVerfG für Bußgelder wegen der Nichtbefolgung grundrechtsrelevanter Verfügungen, dass nur die Nichtbefolgung einer *rechtmäßigen* Verfügung mit einem Bußgeld geahndet werden kann.[29]

Steht in der Gefahrenabwehrverordnung nichts Einschränkendes, kann die Ordnungs- **13** widrigkeit von 5 EUR (§ 17 OWiG) bis 5.000 EUR (§ 48 Abs. 2 POG) geahndet werden. Bei Fahrlässigkeit ist die Höhe der Geldbuße zu halbieren, § 17 Abs. 2 OWiG. Im Übrigen richtet sich die Höhe der Geldbuße nach den in § 17 Abs. 3 und 4 OWiG aufgeführten Kriterien.

Für die Durchführung eines Bußgeldverfahrens ist bei Gefahrenabwehrverordnungen der Ministerien, der Aufsichts- und Dienstleistungsdirektion Trier und der Kreisverwaltungen die Kreisordnungsbehörde (§ 89 Abs. 2 POG) zuständig, im Übrigen die örtliche Ordnungsbehörde für die selbst erlassenen Verordnungen, § 48 Abs. 4 POG.

Ansonsten gelten die Regelungen des OWiG, insbesondere dessen §§ 8 ff., 35 ff. und 65 f.

---

26 BVerfGE 71, 114.
27 BVerfG NVwZ 1990, 751.
28 Vgl. Rn H 28; OLG Koblenz VRS 80, 51.
29 BVerfG DVBl 1993, 152 für Art. 8 GG und BVerfG EuGRZ 1995, 260 für Art. 2 Abs. 1 GG. Nach der Entscheidung zu Art. 2 Abs. 1 GG dürfte die Bezugnahme von Bußgeldern auf rechtswidrige Verfügungen in Zukunft eine eher theoretische Möglichkeit bleiben. Die Exekutive in einem demokratischen Staat sollte auf repressives Abstrafen von Ungehorsam gegenüber rechtswidrigen Verfügungen nicht angewiesen sein.

J. Die Durchsetzung ordnungsrechtlicher Maßnahmen

I. Die öffentlich-rechtliche Zwangsvollstreckung

1. Rechtsnatur und Vorschriften

1 Eine Maßnahme kann dadurch durchgesetzt (vollzogen) werden, dass die Behörde sie schlicht ausführt oder dadurch, dass sie sie im Wege des öffentlich-rechtlichen Zwanges vollstreckt. **Zwangsvollstreckung** liegt nur vor, wenn ein Hoheitsträger Anstalten macht, den tatsächlich oder möglicherweise entgegenstehenden Willen des Adressaten mit Zwangsmitteln (vgl. Rn J 3) zu beugen.

Beispiel: Das bloße Aufstellen von Barrieren im Straßenverkehr bei Baustellen ist nur eine schlichte Maßnahme; bei Demonstrationen kann das aber anders sein, wenn ernsthaft nicht ausgeschlossen wird, dass die Barrieren gestürmt werden könnten. – Das Aufheben einer Erlaubnis ist eine Gestaltung, für deren Wirksamkeit es egal ist, ob der Betroffene einverstanden ist oder nicht; es handelt sich darum nicht um einen Akt der Willensbeugung und damit nicht um Zwangsvollstreckung.

Keine Zwangsvollstreckung ist die einfache Anwendung der Standardmaßnahmen in den §§ 9a ff. POG ohne Gewalt.

Beispiel: Darum liegt keine Zwangsvollstreckung vor, wenn der Ordnungsbeamte dem Besitzer einen Schlagring wegnimmt (Sicherstellung nach § 22 POG), solange er dabei keine Gewalt gegen die Person anwendet. Entsprechendes gilt für die Durchsuchung des Betroffenen, seiner Sachen oder seiner Wohnung (§§ 18 ff. POG).

Die Zwangsvollstreckung ist die härteste Form der Vollziehung. Sie gibt es im Zivil-, Straf- und Verwaltungsrecht. Für das Polizei- und Ordnungsrecht gelten grds. die Regeln des rheinland-pfälzischen **Verwaltungsvollstreckungsgesetzes**, soweit keine Bundesbehörden vollstrecken. Für die Polizei gelten ergänzend die Regelungen der §§ 57 ff. POG, wenn es um die Frage geht, *wie* unmittelbarer Zwang anzuwenden ist. Die §§ 57 ff. POG gelten für die Polizei auch dann, wenn (**repressiv**) Eingriffsmaßnahmen der Strafprozessordnung (StPO) durchgesetzt werden sollen; das folgert man aus § 57 Abs. 1 POG, weil logischerweise die Regeln der StPO die Befugnis zum unmittelbarer Zwang konkludent, also auch ohne ausdrückliche Regelung enthalten. Zwangsvollstreckung ist immer **nur durch einen Hoheitsträger** zulässig (Gewaltmonopol des Staates). Als Hilfsmittel der Gefahrenabwehr unterliegt sie nicht den Grundsätzen, die für Strafen, Bußen u. ä. gelten[1]. Es widerspricht deshalb nicht dem in Art. 103 Abs. 3 GG ausgesprochenen Verbot der Doppelbestrafung (ne bis in idem), dass § 62 Abs. 3 LVwG es zulässt, Zwangsmittel neben einer Strafe oder Geldbuße zu verhängen und das sogar zu wiederholen.[2] Eine Wiederholung ist nur ausgeschlossen, wenn der Verwaltungsakt oder die Ordnungspflicht befolgt worden ist oder sich anders erledigt, § 62 Abs. 3 LVwG.

2 Zwang kann sowohl gegen **Verantwortliche** als auch gegen **Nichtverantwortliche** angewendet werden (insoweit anders als bei der unmittelbaren Ausführung nach § 6 POG). Entscheidend ist, dass der Adressat (im gestreckten Verfahren, § 61 Abs. 1 LVwG) einer in der Grundverfügung begründeten Pflicht nicht nachkommt oder (bei der

---

1 BVwG DVBl. 2003, 1268; OVG Saarlouis DÖV 2003, 167; VGH Mannheim DÖV 1996, 793; OVG Münster DVBl. 1992, 783.
2 OVG Lüneburg NVwZ 1988, 654; VGH München NJW 1999, 1130.

sofortigen Anwendung, § 61 Abs. 2 LVwVG; vgl. Rn J 36) die Überwindung seines Willens aus Gründen der Gefahrenabwehr notwendig ist.

Hoheitlicher Zwang ist möglich gegen alle natürlichen und juristischen Personen des Privatrechts, aber gegen juristische Personen des öffentlichen Rechts nur unter den Voraussetzungen des § 7 LVwVG oder denen der §§ 170 ff. Verwaltungsgerichtsordnung.

2. Die öffentlich-rechtlichen Zwangsmittel

Die Behörde hat im Rahmen ihres Ermessens[3] die Auswahl zwischen drei **Arten** 3 Zwangsmittel, die **abschließend** in § 62 Abs. 1 LVwVG aufgezählt werden, nämlich

a) die **Ersatzvornahme**,
b) das **Zwangsgeld**,
c) den **unmittelbaren Zwang**.

Andere Mittel der Verwaltung, zur Durchsetzung eines Verwaltungsaktes oder zur Gefahrenabwehr Zwang auszuüben, sind rechtswidrig.

Beispiel: Eigentümer E ist nicht bereit, einer inzwischen bestandskräftig gewordenen Abrissverfügung zu folgen und seine Wochenendhütte im Außenbereich zu beseitigen. Hier wäre es rechtswidrig, wenn die zuständige Verbandsgemeindeverwaltung die Rückzahlung überzahlter Kanalanschlussgebühren davon abhängig machte, dass E die Hütte abreißt.

a) Die Ersatzvornahme, § 63 LVwVG

Bei der Ersatzvornahme wird die vom Vollstreckungschuldner geschuldete Leistung 4 auf Veranlassung der Polizei- oder Ordnungsbehörde durch deren Bedienstete oder durch von diesen beauftragte Dritte erfüllt. Das setzt zum einen voraus, dass das Verhalten, das die Behörde vom Adressaten verlangt, eine **Handlung** ist (denn Unterlassen oder Dulden sind schon von Natur her höchstpersönlich und können darum nicht von anderen erfüllt werden).

Beispiel: Durch Ersatzvornahme möglich ist das Beseitigen eines Kraftfahrzeugs aus dem Halteverbot (z. B. durch Abschleppen), der Abriss eines Gebäudes, das Beseitigen von Abfallablagerungen oder das Absichern einer Gefahrenstelle. –
Keine Ersatzvornahme ist dagegen möglich, um das Unterlassen von ruhestörendem Lärm, ein Bauverbot oder die Beendigung abfallrechtlich verbotener Ablagerungen durchzusetzen. Gleiches gilt für das Durchsetzen von Standardmaßnahmen i. e. S. (vgl. zu dem Begriff Rn G 7), z. B. bei einer Personendurchsuchung oder Gewahrsamnahme.

Zum anderen darf diese Handlung nicht nur höchstpersönlich zu erfüllen, sondern sie muss **vertretbar**, also deren Vornahme durch einen anderen möglich sein.

Beispiel: Als höchstpersönliche Handlung kann nicht im Wege der Ersatzvornahme erzwungen werden, Auskünfte zu erteilen, bei erkennungsdienstlichen Maßnahmen mitzuwirken oder einen bestimmten Ort zu verlassen.

Ersatzvornahme kann durchaus mit körperlicher **Gewalt**einwirkung, sogar mit Schuss- 5 waffengebrauch (z. B. gegen Tiere oder Sachen) verbunden sein, solange eine vertretbare Handlungspflicht (z. B. Abhalten des Hundes vom Kinderspielplatz, Öffnen einer Tür) durchgesetzt werden soll. Gewalt gegen Menschen kann dagegen immer nur der Durchsetzung einer höchstpersönlichen Pflicht dienen und ist darum immer unmittelbarer Zwang.

---

3 VGH Mannheim VBlBW 2004, 226; OVG Weimar LKV 1998, 283.

Beispiel: Dem Unternehmer U wird mit einem gemäß § 80 Abs. 1 S. 1 Nr. 4 VwGO für sofort vollziehbar erklärten Verwaltungsakt aufgegeben, die Kiesgewinnung in einem Wasserschutzgebiet sofort einzustellen. Da U dem nicht nachkommt, sammeln die Polizeibeamten die Zündschlüssel der Kiesbagger ein. – Hier soll ein Unterlassen erzwungen werden. Demnach kann die Maßnahme nur unmittelbarer Zwang sein, denn eine Ersatzvornahme scheidet aus, da keine vertretbare Handlung durchgesetzt werden soll.

Bei der Ersatzvornahme ist nach § 63 LVwVG die „Handlung vorzunehmen", zu der man den Adressaten verpflichtet hat. Also ist für die Ersatzvornahme zwingend Voraussetzung, dass das Zwangsmittel im Erfolgsfalle den geschuldeten **Erfolg** (die Primärpflicht) **unmittelbar** selbst herbeiführt. Eine bloße Vorbereitung oder Begleitung kann immer nur unmittelbarer Zwang sein.

Beispiel: Die Stadtverwaltung als allgemeine Ordnungsbehörde gibt E auf, das Tor zu seinem ehemaligen Betriebsgrundstück zu verschließen, nachdem es dort zu mehreren Unfällen von Kindern gekommen ist. Da nichts geschieht, verschließen die Beamten das Tor selbst, was auch vorher angedroht worden war. – Das Verschließen des Tores ist eine Handlung, die aus der Sicht der Gefahrenabwehr ebenso gut vom Berechtigten wie auch von einem anderen vorgenommen werden kann; es ist also vertretbar. Es handelt sich um Ersatzvornahme, woran sich auch nichts ändern würde, wenn die Ordnungsbehörde das Verschließen einem Schlosserbetrieb in Auftrag gegeben hätte.

6 Die Ersatzvornahme wird nach Ablauf der in der Androhung gesetzten Frist (vgl. Rn J 17) dadurch **ausgeführt**, dass die Behörde die Maßnahme mit eigenen Kräften ausführt (sog. Selbstvornahme, z. B. der Polizeibeamte beseitigt eine illegale Sperre während einer Demonstration) oder, was eher die Regel ist, dass sie einen Dritten mit der Ausführung der Maßnahme beauftragt (sog. Fremdvornahme, z. B. Abschleppen eines Kfz. durch ein Abschleppunternehmen). Dieser **Beauftragte** (vgl. Rn E 33), häufig ein Unternehmer, unterscheidet sich vom Nichtverantwortlichen im Sinne des § 7 POG dadurch, dass er anders als dieser auf privatrechtlicher Ebene freiwillig tätig wird und nicht ohne seinen Willen hoheitlich herangezogen wird. Der Nichtverantwortliche ist selbst der Polizeipflichtige, wohingegen der Beauftragte bloßer Gehilfe der Behörde ist.

Beispiel: Zieht die Polizei einen Schlosser heran, um in eine Wohnung zu gelangen, in der sie eine hilfsbedürftige Person vermutet, ist der Schlosser in der Regel „ein anderer", ein Beauftragter im Sinne der Ersatzvornahme. Grundlage ist die privatvertragliche Beauftragung. Weigert sich der Schlosser allerdings, der Polizei zu helfen, z. B. weil er gerade einen anderen, lukrativeren Auftrag erhalten hat, und hält die Polizei sein Tätigwerden für so dringend geboten, dass sie ihm das nun hoheitlich befiehlt, dann wird er nunmehr als Nichtverantwortlicher im Sinne des § 7 POG beansprucht.

Bei der Ersatzvornahme ändert sich aber nur die Person des Durchführenden, nicht die des Kostenpflichtigen, der die Maßnahme natürlich bezahlen muss. Das heißt aber nicht, dass eine Ersatzvornahme von vornherein ausscheidet, nur weil der Schuldner womöglich nicht zahlungsfähig oder – bereit ist.[4]

b) Das Zwangsgeld, § 64 LVwVG

7 Mit dem Zwangsgeld wird dem Adressaten eine **Geldleistungspflicht** für den Fall aufgegeben, dass er der ordnungsrechtlichen Verfügung nicht nachkommt. Das Zwangsgeld wirkt sich somit als einziges Zwangsmittel nicht unmittelbar am Gefahrenherd aus und kommt deshalb nicht in Betracht, wenn die Grundverfügung kurzfristig umgesetzt werden muss.[5] Dafür ist es aber anders als die Ersatzvornahme auch bei Duldungs- und Unterlassungspflichten anwendbar. Das Zwangsgeld ist Beugemittel, keine Be-

---

4 OVG Lüneburg NVwZ-RR 2012, 347 (Ls.).
5 Knemeyer Rn 287.

strafung im weiteren Sinne. Es kann darum neben **Geldstrafe** und **Bußgeld** angewendet werden. Anders als diese kann das Zwangsgeld für denselben Sachverhalt sogar wiederholt werden, § 62 Abs. 3 LVwVG. Und während es für den Ausspruch von Strafen und Bußen grundsätzlich unerheblich ist, wie sich der Betroffene nach dem die Sanktion auslösenden Sachverhalt verhält, gilt für Zwangsmittel der Grundsatz, dass es nicht mehr angewendet werden darf, soweit der Vollstreckungsschuldner seine Pflicht zum Handeln erfüllt hat oder die Vollstreckung der Handlungspflicht aus anderen Gründen sinnlos geworden ist, § 62 Abs. 4 LVwVG. Nicht mehr angewendet heißt, dass die Vollstreckung nicht mehr fortgesetzt werden darf, nicht etwa, dass das Zwangsgeld nicht mehr geschuldet ist. Zwangsgelder, die bereits eingenommen worden sind oder versehentlich noch bezahlt werden, verbleiben bei der Behörde.

Beispiel: Gestützt auf § 62 KrWG gibt die Kreisverwaltung E auf, binnen einer Woche Kanister mit einer bestimmten Flüssigkeit von seinem Grundstück zu entfernen, und droht ihm für den Fall, dass die Frist fruchtlos verstreicht, ein Zwangsgeld in bestimmter Höhe an. Kommt E dieser Verfügung erst nach zwei Wochen nach oder verschwindet der Kanister dann spurlos, ist zwar möglicherweise ein Bußgeld nach § 69 Abs. 2 Nr. 2 i. V. m. § 28 KrWG endgültig verwirkt, muss also auf jeden Fall bezahlt werden. Das Zwangsgeld kann jedoch nun nicht mehr festgesetzt werden, weil gem. § 62 Abs. 4 LVwVG die Beitreibung des Zwangsgeldes nicht mehr möglich ist. Wenn E aber die Kanister erst entfernt, nachdem die Behörde das Zwangsgeld schon vereinnahmt hat, kann er es nicht mehr zurückfordern.

Das gilt aber nach dem Gesetzeswortlaut nur für Handlungen. Umstritten ist es, ob das auch gilt, wenn Unterlassenspflichten gegenstandslos werden.

Beispiel: Einem Eigentümer wird aufgegeben, die Fassade seines Hauses, dass im Geltungsbereich einer Erhaltungssatzung i. S. d. § 172 BauGB liegt, unverändert zu lassen. Für den Fall der Zuwiderhandlung wird ordnungsgemäß ein Zwangsgeld angedroht. Der Eigentümer lässt die Fassade abschleifen.

Eine Wiederholungsgefahr ist ausgeschlossen, daher ist eigentlich nichts mehr durchzusetzen und die Vollstreckung müsste eingestellt werden. Das aber würde dazu führen, dass für den Adressaten in solchen Fällen von vornherein klar wäre, dass die Androhung letztlich ohne Folgen bleibt, wenn er nur schnell genug die Grundverfügung unterläuft, wodurch die Androhung und damit die gesamte Vollstreckung praktisch ihren Sinn verlieren würde. Daher wird man richtigerweise in solchen Fällen die Festsetzung des Zwangsgeldes zulassen müssen.[6] Die Gegenmeinung lehnt das allerdings mit dem durchaus auch zutreffenden Argument ab, dass auf diese Weise die Anwendung des Zwangsgeldes Züge eines Bußgeldes bekomme.[7]

Der **Zwangsgeldrahmen** liegt zwischen 5 und 50.000 EUR. Innerhalb des Rahmens **8** ist die Höhe des angedrohten Zwangsgeldes nach pflichtgemäßem Ermessen festzulegen. Kriterien der dabei vorzunehmenden Abwägung sind die vermutete „Schmerzgrenze" des konkreten Vollstreckungsschuldners und die Bedeutung der Angelegenheit, natürlich auch die wirtschaftlichen Vorteile, die dem Adressaten aus der Nichtbefolgung erwachsen (§ 64 Abs. 2 S. 2 LVwVG). Dabei ist vor allem maßgeblich, in welchen wirtschaftlichen Verhältnissen der Schuldner lebt, welcher wirtschaftliche Vorteil ihm entsteht, wenn er der behördlichen Anweisung nicht folgt, für wie hartnäckig man den Schuldner einschätzt usw. Auch ist es ein Unterschied, ob zum ersten oder schon zum zweiten Mal ein Zwangsgeld für dieselbe Grundverfügung angedroht wird. Die zweite Zwangsgeldandrohung setzt ja voraus, dass der Schuldner bei der ersten einen gehörigen Widerstandswillen gezeigt hat und der Grundverfügung immer noch

---

6 OVG Saarlouis NVwZ-RR 2005, 87; OVG Münster NWVBl. 2003, 183; 1993, 194; OVG Magdeburg DÖV 1996, 926.
7 VGH Mannheim DÖV 1996, , 792; OVG Lüneburg NVwZ-RR 1990, 605.

nicht gefolgt ist. Darum sollte die zweite Androhung in aller Regel höher ausfallen als die erste. Schon deshalb sollte man bei der ersten möglichst nicht den Zwangsgeldrahmen voll ausschöpfen.

9 Das Zwangsgeld wird angedroht (vgl. hierzu genauer Rn J 14 ff.) und **festgesetzt**, wenn die in der Androhung festgesetzte Frist abgelaufen oder die verbotene Handlung dennoch vorgenommen worden ist[8], wodurch der Vollstreckungsschuldner jetzt den Zwangsgeldbetrag schuldet. Das gilt auch dann, wenn der Adressat sich ausdrücklich weigert, der Grundverfügung nachzukommen.[9] Die Festsetzung ergeht schriftlich, ist aber nicht notwendig zuzustellen.[10] Sie ist ein Leistungsbescheid, mit dem der Adressat aufgefordert wird, das Zwangsgeld binnen einer bestimmten Frist zu zahlen. Verstreicht auch diese Frist fruchtlos, ist der Weg für die **Beitreibung** (Mahnung, Pfändung) nach den Regeln des LVwVG frei, §§ 64 Abs. 3, 19 ff. LVwVG. Allerdings kann er diese Schuld praktisch noch abwenden, solange sie noch nicht beglichen oder eingetrieben ist, indem er das auferlegte Verhalten jetzt noch nachholt, § 62 Abs. 4 LVwVG. Wird die Grundverfügung wieder **aufgehoben**, muss auch die Festsetzung aufgehoben werden, eine Erstattung bereits gezahlten Zwangsgeldes folgt daraus allerdings nicht.[11]

10 **Kein** Zwangsmittel ist die für ein bis vierzehn Tage festsetzbare **Ersatzzwangshaft** im Sinne des § 67 LVwVG,[12] allerdings ist sie auch keine Strafe (weswegen Art. 103 Abs. 3 GG nicht gilt). Sie ähnelt der Erzwingungshaft nach § 96 OWiG. Die Ersatzzwangshaft ist lediglich ein Vollstreckungsersatz („Austauschmittel") für den Fall, dass ein festgesetztes Zwangsgeld uneinbringlich ist (ultima ratio), also nicht beigetrieben werden kann.[13] Anders aber als bei der Ersatzfreiheitsstrafe i. S. d. § 43 StGB, bei der der Freiheitsentzug die Zahlungspflicht der Geldstrafe vollkommen ersetzt, ersetzt die Ersatzzwangshaft nicht die geforderte Verhaltenspflicht, sondern nur das Druckmittel.

Beispiel: Die G-GmbH veranstaltet Sportwetten sowie Casino- und Pokerspiele als unerlaubtes öffentliches Glücksspiel im Internet i.S.d. § 3 Glücksspielstaatsvertrag. Trotz einer vollziehbaren Untersagungsverfügung setzt sie die Tätigkeit fort. Ein hierzu festgesetztes Zwangsgeld, bei dem auf die Ersatzzwangshaft hingewiesen worden war, kann nicht beigetrieben werden. Gegen die Vorstandsmitglieder der Gesellschaft wird Ersatzzwangshaft angeordnet.[14]

Auf die Ersatzzwangshaft muss bei der Androhung des Zwangsgeldes **hingewiesen** worden sein. Weitere formelle Voraussetzung ist ein schriftlicher Antrag i. S. d. § 67 Abs. 2 LVwVG der vollstreckenden Behörde beim **Verwaltungsgericht**. Materiell ist einerseits erforderlich, dass die behördliche Grundverfügung bisher nicht durchgesetzt werden konnte, und andererseits, dass die Behörde sich intensiv bemüht hat, das Zwangsgeld beizutreiben.[15] Von einer **Uneinbringlichkeit** des Zwangsgeldes ist auszugehen, wenn ein Beitreibungsversuch nicht zum Erfolg geführt hat oder die Zahlungsunfähigkeit des Pflichtigen offenkundig ist.[16] Wegen des Grundsatzes der Verhältnismäßigkeit kommt diese Haft aber erst in Betracht, wenn andere Zwangsmittel (Ersatzvornahme, unmittelbarer Zwang) nicht in Betracht kommen oder keinen Erfolg versprechen. Auch im Hinblick auf die Bedeutung der durchzusetzenden Grundverfü-

---

8 Dazu reicht aber nicht die bloße Absicht oder ein bloßer Versuch aus, OVG Magdeburg NVwZ-RR 2011, 942.

9 OVG Koblenz NVwZ 1994, 715; a. A. BVerwG DÖV 1996, 1046, VGH Mannheim VBlBW 1996, 214.

10 OVG Koblenz a. a. O; Drews/Wacke/Vogel/Martens S. 530.

11 VGH Kassel NVwZ-RR 1998, 154.

12 Vahle DVP 2012, 267 Knemeyer Rn 287; Möller/Warg Rn 195.

13 OVG Münster NJW 2006, 2569; DVBl. 1997, 674; NVwZ-RR 2004, 787.

14 OVG Münster DÖV 2012, 652.

15 OVG Münster NWVBl. 1999, 19; VG Meiningen NVwZ-RR 2000, 477; VG Leipzig DÖV 1994, 660.

16 OVG Münster DÖV 2012, 652.

gung muss die Haft **verhältnismäßig** sein.[17] Zahlt der Schuldner nach Anordnung der Haft das Zwangsgeld, ist der Vollzug einzustellen. Denn die Ersatzzwangshaft ist im Verhältnis zum Zwangsgeld nachrangig und von ihm abhängig. Ohne einen behördlichen Anspruch auf das Zwangsgeld kann es auch keinen Ersatz dafür durch Haft geben.[18]

c) Der unmittelbare Zwang, § 65 LVwVG, §§ 57 ff. POG

Unmittelbarer Zwang ist das schwerste Zwangsmittel. Er darf nur durch die Polizei **11** (§ 57 POG) und, soweit es nicht um Schusswaffengebrauch geht, durch besonders dazu bestellte Verwaltungsbedienstete (§ 65 Abs. 4 LVwVG; §§ 94, 95 POG) ausgeübt werden. Unmittelbarer Zwang ist die **Einwirkung auf Personen oder Sachen durch körperliche Gewalt**, ihre Hilfsmittel und (besser: oder) durch Waffen (§ 65 Abs. 2 LVwVG, § 58 Abs. 1 POG). Ein derartiges Einwirken auf Personen ist immer unmittelbarer Zwang, ein solche auf Sachen dagegen nur, sofern dadurch entweder eine unvertretbare Ordnungspflicht (höchstpersönliche Handlung, Dulden, Unterlassen) durchgesetzt oder eine vertretbare Pflicht nur gefördert und nicht selbst umgesetzt wird (weil ansonsten Ersatzvornahme vorliegt, vgl. Rn J 6). Auch beim unmittelbaren Zwang kann die Polizei oder Ordnungsbehörde Dritte beauftragen, solange einfache körperliche Gewalt oder solche mit Hilfsmitteln gegen Sachen angewendet wird (z. B. eines Schlossers, der eine Tür öffnet).

Körperliche Gewalt ist dabei jedes unmittelbare körperliche Einwirken auf die Person oder Sache (§ 58 Abs. 2 POG).[19] Sie ist möglich als

- **einfache** körperliche Gewalt gegen Personen, mit dem Körper (insbesondere mit Händen und Armen) und ohne Hilfe von Gegenständen, z. B. Festhalten, Wegführen oder -tragen von Personen, Schlagen, körperliche Drohgebärden; einfache körperliche Gewalt gegen Sachen, angefangen vom Anbringen (z. B. bei Stilllegung von Betriebsräumen oder Geräten) oder Abkratzen (z. B. bei Fahrzeugen oder Heizungsanlagen) von Siegeln bis hin zum Aufbrechen von Türen oder Fenstern, Blockieren von Fahrzeugen, Abreißen von Barrikaden, Stilllegen einer Lautsprecheranlage usw.
- körperliche Gewalt mit **Hilfsmitteln**, die in § 58 Abs. 3 Gesetz nur beispielhaft aufgezählt sind, wie Fesseln (vgl. § 62 POG), Wasserwerfer, technische Sperren (z. B. Nagelbretter, Barrieren, Versiegelung[20]), Diensthunde, Dienstfahrzeuge (z. B. zum Stoppen eines Fluchtfahrzeugs), Reiz- und Betäubungsstoffe (z. B. Tränengas), Sprengmittel.
- und das körperliche Einwirken durch **Waffen**, von denen außerhalb der Notwehr oder -hilfe (vgl. § 57 Abs. 2 POG) nur die in § 58 Abs. 4 POG abschließend aufgeführten zulässig sind, nämlich Schlagstock, Distanz-Elektroimpulsgerät, Pistole, Revolver, Gewehr und Maschinenpistole (vgl. Rn J 35).

Der **Unterschied zwischen Hilfsmitteln und Waffen** liegt in der konkreten Zweck- **12** bestimmung des Gegenstandes, nicht in seiner Beschaffenheit. Ein Gegenstand ist dann eine Waffe, wenn er zum Angriff oder zur Verteidigung verwendet wird (vgl. insoweit die Definition der Schusswaffe in § 1 Abs. 2 Nr. 1 i. V. m. Anl. 1 WaffG) und zwar mit der Zweckrichtung, zumindest möglicherweise körperliche Verletzungen herbei-

---

17 Z. B. bei einem seit 3 Jahren erledigten Aufenthaltsverbot OVG Münster NVwZ-RR 2009, 516; 1997, 763.
18 OVG Münster DÖV 2012, 652.
19 Vgl. Rühle/Suhr § 58, 2.
20 OVG Greifswald NVwZ 1996, 488; VG Weimar NVwZ-RR 2000, 478.

zuführen.[21] Hilfsmittel der körperlichen Gewalt sind Gegenstände, die zur Überwindung eines körperlichen Widerstandes eingesetzt werden, ohne dass dabei die primäre Zweckbestimmung besteht, körperlich zu verletzen. Sie dürfen außerhalb der Notwehr nicht als Waffe verwendet werden.

Beispiel: Rechtswidrig ist es also, ohne dass eine Notwehr- oder Nothilfesituation vorliegt, Wasserwerfer mit zu starkem Wasserdruck zu betreiben, Diensthunde zum Zubeißen auf Personen zu hetzen, mit Dienstfahrzeugen absichtlich Personen anzufahren usw.

Demnach kann ein und derselbe Gegenstand je nach Einsatz das eine Mal Hilfsmittel, das andere Mal Waffe sein.

Beispiel: Wird mit dem Schlagstock eine Fensterscheibe zerschlagen, um in einen Raum eindringen zu können, wird er als Hilfsmittel verwendet; schlägt der Polizeibeamte mit ihm auf einen Demonstranten ein, ist der Schlagstock Waffe. – Ein Messer ist Hilfsmittel, wenn mit ihm ein Seil durchgeschnitten wird, mit dem sich ein Demonstrant angebunden hat; wird es zur Körperverletzung verwendet, ist es eine (nach § 58 Abs. 4 POG unzulässige) Waffe.

3. Die formellen Vollstreckungsvoraussetzungen

a) Zuständigkeit

13 Zuständig für die Vollstreckung hoheitlicher Maßnahmen ist nach § 4 Abs. 2 LVwVG die Behörde, die den zu vollstreckenden **Verwaltungsakt erlassen** hat. Die §§ 75 ff. POG sind insoweit nur dann anwendbar, wenn im verkürzten Durchsetzungsverfahren ein Grundverwaltungsakt nicht existiert (§ 6 POG, § 61 Abs. 2 LVwVG). Bei Abschleppfällen ist dabei zu beachten, dass nach § 5 Abs. 1 Zuständigkeitsverordnung / Straßenverkehr für das Anbringen von **Verkehrszeichen** die örtliche Ordnungsbehörde zuständig ist. Aber auch soweit diese Zuständigkeit ausnahmsweise bei der davon verschiedenen Straßenverkehrs- oder Straßenbaubehörde liegt (§ 45 StVO), ändert sich für die Zuständigkeit für das Abschleppen von Fahrzeugen nichts, da die örtlichen Ordnungsbehörden für die Überwachung des ruhenden Verkehrs (§ 7 Nr. 1 Zuständigkeitsverordnung / Straßenverkehr) zuständig sind und diese Regelung dem § 4 Abs. 2 LVwVG vorgeht. Für die Abschleppmaßnahmen bleibt die örtliche Ordnungsbehörde zuständig[22], in Eilfällen nach § 1 Abs. 8 POG die Polizei[23].

---

21 Vgl. Rühle/Suhr § 58, 4.
22 Anders, wohl wegen der dort anderen Regelung, VGH Mannheim VBlBW 2004,213.
23 Nach OVG Greifswald NordÖR 2005,328 soll sich aus § 80 Abs. 2 S. 1 Nr. 2 VwGO ergeben, dass die Polizei daneben immer originär zuständig sein. Diese sehr gewagte Auslegung der Vorschrift würde jedoch zu einer unerwünschten und unnötigen Doppelzuständigkeit führen.

Die gestreckten Zwangsverfahren
(§§ 61 ff. LVwVG)

Zwang =
Überwindung eines tatsächlich oder mutmaßlich entgegenstehenden Willens
(Der zu Zwingende muss dazu anwesend sein oder absichtlich Hindernisse hinterlassen haben)

Grundverwaltungsakt

gerichtet auf ein **Handeln, Dulden oder Unterlassen**, § 61 Abs. 1

⇩

Zwangsmittel

Ersatzvornahme	**Zwangsgeld**	**unmittelbarer Zwang**
§ 63	§ 64	§ 65 (§§ 57 ff. POG)
Vornahme, die eine Handlungspflicht **unmittelbar ersetzt**	Begründung einer **Zahlungspflicht**	**Körperliche Gewalt**, die a) eine Duldungs-, Unterlassungs- oder höchstpersönliche Handlungspflicht durchsetzt *oder* b) die Durchsetzung irgend einer Pflicht nur fördert

⇩ Warnung   Warnung ⇩

VA **Androhung** § 66	VA **Androhung** § 66	VA **Androhung** § 66 / § 61 POG

⇩ Durchsetzung | Durchsetzung ⇩

Realakt **Ausführung** § 63 Abs. 1	VA **Festsetzung** § 64 Abs. 2	Realakt **Anwendung** z. B. §§ 58 ff. POG

⇩ Abwicklung   Abwicklung ⇩

VA **Kostenbescheid** § 63 Abs.1, Abs. 2 S. 1		VA **Kostenbescheid** § 83
diverse VA **Beitreibung** §§ 19 ff., 63 Abs. 2 S. 2	diverse VA **Beitreibung** §§ 19 ff., 64 Abs. 3	diverse VA **Beitreibung** §§ 19 ff.

b) Die Androhung

14 Nach § 66 Abs. 1 S. 1 LVwVG müssen Zwangsmittel grundsätzlich vor ihrer Anwendung angedroht werden. Die Androhung dient der Warnung, ist aber auch schon ein Beugemittel.[24] Sie ist Verwaltungsakt, da sie für den konkreten Vollstreckungsabschnitt ein Zwangsmittel verbindlich festschreibt[25]. Anzudrohen ist grundsätzlich **schriftlich**, § 66 Abs. 1 S. 1 LVwVG. Aus § 66 Abs. 1 S. 2 LVwVG ergibt sich konsequenterweise, dass unter den Voraussetzungen, unter denen auf die Androhung ganz verzichtet werden könnte (s. Rn J 36), als milderes Mittel zumindest auf die Schriftlichkeit der Androhung verzichtet werden kann. Wird schriftlich angedroht, ist das Schriftstück auch **zuzustellen**, § 66 Abs. 6 S. 1 LVwVG. Wenn also Grundverfügung und Androhung zusammen z. B. mittels einfachen Briefs versandt werden, wird die *Androhung* nicht wirksam. Nicht zu folgen ist aber dem OVG Koblenz, wonach neben der Androhung auch die *Grundverfügung* nicht wirksam werden soll, weil § 66 Abs. 6 S. 2 LVwVG ein Zustellungserfordernis auch für die mit der Androhung verbundene Grundverfügung selbst begründe[26]

Beispiel: Die Behörde fordert den E in einem einheitlichen Bescheid auf, seine beweidete Wiese einzuzäunen und droht für den Fall, dass das nicht in einer bestimmten Frist geschieht, ein Zwangsgeld an. Der Bescheid wird mit einfacher Post versandt. E schreibt erregt zurück, dass er die Aufforderung unzumutbar finde.– Unzweifelhaft ist die Androhung wegen des Verstoßes gegen § 66 Abs. 6 LVwVG nicht wirksam geworden. Aber warum soll dass auch für die Grundverfügung gelten? Das ergibt sich weder aus § 66 Abs. 6 LVwVG noch aus dessen Sinn. Richtigerweise ist die Aufforderung wirksam[27] und setzt die Rechtsbehelfsfrist in Lauf.

Einer **Begründung** bedarf selbst die schriftliche Androhung gemäß § 39 Abs. 2 Nr. 2 VwVfG/ § 1 Abs. 1 LVwVfG regelmäßig **nicht**, soweit dem Adressaten oder Betroffenen des Verwaltungsaktes die Auffassung der Behörde über die Sach- und Rechtslage bereits bekannt ist.

15 Wird Ersatzvornahme angedroht, sollen nach § 66 Abs. 4 LVwVG die **voraussichtlichen Kosten der Ersatzvornahme angegeben** werden. Es handelt sich dabei um eine Schätzung, weshalb hier das Bestimmtheitsgebot nicht gilt. Fehlt diese Angabe, ohne dass ein besonderer Grund dafür vorliegt, ist die Androhung rechtswidrig. Dieser Fehler kann jedoch dadurch geheilt werden, dass die Behörde die voraussichtlichen Kosten noch vor der Ausführung der Ersatzvornahme angibt.[28] Diese Angabe der voraussichtlichen Kosten soll dem Adressaten die Folgen seiner weiteren Verweigerung vor Augen halten[29] und ist insbesondere nicht mit einem Kostenvoranschlag zu verwechseln. Stellt sich nach der Ersatzvornahme heraus, **dass die tatsächlich entstandenen Kosten höher als die veranschlagten** waren, können deshalb nach § 63 Abs. 1 LVwVG (*„auf Kosten des Betroffenen"*) die tatsächlich entstandenen Kosten vollständig geltend gemacht werden.[30] Dabei kommt es nicht einmal darauf an, warum es zu dieser Differenz gekommen ist.[31] Allerdings muss man überhaupt noch von einer ernsthaften Kostenschätzung reden können, was nicht mehr der Fall ist, wenn die Kostenangabe auf keinerlei Erkenntnis beruht.

---

24   OVG Münster NVwZ-RR 1997, 764; OVG Weimar LKV 1998, 283.
25   BVerwG NJW 1956, 1652; DVBl. 1989, 362; OVG Schleswig NVwZ-RR 1992, 444; OVG Koblenz NVwZ 1994, 715; VGH Mannheim NVwZ-RR 1997, 444; VGH Kassel NVwZ-RR 1996, 361; Götz § 13 Rn 11; Möller/Warg Rn 214; Schenke Rn 546, Brühl JuS 1997, 928.
26   OVG Koblenz NVwZ 1987, 899.
27   So auch Habermehl Rn 791, 804.
28   Drews/Wacke/Vogel/Martens S. 533.
29   VGH Kassel NVwZ-RR 2004, 524.
30   BVerwG NJW 1984, 2591 f.; OVG Berlin NJW 1981, 2484, Engelhardt/App § 13 VwVG, S. 99.
31   A. A. OVG Lüneburg DÖV 1970, 789.

Beispiel: E wird aufgefordert, eine einsturzgefährdete Mauer zu sanieren. Die sofortige Vollziehung der Verfügung wird gemäß § 80 Abs. 2 S. 1 Nr. 4 VwGO angeordnet. Weiter heißt es: *„Für den Fall, dass Sie die Maßnahme nicht bis zum … durchführen, drohen wir Ihnen an, diese im Wege der Ersatzvornahme durch ein Fachunternehmen durchführen zu lassen. Die Kosten, die nach unseren Erkundigungen etwa 5.000 EUR betragen werden, wären dann von ihnen zu erstatten."*
– Wenn nun die Kosten tatsächlich 10.000 EUR betragen, muss E auch diesen Betrag bezahlen. Das ist selbstverständlich, wenn die Mehrkosten dadurch entstanden sind, dass bei der Beseitigung z. B. unvorhersehbare, aufwendige Sicherungsmaßnahmen notwendig geworden sind. Aber selbst wenn sich der Unternehmer oder der Sachbearbeiter der Behörde fahrlässig verschätzt haben, muss E 10.000 EUR zahlen. Alles andere wäre eine Benachteiligung derer, die sich rechtmäßig verhalten haben. Die vollstreckende Behörde ist auch nicht ein Unternehmer im Auftrag des Störers!

Keine wirkliche Formvorschrift ist § 66 Abs. 2 S. 1 LVwVG, wonach die Androhung **mit** **16** **dem Grundverwaltungsakt verbunden** werden kann (sog. unselbständige Androhung). Hiermit soll nur klargestellt werden, dass die Androhung dem Grundverwaltungsakt nicht nachfolgen muss, sondern von vornherein beigefügt werden kann, ohne dass der Adressat hierzu irgendeinen besonderen Anlass gegeben hat. Zwingender ist dagegen schon, dass die Androhung sofort dem Grundverwaltungsakt beigefügt werden „soll" (also *muss*, falls nichts Außergewöhnliches dagegen spricht), wenn es sich um einen Eilfall i. S. d. des § 80 Abs. 2 S. 1 VwGO handelt, § 66 Abs. 2 S. 2 LVwVG. Denn wenn sofortige Vollziehung geboten ist, darf man keine wertvolle Zeit zum Erlass der Androhung verschenken.

Nach § 66 Abs. 1 S. 3 LVwVG *ist* dem Adressaten für die Vornahme einer Handlung **17** eine **Frist** einzuräumen, denn die Forderung sofortiger Umsetzung dürfte regelmäßig unverhältnismäßig, gelegentlich sogar unmöglich sein. Außerdem dient eine solche Frist der Rechtsklarheit. Soll eine Duldungs- oder Unterlassensfrist durchgesetzt werden, *kann* eine Frist gesetzt werden, denn dulden oder unterlassen kann man in der Regel sofort, wohingegen Handlungen regelmäßig entsprechender Vorbereitung bedürfen. Beim Unterlassungsgebot kommt die Überlegung hinzu, dass dieses ja ein rechtswidriges Tun unterbinden soll. Eine Fristsetzung würde daher im Umkehrschluss bedeuten, dass die Behörde dem Adressaten für einen Zeitraum rechtswidriges, möglicherweise sogar strafbares Verhalten erlaubte.[32]

Beispiel: E leitet ohne die notwendige Erlaubnis nach dem Wasserhaushaltsgesetz Abwässer von seinem Grundstück in einen nahen Bach. – Dieses Verhalten verstößt nicht nur gegen die Wassergesetze, sondern erfüllt darüber hinaus auch den Straftatbestand des § 324 StGB. Wenn die Behörde E in der zu erlassenden Untersagungsverfügung eine Frist setzte, würde sie das weitere Einleiten bis zum Ablauf der Frist damit öffentlich-rechtlich billigen, obwohl nicht nur die wasserrechtlichen Voraussetzungen dafür fehlten, sondern das Verhalten sogar strafbar ist. Im Ergebnis würde sich der Amtswalter damit selbst als mittelbarer Täter strafbar machen.

Eine Frist ist ein genau bestimmter Zeitraum, der sofort oder zu einem bestimmten späteren Zeitpunkt beginnt und zu einem bestimmten Zeitpunkt endet. Formulierungen wie *„unverzüglich"*,[33] *„umgehend"* u. ä. setzen nicht etwa unbestimmte, sondern gar keine Fristen.[34] Ist die Frist fruchtlos verstrichen, war die Androhung erfolglos. Sie kann dann für ein neues Zwangsmittel wiederholt werden. Einer Festsetzung oder gar Beitreibung bedarf es dafür nach richtiger Auffassung nicht.[35] Wird versäumt, eine erforderliche Frist zu setzen, soll das allerdings dann unschädlich sein, wenn die Behörde stillschweigend eine angemessene Frist eingeräumt hat, die Verpflichtung zu

---

32 OVG Münster DÖV 1967, 496; Engelhardt/App § 13 VwVG, S. 97.
33 OVG Münster NVwZ-RR 1993, 59.
34 OVG Münster NVwZ-RR 1993, 59.
35 Vgl. OVG Schleswig NVwZ 2000, 821.

erfüllen;[36] nach einer Gegenansicht soll eine Androhung ohne Fristsetzung nichtig sein.[37]

18 Bei der **Berechnung** der Frist ist zunächst von dem Zeitraum auszugehen, der für die geforderte Erledigung und unter Berücksichtigung der Dringlichkeit der Maßnahme als angemessen erscheint (Erzwingungsfrist).[38] Zusätzlich ist aber auch zu beachten, dass während einer eventuell noch nicht ganz abgelaufene Widerspruchs- oder Klagefrist (Rechtsschutzfrist) keine Erfüllung des Verwaltungsakts verlangt werden darf, weil es sich um Überlegungsfristen handelt. Die Erzwingungsfrist darf darum erst mit Ablauf der Rechtsschutzfrist beginnen.

Beispiel: *„Für den Fall, dass Sie dieser Verfügung nicht binnen eines Monats ab Bestandskraft der Verfügung nachkommen, drohen wir Ihnen ein Zwangsgeld in Höhe von 1.5000 EUR an."*

Der Zeitraum, der sich durch Hinzurechnen der Rechtsschutzfrist ergibt, ist allerdings in **Eilfällen** § 80 Abs. 2 S. 1 VwGO zu lang. Dann ist konsequenterweise eine evtl. noch nicht abgelaufene Widerspruchsfrist nicht in die Gesamtfrist einzurechnen[39] und außerdem die Grundverfügung mit der Androhung in einem Bescheid zu verbinden, § 66 Abs. 2 S. 2 LVwVG.

19 Nach richtiger Ansicht ist auch zu einer Androhung eine vorangehende Anhörung gemäß § 28 Abs. 2 Nr. 5 VwVfG / § 1 LVwVfG entbehrlich. Bereits in der Grundverfügung sind die Motive der Behörde ausgedrückt und in der Vollstreckung, mit der jeder Adressat eines belastenden Verwaltungsaktes rechnen muss, kann sich insoweit nichts Neues ergeben.

20 Wird **Zwangsgeld** angedroht, damit der Vollstreckungsschuldner etwas **tut**, ist es rechtswidrig, das Zwangsgeld *„für jeden Tag der Zuwiderhandlung"* (also für jeden Tag des Unterlassens) anzudrohen[40]. Sonst würden sich sozusagen „vollautomatisch" die Zwangsgelder gegebenenfalls täglich kumulieren und so zu einer astronomischen Summe auflaufen, ohne dass irgendjemand etwas Weiteres veranlassen müsste. Die Vollstreckung als Ermessensmaßnahme erfordert zudem immer die Ausübung des Ermessens, was dann nicht mehr gegeben wäre.

Beispiel: E wird vollziehbar aufgegeben, binnen 14 Tagen sein Trümmergrundstück einzuzäunen. Für jeden weiteren Tag, an dem sein Grundstück nicht eingezäunt ist, wird ihm ein Zwangsgeld in Höhe von 1.500 EUR angedroht. – Wenn E die ihm gesetzte Frist hier um nur zwei weitere Wochen überschreitet, hätte sich seine Zwangsgeldschuld bereits auf 21.000 EUR erhöht, und die Summe stiege ohne behördliches Zutun täglich weiter. Diese Beträge würden nicht nur jede Verhältnismäßigkeit sprengen, sondern die einzelnen Folgebeträge würden auch nicht mehr den Warneffekt haben, der mit Androhung und Festsetzung ausgeübt werden soll, da sie infolge ihrer Automatik anfallen, ohne dass sie dem Betroffenen einzeln vor Augen geführt worden sind. Eine derartige Anwendung des Zwangsgeldes würde also Zweck und Rahmen des Zwangsmittelrechts verfehlen und ist darum rechtswidrig.

Das gilt aber nach § 62 Abs. 3 S. 2 LVwVG nicht, wenn der Betroffene etwas **dulden** oder **unterlassen** soll[41]. Dann kann das Zwangsgeld *„für jeden Fall der Nichtbefolgung"* angedroht werden. Während es sich bei einem fortgesetzten Verstoß gegen eine Handlungspflicht um *ein* Verhalten aufgrund *eines* Entschlusses handelt, liegt bei je-

---

36 VHG Mannheim NVwZ-RR 1992, 591 f.

37 VGH Kassel NVwZ 1982, 514.

38 VGH Mannheim NVwZ-RR 1992, 591; VGH Kassel GewArch 1996, 591.

39 OVG Hamburg NVwZ 1987, 515.

40 BVerwG NVwZ 1998, 59; OVG Magdeburg GewArch 1995, 165; VGH München NVwZ 1987, 512; Engelhardt/App § 13 VwVG, S. 103.

41 BVerwG NVwZ 1998, 393; VGH München NVwZ 1987, 512; OVG Magdeburg DÖV 1995, 385; Engelhardt/App § 13 VwVG Rn 5b; Drews/Wacke/Vogel/Martens § 28 5b S. 536.

dem Verstoß gegen eine Duldungs- oder Unterlassungspflicht jeweils ein neuer Willensentschluss vor. Die Vervielfachung des Zwangsgeldes rechtfertigt sich beim wiederholten Handeln durch den stärkeren Willen zum Rechtsbruch. Es ist hier regelmäßig auch praktisch kaum umsetzbar, nach jedem Verstoß rechtzeitig eine neue Androhung für den nächsten Verstoß bekannt zu geben

Beispiel: X wird aufgegeben, seinen Rottweiler nicht mehr unangeleint auszuführen. Für jeden Fall der Zuwiderhandlung wird ein Zwangsgeld von 100 EUR angedroht. X wird siebenmal angetroffen, ohne dass der Hund angeleint ist. – Hier können 700 EUR festgesetzt werden. – Oder: A wird aufgegeben, nachts nicht mehr Trompete zu spielen. Auch hier wird ein Zwangsgeld *„für jeden Fall der Zuwiderhandlung"* angedroht werden können. Denn die erneute Androhung des Zwangsgeldes wäre ja jeweils von einem neuen selbstständigen Entschluss getragen, sich der Verfügung zu widersetzen.

Für die Androhung **unmittelbaren Zwangs** durch die **Polizei** gilt nicht § 66 LVwVG, **21** sondern abschließend[42] § 61 POG. Dieser verlangt anders als § 66 LVwVG weder die Schriftform (und damit auch keine Zustellung) noch eine Fristsetzung. Das erklärt sich daher, dass mit unmittelbarem Zwang im Wesentlichen ein Dulden oder Unterlassen erzwungen wird und meistens Eile geboten ist. Beim Schusswaffengebrauch ist die Androhung auch durch einen **Warnschuss** möglich (Abs. 1 S. 3), was natürlich nur dann Sinn macht, wenn dem Betroffenen vor dem Schuss ausreichend Zeit zur Reaktion verbleibt.

Beispiel: Ein PKW-Fahrer ignoriert ein Haltezeichen der Polizei, gibt Gas und versucht, an den Polizeibeamten vorbeizukommen. – Hier würde dem Fahrer zwischen Warnschuss und Schuss keine Zeit mehr bleiben zu reagieren. Auf eine Androhung des Schusswaffengebrauchs kann aber andererseits auch nicht nach § 61 Abs. 2 S. 2 POG verzichtet werden, da der Polizeibeamte die Möglichkeit hat, zur Seite zu springen. Der Schusswaffengebrauch ist darum unzulässig.

Der polizeiliche unmittelbare Zwang ist grundsätzlich anzudrohen (§ 61 Abs. 1 S. 1 **22** POG), ausgenommen nur in den folgenden drei Fällen:

- Beim sonstigen Einsatz von **Schusswaffen** (und für die Bundespolizei auch bei dem von Handgranaten, vgl. § 58 Abs. 5 POG) darf auf die Androhung verzichtet werden, wenn das zur Abwehr einer gegenwärtigen Gefahr für Leib oder Leben erforderlich ist (Abs. 2).
- Beim Einsatz **technischer Sperren** (Dienstpferde gibt es nicht bei der rheinlandpfälzischen Polizei) steht die Androhung im Ermessen der Polizei (Abs. 3 S. 3).
- In allen anderen Fällen kann von der Androhung nur abgesehen werden, wenn die **Umstände** sie nicht zulassen (Abs. 1 S. 2; z. B. aus Gründen der Eile oder der Taktik).

Wird Zwang gegen eine Menschenmenge eingesetzt, muss die Androhung Unbeteiligten möglichst noch die Möglichkeit geben sich zu entfernen. **Unbeteiligt** ist jeder, der die störende Menge willentlich weder physisch noch psychisch noch sonst wie unterstützt. Schusswaffengebrauch gegen Personen in einer **Menschenmenge** ist nicht nur ausnahmslos vorher anzudrohen, sondern die Androhung muss sogar wiederholt werden (§ 61 Abs. 3 S. 2; z. B. durch zwei Warnschüsse). § 61 Abs. 1 S. 2 POG (Absehen von der Androhung) gilt hier nicht. Warum es zulässig ist, sich aus dem Zwang einer Notwehr heraus auch ohne Androhung zu verteidigen, wenn es sich um Einzelpersonen handelt, nicht aber, wenn die Gefahr von einer Vielzahl von Personen ausgeht, bleibt unerfindlich.[43]

---

42   Vgl. Rühle/Suhr § 61, 1; a. A. offenbar Roos / Lenz § 66 LVwVG Rn 9.
43   Roos Die Polizei 2002,348.

4. Die materiellen Vollstreckungsvoraussetzungen

23 Nach § 61 Abs. 1 LVwVG bedarf es (vorbehaltlich des § 61 Abs. 2 LVwVG) zur Zwangsanwendung zunächst einmal eines Verwaltungsaktes, der Grundlage der Vollstreckung sein kann (sog. **Grundverfügung** oder Grundverwaltungsakt).[44] Dieser Verwaltungsakt muss **wirksam** sein, da etwas Unwirksames, also ein Nichts, nicht vollstreckt werden kann. Auch **Verkehrszeichen**, die Ge- oder Verbote aussprechen (Verkehrsschilder, Lichtzeichen, Bodenmarkierungen usw.), sind Verwaltungsakte, und zwar in Form von Allgemeinverfügungen i. S. d. § 35 S. 2 VwVfG (vgl. hierzu auch Rn G 73).[45]

Beispiel: F stellt, nachdem er von der Arbeit zurückgekehrt ist, sein Fahrzeug freitags in einer öffentlichen Seitenstraße seines Wohnsitzes ab. Dann fährt er mit seiner Frau in deren Fahrzeug 10 Tage weg. Am folgenden Montag wird in der Seitenstraße ein Verkehrszeichen § 283 StVO (absolutes Halteverbot) mit dem Hinweis aufgestellt, dass dieses Halteverbot dort wegen Straßenarbeiten ab Donnerstag gelte. Als am Donnerstag die Arbeiten beginnen und das Fahrzeug dort immer noch steht, lässt die Ordnungsbehörde es umsetzen. – Diese Maßnahme ist nach der herrschenden Rechtsprechung als Ersatzvornahme rechtmäßig. F hätte sich alle 2 bis 3 Tage vergewissern müssen, ob das Fahrzeug immer noch an der Stelle parken darf.[46] Da er das nicht getan und somit das Halteverbot fahrlässig nicht wahrgenommen hat, gilt es ihm gegenüber als bekannt gegeben.[47] Wer ihm bekannte Weisungen oder Verbote nicht befolgt, obwohl er es könnte, hat Widerstandswillen, was hiermit gleich mitfingiert wird. Dieser Widerstand wurde durch Ersatzvornahme im gestreckten Verfahren überwunden.

Diese Regeln wird man allerdings dann nicht anwenden können, wenn nach den Umständen des Abstellplatzes ausnahmsweise nicht erwartet werden kann, dass diejenigen, die an diesem Ort parken, alle paar Tage nach ihrem Fahrzeug sehen.[48]

24 **Vollstreckungsfähig** sind nur solche Verwaltungsakte, die ein Ge- oder Verbot aussprechen, also **auf ein Handeln, Dulden oder Unterlassen gerichtet** sind, § 61 Abs. 1 LVwVG. Verwaltungsakte, die lediglich gestalten, wie z. B. alle Formen der Zulassungen (Erlaubnisse, Genehmigungen, deren Rücknahme oder Widerruf usw.), oder die feststellenden Verwaltungsakte, sind zwar grundsätzlich vollzugsfähig, nicht aber in der Form der Vollstreckung.

Beispiel: V nimmt auf dem Marktplatz an einer Versammlung teil. Weil er deren Ablauf erheblich stört, wird er von der Polizei schließlich nach § 18 Abs. 3 VersG ausgeschlossen. Nach den §§ 11 Abs. 2, 18 Abs. 1 VersG hat er zwar die Versammlung sofort zu verlassen. Das kann aber nicht durch unmittelbaren Zwang durchgesetzt werden, weil es an einem Grundverwaltungsakt fehlt, der ein Ge- oder Verbot enthält: Der Ausschluss nach § 18 Abs. 3 VersG gestaltet nur die Rechtslage um, enthält selbst aber kein Ge- oder Verbot. Ein solches ergibt sich zwar aus § 11 Abs. 2 VersG, das ist aber eine *gesetzliche* Regelung und kein Verwaltungsakt i. S. d. § 61 Abs. 1 LVwVG. Die Polizei muss erst einen Platzverweis nach § 13 POG aussprechen (der nach § 18 Abs. 3 VersG Ausgeschlossene gilt rechtlich nicht mehr als Versammlungsteilnehmer).

25 Nach § 2 LVwVG kann ein Verwaltungsakt erst durchgesetzt werden, wenn er unanfechtbar ist oder ein Rechtsbehelf keine aufschiebende Wirkung hat (**Vollziehbarkeit**). Dabei ist möglichst die Unanfechtbarkeit abzuwarten, damit nicht vollendete Tatsachen geschaffen werden, die sich nachträglich als rechtswidrig erweisen. **Unanfechtbar** ist der Verwaltungsakt mit seiner Bestandskraft, also wenn

---

44 Zur Vollstreckung eines öffentlich-rechtlichen Vertrages s. VG Braunschweig, NVwZ-RR 2001, 626; Berg JuS 1997, 859; Horn Jura 2004, 448

45 BVerwG NJW 1980, 1640, 1995, 1371; 1995, 1977; NZV 2001,493.

46 BVwG NJW 1997,1021; OVG Hamburg DÖV 1995, 783; VGH Kassel NJW 1997,1023; OVG Münster NVwZ-RR 1996,59.

47 BVwGE 27,181; NJW 1997, 1021; OVG Koblenz AS 20,20; OVG Münster NJW 1998,331

48 Z. B. auf Flughafenparkplatz, so VGH Mannheim DÖV 1991, 163.

- es einen Rechtsbehelf gegen ihn für den Betroffenen grundsätzlich nicht gibt (z. B. bei der Beschränkung des Brief-, Post- und Fernmeldegeheimnisses, Art. 10 Abs. 2 S. 2 GG i. V. m. § 9 Abs. 6 Gesetz zu Art. 10 GG),
- die Rechtsbehelfsfrist (§§ 70, 74 VwGO) verstrichen ist und ein Wiedereinsetzungsgrund im Sinne der §§ 32 VwVfG / § 1 LVwVfG, 60 VwGO nicht vorliegt oder
- der Rechtsweg erschöpft ist (für Tatsachenbeurteilungen und für Auslegungsfragen des POG oder LVwVG spätestens mit einer Entscheidung des Oberverwaltungsgerichtes Rheinland-Pfalz[49]) oder
- der Betroffene auf Rechtsmittel verzichtet hat.

§ 2 LVwVG gilt aber noch **nicht** für die **Androhung**. Denn die Androhung ist noch keine *Durchsetzung* des Grundverwaltungsaktes, sondern erst deren Ankündigung, bei der noch keine vollendeten Tatsachen geschaffen werden. Darum geht § 66 Abs. 2 S. 1 LVwVG davon aus, dass Grundverwaltungsakt und Androhung gemeinsam erlassen werden können, auch wenn kein Fall des § 80 Abs. 2 VwGO vorliegt (denn diesen Fall regelt schon § 66 Abs. 2 S. 2 LVwVG). Folglich ist die Androhung auch bei Grundverfügungen rechtmäßig, die weder bestandskräftig noch sofort vollziehbar sind.[50]

Verkehrszeichen[51], Parkuhren[52] und Parkscheinautomaten[53] sind analog § 80 Abs. 2 **26** S. 1 Nr. 2 VwGO immer sofort vollziehbar. Es kann keinen Unterschied machen, ob eine konkrete Verkehrsregelung von einem Polizeibeamten oder einem Zeichen ausgeht. Außerdem wären ansonsten Verkehrsregelungen (z. B. Halteverbote) durch die aufschiebende Wirkung eines Widerspruchs (§ 80 Abs. 1 VwGO) zumindest vorübergehend leicht außer Kraft zusetzen. § 80 Abs. 2 S. 1 Nr. 2 VwGO gilt auch für **Hilfspolizeibeamte** (Rn B 22)[54]. Demgegenüber soll eine Analogie auf **Kommunale Vollzugsbeamte** (Rn B 21) unzulässig sein.[55] Konsequent ist das nicht. § 80 Abs. 2 S. 1 Nr. 2 VwGO soll bewirken, dass Ordnungsmaßnahmen im Außendienst grundsätzlich erst einmal befolgt werden müssen und deren Rechtmäßigkeit später überprüft wird, damit überhaupt ein ernst zu nehmender Vollzug möglich ist. Ein hoher Anteil der Aufgaben, die 1960 bei Inkrafttreten des § 80 VwGO noch der Vollzugspolizei oblagen, wird heute von kommunalen Vollzugsbeamten erfüllt. Darum überzeugt alleine der Hinweis auf den Ausnahmecharakter des § 80 Abs. 1 S. 1 Nr. 2 VwGO nicht. Den Vollzugsbeamten ist es unzumutbar darauf verwiesen zu werden, gemäß § 80 Abs. 2 S. 1 Nr. 4, Abs. 3 S. 2 VwGO mündlich die sofortige Vollziehung anzuordnen, wenn sie vor Ort z. B. Kfz-Kennzeichen entstempeln oder Anleinpflichten für Hunde anordnen. Denn einmal obliegt es so den Vollzugsbeamten in jedem Einzelfall darzulegen, dass das Vollzugsinteresse das Aufschubinteresse überwiegt. Zum anderen unterliegen die kommunalen Vollzugsbeamten so der Beweislast, dass sie eine solche Anordnung vor der Durchsetzung überhaupt ausgesprochen haben. Da kann der einzelne Vollzugsbeamte vor Ort leicht in Beweisschwierigkeiten kommen. Und davon hängt ab, ob seine Gewaltanwendung rechtmäßig oder vielleicht eine Straftat im Amt ist, ob der

---

49 Die Revision beim BVerwG ist zum einen keine Tatsacheninstanz mehr und zum anderen können für die Überprüfungen der Rechtsfragen die Voraussetzungen des § 137 Abs. 1 VwGO nicht vorliegen.

50 OVG Lüneburg BRS 46 Nr. 204; Götz Rn 391; Habermehl Rn 791, 804; Götz Rn 308; Schmidt DVP 1981 Landesbeilage Rheinland-Pfalz, S. 13, 18; a. A. Rasch DVBI 1980, 1017, 1021.

51 BVerwG NJW 1978, 656; NJW 1980, 1640; NJW 1982, 348; NVwZ 1988, 38; NVwZ 1988, 623; OVG Koblenz; NVwZ-RR 1989, 299; OVG Münster NJW 1982; OVG Bremen DÖV 1991, 473, 2277; Kopp/ Schenke VwGO § 80 Rn 64; Redeker/v.Oertzen VwGO § 80 Rn 17; Eyermann § 80 Rn 26.

52 BVerwG NJW 1978, 2211; NVwZ 1988, 623, a. A. Kopp aaO.

53 VGH Kassel NZV 1999, 56.

54 Stein S. 270.

55 Dagegen das Ministerium des Innern und für Sport mit Schreiben vom 19.1.2006, Az. 19 005:34, mit wenig überzeugender Begründung; Kopp-Schenke § 80 Rn 64; Stein S. 269.

andere Widerstand gegen Vollstreckungsbeamte (§ 113 StGB) begangen oder in Notwehr gehandelt hat. Alles das braucht der Polizeibeamte vor Ort nicht. Worin für diese Differenzierung der Sinn liegen soll, bleibt im Dunkeln. Es ist auch keine Lösung, wenn der Vollzugsbeamte Polizeibeamte zur Hilfe holt. Einmal abgesehen davon, dass eine solche Lösung erheblich schwerfällig, personalintensiv und für das Ansehen der Vollzugsbeamten mehr als abträglich wäre, änderte sich auch nichts an der rechtlichen Situation. Mangels Zuständigkeit können die Polizeibeamten die notwendigen Verwaltungsakte ja nicht selbst erlassen, und fremde Verwaltungsakte fallen nicht unter den Wortlaut des § 80 Abs. 2 S. 1 Nr. 2 VwGO. Zu beachten ist, dass diese Problematik nur für die Grundverfügung gilt; ist diese sofort vollziehbar, sind das dann jedenfalls auch die Verwaltungsakte der Zwangsvollstreckung, § 80 Abs. 2 S. 1 Nr. 3 i. V. m. § 20 AGVwGO (z. B. Androhung, Erzwingungshandlungen ohne vorhergehende Androhung usw.).

27 Vollziehbar i. S. d. § 2 LVwVG müssen nicht nur die reinen Ge- und Verbotsverfügungen sein, sondern auch die **Duldungsgebote**. Ist also für die Durchsetzung einer Verfügung notwendig, dass ein anderer das duldet, der dazu nicht bereit ist und deshalb eine Duldungsverfügung (s. dazu Rn F 17) erhalten hat, müssen sowohl die Haupt- als auch die Duldungsverfügung vollziehbar sein.

Beispiel: Der Betreiber einer Fabrik F soll das Grundwasser unter dem Firmengelände untersuchen lassen. Dabei soll durch Bohrungen festgestellt werden, ob Gifte in das Grundwasser gelangt sind. F macht geltend, er sei zwar der Pächter, nicht aber der Eigentümer des Grundstückes. Das sei E. Daraufhin erhält E eine Verfügung, nach der er die Bohrungen zu dulden habe. – Hier könnte ein Zwangsgeld gegen F nicht festgesetzt werden, bevor nicht nur die Verfügung gegen ihn selbst, sondern auch die gegen E vollziehbar ist.

28 Zumindest wenn ein Grundverwaltungsakt *schon bestandskräftig,* ist, ist seine **Rechtmäßigkeit** keine Voraussetzung für eine rechtmäßige Zwangsvollstreckung.[56] Andernfalls könnte der Betroffene die Rechtmäßigkeit eines bereits bestandskräftigen und damit an sich nicht mehr überprüfbaren Verwaltungsakts in jeder Phase der Vollstreckung (Androhung, Festsetzung, Pfändung usw.) doch überprüfen lassen, wodurch die Bestandskraft weitgehend ihren Sinn verlöre. Umstritten aber ist, ob es auch bei der Vollstreckung eines noch angreifbaren Verwaltungsakts auf dessen Rechtmäßigkeit ankommt. Weit verbreitet ist die Ansicht, vor allem in der Rechtsprechung, dass die Rechtmäßigkeit des zu vollstreckenden Verwaltungsakts auch vor seiner Unanfechtbarkeit (vgl. dazu Rn J 25) keine Vollstreckungsvoraussetzung sei, weil der Adressat ja die Möglichkeit hat oder hatte, innerhalb der Rechtsbehelfsfrist den Grundverwaltungsakt überprüfen zu lassen.[57] Andere weisen darauf hin, dass bei unanfechtbaren Verwaltungsakten, die (nur) nach § 80 Abs. 2 S. 1 VwGO sofort vollziehbar sind, eine Rechtmäßigkeitskontrolle noch nicht stattgefunden habe und zur Vermeidung von unumkehrbaren rechtswidrigen Tatsachen nur rechtmäßige oder bestandskräftige (unanfechtbare) Verwaltungsakte vollzogen werden dürften.[58] Allerdings kann unabhängig von diesem Meinungsstreit unter Umständen die Vollstreckung eines als

---

56 BVerwG DÖV 1984, 887; OVG Münster GewArch 2011, 298, VGH München BayVBl. 2005, 536; VG Bremen NVwZ-RR 200, 593; VG Weimar NVwZ 2000, 478

57 So BVerfG(K) NVwZ 1999 291; BVerwG NJW 1984, 2592; VGH München BayVBl. 2005, 536; OVG Koblenz NVwZ 1997, 1009; OVG Münster. a. a. O.; NWVBl 2007, 27; NVwZ 2001, 231; VGH Kassel NVwZ-RR 1995, 118 f.; OVG Lüneburg NVwZ 1984, 323; VGH Mannheim DÖV 1984, 519 f.; Geier BayVBl. 2004, 389; Weiß DÖV 2001, 275; OVG Schleswig NordÖR 2006, 205; VG Bremen NVwZ-RR 1998, 468; Lisken/Denninger Rn F 474; Habermehl Rn 763; Pieroth/Schlink/Kniesel § 20 Rn 32; Schenke Rn 541; Schenke/Baumeister NVwZ 1993, 2 ff.; Roos / Lenz § 61 Rn 1.

58) VGH Mannheim NVwZ 1989, 163; 1985, 63; VG Bremen NVwZ-RR 1998, 468; VGH Kassel NVwZ 1982, 514 f.; Götz Rn 382; W/H/R Rn 470; Knemeyer Rn 279; wohl auch Thiel Rn 547.

rechtswidrig erkannten Verwaltungsaktes gegen Abwägungsgrundsätze des Ermessens verstoßen und darum rechtswidrig sein (z. B. wenn erkannt wird, dass man den vermeintlich bissigen Pitbull mit einem harmlosen Bobtail verwechselt hat).[59] Ist die Rechtswidrigkeit allerdings gravierend, kommt Nichtigkeit der Verfügung nach § 44 VwVfG / § 1 LVwVfG in Betracht; dann fehlt es an einem zu vollstreckenden Verwaltungsakt i. S. d. § 61 Abs. 1 LVwVG überhaupt und die Vollstreckung ist dann in aller Regel rechtswidrig, weil dann auch die Voraussetzungen des § 61 Abs. 2 LVwVG so gut wie nie vorliegen.

Nach § 66 Abs. 3 LVwVG muss die Art des Zwangsmittels **bestimmt** sein, ansonsten **29** ist die Vollstreckung rechtswidrig.[60] Das gilt grundsätzlich nicht für die konkrete Art und Weise der Durchführung,[61] allerdings ist bei Eingriffen in die körperliche Unversehrtheit die Art des Einsatzes anzugeben.[62] § 66 Abs. 3 LVwVG verlangt von der androhenden Behörde, dass diese sich gegenüber dem Adressaten darauf festlegt, **welches Zwangsmittel** sie anwendet, wenn der Betroffene nicht nachgibt. Zwar darf sie nach § 66 Abs. 3 S. 2 LVwVG mehrere Zwangsmittel gleichzeitig androhen. Dann muss jedoch die **Reihenfolge eindeutig** sein, d.h. der Betroffene muss zu jedem Stand des Verfahrens wissen, welche Maßnahme er als nächste zu erwarten hat.[63]

Beispiel: Rechtswidrig wäre z. B.: *„Sollten Sie dieser Verfügung nicht in der gesetzten Frist nachkommen, werden wir entweder die Maßnahme durch ein Fachunternehmen ausführen lassen oder ein Zwangsgeld festsetzen.“* – Erst recht wäre natürlich rechtswidrig: *„… werden wir die Verfügung im Wege des Verwaltungszwanges durchsetzen“* oder *„… wird gegen Sie ein Zwangsmittel angewendet werden.“* – In allen diesen Fällen ist nicht erkennbar, welches Zwangsmittel die Behörde als nächstes einsetzen wird.

Das **Zwangsgeld** ist nach § 66 Abs. 5 LVwVG in **bestimmter Höhe** anzudrohen. Bestimmte Höhe heißt, es muss ein konkreter Betrag genannt sein, der in der Festsetzung zumindest nicht überschritten werden darf. Insbesondere dürfen keine bloßen Betragsspannen genannt werden.[64]

Beispiel: Jede Formulierung, die z. B. ein Zwangsgeld in Höhe *„von … bis …“*, *„von mindestens …“* oder *„von nicht unter …“* ankündigen, sind unbestimmt und deshalb rechtswidrig. – Richtig wäre z. B.: *„Sollten Sie dieser Verfügung nicht binnen 14 Tagen nachkommen, werden wir gegen Sie ein Zwangsgeld in Höhe von 1.500 € festsetzen.“*

Besondere Vorsicht ist geboten, wenn mit einer Zwangsgeldandrohung die Einhaltung gleich mehrerer Nebenbestimmungen gesichert werden soll:

Beispiel: Eine wasserrechtliche Sondernutzungserlaubnis für die Entnahme von Wasser wird unter 20 Einschränkungen und Nebenbestimmungen erteilt. Ferner heißt es dort: *„Für den Fall, dass die hier aufgeführten Nebenbestimmungen nicht eingehalten werden, drohen wir Ihnen ein Zwangsgeld in Höhe von 2.500 EUR an.“* – Hier ist nicht erkennbar, für welchen Verstoß gegen welche Nebenbestimmung welches Zwangsgeld angedroht wird (es sei denn, man nimmt an, 2.500 EUR würden immer festgesetzt, gleich, ob eine Nebenbestimmung oder alle 20 verletzt sind, und ungeachtet dessen, ob der Verstoß gegen die konkrete Nebenbestimmung schwer wiegt oder nicht; dann wäre die Androhung jedoch unverhältnismäßig). Eine solche Androhung kann nicht taugliche Grundlage für eine spätere Festsetzung sein und wird im Ergebnis wie eine unwirksame Androhung behandelt.[65]

---

59 W/H/R Rn 470 Fn 12.
60 VGH Mannheim VBlBW 1996, 65.
61 OVG Münster NVwZ-RR, 138 f.; Drews/Wacke/Vogel/Martens S. 528.
62 Lisken/Denninger Rn F 516.
63 VG Gießen NVwZ-RR 1993, 250.
64 Gusy Rn 444; Thiel Rn 532.
65 VGH Mannheim VBlBW 1996, 65.

30 Dem Adressaten muss es **möglich** sein, der Ordnungsverfügung zu folgen, § 2 Abs. 1 POG. Solange oder sobald der Adressat die Grundverfügung nicht erfüllen kann, darf diese nicht vollstreckt werden (schon die Androhung ist rechtswidrig). Das ist ausnahmsweise während des gesamten Vollstreckungsverfahrens zu beachten, auch wenn die Grundverfügung schon bestandskräftig ist. Überträgt beispielsweise der Zustandsverantwortliche das Eigentum am Vollstreckungsobjekt, kann ihm gegenüber nicht weiter vollstreckt werden.[66] Ist zur Erfüllung der Ordnungsverfügung die **Einwilligung eines Dritten erforderlich**, ohne dass aber eine solche Einwilligung oder wenigstens eine vollziehbare Duldungsverfügung gegen diesen Dritten vorliegt (s. dazu Rn F 18), liegt bis zur Einwilligung des Dritten bzw. bis zur Vollziehbarkeit einer Duldungsverfügung gegen den Dritten ein vorläufiges Vollstreckungshindernis vor.[67] (Vgl. zur Unmöglichkeit die Rn F 24 ff.). Das soll sogar dann gelten, wenn der Dritte gar kein entgegenstehendes Recht hat, sondern nur unzumutbar betroffen ist.[68]

5. Verhältnismäßigkeit

31 Nur **geeignete** Vollstreckungsmaßnahmen sind rechtmäßig, § 2 Abs. 1 POG. D. h., im Zeitpunkt ihres Erlasses muss die konkrete Zwangsmaßnahme zumindest den Anschein vermitteln, sie sei zur Durchsetzung der Grundverfügung oder der Ordnungspflicht förderlich. Ein Zwangsgeld ist ungeeignet, wenn die Geldforderung an den Adressaten von vornherein sinnlos erscheint, weil sie keinen Druck ausüben kann. Das ist der Fall, wenn 50.000 EUR Zwangsgeld gegenüber dem Vermögen des Betroffenen unbedeutend sind (z. B. bei einer multinationalen Gesellschaft), wenn das Zwangsgeld gar nicht beigetrieben werden könnte (z. B. bei Sozialhilfeempfängern, bei Betrieben im Konkurs, im Ausland), oder wenn der Verstoß trotz des Zwangsgeldes immer noch ein rentables Geschäft wäre.

Beispiel: Dem Papierhersteller P wird untersagt, Abwässer ohne eine – näher beschriebene – Vorreinigung in den angrenzenden Fluss einzuleiten. Für den Fall, dass nicht bis zu einem bestimmten Zeitpunkt eine entsprechende Kläranlage vorgeschaltet wird, droht die Wasserbehörde ein Zwangsgeld von 45.000 EUR an. P spart durch das Einleiten ohne Vorreinigung monatlich 15.000 EUR. – Hier dürfte zwar das Zwangsgeld beitreibbar sein. Aber dieses ist hier ebenfalls nicht geeignet, auf den Adressaten Druck auszuüben, weil P sich mit dem Zwangsgeld besser steht, selbst wenn es wiederholt angewendet wird, als wenn er die Verfügung befolgt.

Ob ein Zwangsgeld zur Durchsetzung einer Maßnahme geeignet ist, kann im Einzelfall dann zweifelhaft sein, wenn es bereits **zweimal erfolglos festgesetzt** worden ist, der Vollstreckungsschuldner in diesen Fällen eine besondere Hartnäckigkeit bewiesen und gezeigt hat, dass sein Wille durch diese mittelbare Zwangsmaßnahme, wenn überhaupt, dann nur sehr schwer zu beugen sein wird.

32 Nach § 62 Abs. 2 LVwVG, § 2 Abs. 1 POG ist weiterhin die Maßnahme zu bestimmen, die den Vollstreckungsschuldner und die Allgemeinheit am wenigsten beeinträchtigt. Denn wenn es ein noch **milderes** Mittel gibt, das ebenso möglich und mindestens genauso geeignet ist, ist das weniger milde nicht erforderlich. Das Gebot, das mildeste Mittel zu wählen, gilt vor allem bei der Art und Weise, wie das einzelne Zwangsmittel angewendet wird.

---

66 VGH München NVwZ 2002, 365.
67 OVG Saarlouis NVwZ-RR 2003, 337.
68 OVG Münster NVwZ-RR 1998, 76 für die Durchsetzung einer Abrissverfügung, durch die ein Bewohner obdachlos würde.

Beispiel: Wird das Fahrzeug im Wege der Ersatzvornahme aus dem Halteverbot abgeschleppt, ist es milder, den Wagen nur bis zum nächsten freien Parkplatz vorzuziehen, als ihn auf den Hof des Unternehmens, möglicherweise in einem anderen Stadtteil, zu verbringen. – Soll die Verfügung an einen Hundeeigentümer, das Tier nur noch angeleint und mit Maulkorb auszuführen, mit Zwangsgeld erzwungen werden, so wäre im Zweifelsfall ein Zwangsgeld von mehreren tausend Euro nicht erforderlich, weil in der Regel in solchen Fällen auch ein Zwangsgeld von einigen hundert Euro reicht, den Willen zu beugen. Jedoch sollte man sich die Frage eines milderen Mittels in Form eines geringeren Zwangsgeldes nur in krassen Fällen stellen, da man nur sehr ungenau schätzen kann, wo bei einem Adressaten die voraussichtliche Schmerzgrenze liegt.

In diesem Sinne wird es in der Regel nicht erforderlich sein, gleich beim ersten Zwangsgeld den Höchstrahmen auszuschöpfen.[69] Denn die Obergrenze des Zwangsgeldrahmens ist grundsätzlich für besonders hartnäckige Pflichtige vorgesehen, zu denen allerdings auch schon die gehören, die das erste Zwangsgeld nicht beeindruckt hat. Im Rahmen des unmittelbaren Zwanges sind weniger einschneidende Maßnahmen den folgenschwereren vorzuziehen. Maßnahmen gegen Sachen rangieren deshalb vor solchen gegen Personen.

Der Eingriff in die Rechtsgüter des Adressaten muss **angemessen** sein, darf also nicht **33** erkennbar außer Verhältnis zu dem Vollstreckungszweck, nämlich der Abwehr der Gefahr mittels Durchsetzung des Verwaltungsaktes stehen, § 62 Abs. 2 LVwVG, § 3 Abs. 2 S. 1 POG. Im Rahmen der Abwägung ist zu berücksichtigen, dass die bloße Wahrung der Rechtsordnung ein eigener Wert ist.[70]

Keinesfalls wird man § 3 Abs. 2 S. 2 POG, wonach ein vom Adressaten angebotenes **Austauschmittel** akzeptiert werden muss, auf das Zwangsrecht anwenden können. Es wäre mit dem Sinn des Zwangs als Druckmittel nicht vereinbar, wenn der Vollstreckungsschuldner hinsichtlich des auf ihn auszuübenden Zwanges Wünsche äußern dürfte.[71]

Beispiel: Der Empfänger einer baurechtlichen Abrissverfügung bietet der Baubehörde an, ein Zwangsgeld zu zahlen, wenn diese auf Ersatzvornahme verzichte. – Oder: A erhält eine Verfügung, Abfälle von seinem Grundstück zu entfernen, verbunden mit einer Zwangsgeldandrohung. A, dem die Beseitigung lästig ist, bittet die Behörde, statt des Zwangsgeldes doch eine Ersatzvornahme durchzuführen.

Besondere Regeln gelten bei der Anwendung unmittelbaren Zwangs *durch die Poli-* **34** *zei* nach den §§ 57 ff. POG. **Fesseln** einer Person ist nur in den in § 62 genannten Fällen rechtmäßig. Fesseln[72] liegt vor, wenn eine Person durch Anbringen mechanischer Hilfsmittel am Körper ganz oder teilweise dran gehindert wird, sich frei zu bewegen. Adressat ist nach dem Wortlaut der Vorschrift jede natürliche Person, die nach dem POG oder anderen Gesetzen **festgehalten**, vorgeführt oder zur Durchführung einer Maßnahme an einen anderen Ort verbracht wird[73].

Der **Schusswaffengebrauch**[74] ist eine besonders intensive Form des unmittelbaren **35** Zwanges, der gegen Menschen die intensivste überhaupt, die nur als letztes Mittel rechtmäßig ist (vgl. § 63 Abs. 1 S. 1 POG). Deshalb muss vorher geprüft worden sein, ob ein anderes Verhalten (z. B. Überreden, Überlisten o. ä.), ein anderes Zwangsmittel oder eine andere Form des unmittelbaren Zwanges in Betracht kommt. Und wenn Schusswaffengebrauch unvermeidbar ist, dann nur unter Wahrung der Grundsätze der

---

69 OVG Koblenz NVwZ 1989, 481; OVG Lüneburg DÖV 1967, 279.
70 Drews/Wacke/Vogel/Martens S. 542.
71 Drews/Wacke/Vogel/Martens S. 524; Habermehl Rn 780; a. A. Engelhardt/App § 9 VwVG, S. 75.
72 Vgl. Rühle/Suhr § 62.
73 Nach dem früheren Wortlaut konnte es zu Problemen der Eigensicherung kommen, vgl. Rn J 39 in der Vorauflage.
74 Vgl. hierzu statt vieler Lisken/Denninger Rn F 525 ff.

§§ 63 bis 65 POG. Insbesondere geht Schusswaffengebrauch gegen Sachen dem gegen Personen vor, und letzterer soll möglichst nur kampf- oder fluchtunfähig machen. Ethisch-rechtlich problematisch sind die Fälle, in denen der Polizeibeamte den Tod des Betroffenen nicht nur als Risiko in Kauf nimmt (sog. tödlicher Fehlschuss[75]), sondern in denen er weiß, dass der Schuss mit an Sicherheit grenzender Wahrscheinlichkeit tödlich wirken wird (sog. **finaler**, also gezielter **Rettungsschuss**)[76]. Dieser ist nach § 63 Abs. 2 S. 2 POG nur dann zulässig, wenn er das einzige Mittel ist, eine unmittelbar bevorstehende („gegenwärtige") Lebensgefahr oder Gefahr einer schweren Körperverletzung abzuwehren. Aber wann, wenn man den Täter nicht gerade ausnahmsweise *im Vorgang* eines Tötungsversuchs antrifft, wird man schon sagen können, dass der Todesschuss das *einzige* Mittel der Gefahrenabwehr ist? Und wann kann man schon mit ausreichender Wahrscheinlichkeit sagen, dass der Schuss die gefährdeten Menschen wirklich retten wird?[77]

Beispiel: Ein Geiselnehmer droht mit der Erschießung seiner Geiseln, wenn man ihm kein freies Geleit gebe. – Für die Geiseln besteht eine Gefahr für Leib und Leben. Da es aber regelmäßig durchaus möglich ist, dass der Täter die Geiseln bei freiem Geleit nicht töten oder schwer verletzen wird, wäre dann das freie Geleit eigentlich ein anderes, die Tötung des Täters also nicht das „**einzige Mittel**". Das gleiche Problem tritt bei einer Berufung auf Nothilfe (§ 32 StGB, § 227 BGB) auf, die „**erforderlich**", also das mildeste Mittel sein muss. Soll § 63 Abs. 2 S. 2 POG einen Sinn ergeben, muss man das Überlassen der Geiseln in ein ungewisses, vom Geiselnehmer bestimmtes Schicksal als verantwortbare Rettungsmaßnahme ausschließen.

6. Die sofortige Anwendung der Ersatzvornahme und des unmittelbaren Zwanges, § 61 Abs. 2 LVwVG

36　Nach § 61 Abs. 2 LVwVG ist Verwaltungszwang auch **ohne** vorausgehenden Verwaltungsakt zulässig, wenn das zur Verhinderung einer rechtswidrigen, mit Strafe oder Bußgeld bedrohten (nicht notwendig gegenwärtigen) Tat oder zur Abwehr einer gegenwärtigen Gefahr notwendig ist. *„Vorausgehender Verwaltungsakt"* ist dabei ein **Grundverwaltungsakt**, nicht etwa nur die Androhung. Das ergibt sich aus dem Wortlaut des § 66 Abs. 1 S. 2 LVwVG, wonach die sofortige Anwendung gerade eine mögliche Voraussetzung für den Verzicht auf die Androhung ist. Der Erlass einer Grundverfügung ist in diesen Fällen im Tatsächlichen an sich schon möglich, jedoch unzweckmäßig.

Sofortige Anwendung ist nur unter den folgenden Voraussetzungen zulässig:

1. Der Grundverwaltungsakt, auf den verzichtet wird, hätte bei anderen tatsächlichen Umständen von der handelnden Behörde **rechtmäßig** erlassen werden können (sog. hypothetische Grundverfügung)[78]. Denn selbstverständlich ist insoweit im verkürzten Durchsetzungsverfahren rechtlich nicht möglich, was im gestreckten Verfahren rechtswidrig wäre.

2. Auf den Grundverwaltungsakt wird deshalb verzichtet, weil es sich um eine Straf- oder Bußgeldtat handelt oder die **Gefahr gegenwärtig** ist. Eine Gefahr ist dann gegenwärtig, wenn der Schaden für das Schutzgut schon eingetreten ist oder mit erheblicher Wahrscheinlichkeit in kürzester Zeit eintreten könnte (s. Rn D 8). Sofortige Anwendung ist darum beim Zwangsgeld ausgeschlossen (§ 61 Abs. 2 S. 1

75　Lisken/Denninger Rn F 551.
76　Vgl. Rühle/Suhr § 63, 3.
77　Vgl. hierzu Lisken/Denninger Rn F 559 f.; Habermehl Rn 827 ff.
78　Vahle DVP 2011, 270; Thiel Rn 560.

LVwVG), weil dessen Anwendung voraussetzt, dass die Durchsetzung einen längeren Zeitraum beanspruchen kann.

3. Die sofortige Anwendung ist **notwendig**. Das ist der Fall, wenn bei einer Durchsetzung mit Grundverfügung und gestrecktem Zwangsverfahren zu befürchten ist, dass ein ernsthafter Schaden für das zu schützende Gut nicht rechtzeitig und effektiv verhindern werden kann. Der Verzicht auf den Grundverwaltungsakt kann seine Gründe in bestehender Zeitnot, in taktischen oder anderen Überlegungen haben.

Beispiel: Der Polizeibeamte schlägt dem Randalierer das Messer aus der Hand; Polizeibeamte schießen auf den Hund, den der Halter gerade auf jemanden hetzt; Vollzugsbeamte brechen eine Tür auf, hinter der sich ein entlaufener Minderjähriger versteckt.

Aber auch hier gilt, dass nur dann Zwang vorliegt, wenn ein zu überwindender Gegenwille zumindest für möglich gehalten wird.

Beispiel: Bei einer Wohnungsdurchsuchung wird dem Wohnungsinhaber vergeblich aufgegeben, seine Schusswaffe herauszugeben. Später findet ein Polizeibeamter die Waffe in einem Nebenzimmer. Um Abwehrmaßnahmen des Betroffenen von vornherein auszuschließen, ergreift er sie, ohne dass der Inhaber etwas davon merkt. – Das Ansichnehmen der Waffe ist zwar eine vertretbare Handlung. Aber der Vollstreckungsschuldner war nicht nur anwesend, sondern er hatte auch Abwehrwillen. Der Verwaltungsakt fehlt hier nicht deswegen, weil kein Verantwortlicher erreichbar gewesen wäre, sondern weil dieser entgegenstehenden Willen hatte. Der Verzicht auf die Grundverfügung hatte ausschließlich taktische Gründe.

7. Rechtsnachfolge im Zwangsverfahren

Wenn während des Zwangsverfahrens der Adressat infolge eines Verkaufs, einer Versteigerung, eines Erbfalles o. ä. wechselt, stellt sich die Frage, inwieweit das Zwangsverfahren – im Wesentlichen geht es um die Androhung und die Festsetzung – dem neuen Adressaten gegenüber wiederholt werden muss.[79] Höchstpersönlich ist eine Maßnahme dann, wenn sie untrennbar mit einer bestimmten Person oder Personengruppe verbunden ist, sie muss gegebenenfalls gegenüber einem Rechtsnachfolger wiederholt werden. Bezieht sie sich dagegen auf einen Gegenstand, gilt die Maßnahme ab dem Rechtsübergang auch gegenüber dem Rechtsnachfolger und braucht nicht wiederholt werden.[80] **37**

Androhung und Festsetzung sind als Beugemittel inhaltlich wesentlich daran orientiert, wie und mit welcher Intensität der Wille des konkreten Adressaten am wahrscheinlichsten zu beugen ist, ohne gegen das Übermaßverbot zu verstoßen. Damit sind beide gänzlich personenorientiert und darum **niemals übergangsfähig**, und zwar völlig unabhängig von der Grundverfügung. Sie müssen daher (anders als die Kostenregelungen) **immer** gegen den Rechtsnachfolger wiederholt werden.[81]

Beispiel: V erhält eine Verfügung, sein Grundstück von Altmaterialien zu säubern, verbunden mit der Androhung eines Zwangsgeldes für den Fall, dass er der Verfügung nicht fristgemäß nachkommt. Nach Ablauf dieser Frist stirbt V und wird alleine von seinem Sohn S beerbt. Die Abfallbehörde gibt dem S die Grundverfügung und die Androhung zur Kenntnis und setzt nun das Zwangsgeld gegenüber S fest. – Die Festsetzung nach § 64 Abs. 2 LVwVG setzt voraus, dass gegenüber dem Adressaten eine Grundverfügung und eine Androhung wirkt. S gegenüber wurde

---

79 Vgl. Vahle DVP 2012, 266.
80 BVerwG NJW 1971, 1624; OVG Lüneburg NJW 19998, 97; OVG Münster DVBl 1997 (bei Gesamtrechtsnachfolge aber nur in konkrete Pflichten), 570; OVG Koblenz AS 15, 236 ff. (betr. nur Gesamtrechtsnachfolge); VGH Mannheim NVwZ 1992, 392; Engelhardt/App Vorb. § 6 VwVG, S. 47.
81 OVG Münster NJW 1980, 415, Götz Rn 306b.

aber beides nicht bekannt gemacht. Das ist jedoch dann unschädlich, wenn er sich kraft Rechtsnachfolge diese Verwaltungsakte zurechnen lassen müsste. Die Grundverfügung ist auf ein
Grundstück bezogen und geht deshalb auf den Rechtsnachfolger über. Die Androhung war aber
höchstpersönlich auf V abgestellt und hat sich deshalb mit dessen Tod erledigt. Sie wirkt nicht
gegenüber S. Also ist die Festsetzung gegenüber S rechtswidrig, da zwar eine gegen S wirkende
Grundverfügung vorlag, nicht aber eine gegen ihn wirkende Androhung.

Die verkürzte Durchsetzung

(LVwVG und POG)

durchzusetzende Verhaltenspflicht (aber nicht aus VA) / abzuwehrende Gefahr

⇩

Maßnahmen

| Vornahme, die eine Handlungspflicht **unmittelbar ersetzt** oder eine Gefahr abwehrt | **Körperliche Gewalt**, die a) eine Duldungs-, Unterlassungs- oder höchstpersönliche Handlungspflicht durchsetzt oder b) die Durchsetzung irgend einer Pflicht nur fördert |

| wenn ein relevanter entgegenstehender **Wille nicht zu überwinden** ist | wenn dadurch ein (zumindest vermuteter) **entgegenstehender Wille** überwunden werden soll | |

Unm. Ausführung § 6 POG	**Ersatzvornahme** §§ 63, 61 Abs. 2	**Unm. Zwang** §§ 65, 61 Abs. 2
⇩	⇩	⇩
Verwaltungsakt entfällt mangels (sinnvollem) Adressaten	*GrundVA entfällt aus zeitlichen oder taktischen Gründen*	*GrundVA entfällt aus zeitlichen oder taktischen Gründen*
	Androhung entfällt nach § 66 Abs. 1 S. 2	*Androhung entfällt nach § 66 Abs. 1 S. 2 LVwVG; § 61 Abs. 1 S. 2, Abs. 2, Abs. 3 S. 3 POG*
Ausführung § 6 Abs. 1 POG	**Ausführung** § 63 Abs. 1	**Anwendung** z. B. §§ 58 ff. POG
Kostenbescheid § 6 Abs. 2 S. 1 POG	**Kostenbescheid** § 63 Abs. 1, Abs. 2 S. 1	**Kostenbescheid** § 83 Abs. 1
Beitreibung § 6 Abs. 2 S. 1 POG/ §§ 19 ff.	**Beitreibung** §§ 19 ff., 63 Abs. 2 S. 3	**Beitreibung** §§ 19 ff.

II. Die unmittelbare Ausführung, § 6 POG

Unmittelbar ausführen i. S. d. § 6 POG heißt, dass die Polizei oder Ordnungsbehörde **38** durch eine Handlung eine Gefahr unmittelbar abwehrt, ohne damit unmittelbar fremden Willen zu beugen. Die unmittelbare Ausführung ist daher **kein Zwangsmittel**,[82] sondern eine im Verhältnis zu §§ 4, 5 und 7 POG negative Adressatenregelung (wann darf der Hoheitsträger ausführen, ohne einen Adressaten heranzuziehen? Vgl. Rn E 2). § 6 POG ist auch **keine Ermächtigungsgrundlage** (anders als z. B. die unmittelbare Ausführung nach § 41 Abs. 8 S. 2 LStrG), sondern, ähnlich den §§ 4, 5 und 7 POG immer nur i. V. m. einer Ermächtigungsgrundlage, in der Regel mit § 9 Abs. 1 S. 1 POG anwendbar.[83] Die unmittelbare Ausführung ist eine „*Maßnahme*" i.S.d. § 9 Abs. 1 S. 1 POG, und zwar in der Form des **Realakts**. Sie hat folgende Voraussetzungen:

1. Mit ihr wird eine **vertretbare Handlung** ersetzt (vgl. dazu Rn J 4).[84] Höchstpersönliches Handeln, Dulden oder Unterlassen kann nicht unmittelbar, sondern immer nur mittelbar ausgeführt werden und kann darum nur mit Zwangsgeld oder unmittelbaren Zwang durchgesetzt werden (vgl. Rn J 5 ff.). Damit ähnelt die unmittelbare Ausführung der Ersatzvornahme, insbesondere solcher bei sofortiger Anwendung i. S. d. § 61 Abs. 2 LVwVG. Während aber die Ersatzvornahme als Zwangsmittel der Beugung von Willen dient, wird i. S. d. § 6 POG unmittelbar ausgeführt, wenn niemand vor Ort ist, dessen Willen gebeugt werden könnte, oder wenn zwar jemand vor Ort ist, aber nicht fähig, ordnungsrechtliche Weisungen zu befolgen bzw. zu behindern.

Beispiel: Das Anbinden eines Hundes, die Herausgabe von herausverlangten Sachen, die Beseitigung störender Gegenstände sind Handlungen, die vertretbar sind, bei denen es also nur darauf ankommt, *dass* sie vorgenommen werden, nicht *wer* sie vornimmt. Werden sie von den Ordnungskräften oder ihren Beauftragten vorgenommen, liegt unmittelbare Ausführung vor, solange nicht zusätzlich auch ein Wille überwunden wird. – Demgegenüber sind das Herauslassen von Luft aus dem möglichen Fluchtwagen, das Eintreten der Tür zur Wohnungsdurchsuchung oder das Versiegeln der verbotenen Gaststätte entweder kein Ersatz geforderter vertretbarer Handlungen oder sie führen nicht zur direkten Erfüllung der Ordnungspflicht. Werden sie ohne Beisein des Betroffenen durchgeführt, liegt unmittelbarer Zwang in Form der sofortigen Anwendung (§ 61 Abs. 2 LVwVG) vor.

2. Bei der unmittelbaren Ausführung ist zur Durchsetzung dieser Handlung **keine Ordnungsverfügung** ergangen.[85] Damit ähnelt sie der Ersatzvornahme in Form der sofortigen Anwendung (§ 61 Abs. 2 LVwVG). Anders aber als bei der Ersatzvornahme geht es bei der unmittelbare Ausführung nicht darum, einen entgegenstehenden Willen gegen eine *konkrete* Maßnahme der Ordnungskräfte zu überwinden (vgl. Rn J 1).

Beispiel: Der Dackel einer älteren Dame hat sich losgerissen und läuft ständig kreuz und quer über die Straße. Ein Polizeibeamter fordert die Dame auf, den Hund von der Straße zu holen. Als diese dem nicht nachkommt, macht der Polizeibeamte das selber. – Das Wegholen des Tieres ist eine vertretbare Handlung. Für sie existiert eine Grundverfügung gegen die Adressatin, die durchgesetzt wurde. Also handelt es sich um eine Ersatzvornahme. – Abwandlung: Die Eigentümerin ist weit und breit nicht zu sehen. Der Polizeibeamte holt den Hund von der Straße. – Hier ist kein Verantwortlicher vorhanden, dem gegenüber eine Verfügung erlassen wurde oder dessen tatsächlichen oder vermuteten Willen es zu beugen gilt. Folglich handelt es sich um unmittelbare Ausführung.

---

82 Möller/Warg Rn 235; Knemeyer Rn 343; Thiel Rn 282; Kästner JuS 1994, 364; die gegenteilige Auffassung, z. B. Gusy Rn 440, beruht wohl auf der abweichenden Gesetzeslage in anderen Bundesländern.
83 Knemeyer Rn 266.
84 Reichert/Ruder Rn 356; Knemeyer Rn 264.
85 Vgl. VGH Kassel NJW 1995, 2123 f.; anders VGH Kassel NVwZ-RR 1995, 29, das (anders als die Vorinstanz) Ersatzvornahme nur bei erklärtem entgegenstehendem Willen des (anwesenden) Betroffenen annimmt.

39 3. Weiterhin muss eine direkte **Inanspruchnahme eines Verantwortlichen**, durch Verwaltungsakt oder Realakt, unmöglich oder **nicht Erfolg versprechend** sein. Solange die Inanspruchnahme nicht am entgegenstehenden Willen des Verantwortlichen scheitert (dessen Überwindung wäre dann Zwang), kommt jedes Hindernis in Betracht. Die Beanspruchung eines Verantwortlichen kann daran scheitern, dass ein solcher

- nicht existiert (z. B. bei Naturkatastrophen),
- für eine effektive Gefahrenabwehr nicht rechtzeitig erreichbar ist,
- nicht ansprechbar (z. B. bewusstlos) ist oder
- zur Gefahrenabwehr nicht in der Lage ist, ohne sich aber widerstrebend zu verhalten.

Beispiel: Ein Polizeibeamter findet an einer Unfallstelle das Unfallfahrzeug quer auf der Straße stehend und im Straßengraben den ohnmächtigen Fahrer. Soweit es um die Beseitigung des Fahrzeuges geht, ist der Fahrer zwar zumindest nach § 4 Abs. 1 POG verantwortlich (auf Schuld kommt es nicht an!) und sogar anwesend, aber der Erlass eines Verwaltungsaktes an ihn wäre ausgeschlossen, weil keine Bekanntgabe i.S.d. § 43 VwVfG / § 1 Abs. 1 LVwVfG möglich ist. Im Ergebnis nicht anders wäre es, wenn der Fahrer zwar bei Bewusstsein wäre, aber mit gebrochenen Gliedern dort läge. Denn er wäre zur Gefahrenabwehr nicht in der Lage, ohne dass das an seinem widerstrebenden Willen läge. – Wenn der Polizeibeamte ein gefährliches herrenloses Tier erschießt oder einen von selbst entzündeten Brand löscht, gibt es gegebenenfalls nicht einmal einen wirklichen Verantwortlichen; auch dann kommt nur unmittelbare Ausführung in Betracht.

4. Wenn die Maßnahme erkennbar **Nichtverantwortliche**, deren Sachen oder Tiere (vgl. § 5 Abs. 1 S. 2 POG) nachteilig beeinflusst, müssen zusätzlich noch die Voraussetzungen des § 7 POG vorliegen. Andernfalls bestünde die Gefahr, dass die Voraussetzungen des § 7 POG durch die Anwendung des § 6 POG umgangen würden. [86]

Beispiel: Aus einem Gatter sind Pferde ausgebrochen. Polizeibeamte treiben die Pferde zurück, müssen diese dabei aber über das Grundstück des Nachbarn treiben, wodurch Schäden an Anpflanzungen entstehen. – Hier wird erkennbar in Eigentum unbeteiligter Dritter eingegriffen, so dass es sich gleichzeitig um eine *„Maßnahme gegen andere Personen als die nach den §§ 4 und 5 Verantwortlichen"* (s. § 7 Abs. 1 POG) handelt. Neben den Voraussetzungen von § 6 müssen auch die des § 7 POG zum Schutz der Nichtverantwortlichen geprüft werden. Ein Kostenbescheid nach § 6 Abs. 2 POG kommt schon nach dem Wortlaut der Vorschrift gegen Nichtverantwortliche nicht in Frage.

40 **Keine Voraussetzung** der unmittelbaren Ausführung ist, dass der abwesende Verantwortliche vermutlich der Maßnahme zustimmen würde und die Maßnahme nicht gegen seinen mutmaßlichen Willen geschieht, wie immer man das in jedem Einzelfall überhaupt feststellen will. Wer das fordert[87], verwechselt die Begriffe Eingriff und Zwang. Wenn der Betroffene zustimmen würde und die Maßnahme nicht gegen seinen mutmaßlichen Willen geschieht, liegt erst gar kein Eingriff vor und man bräuchte eine Ermächtigungsgrundlage lediglich für den Kostenersatz, nicht aber für die Primärmaßnahme. Zwangsvollstreckung dagegen ist ein tatsächlicher Vorgang und liegt erst vor, wenn ein Hoheitsträger Anstalten macht, den tatsächlich oder möglicherweise entgegenstehenden Willen des Adressaten mit Zwangsmitteln zu beugen (vgl. Rn J 1). Wenn man aber weiß, dass niemand vor Ort ist und auch niemand vor Ort irgendwelche bewussten Hindernisse hinterlassen hat, dann weiß man auch, dass aktuell kein Wille vorhanden ist, der zu beugen wäre. Für ein weiteres Vorgehen ist es darum völlig egal, ob der Betroffene, wenn er denn davon wüsste, damit einverstanden wäre oder nicht,

---

86 Drews/Wacke/Vogel/Martens S. 441; vgl. a. Rn E 2.
87 So z. B. Roos / Lenz § 6 RN 6.

jedenfalls stellt dieser mögliche Wille für den Vollziehenden kein zu überwindendes Hindernis dar. Darum ist Zwang denknotwendig ausgeschlossen.[88]

Verwechslungen treten gelegentlich in der Praxis bei der Unterscheidung von § 6 POG und Standardmaßnahmen auf. Für § 6 POG ist maßgeblich, dass nur unmittelbar ausgeführt wird, was sonst der Verantwortliche hätte machen müssen. Das liegt aber nicht vor, soweit der Sinn der Standardmaßnahme gerade darin liegt, dass *die Behörde* sie ausführt. Und das liegt nicht vor, wenn die Behörde zwar etwas tut, was ordnungsrechtlich sinnvoll ist, aber nicht ordnungsrechtlich vom Betroffenen geschuldet wird.

Beispiel: Eine herumliegende Tasche (§ 19 POG) oder eine bewusstlose Person (§ 18 POG) zu durchsuchen ist keine unmittelbare Ausführung, denn der Verpflichtete, wäre er denn anwesend, schuldet ordnungsrechtlich keine Durchsuchung durch ihn selber. Ähnlich sieht es bei der Sicherstellung einer herumliegenden Sache aus (§ 22 POG), denn auch hier schuldet der Betroffene ordnungsrechtlich keine Ansichnahme der Sache. Es gelten die Regeln der Standardmaßnahmen, aber nicht § 6 POG.

III. Anspruch der Behörde auf Kostenerstattung

Der hoheitliche Zwang sowie die unmittelbare Ausführung verursachen vielfach Kos- **41** ten, die zunächst bei der Behörde entstehen. Hier ermächtigen § 63 Abs. 1 LVwVG (*„auf Kosten des Vollstreckungsschuldners"*), § 6 Abs. 2 S. 1 POG (*„so sind die nach den §§ 4 oder 5 Verantwortlichen zum Ersatz verpflichtet"*) bzw. § 83 LVwVG die Behörde, die Kosten der Aufwendungen durch Bescheid beim Vollstreckungsschuldner geltend zu machen, bei der Ersatzvornahme sogar im voraus, § 63 Abs. 2 LVwVG. Entsprechendes gilt für § 37 LBKG nach einem Feuerwehreinsatz. Kostenerstattung kommt nur in Betracht, wenn die zugrunde liegende Zwangsmaßnahme bzw. die unmittelbare Ausführung (nicht notwendigerweise aber eine eventuelle Grundverfügung, vgl. Rn J 28) **rechtmäßig** war[89] oder zumindest nicht mit Rechtsbehelfen angegriffen wurde.[90] Andernfalls ist die Kostenforderung für eine Ersatzvornahme auch nicht dadurch zu „retten", dass sie auf Geschäftsführung ohne Auftrag gestützt wird.[91] Allerdings ist entgegen der Rechtsprechung des OVG Koblenz[92] nicht einzusehen, warum nicht ein Bereicherungsausgleich in Form des öffentlich-rechtlichen Erstattungsanspruchs bestehen soll, wenn nur ein Verfahrensfehler (z. B. ein Fehler bei der Zustellung der Androhung) die Vollstreckung rechtswidrig macht und bei rechtmäßiger Vollstreckung die Kosten ebenfalls entstanden wären.[93]

Schuldner kann grundsätzlich nur ein **Verantwortlicher** sein. Verantwortlich in diesem **42** Sinne ist auch der, der zurechenbar den Anschein einer Gefahr gesetzt hat.[94] Macht der Hoheitsträger Kosten geltend, ist darauf zu achten, dass sich die Frage der Kostenlast (sog. Sekundärebene) anders als bei der Maßnahme selbst (sog. Primärebene) stellt. Zum einen interessiert hier bei der **Auswahl** des Adressaten nicht mehr die Fra-

---

88   Vorsichtig sein muss man hier mit der Anwendung von Rechtsprechung und Literatur aus anderen Bundesländern. Nur Rheinland-Pfalz und Hessen kennen das Nebeneinander von *unmittelbarer Ausführung* und *sofortiger Anwendung von Zwang*. Wer wie alle anderen Bundesländer nur entweder das eine oder das andere gesetzlich geregelt hat, muss zwangsläufig die Begriffe anders definieren, um keine Vollzugslücken zu schaffen.
89   Warg DVP 2009, 327; Hamann DVP 2009, 513.
90   Für den Zwang OVG Koblenz NVwZ 1994, 715 f. Für die unmittelbare Ausführung Reichert/Ruder Rn 358.
91   BGH NJW 2004, 513; OVG Koblenz aaO; ebenso Götz aaO.
92   Z. B. NVwZ 1994, 716, ebenso OVG Bremen NordÖR 2005,119.
93   So Habermehl Rn 775; Götz Rn 453.
94   VG Gießen DÖV 2012, 860.

ge, wie die Gefahr am effektivsten beseitigt werden kann, denn die Gefahr besteht ja jetzt nicht mehr. Zum anderen müssen die Fragen der tatsächlichen Verantwortlichkeit und der Zumutbarkeit zwischen mehreren Verantwortlichen nach dem nachträglichen Erkenntnisstand zum Zeitpunkt des Kostenbescheids beurteilt werden.

Kommen mehrere Verantwortliche in Betracht, muss sich die Behörde im Rahmen ihres Ermessens bei der Kostenverteilung nicht nur an einen halten, sondern sie kann, gegebenenfalls muss sie sogar, die Kosten auf mehrere verteilen, z. B. wenn bei einem Auffahrunfall genau besehen nicht *ein* Schadensfall, sondern mehrere gleichzeitig auftreten und nicht jeder für den Gesamtschaden verantwortlich ist[95] (vgl. auch Rn K 26 ff.).

Beispiel: Auf einer Schnellstraße fahren mehrere Fahrzeuge aufeinander auf. Aus einigen Fahrzeugen läuft Benzin und Öl aus. Die Polizei lässt die Ölspur beseitigen und verlangt die Kosten anteilig von den Fahrzeughaltern zurück, aus deren Fahrzeug die Flüssigkeiten ausgelaufen waren. – Obwohl die Fahrer der Fahrzeuge ansprechbar am Unfallort waren, wird man hier richtigerweise die Voraussetzungen des § 6 Abs. 1 S. 1 POG bejahen können, da offensichtlich eine Gefahrenbeseitigung durch die Fahrer rechtzeitig nicht möglich und kein entgegenstehender Wille zu brechen war.

43 Die Entscheidung, ob ein Verantwortlicher überhaupt nach den §§ 6 Abs. 2, 25 Abs. 3 POG und 63 Abs. 1 LVwVG zum Kostenersatz herangezogen wird, steht im pflichtgemäßem Ermessen der Behörde, wobei allerdings regelmäßig die Kosten geltend zu machen sind (sog. **intendiertes Ermessen**, quasi eine Soll-Vorschrift), weil die Übernahme der Kosten für einen einzelnen durch die Allgemeinheit regelmäßig nicht einzusehen wäre.[96] Mangels anderweitiger Reglungen wird man für die **Verjährung** die allgemeine Dreijahresfrist des § 195 BGB entsprechend heranziehen müssen, die aber entsprechend § 199 BGB – anders als bei § 71 POG – erst ab dem Ende des Kalenderjahres beginnt.

---

95   So VGH Kassel, DÖV 1986, 441, wobei es dort eigentlich um ein anderes Problem ging.
96   VGH Kassel NVwZ-RR 1995, 29; VGH Mannheim NJW 1991, 1698; OVG Hamburg NJW 1986, 2005; NVwZ-RR 1995, 30; W/H/R Rn 514; Reichert/Ruder Rn 358; offenbar a. A.: Götz NVwZ 1994, 661.

IV. Prüfungsvorschläge

Prüfschema: Androhung gem. § 66 LVwVG

(unverbindlicher Vorschlag!)

1. **Zuständig** ist grds. die Behörde, die – zu Recht oder nicht –
die **Grundverfügung erlassen** hat, § 4 Abs. 2 LVwVG

2. Voraussetzungen des **§ 66 LVwVG**?

   a) Es muss grundsätzlich **schriftlich** angedroht werden, § 66 Abs. 1 S. 1 LVwVG;

   (Bei Schriftlichkeit:) **Zustellung**, § 66 Abs. 6 LVwVG i.V.m. VwZG, § 1 Abs. 1 LVwZG
   (Diese Zustellungsplicht erfasst nach hM i. F. d. § 66 Abs. 2 LVwVG den gesamten Bescheid!)

   b) Bei Handlungspflichten ist grds. **Fristsetzung** notwendig, § 66 Abs. 1 S. 3 LVwVG
   (anders bei Unterlassungs- und Duldungspflichten)

   c) Zwangsmittel muss **bestimmt** sein, § 66 Abs. 3 LVwVG?

   d) (Nur bei Zwangsgeld:) Zwangsgeldhöhe muss **bestimmt** sein, § 66 Abs. 5 LVwVG

   (Nur bei Ersatzvornahme:) Angabe der **voraussichtlichen Kosten**, § 66 Abs. 4 LVwVG

3. Allgemeine Regeln des **Verfahrens**?
   (§§ 9 ff. VwVfG i. V. m. § 1 Abs. 1 LVwVfG, beachte insbes. § 28 Abs. 2 Nr. 5 VwVfG)

4. **Allgemeine** materielle Voraussetzungen, §§ 2, 61 Abs. 1 LVwVG?

   ▪ Vorausgehender (noch) **wirksamer** zu vollstreckender **VA** (= „Grundverfügung")
   Zumindest eine bestandskräftige Grundverfügung muss nicht notwendig rechtmäßig sein,
   wohl aber bestimmt und ihre Befolgung möglich (sonst § 44 Abs. 1, Abs. 2 Nr. 4 VwVfG)

   ▪ auf ein **Ge- oder Verbot** gerichtet (also z. B. keine Aufhebung nach §§ 48 f. VwVfG)

   ▪ *Für die bloße Androhung (!) ist die Vollziehbarkeit der Grundverfügung i. S. d. **§ 2 LVwVG**
   (**Bestandskraft** oder Voraussetzungen des § 80 Abs. 2 VwGO) noch nicht erforderlich.*

5. **Besondere** materielle Voraussetzungen des jeweils angekündigten Zwangsmittels?

   • (Nur bei Ersatzvornahme, § 63 LVwVG:) **Vertretbare Handlung**

   • (Nur bei Zwangsgeld, § 64 LVwVG:): Einhaltung des **Geldrahmens**

   • (Nur bei unm. Zwang, § 65 LVwVG:):
   Weder Ersatzvornahme noch Zwangsgeld möglich und zweckmäßig

6. Allgemeine Fehler und **Ermessen**sfehler

7. **Verhältnismäßigkeit** i. w. S., § 62 Abs. 2 LVwVG, § 2 Abs. 1 + 2 POG, d. h.:

   a) Erscheint das Zwangsmittel zur Durchsetzung der Grundverfügung **geeignet**?

   b) Ist es **erforderlich**, weil es von allen geeigneten Maßnahmen den einzelnen und
   die Allgemeinheit am wenigsten beeinträchtigt?

   c) Steht die Zwangsmaßnahme nicht erkennbar **außer Verhältnis** zum durch die
   Grundverfügung zu schützenden Rechtsgut?

Prüfschema: Anwendung von Ersatzvornahme und unmittelbarem Zwang

A. Formell

1. **Zuständig** ist grds. die Behörde, die – zu Recht oder nicht – die **Grundverfügung erlassen** hat, § 4 Abs. 2 LVwVG (Ausnahme: § 7 Nr. 1 ZustVO/Straßenverkehr), i. F. d. § 61 Abs. 2 LVwVG (Sofortvollzug) die, die ihn zu erlassen hätte

2. Wurde gem. § 66 LVwVG bzw. § 61 Abs. 1 S. 3 POG **angedroht?**
   Wenn ja: Ist die Androhung a) rechtmäßig oder bestandskräftig und b) bestimmt genug? Wenn nein: Ist die Androhung **entbehrlich** (§ 66 Abs. 1 S. 2 LVwVG / § 61 Abs. 1 S. 2, Abs. 2, Abs. 3 S. 3 POG)?

3. Anwendung ist grds. Realakt (Ausnahmen nur bei Begleitmaßnahmen und beim Sofortvollzug möglich), darum grds. keine weiteren Form- und Verfahrensvorschriften (aber Ausnahmen, z. B. § 15 POG)

B. Materiell

1. Allgemeine Voraussetzungen

   a) Gestrecktes Verfahren, §§ 2, 61 Abs. 1 LVwVG?

   - Vorausgehender (noch) **wirksamer** zu vollstreckender **VA** (Grundverfügung)
     Zumindest eine bestandskräftige Grundverfügung muss nicht notwendig rechtmäßig, wohl aber bestimmt und ihre Befolgung möglich sein

   - mit (noch) **vollstreckungsfähiger** Regelung (= auf Handeln/Dulden/Unterlassen gerichtet)

   - **Vollziehbarkeit** der Grundverfügung i. S. d. § 2 LVwVG (= deren **Bestandskraft** oder die Voraussetzungen des § 80 Abs. 2 VwGO; StPO-Normen ist die Vollziehbarkeit immanent)

                                              oder

   b) Sofortvollzug, § 61 Abs. 2 LVwVG

   - Innerhalb der gesetzlichen Befugnisse (**hypothetische Grundverfügung**)?
   - Muss ihr Erlass aber zur Abwehr einer **gegenwärtigen Gefahr** unterbleiben?

2. Besondere Voraussetzungen des jeweils angekündigten Zwangsmittels?

   - § 63 LVwVG: **Vertretbare Handlung**

   - § 65 LVwVG: **Weder Ersatzvornahme noch Zwangsgeld** möglich und zweckmäßig
     Nicht zur Abgabe einer Erklärung, § 65 Abs. 3 LVwVG?
     Gegebenenfalls zusätzlich:
     Vorführung: Gefahr für Leib, Leben, Freiheit oder zu ED-Maßnahmen, § 12 Abs. 3 POG?
     Fesselung: 1. Wird die Person festgehalten? 2. Liegt ein Fall des **§ 62 Nr. 1 bis 3** POG vor?
     Waffen allgemein: Zugelassene Waffe nach § 58 Abs. 4 (5) POG
     Schusswaffengebrauch allgemein: subsidiär gegenüber sonstigem Zwang, § 63 Abs. 1 S. 1 POG
     Schusswaffengebrauch gegen Personen, §§ 63 ff. POG:
     – nur, wenn kein Schusswaffengebrauch gegen Sachen zweckdienlich, § 63 Abs. 1 S. 2 POG
     – grds. nicht zur **Tötung**, § 63 Abs. 2 POG
     – grds. nicht gegen **Kinder**, § 63 Abs. 3 POG
     – grds. nicht gegen **Unbeteiligte**, §§ 63 Abs. 4, 65 POG
     – nur zur Durchsetzung eines der in **§ 64** POG genannten Ziele

3. Verhältnismäßigkeit i. w. S., § 62 Abs. 2 LVwVG, § 2 Abs. 1 + 2 POG, d. h.:

   a) Erscheint das Zwangsmittel zur Durchsetzung der Ordnungspflicht **geeignet**?

   b) Ist es **erforderlich**, weil es von allen geeigneten Maßnahmen den einzelnen und die Allgemeinheit am wenigsten beeinträchtigt?

   c) Steht die Zwangsmaßnahme nicht erkennbar **außer Verhältnis** zum Schutzgut?

K. Ausgleichsansprüche nach §§ 68 ff POG

I. Arten von Ersatz und Ausgleich

Durch Maßnahmen der Ordnungsbehörden und der Polizei können materielle oder **1** immaterielle Güter des Bürgers beeinträchtigt werden. Sowohl aus Gründen des Eigentumsschutzes als auch aus dem Aufopferungsgedanken[1] heraus kann die Notwendigkeit entstehen, diese Nachteile ganz oder zumindest teilweise auszugleichen. Der Gedanke der Aufopferung ist der, dass derjenige Nachteil auszugleichen ist, den jemand dadurch erleidet, dass er freiwillig oder unfreiwillig im Interesse der Allgemeinheit ein **Sonderopfer** erbracht hat. Sonderopfer bedeutet, dass jemand im zumindest überwiegenden Interesse der Allgemeinheit deutlich stärker belastet worden ist als andere, ohne dass das durch eigene Schuld, Verantwortlichkeit oder Risikozurechnung gerechtfertigt ist. Als wesentliches Element des Sonderopfers wird zum Teil der Verstoß gegen den Gleichheitsgrundsatz[2], zum Teil die besondere Schwere und Tragweite des Eingriffs[3] gesehen.

Zum Ausgleich des Sonderopfers gibt es verschiedene **gesetzliche Grundlagen**,[4] wie **2** z. B. § 839 BGB i. V. m. Art. 34 GG, das Gesetz über die Entschädigung für Strafverfolgungsmaßnahmen,[5] das Opferentschädigungsgesetz,[6] die Gefährdungshaftung nach § 7 StVG, § 34 LuftVG oder § 2 UmweltHpflG, §§ 48 Abs. 3 und 49 Abs. 6 VwVfG. Darüber hinaus gibt es eine Reihe von **gewohnheitsrechtlichen Ansprüchen** wie den enteignenden Eingriff,[7] den enteignungsgleichen Eingriff,[8] der allgemeinen Aufopferung oder den aus § 113 Abs. 1 S. 2 VwGO abgeleiteten Folgenbeseitigungsanspruch. Diese können an Stelle oder ergänzend neben den §§ 68 ff. POG geltend gemacht werden, § 68 Abs. 3 POG.

Auf diesem Aufopferungsanspruch beruhen auch die Ausgleichsansprüche nach § 68 Abs. 1 und 2 POG. Sie verdrängen zumindest die gewohnheitsrechtlichen Ansprüche aus Aufopferung und aus Geschäftsführung ohne Auftrag.[9]. Die nicht verdrängten Ersatzansprüche müssen aber nicht vorrangig geltend gemacht werden.[10]

---

1 Dieser wird seit BVerfGE 58, 300 aus Art. 74, 74 Einleitung des Preußischen Allgemeinen Landrechts von 1794 abgeleitet; vgl. Rühle/Suhr vor §§ 68 ff.
2 BGHZ 6, 280; 60, 147.
3 BVerwGE 5, 145; NJW 1962, 2171; DÖV 1974, 390.
4 Vgl. Rühle/Suhr § 68, 2.
5 BGBl. 1971 I, S. 157.
6 Vom 16.5.1976 i. D. F. v. 14.12.2000 BGBl. I, S. 1676.
7 BGH NJW 1983, 1663; 1980, 2703.
8 BVerfGE 58, 300; BGH DVBl 1982, 950; 1984, 391.
9 Gusy Rn 376, zu GoA vgl. OVG Hamburg NVwZ-RR 1995, 369.
10 BGHZ 20, 81 u. BGHZ VerwRspr 22, 148 Vorrang sozialversicherungsrechtl. Ansprüche geg. Aufopferung.

II. Ausgleichspflichtige Tatbestände wegen unfreiwilliger Inanspruchnahme, § 68 Abs. 1 POG

1. Rechtmäßige Inanspruchnahme, § 68 Abs. 1 S. 1 POG

a) Inanspruchnahme Nichtverantwortlicher, § 68 Abs. 1 S. 1 POG

3 § 68 Abs. 1 S. 1 POG regelt einen klassischen Aufopferungsanspruch. Dieser setzt voraus, dass

1) der Herangezogene nach keiner Vorschrift Verantwortlicher, sondern i.S.d. § 7 POG Nichtverantwortlicher war (vgl. zum Begriff Rn E 29 ff.)

2) seine Inanspruchnahme rechtmäßig gewesen ist, insbesondere die Voraussetzungen der Ermächtigungsgrundlage und des § 7 vorlagen, wobei es auf die Rechtmäßigkeit der Maßnahme in Bezug auf den Herangezogenen ankommt,[11] und

3) eine allgemeine Ordnungsbehörde oder die Polizei gehandelt hat[12]

> **Beispiel:** Wird ein Hauseigentümer als Nichtverantwortlicher verpflichtet, einen Obdachlosen befristet aufzunehmen, so hat der Hauseigentümer Anspruch auf Ausgleich für einen durch die Zwangseinweisung entstandenen Vermögensschaden. – Gleiches gilt für die Sachbeschädigungen, wenn die Polizei oder Ordnungsbehörde gewaltsam durch eine Nachbarwohnung dringt, um nebenan einer hilflosen Person zu helfen.

4 Dabei kommt es nicht darauf an, ob die Belastung durch Verwaltungsakt, Realakt (vgl. dazu Rn G 13, z. B. Warnung vor angeblich verseuchten Medikamenten, die sich nachträglich als einwandfreie Medizin erweisen[13]) oder Gefahrenabwehrverordnung entstanden ist. Die Maßnahmen müssen nach dem Wortlaut des § 68 Abs. 1 S. 1 POG gezielte behördliche Maßnahmen sein.[14]

b) Inanspruchnahme Verantwortlicher

5 Wer nach den §§ 4 f. POG oder nach anderen Vorschriften verantwortlich ist, hat **grundsätzlich** nach den §§ 68 ff. POG **keine Ansprüche**. Denn regelmäßig schließt die Verantwortlichkeit das Vorliegen eines Sonderopfers aus.[15] Insbesondere die Verantwortung für den Zustand eigener Sachen ist Ausdruck der Sozialbindung des Eigentums.[16] Anderes kann sich aber aus ausdrücklich geregelten Sonderfällen ergeben, z. B. § 49, 57 BSeuchG, § 66 TierSchG oder § 21 Abs. 4 BImSchG.

6 Diese Grundaussage müsste demnach eigentlich auch für sog. **Anscheinsverantwortliche** gelten (zum Begriff Rn E 22 ff.). Deshalb wird vertreten, dass der Anscheinsverantwortliche als rechtmäßig herangezogener Verantwortlicher keinen Ausgleich verlangen kann.[17] Das aber erscheint in vielen Fällen unbillig. Der Anscheinsverantwortliche hat wie der Nichtverantwortliche zur Abwehr einer Gefahr ein Opfer für die Allgemeinheit erbracht. Wenn nun der Anscheinsverantwortliche keinen Anlass für die angenommene Gefahr gegeben hat, steht er hinsichtlich seines Opfers wie ein Nichtverantwortlicher. Seine Interessenlage ist die gleiche wie die eines herangezogenen Nichtverantwortlichen. Diese Gesetzeslücke sollte darum durch entsprechende An-

---

11 Vgl. Rühle/Suhr § 68, 1.1; Gusy Rn 382.
12 OLG Düsseldorf NWVBl 1991, 134 (135).
13 BGH NJW 1996, 3153, aber soweit sich die Behörde wegen der völligen Ungewissheit über das Vorliegen einer Gefahr auf die Bitte zur Vorsicht im Umgang mit bestimmten Substanzen beschränkt, liegt darin noch keine Maßnahme i.S.d. § 68 Abs. 1 POG, BGH DÖV 1998, 429.
14 Pielow Jura 1991, 489.
15 BVerwGE 38, 209.
16 BGHZ 55, 370 und BVerfGE 20, 40.
17 So Gerhardt Jura 1987, 525; mit Einschränkungen wohl auch Drews/Wacke/Vogel/Martens, S. 227.

wendung der Regeln des § 68 Abs. 1 S. 1 POG zugunsten des Anscheinsverantwortlichen geschlossen werden.[18] Diese Analogie gilt aber nicht, wenn der Anscheinsverantwortliche die Anscheinslage selbst veranlasst hat und sich deshalb ihre Folgen als Verantwortlicher zurechnen lassen muss (Rechtsgedanke des § 94 Abs. 1 S. 2 LWasserG).

Ähnliches gilt für denjenigen, der als Verdachtsverantwortlicher bei einem **Gefahrver-** 7 **dacht** beansprucht wurde. Hier ist bereits zweifelhaft, ob es beim bloßen Verdacht überhaupt schon einen Verantwortlichen (vgl. Rn E 26) geben könne.[19] Jedenfalls drängt es sich aber auch hier auf, denjenigen Verdachtsverantwortlichen, der den Verdacht nicht zurechenbar verursacht hat oder sich aus andern Gründen nicht dem eigenen Risikobereich zurechnen lassen muss,[20] im Rahmen des Ausgleichs dem Nichtverantwortlichen gleichzustellen.[21] Wenn sich der Verdacht aufgrund der Ermittlungsergebnisse nicht bestätigt, sind dem Verdachtsverantwortlichen etwaige Schäden durch die Ermittlungsmaßnahmen zu erstatten.

c) Inanspruchnahme bei Jedermann-Maßnahmen

Soweit jedermann in laufende Ermittlungen einbezogen werden kann, z. B. einer ge- 8 fahrenabhängigen Identitätsfeststellung nach § 10 Abs. 1 S. 2 Nr. 2a und b POG unterworfen werden darf oder nach Unfällen wegen Straßensperrung Umleitungen in Kauf nehmen muss, ist bei Rechtmäßigkeit der Maßnahme normalerweise **kein Sonderopfer** gegeben. Solche Vorgänge können jedermann treffen, unabhängig vom dazu gegebenen Anlass, und begründen grundsätzlich keine Ausgleichpflicht des hierfür ursächlichen Hoheitsträgers.[22] Etwas anderes kann sich aber ergeben, wenn sich durch besondere Umstände der Eingriff im Einzelfall als besonders schwerwiegend herausstellt.[23]

2. Rechtswidrige Inanspruchnahme, § 68 Abs. 1 S. 2 POG

Bei einer rechtswidrigen Maßnahme ergibt sich das Sonderopfer bereits aus der 9 Rechtswidrigkeit.[24] Maßgeblich ist nur, dass die Maßnahme (hierzu Rn H 1 f.) einer allgemeinen Ordnungsbehörde oder der Polizei zuzurechnen ist.[25] Unerheblich ist hierbei, ob es sich um einen Verwaltungsakt, Realakt oder eine Gefahrenabwehrverordnung handelt, ob die Maßnahme gezielt oder versehentlich war und warum sie rechtswidrig ist (letzteres kann allerdings für die Ausgleichshöhe bedeutsam sein).

Beispiel: Wird das Fahrzeug des F von einem Behindertenparkplatz abgeschleppt, obwohl sein Behindertenausweis auf dem Armaturenbrett lag, hat F Anspruch auf die Taxikosten, die ihm zur Wiedererlangung des Fahrzeugs entstanden sind.

---

18 ; OVG Münster DÖV 2001, 215; VGH München BayVBl. 1999, 100; VGH Mannheim NVwZ-RR 1991, 24 und LG Köln NVwZ 1992, 1125; BGH NJW 1994, 2355; Schoch JuS 1993, 727; Würtenberger, S. 395; Erichsen-Wernsmann, Jura 1995, 222.
19 Verneinend Götz Rn 155 und 439.
20 Scholler-Broß DÖV 1976, 472; VG Berlin NJW 1991, 2854 und BGH NJW 1994, 2355.
21 BGHZ 117, 308.
22 BGHZ 60, 147; OLG Hamm NJW 1988, 1096 und BVerwG MDR 1962, 1015.
23 Lisken/Denninger L Rnr 11/12 und Riegel DÖV 1990, 656.
24 BVerfGE 58, 300; BGH DVBl 1982, 950; 1984, 391.
25 Vgl. Rühle/Suhr § 68, 1.2.

III. Ausgleichspflichtige Tatbestände wegen freiwilliger Mitwirkung, § 68 Abs. 2 POG

10 Voraussetzung eines Ausgleichsanspruchs nach § 68 Abs. 2 POG[26] ist, dass der Helfer bei der Erfüllung **ordnungsbehördlicher oder polizeilicher Aufgaben** mitwirkt oder dafür Sachen zur Verfügung stellt. Hilfe kann zu allen Aufgaben der allgemeinen Ordnungsbehörden oder der Polizei geleistet werden. Das schließt Aufgaben nach anderen Gesetzen i. S. d. § 1 Abs. 2 POG ein, etwa die Unterstützung der Polizei bei der Verfolgung von Straftätern im Rahmen eines Ermittlungsverfahrens nach der StPO.

Diese Hilfe muss **freiwillig** sein. Der Helfer darf also weder Verantwortlicher noch bereits durch eine Verfügung verpflichtet worden sein, da er in diesen Fällen nicht freiwillig hilft. Freiwillig handelt auch der nicht, der sich gegenüber den Ordnungskräften, wenn auch insoweit freiwillig, vertraglich gebunden hat, denn derjenige handelt primär in Erfüllung seiner vertraglichen Verpflichtung (z. B. der Abschleppunternehmer).

Die allgemeinen Ordnungsbehörden bzw. die Polizei müssen der Hilfe zugestimmt haben. Diese **Zustimmung** kann ausdrücklich oder stillschweigend geschehen (z. B. wenn Polizeikräfte die Hilfe eines Dritten bei einem Unfall dulden), nur muss im Falle einer solchen konkludenten Zustimmung der Zustimmungswille eindeutig sein.[27] Ähnlich der Zustimmung i.S.d. § 182 BGB kann die Zustimmung **bei der Maßnahme oder nachträglich** erteilt werden.

IV. Schaden

11 Bei dieser Inanspruchnahme oder Hilfe muss dieser Person ein **Schaden** entstanden sein. Schaden ist jeder materielle oder immaterielle Nachteil ohne Ausgleich Ein solcher Schaden entsteht demnach insoweit nicht, als Ansprüche aus dem Opferentschädigungsgesetzt entstehen oder der Helfer aus den §§ 2, 26, 63 **SGB VII** über den landeseigenen Gemeindeunfallversicherungsverband berufsgenossenschaftlich versichert ist. Nach § 2 Abs. 1 Nr. 13 SGB VII ist kraft Gesetzes versichert, wer

(a) bei Unglücksfällen oder gemeiner Gefahr oder Not Hilfe leistet oder einen anderen aus einer erheblichen gegenwärtigen Gefahr für seine Gesundheit rettet oder

(b) sich bei der Verfolgung oder Festnahme einer Person, die einer Straftat verdächtig ist, oder zum Schutz eines widerrechtlich Angegriffenen persönlich einsetzt.

Versicherte haben nach § 26 Abs. 1 SGB VII i. V. m. SGB IX Anspruch auf Heilbehandlung einschließlich Leistungen zur medizinischen Rehabilitation, auf Leistungen zur Teilhabe am Arbeitsleben und am Leben in der Gemeinschaft, auf ergänzende Leistungen, auf Leistungen bei Pflegebedürftigkeit sowie auf Geldleistungen. Nach § 63 Abs. 1 SGB VII haben die Hinterbliebenen Anspruch auf Sterbegeld, Erstattung der Kosten der Überführung an den Ort der Bestattung, Hinterbliebenenrente und Beihilfe. Daneben bleiben weitergehende Ansprüche wegen Sachschaden nach §§ 68 ff POG bestehen.

Soweit Arztkosten, Lohn oder Besoldung von Dritter Seite aufgrund einer gesetzlichen Verpflichtung gezahlt wird, besteht zwar der Schaden nicht mehr beim Betroffenen, geht aber nach § 67 VwVG, § 116 Abs. 2 SGB X, § 4 LohnfortzG oder § 98 LBeamtB über.

---

26 Vgl. Rühle/Suhr § 68 1.3.
27 VG Düsseldorf NVwZ-RR 1999, 743 kein Aufwendungsersatz für eigenmächtige Munitionssuche.

V. Ursächlichkeit des Schadens

Der hoheitliche Eingriff durch die allgemeinen Ordnungsbehörden oder die Polizei bzw. **12** die freiwillige Hilfe muss selbst die Rechtsbeeinträchtigung bewirken, er muss **äquivalent ursächlich** für die Schäden sein (s. dazu auch Rn E 12). Die Maßnahme oder Hilfe darf nicht hinweggedacht werden können, ohne dass dieser Schaden entfiele, und der Schaden darf keine völlig unvorhersehbare Folge der Maßnahme sein.[28] Teilweise nimmt man die Ursächlichkeit hoheitlicher Maßnahmen sogar schon dann an, wenn durch vorausgegangene hoheitliche Maßnahmen ein erhöhtes Gefahrenpotential entstanden ist, was sich nachfolgend verwirklicht. Dabei darf die Kausalitätskette aber nicht durch eine eigenständige neue Kausalkette abgelöst worden sein. Für Folgen dieser neuen Ursachenkette kann der Träger der hoheitlichen Maßnahme nicht mehr verantwortlich gemacht werden.[29]

Beispiel: Das rechtswidrig abgeschleppte KFZ ist auf dem abgeschlossenen Hof der Verwaltung abgestellt. Bei Frost gefriert das Kühlsystem des Fahrzeugs ein. Das Fahrzeug wird bei einem Einbruch in die Gebäude der Verwaltung gestohlen. Der Frostschaden ist noch adäquat kausal der Abschleppmaßnahme zuzurechnen. Der Diebstahl setzt eine neue Kausalkette in Gang und ist der Ordnungsbehörde nicht mehr zuzurechnen.

VI. Inhalt, Art und Umfang des Schadensausgleichs, §§ 69 f. POG

1. Ausgleichsfähiger Schaden

a) Materielle Vermögensschäden, §§ 69 Abs. 1 und 2, 70 POG

Der Ausgleich wird grundsätzlich nur für **unmittelbar entstandenen Vermögens- 13 schaden** gewährt, § 69 Abs. 1 S. 1 POG. Der Schaden besteht in der **Minderung eines vorhandenen Bestandes** an vermögenswerten materiellen Gütern. Erfasst wird grundsätzlich auch entgangener Gewinn, Nutzungs- und Wertausfall, wie er ohne das schädigende Ereignis nach dem gewöhnlichen Lauf der Dinge angefallen wäre.[30] **Entgangener Gewinn** oder entgangene Nutzung ist der Vorteil, welcher nach dem gewöhnlichen Lauf der Dinge oder nach den besonderen Umständen, insbesondere nach den getroffenen Anstalten und Vorkehrungen, mit Wahrscheinlichkeit erwartet werden konnte (vgl. § 252 S. 2 BGB). Dieser erstattungsfähige materielle Vermögensschaden umfasst neben dinglichen Rechten auch schuldrechtlich begründete Forderungen und Ansprüche, einschließlich sinnvoller Aufwendungen zur Abwendung eines absehbar drohenden Schadens.[31] Insoweit besteht kein Ermessen (*„wird"*).

Beispiel: Die Gaststätte wird nach einem Unfall zur Bergung der Verletzten benutzt, deren Gäste müssen sofort den Raum verlassen. Dadurch kann G die Rechnungen seiner Gäste nicht mehr einfordern. Diesen Verlust normalen entgangenen Gewinns kann er nun als Schaden nach den §§ 68 ff. geltend machen.[32]

Dieser Vermögensschaden ist aber nicht unbedingt vollständig ausgleichsfähig. Zum **14** einen wird der Ausfall von **ungewöhnlichem Gewinn** oder ungewöhnlicher Nutzung nicht ersetzt, § 69 Abs. 1 S. 2, 1. Hs. POG. Anders als in § 252 S. 2 BGB ist nur der entgangene Vorteil ausgleichsfähig, der der beim Geschädigten normalerweise anfallenden Größe entspricht. Darüber hinausgehender Gewinn- oder Nutzungsausfall ist

---

28 Drews/Wacke/Vogel/Martens S. 658 und BGHZ 54, 338; BGHZ 55, 231.
29 BGHZ NVwZ 1987, 1115.
30 Götz Rn 430.
31 BGHZ NJW 1956, 629.
32 So im Ergebnis auch OLG Stuttgart NJW 1992, 1396.

dem Grunde nach nicht ausgleichsfähig, er kann aber im Rahmen einer Ermessensabwägung ausgeglichen werden, soweit die Versagung für den Betroffenen eine unbillige **Härte** sein würde. **Unbillig** heißt soviel wie: außergewöhnlich ungerecht und unzumutbar. In diese Abwägung fließen auch Abwägungen mit ein, die denen des § 69 Abs. 5 POG entsprechen.

Beispiel: Lohnausfall eines Geschädigten nach einer rechtswidrigen, polizeilichen Maßnahme ist in Höhe des üblichen Lohns zu ersetzen. Gerade in dieser Zeit sonst angefallene Überstunden kann er dagegen nicht erstattet verlangen. – Der Versicherungsvertreter, dem durch die hoheitliche Maßnahme ein ganz besonders guter Abschluss entgangen ist, erhält nur den Ausgleich für durchschnittliche lukrative Abschlüsse. – Anders kann das aber sein, wenn ein Unternehmer lange auf einen besonders gewinnbringenden Abschluss hingearbeitet hatte, dieser Abschluss aufgrund der Inanspruchnahme durch den Hoheitsträger nicht zustande kommt und nunmehr die Existenz des Betriebes bedroht ist. Aber auch ein solcher Härtefall führt nicht zwangsläufig zum Ausgleich des gesamten Verlustes; der Ausgleich geht in seiner Höhe dann nur soweit, bis kein Härtefall mehr vorliegt.

15 Zum anderen wird grundsätzlich auch kein nur mittelbar verursachter Schaden ersetzt, § 69 Abs. 1 S. 2 Hs. POG. **Mittelbar verursacht** ist ein Schaden, wenn er nicht ohne weitere Zwischenschritte durch die ordnungsbehördliche oder polizeiliche Maßnahme entsteht, sondern erst noch ein weiteres Ereignis notwendig ist, damit der Schaden eintritt. Nachteile, die nicht in unmittelbarem Zusammenhang mit der ordnungsbehördlichen oder polizeilichen Maßnahme stehen, können allerdings im Rahmen des Ermessens ebenfalls nur zur Abwendung **unbilliger Härten** ausgeglichen werden.

Beispiel: Damit die Ordnungsbehörde einen herumstreunenden Kampfhund fangen kann, ist vorübergehend eine Durchgangsstraße nicht zu benutzen, A kommt dadurch eine Stunde zu spät zur Arbeit, sein Arbeitgeber zieht ihm die Stunde vom Lohn ab (= Ereignis zwischen hoheitlichem Eingriff und Schaden). Der Einsatz war nicht auf A bezogen. Seine Verspätung ist nur eine mittelbare Folge. Darum hat er keinen Ausgleichsanspruch. – X und Y sind selbstständige Handwerker und wollen einen Kundenauftrag ausführen, den sie nur gemeinsam durchführen können. X wird nunmehr aufgrund einer Verwechslung von der Polizei festgehalten. Der Auftrag kann darum nicht ausgeführt werden, weshalb der Kunde nicht zu zahlen braucht (= Ereignis zwischen hoheitlichem Eingriff und Schaden). Hier hat der nur mittelbar betroffene Y keinen Ausgleichsanspruch. –In beiden Fällen wäre allerdings im Härtefall (zumindest teilweise) Ausgleich zu gewähren, wenn der Verlust den mittelbar Betroffenen in Not stürzen würde.

16 Abweichend von diesen Regeln kann man Ausgleich dafür verlangen, dass man durch den vom Hoheitsträger zu vertretenden Tod eines anderen mittelbar Nachteile erleidet, § 70 POG. Das betrifft einmal denjenigen, dem die Verpflichtung obliegt, die **Beerdigungskosten** zu tragen. Das sind in dieser Reihenfolge die vertraglich Verpflichteten (§ 9 Abs. 2 BestG), die Erben (§§ 1922 ff.; § 1968 BGB; zuletzt das Land Rheinland-Pfalz, §§ 1936, 1964 BGB), die Unterhaltspflichtigen (§§ 1615 Abs. 2, 1615m, 1360a Abs. 3, 1361 Abs. 4 BGB), sonstige Bestattungspflichtige nach § 9 Abs. 1 BestG, schließlich der Träger der allgemeinen Ordnungsbehörde. Diese Kosten hat der ausgleichspflichtige Hoheitsträger zu übernehmen (ähnlich der Regelung in § 844 BGB). Zum anderen hat grundsätzlich derjenige Ausgleichsansprüche, der durch den vom Hoheitsträger zu vertretenden Tod eines anderen **gesetzliche Unterhaltsansprüche** gegen diesen verliert (z. B. Ehepartner, Kinder). Zum Zeitpunkt der Schädigung muss der Antragsteller wenigstens gezeugt worden sein und gegen den Getöteten einen Unterhaltsanspruch gehabt haben bzw. (bei Embryos) muss die Unterhaltspflicht zu diesem Zeitpunkt möglich gewesen sein. Gesetzliche Unterhaltsansprüche sind vor allem die nach den §§ 1601 ff. BGB, vertragliche Ansprüche fallen nicht hierunter. Beim Schadensumfang wird die mutmaßliche Lebensdauer des Getöteten ohne den hoheitlichen Eingriff zu Grunde gelegt.

b) Immaterielle Schäden

Immaterieller Schaden ist solcher, der sich auf ideelle Güter bezieht, die man nicht **17** in Geldwert erfassen kann, wie z. B. die Ehre, das Recht am eigenen Bild, das auf informationelle Selbstbestimmung (vgl. insofern aber § 21 Abs. 2 LDSG). Aus diesem Grunde wird dieser Schaden **grundsätzlich nicht ersetzt** (so auch § 253 Abs. 1 BGB). **Ausgenommen** von diesem Grundsatz sind nach § 69 Abs. 2 POG (ähnlich wie § 253 Abs. 2 BGB) Verletzungen von **Körper** (insbesondere Leben), **Gesundheit und Freiheit** (s. hierzu Rn C 4), da diese Güter nach Art. 2 Abs. 2 GG besonderen Verfassungsrang genießen. Zwischen unmittelbaren und mittelbaren Schädigungen wird hier nicht unterschieden. Die Höhe ihres Ausgleichs verursacht Probleme, da es anders als bei den materiellen Gütern keinen Verkehrswert als Maßstab gibt. Deshalb muss im Wege der Schätzung beurteilt werden, was „angemessen" ist.

2. Inhalt des Schadensausgleichs

Bei den Ansprüchen nach §§ 68 ff POG handelt es sich nicht um Schadenersatz, son-   **18** dern um **Schadensausgleich.** Anders als in § 249 BGB kann daher der Geschädigte nicht zwangsläufig die Herstellung des Zustands verlangen, der bestehen würde, wenn der zum Ersatz verpflichtende Umstand nicht eingetreten wäre. Vielmehr gleicht der Ausgleich grundsätzlich nur das Sonderopfer aus (vgl. oben Rn K 1). Das erfasst einen angemessenen Ausgleich für den erlittenen Verlust, der aber nicht unbedingt dessen vollen Wert abdecken muss. Dieser Ausgleich wird nach §§ 69 Abs. 3 POG nur **in Geld** gewährt, nicht in Naturalleistung, wie es § 249 BGB vorsieht. Eine solche kann aber im gegenseitigen Einvernehmen der Beteiligten vereinbart werden.

3. Umfang des Schadensausgleichs, § 69 Abs. 5 POG

Für die Schadenshöhe ist nach der **Differenztheorie** der fiktive Vermögenszustand **19** ohne das Schadensereignis dem tatsächlichen Vermögenszustand nach dem Schadensereignis gegenüberzustellen. Dabei sind schadensbedingte Vorteile schadensmindernd anzurechnen.[33]

Beispiel: Die Verbandsgemeindeverwaltung als örtliche Ordnungsbehörde nimmt fahrlässig die Voraussetzungen des § 22 Nr. 2 POG an und lässt das Berufsfahrzeug des Anstreichers A abschleppen. Dadurch kann A einen Auftrag nicht ausführen. Sein Schaden liegt hier in der verlorenen Gewinnspanne, also dem ansonsten von A's Kunden zu zahlenden Betrag abzüglich Steuern, Sozialabgaben und eigenen Aufwendungen (Farbe, Fahrkosten usw.)

Schadensmindernde Umstände sind zumindest auch solche **Leistungen von dritter Seite**, die nicht als Gegenleistung oder als Schenkung i. w. S. gezahlt werden, z. B. Leistungen aus dem Opferentschädigungsgesetz. Ob man diejenigen Ansprüche, die Gegenleistung eigener Arbeit oder eigenen Kapitals (z. B. Leistungen der eigenen Haftpflichtversicherung, nach dem Lohnfortzahlungsgesetz) oder Schenkungen i. w. S. sind (z. B. Sammlungen in der Bevölkerung), vollkommen aus der Berechnung heraushalten muss, so wie das im Haftungsrecht gilt, erscheint nicht unzweifelhaft, da es hier eben nicht um einen Schadensersatz, sondern um einen Ausgleich des Sonderopfers geht.

---

33 Vgl. Rühle/Suhr § 68, 1.1.

20 Nach § 69 Abs. 5 POG kann sich der Ausgleichsanspruch aus Gründen der Billigkeit und Gerechtigkeit verringern. Danach sind bei der Bemessung der Entschädigung durch Abwägung im Einzelfall alle Umstände zu berücksichtigen, insbesondere Art und Vorhersehbarkeit des Schadens und ob das Vermögen des Geschädigten durch die Eingriffsmaßnahme geschützt worden ist.[34] Diese Vorschrift ähnelt § 254 BGB insoweit, als für beide der Umfang des **Verschuldens** die Höhe des Anspruchs bestimmt. Hat der Geschädigte durch ihm zuzurechnendes Verhalten (z. B. durch mangelnde, aber als notwendig erkennbare Vorkehrungen) den Schaden entstehen lassen oder ihn verschlimmert, wird sein Anspruch anteilig, gegebenenfalls auch bis auf Null, reduziert. § 69 Abs. 5 POG geht aber noch darüber hinaus, da „alle Umstände zu berücksichtigen" sind. Das gilt namentlich auch für den Umstand, ob die den Schaden verursachende Maßnahme dem Grunde nach zum **Schutz des Geschädigten** oder seiner Rechte diente.[35]

Beispiel: Eine alte Frau gibt in ihrer verschlossenen Wohnung nur noch leises Stöhnen von sich. Wegen der Eile brechen die Ordnungskräfte die Tür auf und bringen die Frau in ein Krankenhaus. Hier entfällt ein Anspruch auf Ersatz der Tür, da die Maßnahme zum Schutz von Leben und Gesundheit der Geschädigten unerlässlich war. – Ein Fahrzeug wird gestohlen. Ein Polizeibeamter zerschießt die Reifen, um den Dieb an der Weiterfahrt zu hindern. Hier erfolgte der Eingriff in das Eigentum, um noch größeren Schaden zu verhindern. Ein Ersatzanspruch des Eigentümers gegen den Träger der Polizei entfällt.

In entsprechender Anwendung des § 839 Abs. 3 BGB vermindert sich der zu berücksichtigende Schaden auch insoweit, als er durch rechtzeitige **Einlegung eines Rechtsbehelfs** hätte verhindert werden können.

Beispiel: A wird aufgegeben, eine Erlaubnis i.S.d. § 3 LHundeG zu beantragen. Tatsächlich fällt der Hund nicht unter das LHundeG. A unternimmt nichts dagegen, sondern beantragt die Erlaubnis. Als er später erfährt, dass er sie nicht gebraucht hätte, möchte er die dafür notwendigen Gutachterkosten ersetzt haben. – Diesen Anspruch hat er nicht, weil er es unterlassen hat, sich gegen die Verfügung durch Widerspruch zu wehren.

4. Abtretung von Ansprüchen gegen Dritte, § 69 Abs. 4 POG

21 Stehen dem Geschädigten aus dem Schadensereignis gleichzeitig **Ansprüche auch gegen Dritte** zu, würde sich eigentlich sein zu Grunde zu legender Schaden um diesen Anspruch verringern (vgl. Rn K 20). Das wäre aber für ihn nachteilig, weil diese Forderungen erst noch durchgesetzt werden müssen, möglicherweise ist deren Durchsetzung sogar aus tatsächlichen (z. B. Schuldner ist finanziell schwach) oder rechtlichen Gründen (z. B. die Beweis- oder Rechtslage ist nicht eindeutig) zweifelhaft. Darum muss er diese Forderungen gegen Dritte nicht selbst durchsetzen. Damit er aber auch nicht bereichert ist, muss er dem ausgleichenden Hoheitsträger diese Ansprüche **abtreten**.[36] Anders als bei Versicherungsleistungen (vgl. § 67 VwVG, § 116 Abs. 2 SGB X) gibt es hier keinen gesetzlichen Forderungsübergang. Bis zu dieser Abtretung hat der Hoheitsträger hinsichtlich seiner Leistung ein Zurückbehaltungsrecht, hat er schon geleistet, hat er einen Anspruch auf Abtretung der Ansprüche gegen Dritte. Soweit Gegenleistung eigener Arbeit oder eigenen Kapitals oder Schenkungen i. w. S. nicht anrechenbar sind (s. dazu oben Rn K 20), kann auch keine Abtretungspflicht bestehen.

---

34 OLG Dresden LKV 2003, 583.

35 OLG Köln VersR 1995, 1052: Schutz der Wohnung beim Anschein eines Einbruchs; OLG Hamm NJW 1988, 1096.

36 Vgl. Rühle/Suhr § 68, 3.

VII. Anspruchsinhaber und Anspruchsgegner

1. Anspruchsinhaber

Der Ausgleichsanspruch kann vom Geschädigten geltend gemacht werden, soweit der **22** Anspruch nicht gesetzlich auf einen anderen durch dessen Leistung übergegangen ist, wie z. B. Arztkosten bei § 67 VwVG oder § 116 Abs. 2 SGB X, Lohn bei § 4 LohnfortzG oder Besoldung nach § 98 LBeamtenG. Anspruchsinhaber können auch Hinterbliebene als mittelbar Geschädigte sein, soweit Ansprüche i.S.d. § 70 POG betroffen sind. Der Anspruch einschließlich etwaiger Schmerzensgeldansprüche kann durch Erbfall oder durch sonstigen Forderungsübergang auf Dritte übergehen. Der Anspruch geht so über, wie er beim vorherigen Inhaber war. Die neuen Inhaber der Forderung müssen sich entsprechend §§ 399, 412 BGB die im Rahmen des § 69 POG möglicherweise Einschränkungen und Billigkeitserwägungen entgegenhalten lassen.

2. Anspruchsgegner

a) Grundsätzlich: Anstellungskörperschaft

Ausgleichspflichtig ist nach § 72 Abs. 1 POG die **Körperschaft, die den Bediensteten**, der tätig geworden ist, i. w. S. **eingestellt hat**. Bei Polizeibeamten, Bediensteten **23** der Ministerien, der Aufsichts- und Dienstleistungsdirektion Trier und allen anderen Landesbehörden ist das das Land Rheinland Pfalz, bei Kreisordnungsbehörden und örtlichen Ordnungsbehörden die jeweilige kommunale Gebietskörperschaft. Das gilt auch für die Landkreise, denn diese nehmen die Aufgaben des POG nach § 75 Abs. 2 POG als Auftragsangelegenheit wahr, womit ihre Maßnahmen solche der Kommune und nicht des Landes sind.[37]

In den Fällen der Gefahr im Verzug oder Aufgaben nach § 1 Abs. 8 POG werden die Maßnahmen der tätig gewordenen Polizeibeamten dem Land zugerechnet. Nur soweit die unterrichtete, zuständige Behörde die getroffenen Maßnahmen aufhebt oder ändert, wird die Anstellungskörperschaft der Bediensteten dieser Behörde haftbar.

b) Ausnahmsweise: Funktionskörperschaft

Vom Grundsatz des § 72 Abs. 1 wird nach § 72 Abs. 2 POG dann eine Ausnahme ge- **24** macht, wenn der Bedienstete nicht für die eigene Körperschaft, sondern zugunsten einer anderen Körperschaft tätig geworden ist, diese ihm also die Funktion anvertraut hat (sog. Anvertrautseinstheorie). Letztere ist dann ausgleichspflichtig. Das kommt gegebenenfalls in Betracht bei Abordnungen, Amtshilfe nach den §§ 4 ff. VwVfG sowie Vollzugshilfe nach § 96 Abs. 1 POG.

Beispiel: Ein Stadtinspektor wird zu Zwecken der Weiterbildung von „seiner" Stadtverwaltung zur Kreisverwaltung abgeordnet. Dort verursacht er durch einen Fehler einen Schaden. Ausgleichspflichtig ist der Landkreis, der dem Stadtinspektor die Aufgabe anvertraut hat.

Ist der Schaden durch Maßnahmen von Polizeibeamten anderer Länder, des Bundes oder – soweit Gegenseitigkeit gewährleistet ist – ausländische Polizisten verursacht, während sie für eine rheinland-pfälzische Polizeibehörde tätig waren, werden deren Maßnahmen nach § 86 Abs. 2 S. 2 bzw. 3 dem Land Rheinland-Pfalz zugerechnet.

---

37 Auch für ihre Verwaltungshelfer haftet die auftragende Körperschaft; für Abschleppunternehmen vgl. BGH NJW 1993, 1258.

Beispiel: Wegen einer Großdemonstration in Ludwigshafen fordert das Polizeipräsidium Rheinpfalz hessische Polizeibeamte an. Einer dieser Polizeibeamten verletzt rechtswidrig einen Demonstranten. Das gilt nach § 86 Abs. 2 S. 2 POG als Maßnahme des Polizeipräsidiums Rheinpfalz.

VIII. Rückgriff der Körperschaft, die Ausgleich geleistet hat

1. Rückgriff gegen eine mitwirkende Körperschaft

25 Nach § 72 Abs. 3 POG kann eine Körperschaft gegen eine andere Regressforderungen stellen, wenn sie Aufwendungen deshalb hatte, weil ein Bediensteter der anderen Körperschaft für sie tätig war und dabei in der Art und Weise seiner Tätigkeit einen Schaden verursacht hat. Die Aufwendungen können darin bestehen, dass die federführende Körperschaft den Schaden selbst behoben hat oder dass sie vom Geschädigten selbst in Anspruch genommen wurde. Voraussetzung ist allerdings, dass sie nicht auch für die Art und Weise der Maßnahme verantwortlich ist, z. B. weil sie insoweit Vorgaben gemacht hat.

Beispiel: Die Verbandsgemeindeverwaltung als Ordnungsbehörde will einen eingewiesenen Obdachlosen, dessen Einweisungszeit abgelaufen ist, aus der Wohnung entfernen. Da dieser Widerstand leistet, bittet sie die Polizei um Vollzugshilfe. Durch grobe Unachtsamkeit der Polizeibeamten wird dabei Mobiliar zerstört. – Der Wohnungseigentümer hat nach § 68 Abs. 1 S. 1, 69 POG einen Ausgleichsanspruch gegen die Verbandsgemeinde, § 72 Abs. 1 POG. Da der Schaden aber nur durch die Art und Weise der Maßnahme entstanden ist, ist eigentlich das Land als Anstellungskörperschaft der Polizei dafür verantwortlich, § 96 Abs. 2 S. 1 POG. Darum hat die Verbandsgemeinde nach § 72 Abs. 3 POG einen Regressanspruch gegen das Land Rheinland-Pfalz.

Ein Ausgleich zwischen Behörden desselben Rechtsträgers (z. B. Aufsichts- und Dienstleistungsdirektion gegen Polizei) ist nach § 72 Abs. 3 POG nicht möglich. Eine andere Frage ist die, ob Zahlungen von einem Budget ins andere verschoben werden, nur handelt es sich dann nicht um einen echten Fall des § 72 Abs. 3 POG.

2. Rückgriff gegenüber den Verantwortlichen

26 Hat letztlich ein Verantwortlicher i.S.d. §§ 4 oder 5 POG für den Schaden einzustehen (z. B. der Obdachlose im voranstehenden Beispielsfall, wenn die Beschädigung unvermeidbar gewesen wäre), kann die ausgleichspflichtige Körperschaft i.S.d. § 72 POG nach § 73 Abs. 1 POG dem Verantwortlichen gegenüber Regress nehmen. Die Verantwortlichen sollen nicht zulasten der Allgemeinheit auch noch von ihrer finanziellen Verantwortung entlastet werden. Regressberechtigt ist die nach außen zum Ausgleich verpflichtete Körperschaft, also auch in den Fällen des § 72 Abs. 3 POG. Der Rückgriff ist möglich, soweit aufgrund von **§ 68 Abs. 1 S. 1** oder **§ 68 Abs. 2 POG** gezahlt worden ist. Bei einer rechtswidrigen Maßnahme stehen dem Hoheitsträger allerdings keine Ansprüche aus den §§ 68 ff. POG zu. Er kann aber möglicherweise bei grober Fahrlässigkeit des Bediensteten im Rahmen des **§ 48 BeamStG** oder aus der Verletzung des Arbeitsvertrages nach § 280 BGB i. V. m. den Grundsätzen über die **schadensgeneigte Arbeit** bei seinem Bediensteten Regress nehmen.

3. Gesamtschuldnerschaft mehrerer Verantwortlicher

27 Soweit mehrere Personen verantwortlich sind, haften sie als **Gesamtschuldner** nach §§ 421 ff BGB, § 73 Abs. 2 POG gegenüber der regressberechtigten Körperschaft. Das

POG hat damit eine umstrittene Frage gesetzlich geregelt.[38] Die Inanspruchnahme des Verantwortlichen liegt im Ermessen der anspruchsberechtigten Körperschaft. Dabei darf die Frage, wer in welchem Umfang herangezogen wird, nicht willkürlich entschieden werden. Vielmehr sind insbesondere die Verteilung von Verursachung und Schuld sowie die Leistungsfähigkeit der verschiedenen Schuldner zu berücksichtigen.[39] Zu beachten ist, dass ein Schadensvorgang verschiedene Einzelschadensfälle sein können, bei denen jeder für sich betrachtet werden muss, z. B. bei einem Auffahrunfall.[40] Soweit darauf ein Gesamtschuldner an den Hoheitsträger geleistet hat, gehen nach § 426 Abs. 2 BGB die Regressansprüche abzüglich seines eigenen Anteils auf ihn über. Die ursprünglich öffentlich-rechtliche Forderung wird dabei in einen Anspruch des bürgerlichen Rechts umgewandelt.[41] Untereinander haften die Gesamtschuldner nach § 426 Abs. 1 S. 1 BGB im Zweifel zu gleichen **Quoten**. Die Haftung kann sich aber auch nach Verschuldens- und Verursachungsanteilen bemessen. Das kann bis zur ausschließlichen Belastung nur eines von mehreren Gesamtschuldnern reichen.[42] Bei der Ermittlung der Quoten ist zu beachten, dass Personenmehrheiten bei **rechtlicher Einheit** (z. B. Geschäftsherr und Verrichtungsgehilfe) oder bei **tatsächlichen Handlungseinheiten** (z. B. abgeschlossene, gesonderte Tatbeiträge mehrerer) bei der Quote wie nur eine Person zählen können.[43]

IX. Geltendmachung von Ausgleichs- und Regressansprüchen

1. Rechtsweg

Ausgleichsansprüche betroffener Geschädigter gegenüber den Hoheitsträgern müssen vor den **ordentlichen Gerichten** anhängig gemacht werden, § 74 1. Hs. POG i. V. m. § 40 Abs. 1 S. 2 VwGO. Der Grund ist die inhaltliche Nähe und gegebenenfalls sogar Überschneidung mit den Regeln der Amtshaftung oder der Enteignung (vgl. Art. 14 Abs. 3 S. 4 und Art. 34 S. 3 GG). Demgegenüber bleibt es für **Rückgriffsansprüche** gegen einen anderen Hoheitsträger (§ 72 Abs. 3 POG) oder gegen den Verantwortlichen (§ 72 POG) nach § 40 Abs. 1 S. 1 VwGO beim **Verwaltungsrechtsweg**. **28**

2. Verjährung

Alle Ansprüche **verjähren** nach § 71 POG innerhalb von **drei Jahren**. Die Frist beginnt entsprechend § 187 Abs. 1 BGB am Folgetag, nachdem der Geschädigte **29**

1) Kenntnis vom Schaden *und*
2) Kenntnis vom Ausgleichspflichtigen hat.

Denn damit hat er die Voraussetzungen, um eine Klage zu erheben. § 199 BGB (Verjährungsbeginn erst am Schluss des Kalenderjahres) gilt hier nicht entsprechend.

---

38 Gegen Gesamtschuldnerschaft und GoA wegen fehlender Vergleichbarkeit: BGH NJW 1981, 2458 und 87, 187 (188); Götz Rn 463; Schwachheim NVwZ 1988, 226; offengelassen OVG Lüneburg NVwZ 1990, 786; für gesamtschuldnerische Haftung Pietzcker JuS 1986, 722 und Klöpfer DVBl 1989, 1121 ff.
39 VGH München NVwZ-RR 1999, 101.
40 So VGH Kassel, DÖV 1986, 441, wobei es dort eigentlich um ein anderes Problem ging.
41 Kohler-Kehrig NVwZ 1992, 1051, Finkenauer NJW 1995, 434.
42 BGHZ 59, 103 und BGH NJW 19 80, 2349.
43 BGHZ 6, 26 und BGHZ 61, 213; BGH NJW 1993, 1260.

Spätestens verjährt die Frist nach **30 Jahren**, gerechnet vom Eintritt des schädigenden Ereignisses an. Für diese Frist kommt es nicht darauf an, ob der Schaden schon aufgetreten oder gar erkannt ist.[44]

Beispiel: Wird ein 20jähriger Demonstrant rechtswidrig bei einer Demonstration verletzt und stellen sich Folgeschäden erst heraus, wenn er 51 Jahre alt ist, können keine Ansprüche aus den §§ 68 ff. POG mehr geltend gemacht werden (anders, wenn er erst 49 Jahre alt ist).

Schadensausgleich nach den §§ 68 ff. POG

L. Die Ordnungsverfügung

I. Anforderungen an eine Ordnungsverfügung

Die Ordnungsverfügung ist ein Verwaltungsakt i.S.d. § 35 VwVfG (vgl. hierzu Rn G 13). **1** Es gelten für ihn daher grundsätzlich die für diesen geltenden Regeln, die hier aber nicht ausführlich wiedergegeben werden können; insoweit wird auf die einschlägige Literatur zum allgemeinen Verwaltungsrecht verwiesen. Hier können nur einige für die ordnungsrechtliche Verfügung relevante Grundsätze zusammengestellt werden.

1. Formelle Anforderungen

A. Der Ordnungsverfügung sollte zunächst eine **Sachverhalts**darstellung vorausge- **2** hen, aus der sich alle wesentlichen Fakten ergeben, die für die Begründung der Verfügung maßgeblich sind.
B. Sie muss ferner **formell** ordnungsgemäß sein.
   1. Die Ordnungsverfügung muss von der sachlich und örtlich **zuständigen** Stelle erlassen worden sein. Insoweit wird oben auf Kap. B verwiesen.
   2. Sie ist grundsätzlich **form**frei, § 37 Abs. 2 VwVfG / § 1 LVwVfG. Soweit sie schriftlich erlassen wird, muss sie die erlassende Ordnungs- bzw. Polizeibehörde erkennen lassen (ansonsten Nichtigkeitsgrund nach § 44 Abs. 2 Nr. 1 VwVfG) und die Unterschrift oder Namenswiedergabe des Behördenleiters, seines Vertreters oder seines Beauftragten enthalten (§ 37 Abs. 3 VwVfG / § 1 LVwVfG), sofern die Verfügung nicht mithilfe einer automatischen Einrichtung erstellt wurde, § 37 Abs. 4 VwVfG / § 1 LVwVfG. Bei Schriftlichkeit ist die Ordnungsverfügung nach § 39 Abs. 1 VwVfG / § 1 LVwVfG zu **begründen**, wenn kein Fall des § 39 Abs. 2 VwVfG vorliegt. Zur Begründung gehört auch die konkrete Angabe der Ermächtigungsgrundlage, auf die die Verfügung gestützt wird sowie bei Ermessensentscheidungen die wesentlichen Abwägungsgrundsätze. Die Verfügung muss analog § 59 VwGO eine **Rechtsbehelfsbelehrung** mit dem Inhalt des § 58 Abs. 1 VwGO enthalten; deren Fehlen oder Fehlerhaftigkeit macht die Verfügung jedoch nicht rechtswidrig, sondern führt nach § 58 Abs. 2 VwGO lediglich zu einer Verlängerung der Rechtsbehelfsfristen auf ein Jahr. Wird die Ordnungsverfügung mit einer Androhung verbunden, soll sie aus wenig einleuchtenden Gründen sogar **zustellung**sbedürftig sein.[1]
   3. Im Übrigen sind für das **Verfahren** die §§ 9 ff. VwVfG / § 1 LVwVfG zu beachten. Das gilt insbesondere für die (formfreie) Anhörung nach § 28 Abs. 1 VwVfG / § 1 LVwVfG. Bei dieser ist jedoch darauf zu achten, dass (abgesehen von zwingenden Gründen, nach § 28 Abs. 3 VwVfG / § 1 LVwVfG auf sie zu verzichten) von der Anhörung abgesehen werden *kann*, wenn sie nach den Umständen nicht geboten ist, wobei die fünf dort zitierten Fälle nur Beispielsfälle sind (*„insbesondere"*). Gerade bei mündlichen Verfügungen wird häufig (bei der Polizei sogar regelmäßig) entweder ein Eilfall i.S.d. § 28 Abs. 2 Nr. 1 VwVfG / § 1 LVwVfG vorliegen oder die Anhörung den Umständen nach ansonsten nicht geboten sein, z. B. aus taktischen Gründen oder weil ein längeres Gespräch vorausging. Zu beachten ist insbesondere, dass nach § 28 Abs. 2

---

1 OVG Koblenz NVwZ 1987, S. 899; s. Rn J 60.

Nr. 5 VwVfG / § 1 LVwVfG vor Vollstreckungsmaßnahmen nicht mehr angehört werden muss.

2. Materielle Anforderungen

3 Der **Tatbestand** der Ermächtigungsgrundlage muss in allen seinen Merkmalen vorliegen. Diese werden entweder in der jeweiligen Ermächtigungsgrundlage ausdrücklich benannt, oder es handelt sich um die Gefahr für die öffentliche Sicherheit oder Ordnung (s. hierzu Kap. C und D). Auf der **Rechtsfolgenseite** hat die allgemeine Ordnungsbehörde oder die Polizei in aller Regel Ermessen (vgl. hierzu Kap. F), in dem neben der Verhältnismäßigkeit insbesondere die Bestimmung und Auswahl des oder der Adressaten eine bedeutsame Rolle spielt (vgl. hierzu Kap. E).

3. Rechtsschutz

4 Wird auch nur gegen eine der formellen (ausgenommen die Rechtsbehelfsbelehrung) oder materiellen Anforderungen verstoßen, ist die Ordnungsverfügung rechtswidrig; formelle Fehler sind aber nur beachtlich, wenn sie bei weitester Auslegung Einfluss auf das materielle Ergebnis haben konnten (vgl. auch §§ 45 f. VwVfG / § 1 LVwVfG). Gegen sie ist dann binnen eines Monats ab Bekanntgabe der Ordnungsverfügung der **Anfechtungswiderspruch** statthaft, der schriftlich oder zur Niederschrift bei der erlassenden Ordnungsbehörde oder bei der Widerspruchsbehörde (in der Regel die Verwaltung des Landkreises oder der großen Stadt als Träger des Stadt- oder Kreisrechtsausschusses, vgl. § 7 Abs. 1 AGVwGO) eingelegt werden kann, §§ 68, 70 VwGO. Hat dieser Widerspruch weder im Abhilfeverfahren (§ 72 VwGO) noch bei der Widerspruchsbehörde Erfolg, kann binnen eines Monats ab Bekanntgabe des Widerspruchsbescheids schriftlich oder zur Niederschrift **Anfechtungsklage** vor dem Verwaltungsgericht erhoben werden, §§ 74, 81 f. VwGO). Gegen dessen Urteil ist unter bestimmten Voraussetzungen (insbesondere bedarf es einer Zulassung) die **Berufung** zum OVG Rheinland-Pfalz (in Koblenz) und danach unter noch engeren Voraussetzungen die **Revision** (nur noch reine Rechtskontrolle) zum Bundesverwaltungsgericht (in Leipzig) möglich, §§ 124 ff., 132 ff. VwGO.

5 Der Anfechtungswiderspruch und die Anfechtungsklage haben **aufschiebende Wirkung**, d. h. ab ihrer Einlegung darf die Ordnungsverfügung grundsätzlich nicht mehr umgesetzt werden, § 80 Abs. 1 VwGO. Das ist allerdings dann anders, wenn die aufschiebende Wirkung aus Gründen des § 80 Abs. 2 VwGO entfällt. Solche Fälle sind insbesondere unaufschiebbare Anordnungen und Maßnahmen von Polizeibeamten i.S.d. §§ 76 ff. POG (§ 80 Abs. 2 S. 1 Nr. 2 VwGO), Verkehrszeichen nach der StVO (§ 80 Abs. 2 S. 1 Nr. 2 VwGO analog[2]), verschiedene Spezialregelungen i.S.d. § 80 Abs. 2 S. 1 Nr. 3 VwGO (z. B. für Vollstreckungsmaßnahmen § 20 AGVwGO) und die Fälle, in denen die Ordnungsbehörde im überwiegenden Vollzugsinteresse gemäß § 80 Abs. 2 S. 1 Nr. 4 VwGO die sofortige Vollziehung der Ordnungsverfügung angeordnet hat. Bei einer solchen Anordnung nach § 80 Abs. 2 S. 1 Nr. 4 VwGO ist es nach § 80 Abs. 3 VwGO grundsätzlich Voraussetzung, dass die Ordnungsbehörde begrün-

---

2 BVerwG NJW 1978, 656; NJW 1980, 1640; NJW 1982, 348; NVwZ 1988, 38; NVwZ 1988, 623; OVG Koblenz; NVwZ-RR 1989, 299; OVG Bremen DÖV 1991, 473, 2277; Kopp/Schenke VwGO § 80 Rn 64; Redeker/ v.Oertzen VwGO § 80 Rn 17; Eyermann § 80 Rn 26.

det, warum die Verfügung sofort vollzogen werden muss und damit nicht bis ihrer zur Bestandskraft gewartet werden kann.

Gegen die Anordnung der sofortigen Vollziehung kann nach § 80 Abs. 4 VwGO wahlweise die Ausgangs- oder die Widerspruchsbehörde oder nach § 80 Abs. 5 VwGO das **Verwaltungsgericht** angerufen werden, um die aufschiebende Wirkung anzuordnen bzw. wiederherzustellen. Gegen den gerichtlichen Beschluss ist **Beschwerde** beim OVG Rheinland-Pfalz möglich.

II. Gutachterliche Prüfung einer Ordnungsverfügung

Sachverhalt: 6

M hat mit seiner sechsköpfigen Familie bei E eine Wohnung für 400 EUR gemietet. Da E die Wohnung als Eigenbedarf für seine Tochter und deren Familie benötigt, kündigt E ihm nunmehr wirksam das Mietverhältnis. Das Amtsgericht hat M zum 31. Januar eine Räumungsfrist gesetzt, E den Gerichtsvollzieher schon für den 1. Februar bestellt. M ist nicht in der Lage, bis dahin eine andere Wohnung zu finden. Der Gerichtsvollzieher informiert hiervon routinemäßig die örtliche Verbandsgemeindeverwaltung. Auch diese hat im Moment keine Alternative im eigenen Bezirk und im Umfeld zur Verfügung. Sie verhandelt lange und ausführlich mit E über eine Verlängerung des Mietverhältnisses zwischen E und M oder über eine andere Möglichkeit des Verbleibs der M. E lehnt aber jedes Weiterwohnen der M in seinen Räumen ab. Die Verbandsgemeindeverwaltung verfügt daher am 28. Januar mit schriftlichem Bescheid gegen E, dass dieser zunächst bis zum 30. April in die bisherige Wohnung eingewiesen werde. Der auf den üblichen Briefbögen der Verbandsgemeindeverwaltung verfasste Bescheid enthielt eine umfassende Begründung und eine ordnungsgemäße Rechtsbehelfsbelehrung.

■ *Prüfen Sie umfassend die Rechtmäßigkeit dieser Anweisung.*

Lösungsvorschlag: 7

Die Anweisung greift in die Rechte der Adressaten ein und bedarf darum nach Art. 20 Abs. 3 GG einer Ermächtigungsgrundlage. Spezialgesetzliche Vorschriften sind nicht einschlägig, ebenso wenig Standardmaßnahmen nach den §§ 9a ff. POG. Ermächtigungsgrundlage könnte aber § 9 Abs. 1 S. 1 POG sein.

I. Dazu müsste die Maßnahme zunächst einmal formell rechtmäßig sein.

1. Die Verbandsgemeindeverwaltung müsste **zuständig** sein.[3] Es handelt sich um eine Maßnahme der Schadensbekämpfung, also der Gefahrenabwehr i.S.d. § 1 Abs. 1 S. 1 POG. Eine Zuständigkeit der Polizei oder von Sonderordnungsbehörden i.S.d. § 88 Abs. 2 POG scheidet mangels ausdrücklicher Zuweisung aus. Es gibt zwar auch keine ausdrückliche Zuweisung an die allgemeinen Ordnungsbehörden, jedoch sind diese immer auch dann zuständig, wenn es keinerlei ausdrückliche Zuweisungen gibt. Die Zuständigkeit der Verbandsgemeindeverwaltung ergibt sich aus den §§ 1 Abs. 1, 88 Abs. 1, 89 Abs. 1, 90 Abs. 1 POG i. V. m. § 1 der Zuständigkeitsverordnung / POG, § 91 Abs. 1 POG.

2. Die Verfügung müsste **formgerecht** gewesen sein. Die Verfügung konnte nach § 37 Abs. 2 VwVfG / § 1 Abs. 1 LVwVfG in schriftlicher Form erlassen werden. Die Voraussetzungen des § 37 Abs. 3 VwVfG / § 1 LVwVfG und des § 39 VwVfG / § 1 Abs. 1 LVwVfG sind eingehalten.

---

3 Vgl. Rn B 19.

3. Es müssen die Verfahrensvorschriften eingehalten sein. Eine Verletzung der Vorschriften der §§ 9 ff. VwVfG / § 1 LVwVfG über das **Verfahren** ist nicht ersichtlich, insbesondere war eine Anhörung der Adressaten nach § 28 Abs. 2 VwVfG / § 1 LVwVfG nicht geboten, da der Verfügung ein ausgiebiges Gespräch vorangegangen war und für eine schriftliche Anhörung kaum noch Zeit ist.

Die Maßnahme ist demnach formell rechtmäßig.

8 II. 1. Der **Tatbestand** des § 9 Abs. 1 S. 1 POG ist erfüllt, wenn eine Gefahr für die öffentliche Sicherheit oder Ordnung vorliegt.

Die **öffentliche Sicherheit** könnte berührt sein.[4] Zu ihr gehört der Schutz der Individualrechtsgüter, der objektiven Rechtsordnung und der Hoheitsträger mit ihren Einrichtungen und Veranstaltungen. Hier droht M und seiner Familie gesundheitlicher Schaden, wenn sie in den Wintermonaten kein Dach über dem Kopf haben und den Witterungen ausgeliefert sind. Demgegenüber verstößt Obdachlosigkeit nicht gegen die Rechtsordnung oder gegen hoheitliche Belange. Die öffentliche Sicherheit ist berührt.

Auch die **öffentliche Ordnung** könnte tangiert sein.[5] Sie umfasst die Gesamtheit der ungeschriebenen Regeln, deren Befolgung nach den jeweils herrschenden sozialen und ethischen Anschauungen als unerlässliche Voraussetzung eines geordneten menschlichen Zusammenlebens innerhalb eines bestimmten Gebietes angesehen wird. Wenn die öffentliche Sicherheit betroffen ist, braucht die öffentliche Ordnung nur noch geprüft zu werden, soweit sich neue Gefahrengesichtspunkte ergeben. Soweit sich dagegen die Wertvorstellungen der öffentlichen Ordnung mit denen der öffentlichen Sicherheit decken (z. B. ist es eine unerlässliche Voraussetzung menschlichen Zusammenlebens, andere nicht erfrieren zu lassen), tritt die öffentliche Ordnung subsidiär zurück. Hier kommt jedoch noch ein **zusätzlicher Gefahrengesichtspunkt** hinzu. Es widerspricht unseren wesentlichen gesellschaftlichen Normen für ein Miteinander, dass Mitmenschen gegen ihren Willen auf der Straße wohnen müssen. Andere Menschen hierzu zu zwingen, verletzt nicht nur deren Persönlichkeitsrecht, sondern birgt auch die Gefahr sozialer Spannungen in sich. Zu den Mindestvoraussetzungen menschlicher Existenz gehört nach unseren maßgeblichen Wertvorstellungen, dass niemand gegen seinen Willen kein Dach über dem Kopf hat. Also ist neben der öffentlichen Sicherheit auch die öffentliche Ordnung berührt.

9 Diese Schutzgüter müssten auch konkret gefährdet sein. Eine konkrete Gefahr[6] ist die hinreichende Wahrscheinlichkeit, dass im einzelnen Fall bei ungehindertem Geschehensablauf entweder in absehbarer Zeit ein Schaden für die Schutzgüter eintritt oder dieser Schaden schon eingetreten ist und sich noch vertiefen kann. Hier ist binnen 3 Tagen damit zu rechnen, dass die o. g. Schutzgüter geschädigt werden.

Insoweit liegt also eine Gefahr für die öffentliche Sicherheit vor.

10 2. Die Ordnungsbehörde kann also im Rahmen ordnungsgemäßen **Ermessens** die notwendigen Maßnahmen gegen E treffen.[7]

Die aufgegebene Maßnahme ist offenbar **bestimmt** genug aufgegeben sowie tatsächlich und rechtlich **möglich**. Allgemeine Fehler, insbesondere solche des Ermessens, sind nicht ersichtlich.

---

4 Vgl. Rn C 3 ff.
5 Vgl. Rn C 14 ff.
6 Vgl. Rn D 3 ff.
7 Vgl. Rn F 1 ff.

Die Frage ist, ob E auch der richtige **Adressat** ist.[8] Er könnte Verhaltensverantwortlicher i. S. d. § 4 Abs. 1 POG sein. Dazu müsste er durch Handeln oder durch ein gegen eine öffentlich-rechtliche Verpflichtung verstoßendes Unterlassen die letzte Ursache für die Obdachlosigkeit des M und seiner Familie gesetzt haben. Dafür spricht, dass seine Räumungsklage und das Ansetzen der Räumung chronologisch die letzte Ursache vor einer möglichen Obdachlosigkeit des M und seiner Familie ist. Allerdings darf dieses Verhalten nicht mitgerechnet werden. Es wäre widersprüchlich, wenn jemand alleine dadurch, dass er die Mittel unserer Rechtsordnung ordnungsgemäß nutzt, zum Verantwortlichen werden würde. Als Verhalten darf darum das bloße Geltendmachen eigener Rechte nicht mitgezählt werden. Eine sonstige Verantwortlichkeit nach § 4 oder § 5 POG kommt nicht in Betracht. E ist also Nichtverantwortlicher.

Aber auch Nichtverantwortliche können zur Gefahrenbeseitigung herangezogen werden, wenn alle Voraussetzungen des § 7 Abs. 1 POG zusammen vorliegen, die einen Notstand definieren. Nach § 7 Abs. 1 Nr. 1 POG müsste es sich um eine gegenwärtige erhebliche Gefahr handeln. Dass eine Gefahr vorliegt, wurde oben im Tatbestand schon dargelegt. Gegenwärtig ist eine Gefahr, wenn der Schaden schon eingetreten ist oder dieser Eintritt in allernächster Zeit mit an Sicherheit grenzender Wahrscheinlichkeit bevorsteht. Dabei ist die Betrachtung umso großzügiger, je höherwertiger das gefährdete Schutzgut ist. Hier droht binnen 3 Tagen Schaden für Leib und Leben sowie für die öffentliche Ordnung. Es liegt eine gegenwärtige Gefahr vor. Erheblich ist eine Gefahr, wenn besonders wichtige Schutzgüter bedroht sind. Auch das ist der Fall. Nach § 7 Abs. 1 Nr. 2 POG darf die Inanspruchnahme von Verantwortlichen nicht Erfolg versprechend sein. Hier kommt als Verantwortlicher allenfalls die Familie M in Betracht. Es kann dahinstehen, ob jemand alleine durch seine Obdachlosigkeit Verantwortlicher werden kann. Aber selbst wenn man das annähme, ist M offensichtlich nicht in der Lage, seine Obdachlosigkeit mit eigenen Kräften abzuwenden. Nach § 7 Abs. 1 Nr. 3 POG darf es der Ordnungsbehörde nicht möglich sein, die Gefahr durch eigene Mittel (Obdachlosenunterkünfte) oder durch Beauftragte (Hotels u. ä.) abzuwehren. Auch das ist hier ausgeschlossen. Schließlich ist nicht erkennbar, dass E durch die Maßnahme besonderen Gefahren ausgesetzt ist oder Gefahr läuft, höherwertige Pflichten zu verletzen (vgl. § 7 Abs. 1 Nr. 4 POG). Die Frage der Adressatenauswahl i. e. S. stellt sich hier nicht. Es ist nämlich nicht erkennbar, dass sinnvollerweise andere Nichtverantwortliche herangezogen werden könnten. E kann als Nichtverantwortlicher in Anspruch genommen werden.

Das gewählte Mittel müsste auch i. S. d. § 2 Abs. 1 und 2 POG **verhältnismäßig** i. w. **11** S. sein.[9] Es erscheint geeignet, die oben beschriebenen Gefahren zu unterbinden. Als milderes Mittel käme eine kürzere Einweisung in Betracht, was aber wohl nicht viel Sinn machen würde. Andere Unterkunftsmöglichkeiten gibt es nicht.

Die Maßnahme müsste gemäß § 2 Abs. 2 POG auch angemessen sein. Die Verbandsgemeindeverwaltung greift hier in das Eigentumsrecht nach Art. 14 des E ein. Das steht nicht erkennbar außer Verhältnis zum Schutz der o. g. Rechtsgüter. Die Maßnahme ist auch angemessen.

Ergebnis: Die Maßnahme ist rechtmäßig.

---

8 Vgl. Rn E 1 ff.
9 Vgl. Rn F 18 ff.

III. Beispiel einer Ordnungsverfügung

12 Verbandsgemeindeverwaltung Puderbach
als örtliche Ordnungsbehörde
Hauptstraße 13
56305 Puderbach
Puderbach, 28. Januar ...
Mit Postzustellungsurkunde

Herrn Emil Eigentümer
Saroriusweg 12
56305 Puderbach
Aufgrund § 9 Abs. 1 S. 1 des Polizei- und Ordnungsbehördengesetzes vom 10.11.1993 (GVBl. S. 595), zuletzt geändert durch Gesetz vom 20.12.2011 (GVBl. S. 427), ergeht an Sie folgende ordnungsbehördliche Anordnung:

1. Hiermit wird mit sofortiger Wirkung die Familie M, bestehend aus Herrn Werner M, Frau Martha M, ..., in sämtliche Räume der bisher bewohnten und bei ihnen gemieteten Wohnung Hauptstraße 13, 56305 Puderbach, 2. Etage links, eingewiesen. Die Einweisung ist befristet bis zum 30. April ...
2. Die sofortige Vollziehung dieser Verfügung wird angeordnet.

Begründung:

Die Familie M lebt mit sechs Personen aufgrund des mit Ihnen abgeschlossenen Mietvertrages vom ... in der oben benannten Wohnung. Mit Schreiben vom ... haben Sie dieses Mietverhältnis zum ... wirksam gekündigt. Das Amtsgericht hat M zum 31. Januar eine Räumungsfrist gesetzt. Sie haben den Gerichtsvollzieher für den 1. Februar bestellt, wovon uns der Gerichtsvollzieher G informiert hat. Die Familie ist M nicht in der Lage, bis dahin eine andere Wohnung zu finden. Über eigene Unterkunftsmöglichkeiten verfügt die Verbandsgemeinde nicht. Unsere Behörde hat sich an sämtlich Hotels, Pensionen, privaten Zimmervermieter usw. im Gebiet der Verbandsgemeinde V und darüber hinaus gewendet. Darum haben wir die Familie M wie oben ersichtlich eingewiesen.
Die Einweisung beruht auf § 9 Abs. 1 S. 1 POG.

13 I. Die Zuständigkeit der Verbandsgemeindeverwaltung V ergibt sich aus den §§ 1 Abs. 1, 88 Abs. 1, 89 Abs. 1, 90 Abs. 1 POG i. V. m. § 1 der Zuständigkeitsverordnung, § 91 Abs. 1 POG.
II. 1. Es liegt eine Gefahr für die öffentliche Sicherheit oder Ordnung vor.
Die Maßnahme ergeht zum Schutz der öffentlichen Sicherheit. Zur öffentlichen Sicherheit gehört der Schutz der Individualrechtsgüter, der objektiven Rechtsordnung und der Hoheitsträger mit ihren Einrichtungen und Veranstaltungen. Hier droht der Familie M gesundheitlicher Schaden, wenn sie in den Wintermonaten kein Dach über dem Kopf hat und den Witterungen ausgeliefert ist.[10]
Darüber hinaus ist auch die öffentliche Ordnung zu schützen. Diese umfasst die Gesamtheit der ungeschriebenen Regeln, deren Befolgung nach den jeweils herrschenden sozialen und ethischen Anschauungen als unerlässliche Voraussetzung eines ge-

---

10 Eine Einweisung in Büroräume, z. B. wenn M auch von zu Hause arbeitet, wäre rechtswidrig, weil es nicht Aufgabe der Ordnungsbehörde ist, gewerbliche Tätigkeiten zu sichern.

ordneten menschlichen Zusammenlebens innerhalb eines bestimmten Gebietes angesehen wird. Es widerspricht unseren fundamentalen gesellschaftlichen Normen für ein Miteinander, dass Mitmenschen gegen ihren Willen auf der Straße wohnen müssen. Andere Menschen hierzu zu zwingen verletzt nicht nur deren Persönlichkeitsrecht, sondern birgt auch die Gefahr sozialer Spannungen in sich. Zu den Mindestvoraussetzungen menschlicher Existenz gehört nach den maßgeblichen Wertvorstellungen unserer Gesellschaft, dass niemand gegen seinen Willen kein Dach über dem Kopf hat.

Diese Schutzgüter sind auch konkret gefährdet. Hier besteht die hinreichende Wahrscheinlichkeit, dass bei ungehindertem Geschehensablauf binnen 3 Tagen die Eheleute M obdachlos und Gefahren für Leib und Leben durch den ungeschützten Aufenthalt in winterlicher Witterung ausgesetzt sind.

2. Der Maßnahme liegt auch eine ordnungsgemäße Ermessensausübung zu Grunde. **14** Insbesondere sind Sie auch der richtige Adressat. Das allerdings nicht als Verantwortlicher, da man nicht durch bloßes Geltendmachen seiner zivilen Rechte zum Verantwortlichen nach § 4 Abs. 1 POG werden kann. Es liegen aber die Voraussetzungen des § 7 Abs. 1 POG vor, nach denen auch ein Nichtverantwortlicher zur Gefahrenbeseitigung herangezogen werden darf. Die oben beschriebene Gefahr ist i. S. d. § 7 Abs. 1 Nr. 1 POG gegenwärtig und erheblich, da hier binnen 3 Tagen Schaden für Leib und Leben sowie für die öffentliche Ordnung droht. Verantwortliche i. S. d. § 7 Abs. 1 Nr. 2 POG, die sinnvollerweise zur Gefahrenabwehr herangezogen werden könnten, gibt es nicht. Unserer Behörde ist es aus den o. g. Gründen auch nicht möglich, i. S. d. § 7 Abs. 1 Nr. 3 POG die Gefahr durch eigene Möglichkeiten oder durch Anmietung geeigneter Räume abzuwehren. Schließlich ist nicht erkennbar, dass Sie durch die Maßnahme besonderen Gefahren ausgesetzt sind oder Gefahr laufen, höherwertige Pflichten zu verletzen. Es ist auch nicht ersichtlich, dass sinnvollerweise andere Nichtverantwortliche herangezogen werden könnten.

Das gewählte Mittel ist auch i. S. d. § 2 Abs. 1 und 2 POG verhältnismäßig. **15** Die Einweisung erscheint geeignet, die oben beschriebenen Gefahren zu unterbinden. Als milderes Mittel käme eine kürzere Einweisung in Betracht, was aber nicht viel Sinn machen würde. Andere Unterkunftsmöglichkeiten gibt es nicht. Die Maßnahme ist auch gemäß § 2 Abs. 2 POG angemessen. Der Eingriff in Ihr Eigentumsrecht nach Art. 14 steht nicht erkennbar außer Verhältnis zum Schutz der o. g. Rechtsgüter.

Die sofortige Vollziehung[11] ist anzuordnen, weil ansonsten ein Widerspruch aufschiebende Wirkung nach § 80 Abs. 2 VwGO entfalten würde und unabhängig davon Vollstreckungsmaßnahmen zur Durchsetzung der Einweisung wegen § 2 LVwVG nicht vorgenommen werden könnten. Das hätte zur Folge, dass die Familie M zunächst die Wohnung verlassen müsste, wodurch diese obdachlos und der winterlichen Witterung ausgesetzt würde. Hierdurch drohen den Familienmitgliedern, insbesondere den Kindern, schwerste Schäden für ihre Gesundheit. Demgegenüber wäre die sofortige Vollziehung der Verfügung für Sie selbst ein deutlich geringerer Eingriff, denn selbst wenn diese Verfügung fehlerhaft sein sollte, wäre der mögliche Vermögensschaden nach den §§ 68 ff. POG zu ersetzen.

---

11 Vgl. § 80 Abs. 3 VwGO.

Mit freundlichen Grüßen
Durchblick
(Oberamtsrat)

16 Rechtsbehelfsbelehrung:[12]
Gegen beiliegenden Bescheid kann innerhalb eines Monats ab seiner Zustellung[13] Widerspruch erhoben werden. Der Widerspruch ist bei der Verbandsgemeindeverwaltung Puderbach, Hauptstraße 13, 56305 Puderbach, oder bei der Kreisverwaltung Neuwied, Wilhelm-Leuschner-Str. 9, 56564 Neuwied, schriftlich[14] oder zur Niederschrift einzulegen.

---

12 Vgl. § 58 Abs. 1 VwGO, ferner § 70 Abs. 1 VwGO.
13 Vgl. OVG Münster NJW 2009, 1832: „Bekanntgabe" sei bei zugestelltem Bescheid (hier Einschreiben mit Rückschein) missverständlich und darum fehlerhaft.
14 Die Belehrung über die Form der Einlegung ist nach § 70 Abs. 1 VwGO zwar nicht zwingend, BVerwGE 57, 188 ff. m.w.N. Erfolgt sie aber, muss sie vollständig und richtig sein, BVerwG NJW 1991, 508. Wenn die Behörde den Zugang für die Übermittlung elektronischer Dokumente mit **qualifizierter elektronischer Signatur** gemäß § 3a Abs. 2 VwVfG im Zeitpunkt des Bescheides hatte (allerdings nur dann; Achtung: das kann für Ausgangs- und Widerspruchsbehörde unterschiedlich sein), muss die Belehrung sich daher auch darauf erstrecken, OVG Koblenz NVwZ-RR 2012, 457; VG Trier, 22.9.2009, 1K365/09.TR; VG Neustadt a. d. Weinstraße, 10.6.2010,2K1192/09.NW; 10.9.2010, 2K156/10.NWund vom 30.6. 2011,4K131/11.NW; VG Koblenz, 24.8.2010,2K1005/09.KO; OVG Berlin, 03.5.2010,OVG2S106/09und vom 02.2.2011,OVG2N10.10; VG Potsdam, 18.8.2010,8K2929/09; OVG Magdeburg, 24.11.2010, 4L115/09; a. A. BFH DStR 2013, 256; OVG Bremen NVwZ-RR 2012, 950; Sozialgericht Marburg, 15.6.2011 S12KA295/10; Hess. Landessozialgericht, 20.6.2011, L7AL87/10 = NZS 2012, 874 (Ls.); VG Frankfurt, 08.7.2011,11K4808/10.F.
Die Belehrung dahin, dass die Klage als Anhang einer elektronischen Nachricht (E-Mail) zu übermitteln ist, ist nach der Auffassung des Verwaltungsgerichts Neustadt a.d. Weinstraße (10.9.2010, 2 K 156/10.NW) unvollständig und damit irreführend, weil unerwähnt bleibe, dass die Landesverordnung für die Übermittlung von Dokumenten außer der elektronischen Nachricht zwei weitere Wege eröffnet habe, nämlich OSCI (Online Service Computer Interface, z. B. EGVP) oder per Web-Upload. Nach dem Verwaltungsgericht Neustadt a. d. Weinstraße (Urteil v.m 22.89 .2011, 4 K 54011./10.NW) genügt es aber jedenfalls, wenn der reine Wortlaut des § 70 bzw. § 74 Abs. 1 S. 1 VwGO zitiert wird.

Stichwortverzeichnis

(nach Kapiteln und Randnummern)